印度研究丛书

顾　问：薛克翘
主　编：姜景奎
副主编：贾　岩
　　　　王春景

印度文化史

薛克翘　著

中国大百科全书出版社

图书在版编目（CIP）数据

印度文化史 / 薛克翘著. —北京：中国大百科全书出版社，2021.11

（印度研究丛书 / 姜景奎主编）

ISBN 978-7-5202-1049-2

Ⅰ. ①印… Ⅱ. ①薛… Ⅲ. ①文化史—印度 Ⅳ. ①K351.03

中国版本图书馆CIP数据核字（2021）第213487号

出 版 人 刘国辉
策 划 人 曾 辉
责任编辑 葛漫丁
责任印制 魏 婷
封面设计 天下书装
出版发行 中国大百科全书出版社
地 址 北京阜成门北大街17号 **邮政编码** 100037
电 话 010-88390636
网 址 http://www.ecph.com.cn
印 刷 北京美图印务有限公司
开 本 710毫米×1000毫米 1/16
印 张 31
字 数 385千字
印 次 2022年1月第1版 2022年1月第1次印刷
书 号 ISBN 978-7-5202-1049-2
定 价 118.00元

目 录

总 序

中国的印度研究源远流长。公元前139年，张骞第一次出使西域，至大夏（今阿富汗境内）时，在集市上发现当地商人贩售于大夏东南“可数千里”的印度转销汉地的“蜀布”和“邛竹杖”，便向汉武帝汇报：“以骞度之，大夏去汉万二千里，居汉西南。今身毒国又居大夏东南数千里，有蜀物，此其去蜀不远矣。”汉武帝反应积极，“天子欣然，以骞言为然，乃令骞因蜀犍为发间使，四道并出；出駹，出冉，出徙，出邛、僰，皆各行一二千里……初，汉欲通西南夷，费多，道不通，罢之。及张骞言可以通大夏，乃复事西南夷”（《史记·大宛列传》）。公元前122年，张骞派出四支探路队伍，分别从四川的成都和宜宾出发，向青海南部、西藏东部和云南境内前进，目的地都是印度，只是因故受阻皆返回。所以，印度很早就进入了中国人的视野。后来，汉明帝夜梦金人、唐玄奘赴印度取经，以及中印在各个领域的文化交流等更使印度研究在中国成为显学，风行千年而不衰。近代以来，印度沦为殖民地，中国则进入半封建半殖民地形态，两大文明间的交往骤减，印度逐渐成为中国人眼中的“神秘”国度。中华人民共和国和印度共和国成立之后，两国关系步入新时期，20世纪50年代曾有一段兄弟般的情谊往来，中国的印度研究也随之重新勃发，再显生机。60年代初的中印边界冲突使双方关系进入不正常状态，中国的印度研究虽未中断，却在相当长的时间内沉寂为冷门，国人对印度研究的热情持续低迷，以致当下的印度研究跟不上时代步伐，没能很好适应中印关系发展的需要，为国家发展大计发挥应有作用，印度依然是国人眼中的“神秘”国度。悲也！

中国大百科全书出版社是重要的国家级出版社，近几年承担了中印两国政府的两个重大文化交流项目——《中印文化交流百科全书》和“中印经典和当代作品互译出版项目”。出版社领导非常重视这两个项目，希望借此机缘把“印度／南亚研究”打造成该社的一个出版品牌，使中国大百科全书出版社成为印度／南亚研究主要成果的出版中心。笔者有幸成为上述两个项目的主要参与者，与出版社相关领导接触颇多，因此很能体会他们的心情和期许。2020年1月14日上午，刘国辉社长表示，中国大百科全书出版社将设立“印度中心”，把印度／南亚研究出版纳入出版社的发展战略之中，为中国的印度研究做出重要贡献。实乃大智慧也。

中印同为新兴经济体，亦是国界未定之邻邦，虽然发展友好关系的大方向一致，但仍时有龃龉。实际上，在两千年前，印度在彼时国人眼中已不再神秘，物资互通，佛教流传，国人西去，印人东来，两大文明交流频繁密切，以致中华文明有了儒、释、道三位一体的完美构图。如果说，在20世纪上半叶，乃至整个20世纪，国人认为印度神秘还算情有可原的话，那么在新时代的今天，仍然认为印度神秘就难免有悖情理了，而事实是，印度神秘依然。我们对印度的理解仍停留在过去的条条框框之中，抑或轻视和不甚重视，抑或隔靴挠痒（只用英语研究印度），抑或大众意识薄弱（只重传统精英，不重新兴精英，不研究非政府组织等），根本不屑花时间去认真解读这一文明。此于国家发展有害无益也。

由此，我们与中国大百科全书出版社规划出版印度研究丛书，一者延续之前两个项目和南亚研究丛书的出版情势，二者为“中国大百科全书出版社印度中心”添彩。我们计划，该套丛书暂不设数量，也不设时长，拟长期出版相关研究成果。需要说明的是，本丛书奉行宁缺毋滥原则，从严要求，以质量为第一要义，出版学界真正的优秀著述，推进和丰富中国的印度研究，为国家发展服务。还需要说明的是，印度研究丛书中的“印度”并非狭义的印度，而是地理概念，指代南亚；也就是说，这里的印度研究丛书不仅出版与印度相关的研究成果，也出版与南亚其他国家和地区相关的研究成果。

感谢为本丛书付出辛劳的诸多大德和学人。

是为序。

姜景奎

北京燕尚园

2021年2月11日

前　言

本书叙述的是印度从上古到18世纪的文化史。

到目前为止，我国出版过的同名书籍已有多种，但多属编译或翻译作品。为尽量写出这本《印度文化史》的特色，笔者做了这样几点努力：

一、充分利用中国典籍，包括史乘与汉译佛经中的资料，扬我国独有之长，补印度史记不足与西学所未及之憾。

二、充分利用笔者近些年印度佛教金刚乘研究之新成果，通过第一手资料使印度佛教后期的衰变得到丰满绘制，以弥补国内学界此项研究之不足。

三、充分利用笔者前些年对古代耆那教研究之新成果，使古代耆那教文化的若干细节首次得以生动展示，这在中国学界尚属首次。

四、充分利用锡克教圣典《阿迪·格兰特》的第一手资料，对古代锡克教的思想和传承做了细致分析，这在中国学界亦属首次。

五、充分利用笔者数年前对印度教中世纪几位宗教诗人，如格比尔、莱达斯、米拉巴伊、贾耶西等的研究成果，丰富本书对中世纪印度教文化的介绍得以丰富。

以上五条，是笔者的“自卖自夸”，也是向读者的自荐。

须要说明的是，本书的前8章以《印度古代文化史》的书名由中国大百科出版社出版于2016年，此次有较大删节。

仍须由衷感谢中国大百科全书出版社的领导和编辑同志们，感谢“印度研究丛书”主编姜景奎教授。

薛克翘

2021年2月9日于京东太阳宫

第一章
史前文明

印度次大陆的史前文明至少可以追溯到公元前 40 万年至前 5 万年之间的旧石器时期。

第一节
石器时代

一、旧石器时代

从19世纪中期起，考古学家们陆续在印度次大陆发现了一些史前人类使用的石器。这些石器证明，当时的人们已经能够通过敲击、摔打等办法制作出简单粗糙的石斧类切割工具。

发现有旧石器时期石斧类工具的地方分布较广，其中最著名、也最具代表意义的遗址在次大陆的西北部索安河（印度河支流）流域（具体位置在今巴基斯坦旁遮普省北端）。因此，这里的旧石器文明被命名为“索安河文化”。索安河文化的时间被确定在公元前40万年至前5万年之间。当时的人们主要以狩猎、采集和捕鱼为生。据推测，索安河文化的后期，人们已经学会了使用火，已能够驯养动物，并会以树皮树叶及兽皮御寒。他们居住于沿河地带的树林或洞穴中。

二、中石器时代

根据出土石器工具的碳 -14 测定，这个时期不早于公元前 4 万年，不晚于公元前 4 千年。其在印度的分布较广，主要地区有拉贾斯坦、安得拉、信德、中央邦和奥里萨等地的河谷地带。而旧石器遗址的集中地西北地区则未发现中石器时代的遗址，这说明，当时可能由于上述地区气候和地理条件较好，适合动植物生长，为原始人的生活提供了较充足的食物来源。也有人推测，这个时期的人口数量有所增长，需要越来越多的食物来源。

这个时期的石器以刮削器、石钻、石锥等为主，虽有用较大石片制作的刮削器和手斧，但以小型为多。有些锋利的尖状小石器可能是做箭头用的，因为此时人们已经学会了使用弓箭，这是一个很大的进步。还有些小石器可能是用树胶之类黏合在木棍上当做矛或投枪使用的。一些针状木器、骨器表明，他们可能已经学会将毛皮缝合在一起，做成衣服或口袋。当时的人们仍然以狩猎、捕鱼和采集为生，但已经会饲养一些动物。

三、新石器时代

印度原始社会的新石器时代开始于公元前 5000 年左右。这一时期，次大陆的人类文明有了很大的进步。其主要标志是：除了以石器为主要生产工具外，还开始使用金属工具和制作陶器；渔猎虽然为主要谋生手段，但农作物种植和动物饲养已经形成规模，人们还学会了纺织；在居住方面，人们除了利用洞穴之外，还学会了搭建茅棚；有迹象表明，当时的人们具有了初步的商品交易行为。

从其石器看，这一时期的刮削器数量大增，且多为长条形石片，打磨得光滑而锋利，制作成箭镞、匕首、矛头、鱼镖、手斧等，不仅更适用，而且样子也显得精致美观了。相关遗址在印度多有发现。在石器制作方面，已经出现了一些中心，其中以中部纳巴达河畔的那瓦德塔利遗址（中央邦）、南方达普提河岸的普拉喀什遗址（马哈拉施特拉邦）、迈索尔地区的马斯基遗址（卡纳塔克邦）和东部的比尔班普尔遗址（西孟加拉邦）等最具代表性。

在农耕和动物饲养及铜器和陶器制作方面，西部的俾路支、旁遮普、信德、克什米尔等地，东部的比哈尔、孟加拉等地，南方的马哈拉施特拉和卡纳塔克地区，都有几处重要遗址。这一时期出现了小型的村落，人们开始使用木质的农具耕种，生产的谷物主要是大麦、小麦和豆类。铜制工具以斧、锤、匕首等为主，已经比从前锋利得多。陶器则主要用于饮食和装盛粮食。

20世纪80年代，美国的考古学家又在迈尔戈进行发掘。在早期居民定居点的土层中，他们发现了12种猎物的骨骼，其中有羚羊、鹿、野水牛、野山羊和野猪的骨骼。而在公元前6000年的土层上，他们所发现的几乎全部是家养动物的骨骼，如绵羊、山羊和牛的骨骼等。这一变化说明，迈尔戈的先民在这一时期已经开始大量饲养牲畜了。

第二节
印度河文明

印度河文明又称哈拉帕文明，起始于公元前 2500 年左右，完结于前 1500 年左右。后来又被进一步界定于公元前 2300 年至前 1750 年间。印度河文明代表着印度次大陆史前文明的最高成就，其最显著的特点是城市的规划和建设已臻于完善，出现了空前繁荣的城市经济。

一、城市建设

20 世纪 20 年代初，考古学家发现了哈拉帕和莫亨焦达罗以后，印度和巴基斯坦的考古学家们经过长年坚持不懈的考察，至今已经发现了 1000 余个这一时期的遗址。其中形成城市规模的遗址有 10 处左右。这些城市遗址有相似的城市布局、相似的砖砌建筑和相似的制陶工艺，以及相似的印章雕刻。这些遗址分布于整个印度河的中下游地区，以今天的巴基斯坦信德省和旁遮普省为主，向西波及俾路支省，向东北蔓延至印度北境的亚穆纳河上游地区，向东南延伸到纳巴达河中下游地区。

从哈拉帕和莫亨焦达罗的发掘可知，这两个遗址分别分为六和七个文化层。以莫亨焦达罗为例，其最上面的三层属于衰落期文化层，下面的第四至六层属于繁荣期文化层，而最下面的一层则属于初期文化层。

现今，哈拉帕遗址距离拉维河约 6 英里（约为 4.8 千米），而莫亨焦达罗距离印度河约 3 英里（约为 2.4 千米），考虑到河道的变迁，当初这两座城市距离河水有可能更近一些。这说明上古城市文明离不开水源。两个遗址的面积均方圆 1 英里左右。据估计，哈拉帕的居民约为 2 万至 3.5 万人，莫亨焦达罗的人口约为 3.5 万至 4 万人。

莫亨焦达罗古城堡坐落在 3000 英尺（约为 914.4 千米）高的平台上，四周有围墙。围墙内的面积为 8 万平方英尺（长 122 米、宽 61 米），可能是统治者的居住地和政治中心所在地。围墙以外为城市居民的主要活动区域。从其房屋的建筑情况看，那里的居民可能属于中阶层的居民。城市中有东西向和南北向的两条主要街道，有一些次要街道和巷子与主要街道相连接。房屋多以砖砌成，沿着街巷整齐排列，大多数房屋的门开向街巷。居民的住处有大有小，已出现了二层楼房。院落中往往都有水井。在街巷和房屋的下方有周密的排水渠道，这些渠道又与主要街道下方的主干排水渠相连接。

二、经济生活

（一）城市手工业

哈拉帕和莫亨焦达罗作为当时的大城市，居民们的衣食住行都需要得到起码的满足。

遗址中发现了许多陶制和石制的纺锤，说明纺纱织布已经是当时的家庭手工业。当时的纺织业中存在多道工序，从纺线到织布，再经过染布、裁剪才做成衣服。

人们饮食中需要大量器皿，这些器皿既有陶器又有铜器。遗址中发现的大量陶器说明，陶器制作业是城市里最常见的手工业之一。

遗址中那些大大小小的房屋、宫殿、城堡表明，建筑业在当时十分发达。建筑工无疑是一个重要的工种。

从出土资料可知，当时人们的交通和运输工具主要是牛车和木筏船。因此，造车和造船业是城市手工业的重要组成部分。

（二）商业贸易

哈拉帕和莫亨焦达罗的城市文明中，商业贸易已经很发达。不仅有城乡的贸易，而且有境外贸易；不仅有陆地贸易，而且有海外贸易。由于尚未发现钱币，所以学界推测，当时的贸易尚属以物易物。从出土的物品看，有来自周边地区的黄金（产自迈索尔）、铜（产自俾路支、拉贾斯坦等地）、锡（产自比哈尔和奥里萨）、白银（产自伊朗、阿富汗）、绿松石（产自伊朗）、玉石（产自中亚）、天青石（产自阿富汗）、紫晶（产自马哈拉施特拉）等。可见其贸易范围相当广大。更令人吃惊的是，在当地的出土文物中有来自美索不达米亚的印章，同时在美索不达米亚也发现有来自印度河文明的印章。这就说明两地间存在着海上贸易。

印度河文明遗址发现的数千枚印章，大多数都刻有文字符号和图像，其中至少有一部分与商贸有关。可惜的是，经过许多人的努力，在一百多年后的今天，印章上的文字符号并未成功解读。据统计，目前发现的印章文字或符号已被确认的有 400 多个。但是，如果认为它们是字母，则明显过于繁多，如果认为它们是象形文字，则数量显得过少。所以，现在人们多倾向于认为：它们中有一部分是文字，另一部分是符号，两者是被混合使用的。

（三）农业

发达的农业成为城市文明繁荣的必要保证。河流冲积成的土地非常适于耕种，所以印度河文明时期的农业得到空前发展。当时的主要农作物有大麦、小麦、棉花、芝麻、豆类、芥子等。个别的遗址还发现有水稻和向日葵等。水果主要有甜瓜、椰子、石榴和柠檬等。

当时使用的农具主要是石锄、石镰以及铜锄和铜镰等，也出现了用犁耕地的迹象。有的遗址上有在高地上构筑拦水坝的遗迹，说明人们已经开始采取人工灌溉的技术。

生产力的提高带来了粮食的丰收，于是，城市中必须建起储粮设备。在哈拉帕和莫亨焦达罗都有被认为是谷仓的大型仓库。

（四）畜牧业

出土的动物骨骼有多种，结合印章上的动物图案，可知当时的家畜和家禽饲养业很繁荣。牛（主要是瘤牛）、水牛、驴、骆驼、大象、山羊、绵羊、猪、猫、狗、鸡等的饲养已经成为普遍现象。当时的人们主要利用牛来拉车耕地，用大象、骆驼和驴驮运重物。由于当时的人们有食肉的习惯，猪、羊和鸡等都是其主要肉食资源。

三、精神生活

印度河文明时期的先民们有着相当丰富的精神生活。有足够的资料表明，他们已经有了原始的信仰和崇拜。

（一）原始信仰

印度河文明的原住民是有信仰的，他们的信仰虽然还不能算是严格意义上的宗教，但已经具备了宗教产生的基础。我们不妨称之为原始宗教或原始信仰。他们的原始信仰主要有自然神崇拜、母神崇拜、生殖器崇拜等，其中也许还夹杂着图腾崇拜。此外，他们可能还举行某种集体性的斋戒或祭祀仪式，也有打坐修行的个体行为。

例如，印章中有崇拜树神的图像，尤其是菩提树崇拜，带有一定的普遍性，在印章和陶器上都经常出现菩提树的图案。有的印章上甚至直接刻画出树神的模样。在哈拉帕出土的三枚印章上都画有一名头上长角的男子，他站在繁茂的树下，像是树神，又与牛崇拜有关。在莫亨焦达罗出土的一枚印章上，画有一个头上长角的男子，手臂上戴满了镯子，站在菩提树中；另有一个跪着的人，像是在向树神祈求；还有一个黄铜印章上刻画有一个倒立的女人，从她的下体生出一株树。对此，学者们有多种解释，有人认为这是母神崇拜的反映，有人认为她是丰产女神或财富女神，也有人认为她是大地女神的象征。而这种女神往往被刻画成头上长角、在树林中嬉戏的形象。哈拉帕的民居中曾出土很多母神小雕像，一个个都丰乳肥臀，代表着旺盛的生命力。另外，印章上刻画的各种动物中有的可能是图腾，如有的印章上画有一种奇怪的独角兽，既不是犀牛也不是羚羊，带有神秘色彩，似乎也与图腾崇拜有关。类似的怪兽尚有牛角虎、三头兽等。

在哈拉帕和莫亨焦达罗出土的石头制品中，还有男女生殖器的形象，这说明当时先民们有崇拜生殖器的习俗，这种崇拜来自对生命的尊重和敬仰，是世界上许多原始先民的普遍行为。不过，印度古代的生殖器崇拜现象显得更为突出，而且持续的时间很长，各个历史时期都存在，直至今日仍有遗存。

莫亨焦达罗遗址有一个非常令人瞩目的砖砌大水池，一般认为，这个大水池是为了斋戒沐浴用的。如果真是这样，那么，它就是为很多人集体参加宗教仪式而修建的。

与这种宗教仪式相关联的是一尊石灰石雕像，这尊雕像仅存头部和胸部的一半。下颏和两腮有胡须，眼睛细长，厚厚的嘴唇，头发收于脑后，头上系有一条发带，自左肩至右边腋下斜披着一件袈裟式的衣服，上面绣着三叶花纹。这尊雕像被认为是一个祭司的雕像。

印章中还刻画有打坐的修行者，其坐姿令人想起后世印度的瑜伽士以及释迦牟尼结跏趺坐的样子。不少印章都有这个形象，也有人认为这名瑜伽修炼者是一个神，因为其头上长角，而且周围还有大象、虎、犀牛、鹿等图像。

以上情况表明，印度河文明时期的先民有着多种原始崇拜和相当丰富的宗教生活。

（二）审美追求

人类的先民都有爱美的习惯，印度河文明时期的先民也不例外。他们不分男女，都喜欢佩戴各种装饰品，有臂钏、手镯、头饰、耳饰、项链、戒指、鼻饰等。这些装饰品有金、银、铜制的，还有陶制的、骨制的，以及各类宝石制的，等等。这不仅给手工艺者带来商机，也促进了不同区域间的商贸往来。

这一时期，出现了许多雕刻品和塑像，都属于艺术品。除了上面提到的祭司雕像，还有一尊青铜的舞女雕像非常著名。它出土于莫亨焦达罗，高约 10.8 厘米，裸体，身材苗条。哈拉帕的谷仓里还曾出土过一个男子身体的石灰石雕像，被称为“舞蹈的男性躯干”。其高度仅为 10 厘米，比例匀称，身体微曲，右腿独立，左腿抬起，作舞蹈状。据考古学家推测，该男像本来是生殖器外露，是生殖崇拜的产物。

当时的许多日用品也都能反映出先民们的审美情趣。如镜子、灯、烛台等，都制作得非常精美。而那些印章上的图案则最能体现先民们的想象力。

出土的文物中，一些赤陶儿童玩具也很引人注意。这些玩具中有动物玩偶、人形玩偶、铃铛、带哨子的小鸟、鸟巢和小车等。

约在公元前 1750 年前后，印度河文明几乎是戛然而止，消失得无影无踪。这令史学家们疑惑不已，各种猜测纷至沓来。有洪水毁灭说，有瘟疫毁灭说，更有外来民族入侵说。但始终未能达成一致意见。

第二章
吠陀文明

大约从公元前 1500 年起，南亚次大陆进入了“吠陀时代”。

第一节
雅利安人的到来

一、雅利安人

这个时期，南亚次大陆来了一批新居民，他们自称为“雅利安人”（Aryan），意思是高贵的人。远古时期，雅利安人的语言是后来梵语、古波斯语、希腊语、拉丁语、凯尔特语、日耳曼语和斯拉夫语的共同祖先。学者们把这个语言体系定名为“印欧语系”。这一研究成果也使人们确信，使用梵语的民族最初与欧洲大陆的民族原属于同一个人种或族群，后来学界把使用这种语言的人称为“印欧人”。

二、印度—雅利安人

通过进一步的研究，人们又得出初步结论，这个人种的最初居住地在北方，大体位置在里海以北，即今天的俄罗斯南部和土耳其东部的草原地带。他们大约分成若干个部落群，过着游牧的生活。这些部落中的一部分向北方和西北方发展，成为今天欧洲白人的祖先。还有一部分人向西南方发展，来到小亚细亚，再向中东迁移，成为后来两河流域文明的创造者。另有一部分部落向东南方迁移，来到今天的伊朗地区。来到伊朗的这部分人有一批留在了伊朗，成为波斯人的祖先。定居于伊朗高原的这批人自称是“雅利安人”，称他们的居住地为“雅利安那”，意思是雅利安人的家园，伊朗只是它后来的名字。①

大约在公元前第三个千年，一部分人从伊朗向东，进入今天的阿富汗境内；另一部分人则向东南，进入今天巴基斯坦的卑路支省一带。大约又过了若干个世纪，到公元前15世纪，有一些雅利安部落从伊朗地区继续南下，越过兴都库什山脉和苏莱曼山脉，来到南亚次大陆的印度河谷地带，开始在那里定居。他们被学界称为“印度—雅利安人”。

印度—雅利安人属于白种人，身材比较高大，善于骑马射箭，以畜牧业为主要谋生手段。他们首先入侵印度河及其支流地区，即所谓五河流域。而当地的原住民，后来学界称之为达罗毗荼人，为保护自己的家园，与雅利安人展开了争夺资源的战争。雅利安人则称他们的敌人为达萨（Dasa）或者德休（Dasyu）。雅利安人由于强悍善战，打败了敌对的达萨人，成为五河流域的主人。他们把一部分达萨人俘虏变为奴隶，迫使他们为自己服务。后来，达萨一词的意义就变成了奴隶、仆人，沿用至今。

雅利安人是分成若干批在不同时期进入印度河谷地区的。最早的移民浪潮大约发生在公元前15世纪，当时的哈拉帕城市文明已经衰落。数百年后，又有若干批雅利安人到来。正是这不同时期到来的雅利安人，开启了印度次大陆文明史的吠陀时代。

学界通常又把吠陀时代分为前后两个时期。

---

① 亚伯拉罕·艾拉里：《莲花上的宝石》，新德里，企鹅丛书印度私人有限公司，2002年版，第63页。（Abraham Eraly：*Gem In The Lotus*. Penguin Books India Pvt. Ltd, New Delhi, 2002. p63.）

第二节
吠陀前期的文明

一、《梨俱吠陀》

《梨俱吠陀》是印度—雅利安人留下的最古老的文献。但事实上，它最初并不是以书面形式流传的，而是以口耳相传的形式得以保存的。因此，人们目前得到的最古老的文字抄本，也不过是 14 世纪的。文本的发现固然很晚，但《梨俱吠陀》所反映的历史却相当悠久。一般认为,《梨俱吠陀》的形成过程在公元前 1500 年到前 1000 年之间[①]。学界通常把这一时期划为吠陀时代的早期。

《梨俱吠陀》(*Rigveda*)是印度—雅利安人歌颂和赞美神明的诗歌总集。《梨俱吠陀》全称为《梨俱吠陀本集》(*Rigvedasamhita*)。“梨俱”有人认为是其诗体的名称，也有人认为是诗节的意思。“吠陀”的意思是知识。我国古代有时又把吠陀音译为“围陀”等，或者意译为“明”，因此也有人将《梨俱吠陀》译为《赞颂明》。“本集”的意思是

① 该划分首先由德国学者马克斯・缪勒提出，得到印度和中国多数历史学家的认可。参见 [印] R.C. 马宗达等著，张澍霖等译：《高级印度史》，北京：商务印书馆，1980 年版，第 31 页；林承节：《印度史》，北京：人民出版社，2004 年版，第 20 页。

原典，以区别于后世人对它的解释和发挥性文字。

《梨俱吠陀》共收有1028首诗歌，分为十卷，其中最古老的是第二至第七卷，最晚的是第一和第十卷。《梨俱吠陀》既然是赞颂神明的诗集，那么它显然不是真实历史的记录，而是神话色彩浓重的早期文学作品。因此，除了《梨俱吠陀》提供的信息，我们无法知道在公元前1500年之前，这些进入次大陆的雅利安人部落曾经做过什么，曾在哪里居住和停留。他们仿佛是悄然而至，突然现身。而且，关于那大约500年间的历史，除了《梨俱吠陀》，再也没有只言片语可供参考。

二、社会生产力的提高

在吠陀时代早期，雅利安人已经学会了许多生产劳动技能。他们比哈拉帕时期的人们优越的地方在于拥有马匹，并善于驾驭马匹。他们的骏马不仅可以用来骑乘作战，更可以驾车载物。同样，他们还会使用公牛驾驶两轮货车。他们能够造船，能够驾船。《梨俱吠陀》中说，他们甚至拥有一百只桨的大船。如果真是这样，他们的航运能力就不局限于内河，而是会扩展到海洋。他们已经会观察星座，文献中提到了几个星座的名字，这对于他们的夜间行动是有帮助的。

吠陀早期的雅利安人会建筑房屋，文献中曾提到“一千个柱子”的房屋，但那是文学夸张。我们只能说，他们的居住条件会比其游牧时期有所改善。他们最初来到次大陆的时候还过着游牧生活，定居以后，也许是受到当地原住民（一般认为是达罗毗荼人）的影响，他们也学会了种植技术，如种植水稻、大麦，开始过上农耕生活。他们还学会了用河水灌溉庄稼和给农作物施肥。

印度—雅利安人会制作生产工具，除了制作可以用来作战和狩猎的长矛、弓箭之外，他们还能够制作陶轮、纺锤、刻刀等。他们制造的车辆、船只在文献中被提到。根据考古资料，铜器或青铜器被广泛使用。出土的铁器虽然晚于这个时期上百年，但学者们相信，至少在这个时期的末尾，人们已经开始使用铁器了。

更为重要的是，《梨俱吠陀》为我们提供了当时先民的社会分工情况。他们中有各种工匠，如木匠、金匠、纺织工、陶工、皮匠，等等。

三、从氏族社会到阶级社会

在《梨俱吠陀》时代，由于社会生产力的提高，导致社会形态的变化，即由氏族社会发展演变为阶级社会。

印度—雅利安人的阶级分化有着与种姓制度相结合的特点。次大陆种姓制度形成于《梨俱吠陀》时代的晚期。当时称种姓为“瓦尔那”。瓦尔那的意思是颜色，是指肤色来说的，最初是用来区分雅利安人与原住民的。根据《梨俱吠陀》第十卷《原人歌》的记载，原人布鲁沙的口生出婆罗门，双臂生出王族刹帝利，双腿生出吠舍，双脚生出首陀罗。这是四个瓦尔那，即四个不同的社会等级。

种姓制度的出现与社会分工密切相关。婆罗门居最上层，他们介于人与天神之间，掌管文化教育，同时负责人与天神的沟通。刹帝利属于王族，掌管政权，负责对外作战和保护人民。吠舍包括农工商阶层，负责生产，以养育婆罗门和刹帝利两个阶层。而首陀罗多属在战争中俘获的达萨人（奴隶）及其后代，他们是社会最低层，负责为以上三个种姓的人服务。

在《梨俱吠陀》时代，次大陆的一些部落或部落联盟很不消停，它们不仅要同达萨人作战，而且它们之间也经常发生战争，通过一次次的分分合合，有些部落和部落联盟已经形成了国家的雏形。人们推举出他们的首领为罗阇（国王），罗阇在隆重的仪式之后登上王位，其手下有官员、祭司和一些专门为他们歌功颂德的歌者。罗阇的主要职责是对外作战，但也管理国家内部的事务，对一些内部争端做出裁决。

家庭是那个社会生活和生产的最小单位。在雅利安人的家庭中，家长是男性。女性虽然也受到尊重，也有受教育的权利，但人们更希望她们生儿育女，尤其希望她们多生男孩子。婚制通常是一夫一妻制，但也存在一夫多妻的现象。

当时的人们一般都居住在比较分散的村子里，没有出现城市的迹象。村有村长，负责处理村子里发生的大事小情，如果发生战事，村长也要担负起率领村民作战的职责。村民们主要从事农业生产，其主要农作物为水稻和大麦。同时，他们也经营畜牧业，主要饲养牛、马、羊等。

四、宗教哲学

《梨俱吠陀》时代，人们已经有了原始的宗教信仰和哲学思考。下面分别来谈。

（一）宗教信仰

当时人们的宗教信仰主要表现在对自然现象的崇拜、生殖崇拜、祖先崇拜等几个方面。他们把自己的崇拜对象都描绘为神，有男神也有女神。一般认为，当时雅利安人的信仰属于多神信仰。

1. 自然现象的神化

起先，出于对自然力的敬畏，人们将自然力和自然现象神格化，创造出因陀罗（Indra，雷电之神）、伐楼那（Varuda，水神）、阿耆尼（Agni，火神）、苏利耶（Surya，太阳神）、乌莎（Ushas，朝霞女神或黎明女神），等等。天空和大地、山峰与河流，很多都被神格化，赋予了神话色彩。

因陀罗是《梨俱吠陀》中最受崇拜的神祇，献给他的颂诗最多，约250首。因陀罗不仅是雷电之神，也是战神。他是众神之王，有无数小风神（摩录多，Marut）作为随从。他手执雷杵，能够支配雷电。同时，他又是人们崇拜的英雄的化身，勇猛异常，能够击碎敌人的城堡，引来水，夺回牛羊等财产。人们赞颂他，是因为把他当作了自己的保护神。

火神阿耆尼的颂诗有约200首，数量仅次于因陀罗。这是因为婆罗门祭司要通过火来和天神沟通，所以把很多颂诗献给他。而且，火本身不仅给人们带来光明和热量，也使人由茹毛饮血阶段进化到熟食阶段。因此，对火的崇拜既有精神层面的需要，又有日常生活的需要。

相比之下，水神伐楼那的颂歌要少很多，仅有6首，但他仍然是人们最重要的崇拜对象之一。而且在《梨俱吠陀》时代早期即受到特别的尊崇，地位甚至高于因陀罗，被认为是众神之王，而因陀罗只是后来居上。伐楼那既代表水，又代表洪水，又代表海洋。人们崇拜他，不仅因为水是生命之源，也因为水时常会给人们带来灭顶之灾。

2. 生殖器崇拜

除了崇拜自然力和自然现象之外，《梨俱吠陀》中还有生殖崇拜的迹象。其中有一首《有无歌》，暗示出男根崇拜的信息：

> 那时没有死，也没有永生不死；
>
> 也没有划分昼夜。
>
> 只有独一之体，静静呼吸，自养其生；

此外并无他物，在它之上也是空虚。[①]

在史诗时代，这一崇拜现象则更加明确，那就是对湿婆林伽的崇拜，我们将在后面谈到。

3. 祖先崇拜

《梨俱吠陀》中也有关于祖先崇拜的明确记载，其第十卷第十五首诗叫作《祭祖》，表现了人们对祖先的崇敬和他们祈求祖先保佑的心情，今选其前一小节：

请祖先们起来，近的，远的，
中间的，应享苏摩酒的，起来！
愿那些已走向生命的，和善的，知正道的，
祖先们在召唤中保佑我们。（1）[②]

《梨俱吠陀》中不止一处涉及祖先崇拜问题，其第十卷第十四首《阎摩》也有祖先崇拜的倾向，提到祖先居于天堂，和阎摩王在一起。

4. 祭祀

祭祀是印度—雅利安人最经常的宗教性活动。其目的在于和神灵沟通，讨好和愉悦神灵，从而获得神明的护佑。在先民们看来，神明和人一样，是有喜怒哀乐的，喜欢听赞扬的话，《梨俱吠陀》就是婆罗门祭司在主持祭祀仪式时为神明们唱诵的赞歌。他们还以为，神明也要享用美味。所以，在祭祀的时候要摆放祭品，有吃的有喝的，有荤

---

① [印] R · C · 马宗达等著，张澍霖等译：《高级印度史》，北京：商务印书馆，1980 年版，第 47 页。

② 金克木：《印度古诗选》，长沙：湖南人民出版社，1984 年版，第 21 页。

的有素的，荤的是肉类、酥油，素的是谷物等，喝的有牛奶和苏摩酒。苏摩酒是最重要的祭品，《梨俱吠陀》中专门献给苏摩（Soma）的诗歌就有大约120首。而苏摩祭则是各种祭祀中场面最大、最热闹的一种，一年举行一次。

（二）哲学思考

1. 世界的创造

关于宇宙的生成，当时的先民有多种思考、多种认识，因而出现了多种创世神话。这是先民最初的宇宙观。《梨俱吠陀》中就包括诸多神话版本。大体有如下几种说法：

（1）造物主说

此说是指在没有宇宙的情况下，先有一个造物主，即一个上帝，是他创造了一切。《梨俱吠陀》第十卷第八十二首为《造物者歌》，其中所唱的就是这样一个创造一切的造物主。

（2）金胎说

此说认为宇宙生成之前，世界上只有水，水中有一个“金胎”，由它生出世界万物。在上述《造物者歌》同一首诗中也提到此说。

（3）原人肢解说

此说认为世界万物是由一个原人身体的各个部位生成的。

（4）男根生发说

此说认为宇宙间原本非有非无，茫茫大水，混沌一片，只有男根，独立自存，后由男根而生万物。

以上诸说，表现了上古先民对世界的思考，同时也是对人类起源的思考。他们试图解答“我是谁，我从哪里来”的问题。

2. 关于灵魂

同时，先民们也在思考并试图解答“我到哪里去”的问题，即死及死后的归宿问题。他们认为人是有灵魂的。人死之后，灵魂犹在。

一般认为，当时还没有出现轮回的观念。

3. 关于物质

与中国古代的“五行”学说相似，印度古代哲学中有著名的“四大”理论。“四大”指的是构成物质世界的四种基本要素，即地、水、风、火。在《梨俱吠陀》中，虽然还没有出现“四大”学说，但其中对这四种要素都各有颂诗，可以说，这些颂诗代表了当时人们对客观世界的认识，他们已经注意到了这四种要素的重要性，这就为后来“四大”学说的诞生打下了基础。可以说，在《梨俱吠陀》中可以找到“四大”学说的源头。

还有很重要的一点，就是当时的人们对物质的渴望还是很迫切的。《梨俱吠陀》经常提到让天神和祖先保佑他们获得财富，具有很强的功利性特征。这不仅与后来印度出现的沙门思潮形成了鲜明对比，也与后来印度教追求精神解脱，甚至出家遁世的主流思想倾向大相径庭。究其原因，轮回转世思想的出现应当是其最重要的枢纽。

4. 朴素的辩证思维

从《梨俱吠陀》中的诗歌可以判断，那时候的人们已经具有了正反两个方面的思维，有了两种事物对立的观念。如《有无歌》中的有和无、《祭祖》中的生与死、《阿耆尼》中的光明与黑暗、《送葬》中的悲与喜、《苏摩酒》中的幸福与辛劳，等等。在他们的思想意识中，这种截然相反、相互对立的东西是客观存在的。从《有无歌》还可以看出，他们在思考有和无相倚相生的关系，即有与无的对立统一。这是他们思辨能力的最初体现，也是后世奥义书哲学发生发展的源头。

五、文学成就

（一）奇幻想象与神话体系的构建

先民们的想象力在《梨俱吠陀》中得到了充分的展现。他们把许多自然景物都想象为有生命、有形象、有意志、有主动行为的神。例如，他们把朝霞想象为黎明女神，并给她起名为乌莎。《梨俱吠陀》第四卷第五十二首诗就是给她的赞美诗，诗中唱道：

这个光华四射的快活女人，
从她的姊妹那里来到我们面前了。
天的女儿啊！（1）

象闪耀着红光的牝马一般的朝霞，
遵循着自然的节令；
是奶牛的母亲，
是双马童（星）的友人。（2）

光辉远照的女人啊！你布满空间，
你用光明揭破了黑暗。
朝霞啊！照你的习惯赐福吧！（6）①

同样，他们不仅把自然现象和景物，如大地、星座、河流、森林、海洋、风、云、雨、电等都拟人化和神化，也把一些抽象的概念拟人

① 金克木：《印度古诗选》，长沙：湖南人民出版社，1984 年版，第 5 页。

化和神化，如生、死等。这样，他们就构建了一个万神殿，组织成一个神话体系。由于诗歌的文字有限，这些神话显得不够完整，没有形成故事情节。但可以相信，那个时代人们的口头一定流传着很多神话故事。

（二）生动比喻与现实生活的反映

《梨俱吠陀》中的诗歌运用了许多比喻，都非常生动形象地表现了现实生活中的感受。如把朝霞比喻为“光华四射的快活女人”，就来自先民的切身体验，营造出积极向上的生活氛围。再如第五卷第八十三首《雨云》中写道：

> 请用这些颂歌召唤那强大的雨云，
> 请赞颂他，以敬礼去求他。
> 公牛吼叫着，赏赐迅速；
> 他在草木孕藏中将水种放下。（1）
>
> 如同车夫用鞭子抽打马，
> 他也这样显示出雨水使者；
> 远远地兴起了狮子吼声，
> 这时雨云使大雨从天而下。（3）[①]

这里，把雷鸣说成是“公牛吼”“狮子吼”，把闪电说成是“强大兵器”，说是像“车夫用鞭子抽打马”，都非常生动有趣，都源自生活。

---

① 金克木：《印度古诗选》，长沙：湖南人民出版社，1984 年版，第 7 页。

（三）情感奔放与浪漫风格的奠基

《梨俱吠陀》的诗歌充满情感，热情奔放。例如，在第十卷第一百四十六首诗《森林》中有这样两节：

像野兽的吼声，
虫鸟发出低鸣，
仿佛随着音乐伴奏，
森林女舞蹈，备受尊敬。（2）

有油膏香气，散发芬芳，
食品富饶，不事耕种，
兽类的母亲，森林女，
我对她作这番歌颂。（6）[①]

总之，印度古人始终有一种浪漫乐天的情怀，能歌善舞，擅长讲故事。以至后世承袭这一传统，创作出无数浪漫主义的杰作。

① 金克木：《印度古诗选》，长沙：湖南人民出版社，1984 年版，第 40 页。

第三节
吠陀后期的文明

“吠陀后期”是指公元前1000年至前600年这段时间。在这段时间里，印度古人写出了大量文献；尽管这些文献不是真实的历史记录，但由于资料丰富，使这一时期的印度历史相对清晰，印度—雅利安人的文明状况也得到相对鲜明的呈现。

一、相关文献

对于吠陀前期的考察，我们依据的文献是《梨俱吠陀》。而在吠陀后期，另外三部吠陀本集《娑摩吠陀》(*Samaveda*)、《夜柔吠陀》(*Yajurveda*)和《阿达婆吠陀》(Atharvaveda)已经完成，附属于吠陀本集的梵书(Brahmana，又称婆罗门书)、森林书(Aranyaka)和奥义书(Upanishad)也被创作出来。这些文献成为考察吠陀后期文明的主要资料来源。

(一)吠陀本集

《梨俱吠陀》及其后产生的三部吠陀本集被后世合称为“四吠陀”。

它们是印度古人祭祀活动中祭司们使用的经书。印度古人喜欢举行各种规模的祭祀活动取悦神明。在较大规模的祭祀中，往往动用很多人力物力。主要的祭司就有四位。四位祭司中，一位负责赞颂神明，即念诵《梨俱吠陀》的经文，所以《梨俱吠陀》又意译为《赞诵明》。第二位负责歌咏，主要依据《娑摩吠陀》来歌唱赞美神明的诗歌。所以《娑摩吠陀》又叫《歌咏明》。也就是说，《娑摩吠陀》里的偈颂（Shloka，诗节，音译输洛迦）都是为了配乐的需要而摘引自《梨俱吠陀》的；因此，它的史料价值和文学价值不大。第三位是祭祀程序的执行者，根据《夜柔吠陀》的经文严格执行祭祀的每一个步骤。所以《夜柔吠陀》又意译为《祭祀明》。从史料的角度看，《夜柔吠陀》更有研究价值。它有两个版本，《黑夜柔吠陀》（*Krsna-Yajurveda*）和《白夜柔吠陀》（*Sukla-Yajurveda*）。《黑夜柔吠陀》是用韵文写的诗节，附带有散文体的解释。《白夜柔吠陀》是从《黑夜柔吠陀》选辑出来单独编辑成书，其散文体注释被编写为《百道梵书》（*Satapatha Brahmana*）流传下来。第四位祭司是整个祭祀活动的监督者、协调者和掌控者，他精通整个祭祀的全部细节。据认为，《阿达婆吠陀》就是这种主祭婆罗门编写的工作手册。其内容主要是祈福禳灾的咒语，故又意译为《禳灾明》。

（二）梵书、森林书和奥义书

在吠陀文献中，那些颂神的偈颂部分被称作本集，即原作。其附属部分，对祭祀行为仪轨的解释被称作梵书，为散文体。梵书是继本集之后出现最早的作品，“是各派婆罗门传授吠陀和祭祀仪式的讲义”。[①] 现在流传下来的梵书有十几种，其中含有不少后吠陀时代的文化信息。最著名、最古老的梵书是附属于《梨俱吠陀》的《爱达罗氏梵书》

① 金克木：《梵语文学史》，北京：人民文学出版社，1980 年版，第 73 页。

（*Aitareya Brahmana*）和附属于《白夜柔吠陀》的《百道梵书》。附属于《阿达婆吠陀》的《牛道梵书》（*Gopatha Brahmana*）出现稍晚，但也比较重要。

森林书也是吠陀文献的一部分，是梵书的附属部分，现存八种。它们被认为是极圣洁和神秘的。学习和念诵森林书是在师生间秘密进行的，所以要远离城镇和村子，在森林中学习，以便保持其圣洁不被玷污，而且外人也偷听不到。但森林书的史料价值和文学价值不大，所以学界关注较少。

奥义书也是吠陀文献的一部分，里面有很深的哲学思辨。现存奥义书有二百来种，最主要的是《广林奥义书》（*Brhadaranyaka Upanisad*）和《歌者奥义书》（*Chandogya Upanisad*），它们分别被认为是《百道梵书》的附属部分和《娑摩吠陀》的附属部分。此外，《阇弥尼耶梵书》（*Jaiminiya Brahmana*）的附属部分是《由谁奥义书》（*Kena Upanisad*）。

后期吠陀时代的史料还有叫做“经”（sutra，音译修多罗）的文献，也是附属于吠陀的。经有三种：《所闻经》（*Srauta Sutra*），是根据梵书写的，其中对大规模祭祀活动中的仪轨作了简要描述；《家范经》（*Grhya Sutra*），是婆罗门根据传闻和记忆写成的，讲述家庭中行为规范与礼仪等；《法经》（*Dharma Sutra*），也是根据传闻和记忆写成的，主要讲述社会生活与法律等。但由于《法经》很可能形成较晚，所以我们不能采用它作为后吠陀时代的史料。

二、社会状况

在吠陀时代前期，印度—雅利安人的主要活动地区在五河流域，即今天印度旁遮普邦和巴基斯坦的旁遮普省一带。同时，也有一部分人生活在犍陀罗地区，约当今天巴基斯坦的北部地区。到吠陀后期，他们的主要活动地区已经向次大陆的中部地区转移。

（一）种姓制度和社会分工

这一时期，印度—雅利安人的社会发生了一些变化。首先是种姓制度得到加强，而且变得复杂和混乱。当时有两种种姓制度，一种是根据肤色来划分社会地位的“瓦尔那”（Varna）制，另一种是根据社会分工划分社会等级的“阇提”（Jati）制。瓦尔那的本意是颜色，指肤色而言。在吠陀早期，社会上的人主要分黑白两种肤色：白的是雅利安人，黑的是当地的原住民，即非雅利安人。由于雅利安人征服了当地的原住民，甚至把他们变为奴隶；这样，雅利安人就成为社会的上层，而非雅利安人就成为社会的下层。但随着社会的发展和种族间杂居通婚，两种肤色的界限越来越模糊，到吠陀后期，这种按照肤色来划分社会地位的做法已经不准确了；因此，在《梨俱吠陀》后期便出现了以社会分工来划分社会地位的种姓制度，即出现了四大种姓。

吠陀后期，婆罗门种姓仍然居于高位。他们进一步把持了祭祀活动，并对文化知识实行垄断。

这一时期的刹帝利种姓也在各地形成了王族集团，成为各个部落或部落联盟的统治者。

吠舍是第三个等级。他们是一个相对自由和富足的阶层。他们也能像婆罗门和刹帝利一样接受文化教育，但他们学习之后只能回到家里从事与他们身份相应的工作。《白夜柔吠陀》中提到他们所从事的职业，有车夫、木匠、陶工、铁匠、舞者、珠宝商、农民、弓箭制造者、医生兼占星家、洗衣工、漂染匠、理发师、皮匠、渔夫、猎人，等等。

首陀罗依然处于社会的最底层，为上述三个种姓服务，而更多的是为刹帝利种姓服务。

当时的种姓制度虽然已经形成，但并不像后来那么严格。刹帝利人也有变成婆罗门而成为祭司的，婆罗门也有与首陀罗结婚生子的，吠舍也有不从事祖传职业而另谋职业的。

（二）婚姻和妇女地位

吠陀后期，印度—雅利安人社会流行种姓内部通婚。也有不同种姓通婚的例子，尤其是婆罗门和刹帝利之间通婚的例子，且为数不少。婆罗门男子和首陀罗女子结婚，婚后生的孩子被称为“尼沙陀”（nishada），其地位相当低下。

当时的婚姻一般是由男女双方的父母做主，但也有所谓“乾达婆婚”（gandharva-vivaha），即男女青年在两情相悦时野合或者自由结婚。采取这种乾达婆方式结婚的人是少数。

那时，在社会的中层，大多数家庭流行的是一夫一妻制。但社会上层间也盛行一夫多妻的现象。据文献记载，男子可以多妻，但妇女不能多夫[①]。

总体上看，当时印度—雅利安人妇女的生活还是比较自由的。婚前，她们在父母家里可以接受教育；婚后，她们在丈夫家里也受到尊重。

当时社会上对寡妇再嫁没有非议。《阿达婆吠陀》中甚至说，一个女人在成为十次寡妇之后，如果再嫁给一个婆罗门，那么，这个婆罗门可以被看作是她唯一的丈夫[②]。也就是说，她以前的婚姻都可以一笔勾销。如果真是这样，对寡妇来说是相当人性化的社会关怀了。

①《爱达罗氏梵书》，Ⅲ.23。

②《阿达婆吠陀》，Ⅴ.17.8。

三、经济状况

吠陀后期，印度的社会生产力得到进一步提高，因而其经济状况也得到提升。尤其是农业和商业的发展，能够为王族集团提供更多的税收，也为婆罗门祭司阶层提供了更多的财富。随着王族权利的不断扩大，社会分配不公的现象日益突出，贫富差距进一步加大。

（一）农业的发展

据文献记载，这一时期，农民已经会掌握农时。一年中有两季收成，冬季种大麦，入夏即可收获。雨季种水稻，秋季即可收获。这样就大大提高了粮食产量。除了这两种作物，文献中还提到小麦和豆子。可见，这四种作物是当时最主要的粮食作物，是人们日常的主要食物来源。在农业生产力方面，这个时期的人们已经开始广泛使用铁和铁器了，铁器的使用无疑会大大提高生产效率。人们还广泛地使用犁来耕地，有的文献甚至提到用二十四头公牛拉犁耕地。一些农民也学会利用沟渠和水井灌溉庄稼；但总体上讲，他们还得靠天吃饭。《阿达婆吠陀》中就有农夫祈求天神保佑他们取得好收成的巫术诗歌。

（二）城市经济

如前所说，在印度河文明时期，印度次大陆上曾经出现过城市文明。但印度河文明中断以后，在《梨俱吠陀》时代却没有出现城市文明的迹象。到了吠陀时代后期，城市出现了。尽管这些城市无法与后世出现的城市相比，但这些城市毕竟具备了一些城市的基本要素和功能；除了人口密集外，它们也成为政治、经济和文化的中心。据文献记载，当时的主要城市有迦尸（Kashi，在今印度北方邦瓦拉纳西）、干比罗（Kampila）和阿森迪文多（Asandivanta）等。但除了迦尸一名一直保留到今天以外，其余的城市地点已经很难考证。

由于市场的扩大，各种手工业也得到发展。纺纱、织布、印染、刺绣以及编制篮子等工作多由妇女来承担。木工（往往也是弓箭制造和车船制造者）、陶工、首饰匠以及驯养马匹和大象的人等，多由男人来充当。此外，舞者、歌者等演艺工作者以及医生、巫师等社会服务人员，也在城市中找到了施展技能的平台。

四、宗教哲学

这一时期，印度—雅利安人的宗教信仰显得更为复杂。祭祀活动十分频繁，而祭祀中所献的祭品也受到格外重视。

（一）祭祀与牺牲

根据《白夜柔吠陀》，这个时期的祭祀以新月祭、满月祭、火祭、祖先祭、苏摩酒祭、王祭和马祭为主。新月祭和满月祭都属于季节性的祭祀，规模较小。祖先祭的规模也不大。火祭是崇拜火神的祭祀，经常举行，规模大小不一。苏摩酒祭是规模较大的一种。而王祭是国王的灌顶仪式，规模很大，历时达一年之久。马祭通常是为强大的国王举行的祭祀，具体做法是先将一匹马放出，让它随意游走，然后派士兵跟随其后，观察动向，凡是马走到的地方，都被视为这个国王的属地。如果有谁敢于阻拦、驱赶或者扣留这匹马，就等于同放马的国王宣战，双方必然开战。

祭祀中所献祭品也多种多样，有苏摩酒、米饭团（祭祖用）等非动物祭品，而根据《百道梵书》的描述，还有诸多动物牺牲，如马、水牛和山羊等。《白夜柔吠陀》第三十章甚至提到了用人做牺牲的情况，说有184种人可作为牺牲，其中除了罪犯、残疾人、首陀罗和歌手、乐手、演员等外，甚至还有婆罗门、刹帝利和吠舍。这等于说，所有人都可以成为祭祀的牺牲。

（二）诸神崇拜

在这个时期，《梨俱吠陀》中的神明也受到崇拜，但情况似已不如从前。值得注意的是，这一时期又有新的神明显现出来。其中对后世影响最大的两个神明是楼陀罗（Rudra）和毗湿奴（Vishnu）。

在《白夜柔吠陀》的第十六章出现了楼陀罗的名字。尽管在《梨俱吠陀》中提到过楼陀罗，当时他还是一个风暴之神，但在这里，他有了一些别名或称号，如“山王”（Girisha）、“青颈”（Nilakantha）、商羯罗（Shankara）和湿婆（Shiva）。

毗湿奴在这个时期也受到崇拜。《百道梵书》第一章就提到了毗湿奴，第十四章又说毗湿奴用三步跨过了整个世界，这成为后来的往世书故事的源头[①]。

婆罗门教三大神之一的梵天（Brahma），在奥义书中也多次提及。

（三）奥义书哲学

奥义书是附在吠陀文献末尾的部分，因此又被称为“吠檀多”，意思是吠陀的结尾。这部分文献数量相当大，主要内容是关于哲学的思辨。

关于宇宙的生成，后世的文献承袭了《梨俱吠陀》中的说法，予以解说。对照《梨俱吠陀》第十章的《原人歌》，可知其来源。在《剃发奥义书》Ⅱ.1.2～4中也有相似的描写。值得注意的是，在奥义书

---

① 在往世书神话里，说恶魔统治了天地人三界，毗湿奴下凡救世，变做侏儒向恶魔要求三步大的土地，恶魔答应，毗湿奴用两步跨过三界，第三步把脚踏在恶魔头上，最后把地狱留给了恶魔。

哲学中，在原人之上，还有一个“他”，根据经文的解释，这个“他”就是“自我”，就是“梵”。

奥义书哲学最重要最精彩的内容就在于对“梵”和“我”的解释。

1. 梵我同一

根据奥义书哲学，梵就是宇宙的最高灵魂（Paramatma）和终极存在，“自我”或者“我”（Atman）是个体灵魂，是梵的显现。正如《歌者奥义书》（Ⅷ.3.4）所说：“这是自我。它不死、无畏，它是梵。这个梵，名为真实。”①

梵和我在本质上是同一的。梵和我都是抽象的，是不可描述、不可思议的，是只可意会不可言传的。但奥义书哲学并非对客观世界的具体性和真实性视而不见，它认为客观世界是由四种元素构成的，这就是地、水、火、风，简称“四大”。有时又说有五种元素，即四大加上空。不过，这四大或五大并非宇宙生成的终极原因，它们来自原人，而原人之上还有一个梵或我。这样，奥义书哲学就用抽象的梵和我彻底否定了客观世界的物质性和真实性，成为彻底的唯心主义哲学。

奥义书哲学认为，作为世界上生活着的人，不过是梵的无数显现中的一种；而人所具备的个体灵魂，也不过是梵这个最高灵魂的一个细微粒子。这样，奥义书哲学就解决了人从哪里来的问题。那么，人又要到哪里去呢？奥义书哲学认为，人的根本出路在于解脱，而解脱的根本目标就是达到梵我同一。怎样才能获得解脱而达到梵我同一呢？这就要破除蒙蔽，消除无知，认识“真实”。

数千年来，梵我同一的理论一直是印度教哲学的核心，至今仍然。

2. 轮回业报

如上所说，既然灵魂是不死的，那么，在它没有得到解脱之前，

① 黄宝生译：《奥义书》，北京：商务印书馆，2010年版，第216页。

没有与梵合一之前，就要不断地轮回。作为人，就要一次又一次地转生为各种身份的人或肮脏污秽的动物。在《广林奥义书》中，明确提出“业”（karman）和“果”（phala）的概念。业是人的行为，果是业的结果。善业有善果，会转生为善人；恶业有恶果，会转生为恶人。那么，为什么人会作业，为什么会作善业或者恶业？是因为人有欲望，欲望产生意愿（追求），意愿导致行为，行为导致果报。正如《广林奥义书》中所说：一般的善行者，通过祭祀、布施和苦行，可以在死后进入祖先的世界，然后又返回人间世界。只有真正认知梵的人，才能在死后进入天神的世界，抵达梵的境界，并从此不再返回，即不再受轮回之苦。这样，奥义书哲学又回答了关于死和死后的归宿问题。

总之，不管相信与否，人们都得承认，轮回业报说是一个了不起的伟大理论。它的影响巨大，不仅影响了印度人，还通过佛教影响了中国人乃至世界上许多国家和地区的人。

五、文学

（一）巫术诗歌

在文学方面，吠陀后期的文献中，首先以《阿达婆吠陀》咒语诗的成就最为突出。这部看似巫术咒语的作品，其中有很多诗歌都很贴近生活现实，并充满瑰丽的想象和生动的比喻。例如，其中一首治咳嗽的诗这样写道：

像心中的愿望，
迅速飞向远方，

咳嗽啊！远远飞去吧，

随着心愿的飞翔。[1]

（二）神话传说

前面已经提到过那个“原人”创世的神话，后期吠陀文献中还有很多不同类型的神话。今仅举《百道梵书》中的例子。其中有一则关于生主创世的故事：太初时候只有生主一个人，他首先有了繁殖后代的想法，于是经过苦行创造了世界万物和自己的后代。又有一则故事是关于“金蛋”的神话：“在太初，别无他物，只有水。这些水渴望繁殖。它们折磨自己，克制自己。它们完成苦行后，水中产生一个金蛋。……从这个金蛋中产生一个人，他就是生主。”还有一则关于关于“梵”的创世神话：“在太初，只有梵。它创造出众神，然后让他们居住在这个世界：火神在地上世界，风神在空中世界，太阳神在天上世界。”[2]

正如金克木先生所说：梵书中保留了一些神话传说。他在《梵语文学史》中列举了《爱达罗氏梵书》中天神与阿修罗作战的故事、长篇的“犬阳故事”以及《百道梵书》中广延天女（Urvashi，优哩婆湿）和国王洪呼（Pururavas，补卢罗婆）的爱情故事等。[3]这些传说都非常著名，有的则成为后世文学创作的素材，被不断演绎。

---

① 金克木：《梵语文学史》，北京：人民文学出版社，1980 年版，第 46 页。

② 季羡林主编：《印度古代文学史》黄宝生文，北京：北京大学出版社，1991 年版，第 36、37 页。

③ 金克木：《梵语文学史》，北京：人民文学出版社，1980 年版，第 78 ～ 81 页。

第三章
列国时代的文明

学界一般认为，到大约公元前 600 年，印度历史上的吠陀时代结束。但接下来，从公元前 600 年到孔雀王朝建立（公元前 322 年）这段时间是什么时代，学界说法不一。有人称之为“史诗时代”，有人称之为“佛陀时代”，有人称之为“十六国时期”，还有人称之为“列国时代”。本书采用了“列国时代”的说法。理由是：第一，印度两大史诗编订的过程很漫长，前后达 800 年左右，显然远远超出了这个时期；史诗本身并非信史，不宜作为历史的分期。第二，“佛陀时代”的提法也不科学，因为佛陀在世的时间毕竟有限，他在世的时代可以称为佛陀时代，但其去世以后的约二百年时间则不宜称为佛陀时代。第三，据早期佛教经典记载，佛陀在世的那段时间，印度北方有 16 个比较强大的国家，但不久就有摩揭陀国崛起称霸，并吞了其中的几个国家，改变了北印度的局面。而且，十六国只是当时的概说，南印度的一些国家并未包括在内。因此，笼统地称那个时代为列国时代更适宜。

第一节
两大史诗与早期婆罗门教

一、两大史诗

印度两大史诗《罗摩衍那》和《摩诃婆罗多》是继吠陀文献之后出现的两部大型作品。从历史的角度看，《罗摩衍那》以想象的成分为主，所透露的史实很少。而《摩诃婆罗多》被誉为是具有印度古代百科全书性质的作品，且数量相当于希腊两部荷马史诗之和的 8 倍，因此包含较多的历史真实。即便如此，靠两大史诗来恢复印度上古的历史也是不可能的，研究者只能从中找到一些蛛丝马迹加以推断，而每一个推断往往都会引来争议。

（一）“史诗时代”

学界一般认为，两大史诗编定的时间在公元前 400 年到公元 400 年之间。也就是说，至少在这 800 年时间里，两大史诗在不断被丰富、加工着。而两大史诗中的某些事件，即其原始部分，虽然后来被想象加工得面目全非，但学者们还是从中看到了一些历史真实的影子，并推测其发生的时间在吠陀时代后期。具体说，可能在公元前 800 年前后甚至更早。这样，从两大史诗原始事件的发生到佛陀住世的时代，被一些学者称作“史诗时代”。其实，这个时代与吠陀时代后期是相重合的。

（二）文学价值

《罗摩衍那》被称为“最初的诗”，讲述的是一个长篇传奇故事：拘萨罗国阿逾陀城十车王（Dasharatha）有三个王后、四个王子，大王子罗摩（Rama）在一次邻国的比武招亲中获胜，娶回公主悉多（Sita）。十车王年迈，欲禅位给罗摩。小王后嫉妒，要挟国王传位给自己的亲生儿子婆罗多（Bharata），并要求流放罗摩于林中 14 年。罗摩与妻子和一个弟弟在林中隐居，罗刹王将悉多劫持至楞伽岛（Lanka），罗摩寻妻，得到猴国国王和神猴哈努曼（Hanuman）的帮助，攻陷楞伽岛，杀死罗刹王，救出悉多，胜利归国。《罗摩衍那》分为 7 篇，现在的传本长 24000 颂（诗节）。由于史诗中穿插了许多神话传说和典故，使它变得相当庞大。但总体上,《罗摩衍那》仍然比《摩诃婆罗多》单一得多，故事情节也连贯得多。

《摩诃婆罗多》则不然，分 18 篇，长达 8 万余颂，除了主干故事外，还有许多插话（即穿插其中的完整故事）、神话传说和民间寓言故事，甚至包括整套的宗教和政治说教。《摩诃婆罗多》的主干故事讲述的是两个家族——俱卢（Kuru）族和般度（Pandava）族为争夺国土和王权而发动大战，双方都有许多盟友参战，最后正义的一方获胜。

从文学的角度看，两大史诗是印度古代文学史上空前的鸿篇巨制，它们体现了印度古代作者们的集体智慧和创作才能。其中涉及人物之多，涉及地域之广，涉及内容之丰，情节构思之巧妙，想象力之奇异，都是空前的。

史诗中保存了大量古代神话传说，大多见于吠陀文献，或者在吠陀文献的基础上加工而成。同时，史诗中还搜罗了许多民间故事和寓言，为研究印度民间文学提供了宝贵的资料。

由于两大史诗具有多种审美特征和很高的审美价值，所以，千百年来，这两大史诗一直在民间流传不衰，还被改编为戏剧、歌舞在民间上演，至今为民众喜闻乐见。两大史诗也为印度后世历代作家不断改写，有许多版本流行于各地，也有许多片段成为现代作家们的创作素材。

（三）史学价值

相对于《罗摩衍那》被称为“最初的诗”,《摩诃婆罗多》则被称为“历史传说”“第五吠陀”，印度古人以为那就是历史上真实发生过的事情。而事实上,《摩诃婆罗多》由于异常庞杂，其史学价值要高于《罗摩衍那》。

两大史诗中有的内容与吠陀文献相联系。除了史诗中的某些地名，如拘萨罗、迦尸、摩揭陀、毗提诃、般遮罗（Pancala）等地，在吠陀后期已经是著名国家和城市。俱卢（Kuru）也已出现在吠陀文献中，是雅利安人的一个著名族群。《摩诃婆罗多》中，俱卢族的老国王持国（Dhrtarastra）和般度五子之一的阿周那（Arjuna）的名字都出现于《百道梵书》中，而提婆吉（Devaki）之子黑天（Krsna，音译克里希纳）的名字已见于《歌者奥义书》。如此等等，例子很多。

二、婆罗门教

学界通常把吠陀时代的印度宗教称为“吠陀教”，把吠陀时代后期开始形成的宗教称为“婆罗门教”，把 8 世纪以后，尤其在穆斯林入主印度以后的婆罗门教称为“印度教”。现在，人们总称这三个阶段的宗教为印度教。

（一）婆罗门教的形成

在吠陀时代后期，婆罗门教开始形成。其标志是婆罗门教的“三大纲领”已经出现。这三大纲领是吠陀天启、祭祀万能和婆罗门至上。也就是说，在吠陀文献中已经宣扬了这三大纲领。这显然是婆罗门或者祭司阶层的主张。他们为了垄断知识，把知识神秘化，把祭祀仪式复杂化，从而达到使本阶层利益最大化的目的。但是，在这个过程中，婆罗门的利益也不时遭到挑战，也有刹帝利成为吠陀的学习者、解释者和传授者。同时，刹帝利和婆罗门之间既有共同利益，也有彼此的利益冲突。随着社会的发展，知识垄断已经越来越困难，而人们对于祭祀的作用也逐渐产生疑问。

在这种情况下，一场宗教变革已经不可避免。

（二）三大主神

婆罗门教形成的另一个主要标志是三大主神地位的确立。前面已经说过，在吠陀后期的文献中，婆罗门教的三大主神梵天、湿婆和毗湿奴都已被提到。而到了两大史诗中，他们几乎是一跃而成为婆罗门教的最高神。这种飞跃是如何完成的？具体何时完成的？由于资料的缺乏，谁也给不出准确的答案。人们只知道，在《罗摩衍那》中，罗摩是毗湿奴的化身，而在《摩诃婆罗多》中，黑天也是毗湿奴的化身。

从史诗神话传说中可知，梵天是宇宙的创造者，毗湿奴是宇宙的保护者，湿婆是宇宙的破坏者。但这仅仅是最浅显的说法。事实上，三大神的关系很复杂，这涉及婆罗门教的派别问题。从史诗文献已经可以看出，当时的婆罗门教已经出现了两个主要的派别，即毗湿奴派和湿婆派。前者以毗湿奴为主神，以另外两位大神为辅助，认为宇宙的根本原因是毗湿奴。而湿婆派则以湿婆为主神，以另外两位大神为辅助，认为湿婆是宇宙的本源。但这不是“史诗时代”发生的事情，而是后世逐渐发展出来的。关于三大神、往世书，以后还要谈到。

第二节
沙门思潮

到公元前6世纪，婆罗门教终于受到了严峻挑战。这就是耆那教和佛教先后成立，与婆罗门教形成鼎足之势。这个时期是印度历史上空前的思想活跃期，不仅有两大新宗教出现，而且还有许多新鲜的思潮兴起。耆那教和佛教的出家人称为沙门（shramana），这是与婆罗门教仙人（rishi）或牟尼（muni）相对的称呼，表示他们是离经叛道的新兴群体。于是，学界称这个由沙门兴起的思想运动为"沙门思潮"。

一、释迦牟尼与原始佛教

释迦牟尼（Shakyamuni）是我们非常熟悉的名字，但这实际上是一个称呼，他的本名是悉达多，姓乔答摩，出身于释迦族。但习惯上称他为乔答摩·悉达多（Gautama Siddhartha）。由于他曾经跟随婆罗门教仙人出家修炼苦行，因而被尊称为释迦牟尼，意思是释迦族的圣者。

（一）释迦牟尼的生平

关于释迦牟尼的生卒年有多种说法，南传佛教一般认为他生于公元前 624 年，卒于前 544 年，或以为其生卒年为前 623 年至前 543 年。但中国佛教界和学界一般根据汉译佛经的资料，推断其生年为公元前 565 年，卒于前 485 年。

相传，释迦牟尼出身王族，生在古印度北部一个叫迦毗罗卫（Kapilavastu，今北印度与尼泊尔交界处）的小国，其父为净饭王（Shuddhadana），母亲为摩耶（Mahamaya）夫人。小王子出生后 7 天母亲病故，由其姨母抚养长大。他幼年受到传统的婆罗门教教育，长大后苦苦思索人生哲理，产生厌世情绪。其父王为了使他安于世俗生活，早早为他娶妻。但王子仍然为人生的目的和归宿而烦恼。一次，他出城游玩，因见到年迈、生病和死亡的人而坚定了离家出走的决心。于是，在一天深夜，他离开妻儿，逾墙出城。净饭王得知消息，特派 5 名随从伴随他一同修行。他来到摩揭陀国王舍城（Rajagriha）附近的山林中，先跟随两名婆罗门修炼禅定，无果，又进行六年苦行，仍未得道。最后，他决定放弃苦行，5 名随从以为他怕苦，离他而去。他独自来到菩提伽耶（Buddhagaya，今印度比哈尔邦伽耶市附近），在一株菩提树下苦思冥想七七四十九天，终于觉悟成佛。“佛”（Buddha），又译“佛陀”，意为“觉者”。在想出了一整套的人生哲理之后，他来到鹿野苑（Mrgadava，今印度北方邦瓦拉纳西），找到先前的 5 名随从，首先为他们说法，史称“初转法轮”。5 人信服皈依，成为释迦牟尼的首批弟子。后来的数十年间，释迦牟尼一直在北印度各地传法，得到众多的皈依者。当他 80 岁的时候，北渡恒河，经过吠舍离（Vesali，今印度比哈尔邦北部），来到拘尸那伽（Kushinagara，今印度北方邦西北部），在一片娑罗树林中（一说在娑罗双树间）涅槃。

（二）佛教的创立

释迦牟尼成佛之后，到鹿野苑初转法轮，收了第一批 5 名弟子，标志着佛教的创立。因为，作为佛教的3个要素，即佛、法（dharma）、僧（samgha）三宝，已经具足。首先，释迦牟尼已经成为觉者，即佛；其次，他所创建的一整套佛教理论第一次向外界公布，佛法已经成立；第三，最初听法的五人成为释迦牟尼的首批弟子，僧团的建立已经具备了组织基础。此后就是佛教的健全和发展的问题了。

当时，鹿野苑所在的地方称为波罗奈，佛陀在那里又度化了55人，加上此前的5人，合称“六十比丘”。比丘（bhikshu）是对佛教出家人的称呼。佛陀离开鹿野苑东行，又度化了千人，队伍壮大了许多。当佛陀来到摩揭陀国的首都王舍城的时候，国王频毗沙罗（Bimbisara，又译瓶沙王）热烈欢迎他，他为国王说法，使之皈依佛门。此时，佛陀居住于灵鹫山，附近的目犍连（Mahamaudgalyayana）、舍利弗（Shariputra）率250名弟子皈依佛门。

此后不久，佛陀回到故里迦毗罗卫，将从弟阿难（Ananda）和儿子罗睺罗（Rahula）度化为佛教徒，释迦族的子弟们都纷纷出家。佛陀的姨母也要求出家，得到佛陀的特殊批准。佛教从此有了女弟子，称作比丘尼（bhikshuni）。

据说，在佛陀涅槃时，弟子大迦叶（Mahakasyapa）闻佛即将入灭，率令众弟子赶往拘尸那伽。当时，众比丘都悲痛不已，唯有一个叫须跋陀罗（Subhadra）的比丘拍手称快，说终于可以无人管束、为所欲为了。大迦叶有感于此，便召集僧团代表（号称五百罗汉）在王舍城外的七叶窟举行结集。所谓结集，就是在聚会上念诵出自己所记得的佛陀教诲，以便使大家的认识统一到佛陀的教导上来，规范教团，维护正法。这次结集史称“第一次结集”。

二、原始佛教哲学

佛陀生前提出了一系列哲学思想。有如下要点。

（一）缘起论

与婆罗门教认为神是宇宙的创造者不同，原始佛教主张宇宙万有是因缘和合而成的，并非神的创造。这个思想被佛学界称为“缘起论”。原始佛教认为，世间万物都是按照自身的规律存在和灭亡的，也是按照自身的规律发展变化的。

正如崔连仲先生所说：“什么是缘起论？缘起又称因缘。考察现象，必说明现象之生起及原因，这就是缘起论。用什么来说明万有现象之生起呢？在佛教看来，万有的生起，完全属于自己的因果律，而非神力。”①

应当说，缘起论是原始佛教的世界观，既带有朴素的唯物主义色彩，又带有朴素辩证法的思维方式；既是对婆罗门教思想的批判，又是对婆罗门教思想的发展与变革。缘起论在印度思想史上具有重要位置。

（二）四谛说

“四谛说”是原始佛教对人生的基本看法，是原始佛教最基本的教义。四谛，指人世间的四条真理，四项基本存在。概括起来，就是苦、集、灭、道四个字。

原始佛教认为，人生一切皆苦，生下来是苦，变老是苦，得病是苦，死亡也是苦。这种种苦不仅伴随着人的一生，而且还会伴随着来

① 崔连仲：《从佛陀到阿育王》，沈阳：辽宁大学出版社，1991 年版，第 151 页。

生，只要不得解脱，就会生生世世一直伴随下去。

集，指聚集，指根由，说的是各种痛苦之所以会产生的根本原因。其根本原因为“爱欲”，即欲望。有了欲望，就必然在身（指行为）、口（指语言）、意（指思想）三个方面表现出来，这就是“三业”。人如果不能控制爱欲，就是在造业，必然引来恶劣的果报。

灭，指的是消灭苦和苦的根源，即解脱。原始佛教的解脱有一个专词，涅槃。涅槃是指一个摆脱了轮回之苦、了无烦恼的最高境界，一种无法言喻的无限美好的境界。

道，指道路、方法、途径。就是达到解脱、进入涅槃境界的正确法门。具体来说，有八种法门，称为“八正道”。第一为“正见”，即树立正确的见解，正确认识人生。第二为“正思维”，即要正确地思考人生，思考客观事物。第三为“正语”，即实事求是地讲话，讲文明话，不能胡言乱语。第四为“正业”，即行为要端正，不可为非作歹，违反戒律。第五为“正命”，即正确对待自己的生计、职业，敬业而不巧取豪夺。第六为“正精进”，即坚持不懈地努力。第七为“正念”，即随时随地坚持正确的信念，不受邪念蛊惑。第八为“正定”，或者叫“正禅定”，即专心一志地修习禅定，不受外界干扰。

（三）十二因缘

原始佛教的“十二因缘”是关于人生死轮回流程的十二个范畴，这十二个范畴又互为因果，相依相生。即：

1.“无明”，指对事物无正确认识，烦恼纠缠，愚钝无知。

2.“行”，即业行，造业。因无明而起。

3.“识”，即认识，心中的想法。

4.“名色”，这实际上是两个概念，名为精神，是对客观世界的看法；色为形体，指物体的外在表现。

5.“六入”，指具备眼、耳、鼻、舌、身、意六种感官。

6.“触”，指接触、触觉。

7.“受”，指感受。

8.“爱”，指内心的欲望。

9.“取”，指对欲望的追求。

10.“有”，指生存、存在。

11.“生”，即获得生命。

12.“老死”，即衰老和死亡。

正如黄心川先生所解释的：“佛陀认为上述十二个环节构成了生命的不断循环。它的次序可以从顺的方面，也可以从逆的方面来加以观察。”①

（四）无常论

原始佛教强调世界万物是不断变化的，这就是它的无常理论。所谓“诸法无常”，说的是世界万物是无常的，其变化可以概括为“成住坏空”四个字；所谓“众生无常”，说的是人是无常的，其变化可以概括为“生老病死”四个字；所谓“诸行无常”，说的是世间各种现象是无常的，可以概括为“生住异灭”四个字。

总之，原始佛教认为，万物生生灭灭，都是无常。而生与灭，都在转瞬之间，这就是所谓“刹那生灭”。从这个意义上讲，人生苦短，应皈依三宝，抓紧行善。

（五）五戒

早期佛教要求佛教徒实行五戒。

---

① 黄心川：《印度哲学史》，北京：商务印书馆，1989年版，第177页。

第一条，不杀生。即不杀害生灵，包括人和动物。

第二条，不偷盗。即不侵占别人的财物。

第三条，不邪淫。指不乱搞男女关系，是克制性欲的重要规定。

第四条，不妄语。指不能胡说八道，包括谣言、谎言和粗口，强调诚信。

第五条，不饮酒。酒能迷性，容易惹是生非。

佛教的戒律很多，比丘、比丘尼的戒律都在数百条，但这五条是最基本的。

三、佛教早期文学作品

学术界很早就把佛教典籍中的文学作品划分出若干类别。从体裁讲，既有故事，也有诗歌和戏剧。但以故事类文学作品为大宗。

这里，我们重点介绍佛教早期文学作品中的两部主要著作。

（一）《佛本生经》

《佛本生经》（*Jataka*），又称《佛本生故事》，简称《本生经》。是一部具有世界影响的寓言、故事集。它收藏在巴利文三藏的《小部》当中。据佛教传说，释迦牟尼成佛之前，曾经过五百次轮回转生，那时他的修行等级只是菩萨，离成佛还有一段距离。在佛陀去世以后，弟子们将他的言论回忆结集成经典，后来逐渐发展为“三藏”（即经、律、论三大部分）。一些佛教徒则采集民间故事，编成了《佛本生经》。

中国古代，没有人将《佛本生经》翻译为汉文。但其中的许多故事已经随其他佛教典籍，如《撰集百缘经》《贤愚经》《六度集经》《杂宝藏经》等传入中国，在民间广泛流传，并产生了很多变体。有些故事也在中国古代石窟和寺院的壁画和雕刻中得到表现。例子很多，这里不做具体介绍。

西方学者于 18 世纪中叶开始关注印度的民间故事，到 19 世纪中叶，其译介研究已成风气，有人甚至提出了世界民间故事的“印度起源说”，其主要依据就是古老的《佛本生经》。

（二）《法句经》

《法句经》（*Dhammapada*）是一部宣传佛教道德观的诗歌集，也被编在巴利文三藏的《小部》当中。《法句经》流传也很广，后世发现了不少文本。据说其作者名叫法救。中国的三国时期（3 世纪）即有了天竺沙门维祇难等的汉译本，后来又出现了 3 种汉译本。其巴利文本包含 523 节诗，而三国时的汉译本包括 39 品，译诗既有五字句也有四字句。

下面引其《慈仁品》中的一段，以供欣赏：

> 不杀为仁，慎言守心。是处不死，所适无患。
> 彼乱已整，守以慈仁。见怒能忍，是为梵行。
> 至诚安徐，口无粗言。不瞋彼所，是谓梵行。
> 垂拱无为，不害众生。无所娆恼，是应梵行。
> 常以慈哀，净如佛教。知足知止，是度生死。
> 少欲好学，不惑于利。仁而不犯，世上所称。[①]

---

① CBETA, T04, no. 210, p. 561, b14-26。

（三）其他文学内容

除了前面提到的两部作品，早期佛教文献当中还有许多文学性很强的内容，这在巴利文三藏中几乎随处可得，在相对应的汉译阿含类典籍中也比比皆是。

四、大雄与早期耆那教

耆那教（Jaina）的起源很早，大约在吠陀时代后期已经萌芽。是印度古代三大非婆罗门正统思想流派之一。“耆那”的意思是胜利者，指战胜自我者。一般认为，耆那教的创立时间约在公元前 6 世纪。耆那教在印度长期流行，自创立至今，一直没有中断。13 世纪初，佛教在印度本土消亡，但耆那教一直是印度社会的一个有影响的宗教派别。耆那教在古代随佛教传入中国，一度受到中国思想界重视。

（一）大雄其人

相传，耆那教 24 位祖师，其初祖名为黎舍波（Rishabha）、第二祖名为阿耆达那陀（Adinatha）、第二十三祖名为巴湿伐那陀（Parshvanatha）、第二十四祖名为筏驮摩那（Vardhamana）等。如果真是这样，则耆那教的起源相当早，大约在公元前 9 世纪前后。但一般认为，这二十四祖中的大多数都是传说中的人物，仅第二十三祖和第二十四祖为历史上的真实人物。

耆那教的实际创始人是大致生活在公元前 6 世纪左右的筏驮摩那，即佛教文献中所说的“六师”之一尼乾陀·若提子（Nigantha Nataputta）。筏驮摩那是尼乾陀·若提子的原名。有学者认为，第二十三祖巴湿伐那陀时代，耆那教被称为“尼乾陀”。后来经过筏驮摩那的改革，耆那教成为印度社会上有较大影响的宗教派别。由于筏驮摩那在耆那教的建立和发展中的重要贡献，因而被信众尊称为“大雄”（Mahvira，即伟大的英雄）。关于筏驮摩那的具体生卒年，有各种说法。一般认为，他的生年为公元前599年，卒于前527年，是释迦牟尼的同时代人，出生在一个王族家庭，属刹帝利种姓。他30岁出家，经过12年苦行得道，后四处传教，72岁时涅槃。

筏驮摩那的生平故事充满神话色彩，与释迦牟尼的出生故事有很多相似之处。相传，在大约2500多年前，筏驮摩那出生在吠舍离（今印度比哈尔邦的木扎法尔普尔市的巴斯贡德村）。当时，这里是甘蔗族国王悉达多的国土。悉达多国王是一个公正、宽厚而又知识渊博的人。其国家因他的贤明治理而呈现一派祥和与幸福的气氛。悉达多的王后也被传颂为智慧与慈悲的化身。一天，王后感梦怀孕，世尊大雄应运而生，取名筏驮摩那。他五岁接受宫廷的传统教育，长大后对社会现状不满，觉得世界上充满恶行，尤其不满于种姓欺压和杀生祭祀。筏驮摩那28岁时，父母双双过世，他协助哥哥管理国家。30岁那年，他决心离开王宫云游四方。他立下誓言：要在12年内承受肉体上的一切痛苦，全身心地去获得知识和智慧。于是，他开始了长达12年的苦修。他每到一处，从不住三天以上。只有在雨季，才停留下来。雨季过后，又开始云游。12年里，他遭到各种羞辱和折磨，表现出超凡的忍耐力和勇气。一天，他坐在一棵娑罗树下的巨石上禅思，获得了大彻大悟的大圆境智（又译独存智）。不久，他为婆罗门祭司出身的两兄弟，因陀罗菩谛（Idrabhuti）和阿耆尼菩谛（Agnibhuti）说法，使他们各率弟子数百人前来皈依。继两兄弟之后，又有11位有名望的学者前来皈依，成为大雄的主要门徒。于是，大雄的弟子越来越多。弟子们可大致分为两种，出家的和在家的，前者称为牟尼，后者称为沙门。据说当时有沙门15万人，女沙门30万人。而且还有一个女僧团。后来，摩揭陀国国王室莱尼迦（Srenika）也皈依了耆那教。

自从世尊大雄得道，就坚定不移地朝着解脱的目标努力。一天，他和他的追随者们来到圣洁的巴瓦（Pava，旧译白婆）城，受到国王和臣民们的热烈欢迎。这时，大雄已经 72 岁，在印历八月的朔日，世尊大雄独自坐在湖边的花园中禅定，并获得涅槃。如今，巴瓦城已经成了耆那教的圣地，其涅槃日也成为耆那教的重要节日，这一天也是印度教的灯节。①

（二）耆那教的发展

公元前 6 世纪前后，古印度掀起了非婆罗门教或反婆罗门教的新思潮，涌现出一批思想家。其中影响较大的是所谓“六师”，即六位著名的思想家。尼乾陀・若提子为其中之一。耆那教与佛教及“顺世论”成为印度历史上三大非正统的思想派别，在印度文化的发展中占据重要的地位。

为叙述的方便，这里也简要地介绍一下耆那教的后世变迁。

约公元 1 世纪，耆那教分裂为天衣派（Digambara，又译空衣派）和白衣派（Shvetambara）。白衣派信徒穿白衣。天衣派以天为衣，即裸体。据说大雄当年即主张裸体修行，所以佛教文献中也称天衣派信徒为“露（裸）形外道”或“无惭外道”等。该派强调苦行，要求信徒不蓄私财，连衣服都不能有。白衣派也主张苦行，但可以穿着白衣。两派的主要分歧有二，一是对戒律的解释不同，二是对传统的典籍看法不同。这两派在后世又继续分裂，曾出现许多小的派别。

---

① 本小节据 [印] 奥古斯丁・帕尼克：《耆那教：历史、社会、哲学和实践》，德里，摩迪拉尔私人出版有限公司，2010 年印地文版，第 142 ～ 156 页。

（三）耆那教的典籍

耆那教的典籍在印度流传下来的很多，在中国的汉译佛经中也保存了不少资料。耆那教最早的典籍是“十四前”和“十二支”。“前”（Purva）指先前的根本文献。“支”（Anga）指构成根本文献的主要部分。但“十四前”已经失传，“十二支”也仅余“十一支”。

耆那教除了早期的“十一支”之外，还有大量文献。其中较重要的有：相传为康达康达（Kundakunda，约 1 世纪）所作的《五原理精要》（*Pancastikaya*）和《教义精要》（*Pravacanasara*），乌玛斯伐蒂（Umasvati, 约五六世纪）所作《谛义证得经》（*Tattvarthadhigama-sutra*，两派均认为是正统经典），以及悉檀舍那·迪伐伽罗（*Siddhasena Divakara*，约 8 世纪）所作《正理渡津论》（*Nyayavatara*），等等。此外，师子贤（Haribhadra Suri，约 8 世纪）等人也有不少关于耆那教的著述。汉译佛典中有不少记载耆那教活动和理论的材料，如《长阿含经》《中阿含经》《杂阿含经》《增一阿含经》《大毗婆沙论》《大智度论》《瑜伽师地论》《显扬圣教论》等佛典中都有相关记述。

（四）耆那教的思想

耆那教的主要思想在《谛义证得经》等文献中有较为集中的论述。据此，耆那教理论体系中涉及的主要问题有：七谛、命我与非命我、五种智、七支论式、轮回解脱观念、社会伦理思想等。[①]

1. 七谛说

如佛教之有“四谛说”，耆那教则有“七谛说”，主旨在于探讨人

① 以下关于耆那教哲学思想部分，参见黄心川《印度哲学史》（北京：商务印书馆，1989 年版）和姚卫群《印度宗教哲学概论》（北京：北京大学出版社，2006 年版）的有关章节。

生和世事的真理。“谛”即真理。在耆那教看来，获得解脱就是对这些“谛”的认识或证悟。《谛义证得经》中的“七谛”，指“命我”“非命我”“漏”“缚”“遮”“灭”和“解脱”。

“命我”即生命中轮回及解脱的主体。有“不可解脱的命我”和“可解脱的命我”两种。“非命我”是对“命我”之外的其他事物的概括。“漏”的意思是“漏入”、流入，指造业的结果流入命我。业的结果来源于人的行为。“缚”指业的结果对命我的束缚。“遮”指对“漏”的阻挠、遮盖。“灭”指通过苦行等手段有效地灭除业果漏入命我。“解脱”指“命我”摆脱一切业果的束缚，即通过完美的正信、正智等达到的最高境界。

2. 命我与非命我

耆那教理论体系中的“命我”可以理解为生命体中永存的东西，与其他宗教派别中的“我”（小我或灵魂）既相似又相区别。据《谛义证得经》等文献，命我不仅在生命体中存在，亦在无生命的物体中存在。这实际上也是一种万物有灵论。耆那教的命我分为两种，一种是轮回中的命我，另一种是解脱了的命我。耆那教要追求的是解脱的命我，即追求摆脱各种物质的束缚。

“非命我”主要由四部分组成：法（dharma）、非法（adharma）、虚空（akasha）和补特伽罗（Pudgala）。它们是关于事物的存在形态的重要概念。

3. 五种智

在认识论方面，耆那教强调唯心主义的直觉。这主要反映在《谛义证得经》中，即关于“五种智”的理论中。“五种智”指五种认识方式，即“感官智”“圣典智”“直观智”“他心智”和“完全智”。

4. 七支论式

所谓“七支论式”既是认识论方面的问题，也是思维模式的问题，即逻辑问题。耆那教认为，对事物的判断可有七种形式：存在、不存在、存在又不存在、不可描述、存在并不可描述、不存在并不可描述、存在又不存在并不可描述。耆那教认为，事物是变化的，其在地点、时间、特性等存在形式上具有多样性，因而在上述每一判断形式前都应加上“或许”一词。

5. 轮回解脱

如佛教的轮回观一样，耆那教的轮回解脱观也是从吠陀时代流传下来的，只不过耆那教信徒对它做了自己的解说而已，并无明显的创新。关于轮回产生的原因，《谛义证得经》中认为：身、语、意的活动产生业果，业果漏入命我并对命我造成束缚，即形成轮回。造善业得善果，可以使人在来生得到好的生活和高等地位。造恶业则得不到善报，会遭受痛苦。而只有解脱才能摆脱一切业果的束缚，达到一种圆满成就的状态。

6. 社会伦理思想

耆那教的社会伦理思想主要体现在他们的戒律中。《谛义证得经》中说：“禁誓是不杀生、不妄语、不偷盗、不淫、不追求私财。”这就是耆那教的五戒。我们发现，这五戒和佛教的五戒大体相当，只是最后一项不同。其中“不杀生”一条最为重要，耆那教信徒必须奉行不苟。从理论上讲，这一戒律体现了众生（命我）平等的思想，不管人还是动物，都是生灵，都有同等的存在价值。从实践上讲，耆那教信徒在日常生活中非常严格地执行这条戒律，不仅反对战争、厮杀，也反对伤害动物，如鸡鸭猪羊牛等的生命，尤其是饮食时也要严格防止误将小虫吞入，行走时则严格防止踩踏生命物，甚至连一些植物也包括在不杀的范围内。

耆那教还注重苦行，生活极其俭朴，由于不蓄私财，几乎别无长物。

五、顺世论

“顺世论”（Lokayata）是印度古代沙门思潮中的一个唯物主义流派。在汉译佛经中又音译为“路迦耶陀”，或译为“顺世外道”等。由于这个思潮的有关资料在佛经中保留较多，因而早就在中国佛学界产生了影响。近代以来，中国学者对顺世论的研究也卓有成就。[①]

（一）早期代表人物

顺世论思潮兴起于何时，已经无从考证。至少在奥义书中，已经提到了“自然因外道”。在两大史诗中，也提到了一位早期顺世论者伽波梨（Gabali）的名字及其言论。他从根本上否定了婆罗门教主张的祭祀、苦行和施舍，也否定了来世的观念，主张今生的享受。

根据早期佛经的记载，顺世论在佛陀时代有两位主要思想家，即阿耆多·翅舍钦婆罗（Ajita Kesakambali）和他的弟子弊宿（Payaci）。阿耆多的名气很大，据《中阿含经·箭毛经》说，他是一代宗师，为众多人所敬重，有许多门徒。另外，约在公元前2世纪的印度文法书《大疏》（*Mahabhasya*）里提到一位注释顺世论经典的顺世论者，名字叫婆古哩（Bhaguri）。

总之，不管是奥义书、史诗还是佛经，凡是提到顺世论者，都是作为异端加以攻讦的，这说明顺世论的思想与婆罗门教、佛教都格格不入。

（二）基本理论

黄心川先生总结顺世论的基本观点为八项：“（1）承认世界的

① 本节以下关于顺世论的内容，据汤用彤《印度哲学史略》（北京：中华书局，1988年版，第36～39页）和黄心川《印度哲学史》（北京：商务印书馆，1989年版，第98～120页）撰写。

基础是物质，物质的元素是地、水、火、风，并承认物质具有内在的力量；（2）意识是从物质中产生出来的；（3）感觉经验认识的唯一来源；（4）心和身是统一的，没有永恒的灵魂；（5）没有超自然的实体或神；（6）业（因果报应）的规律是不能证明的；（7）圣典、祭祀、宗教仪式等都是骗人的把戏；（8）禁欲主义是和生活的目的不符的。”①

① 黄心川：《印度哲学史》，北京：商务印书馆，1989 年版，第 102 页。

第三节
制度文明与物质文明

一、政治动荡

（一）佛陀时代的十六国

据早期佛教文献记载，在佛陀时代，印度北方主要有十六个国家，号称“十六大国”。其余还有不少小国，不在话下。《长阿含经》卷五是这样记载的：

> 鸯伽国、摩竭国、迦尸国、居萨罗国、拔祇国、末罗国、支提国、拔沙国、居楼国、般阇罗国、颇漯波国、阿般提国、婆蹉国、苏罗婆国、乾陀罗国、剑洴沙国。彼十六大国有命终者，佛悉记之。①

这十六国的名单在不同文献中不尽相同，越晚出的文献与此差别越大。一般认为，上述名单比较符合佛陀时代早期印度的实际情况。

鸯伽国（Anga）在恒河下游，位于摩揭陀以东。摩竭国（Magadha，

① CBETA, T01, no. 1, p. 34, b20-25。

通常译为摩揭陀）约在今印度北方邦东部和比哈尔邦北部地区。为当时的强国之一。迦尸国（Kashi），在今印度北方邦东部地区，都城波罗奈，即玄奘译的波罗痆斯，今之瓦拉纳西。居萨罗国（Kosala，又译拘萨罗、憍萨罗等），大约是在后期吠陀时代兴起国家，最早见于《百道梵书》。其在佛陀时代的地理位置应在今印度北方邦东部和比哈尔邦及其以南地区，为当时的四大强国之一。吠陀后期及史诗时代，其首都为阿逾陀。到了佛陀时代，其首都在舍卫城。拔祇国（Vajji，又作弗栗恃、跋耆，Vriji）在今比哈尔邦北端，以吠舍离为中心，南临恒河，北抵尼泊尔山区。末罗国（Malla）位于拔祇国西北部，喜马拉雅山南麓。支提国（Ceti，又译车底）在亚穆纳河南岸。拔沙国（Vatsa），位于亚穆纳河流域，为佛陀时代四大强国之一。居楼国（Kuru，又译俱卢）在今印度首都新德里以北的恒河流域。在史诗时代，此国名声很大，但在此后不久，该国部分人口因洪水而东迁至亚穆纳河流域，变成拔沙国，另一部分人留在原地，仍称居楼国。般阇罗国（Pancala）位于居楼以东，恒河的中上游地区，略当今印度北方邦东部。颇溧波国（Assaka，系阿湿波之误）是十六国中唯一的南印度国家，位于哥达瓦里河中游地区。阿般提国（Avanti）也是佛陀时代四强国之一，位于今印度中央邦乌贾因一带。婆蹉国（Maccha，系摩差之误）是亚穆纳河上游西部的国家。苏罗婆国（Surasena）位于亚穆纳河上游，在今北方邦东部，首都摩头罗，即今之马图拉。乾陀罗国（Gandhara，又译犍陀罗等）位于今巴基斯坦印度河上游拉瓦尔品第和白沙瓦一带，首都为呾叉始罗，即今之塔克西拉。佛陀时代，呾叉始罗是著名的文化教育中心。剑洴沙国（Gamboja，系剑浮沙之误，又译甘谟惹等）在犍陀罗北侧，经常与犍陀罗并称。

这十六个国家相互征战、并吞，纵横捭阖，演出了一幕幕人间悲喜剧。

（二）群雄争霸

1. 拘萨罗的征伐

在佛陀时代，拘萨罗的首都是舍卫城（Sravasti）。据佛教早期文献《佛本生经》，拘萨罗国王波斯匿（Prasenajit）与佛陀同时，是佛教的信徒，早年曾在呾叉始罗接受教育。波斯匿王拥有一支庞大的军队，经常与其他国家作战。其最主要的对手是摩揭陀国。起初，波斯匿王的父亲将女儿（波斯匿王之妹）嫁给摩揭陀国王频毗沙罗（Bimbisara，又译瓶沙王，约前 544 ～前 493 年在位），但频毗沙罗被儿子阿阇世（Ajatshatru，约前 493 ～前 462 年在位）囚禁、杀害，波斯匿王之妹也抑郁而死。波斯匿王因此仇视阿阇世王，双方为争夺迦尸附近的土地而爆发战争。初战，阿阇世王获胜，波斯匿王逃回舍卫城。在经过谋划后，波斯匿王再战，一举将阿阇世王擒获。在囚禁了一段时间之后，波斯匿王释放了阿阇世，并将自己的女儿嫁给他。两国联姻，暂时相安无事。

2. 摩揭陀的振兴

摩揭陀一直是佛陀时代的强国。其与邻国的关系也经常处于紧张状态。在频毗沙罗王时期，曾兼并邻国鸯伽，占领其首都瞻婆，并委与毗流离掌管。后又与恒河北岸的拔祇国作战，吠舍离国王将自己的女儿嫁给频毗沙罗为妻。

约公元前 462 年，阿阇世之子优陀耶跋陀罗（Udayabhadra，简称优陀耶）杀父即位。此后，摩揭陀又时常与西方的阿般提发生冲突。据《大史》所说，优陀耶在位 16 年，约于前 446 年被其子阿奴鲁陀（Anurudha）所杀。不久，阿奴鲁陀又被其子门陀所杀。据传，这二人共执政 8 年，门陀又被其子那迦达萨克杀死。杀父继位，似乎成了这个王室家族的宿命。那迦达萨克执政 24 年，由于残暴无度被市民推翻。约前 414 年，湿术那伽（Sisunaga，约前 414 ～前 396 年在位）被拥戴为摩揭陀国王，开始了摩揭陀的湿术那伽王朝。湿术那伽出身军事将领，有谋略。他将自己的儿子派驻迦尸，又迁都回到王舍城。终于，阿般提被打败。拔沙、拘萨罗均被并吞，摩揭陀盛极一时。

约公元前346年，出身首陀罗的大莲花·难陀（Mahapadma Nanda，音译摩诃波德摩·难陀）靠宫廷政变登上王位，建立了印度历史上的难陀王朝。大莲花王以华氏城为首都，对外实行领土扩张。他征服了俱卢、迦尸、般阇罗、阿湿波，也一度征服了羯陵伽（Kalinga，今印度奥里萨邦一带）等地，在印度历史上第一次统一了北方大部分地区。但难陀王朝为期不长。据往世书文献，大莲花王生有8子，共统治北印度100年，这个说法的特点是把时间拉长。而据佛教文献，大莲花王有8个兄弟，合称“九难陀”，他们统治摩揭陀达22年。这个说法比较接近事实。

二、制度文化

在佛陀时代的“十六大国”中有若干不同政体，大致可分为两种，一种为君主制，居多数，且比较强大；一种为共和制，占少数，多比较弱。但也有先是君主制后为共和制的国家。

（一）君主制国家

印度古代君主制的主要特点是王权世袭，国王的权利很大，容易形成独裁。但一般来说国王的权力不是绝对的，是要受到监督和制约的。每遇大事，通常需要召开御前会议决定，大臣和国王周围的人有权也有义务向国王提出自己的主张和建议。最后的决定权在国王。

（二）共和制国家

所谓共和制国家，梵文为 ganarajya，与现代共和国的概念很不相同。它实际上是指部族联盟，而这种联盟被称为“僧伽”，梵文为 sangha；部落联盟被称为 gana-sangha。印度史学家罗米拉·塔帕则认为，这个 gana-sanghas 翻译成英文应该是 Chiefdoms（酋长联盟）和 Oligarchies（寡头联盟），而僧伽的意思是 assembly（集会）。[①] 在这个联盟中，并非所有人都像今天的人们一样拥有自己的权利和义务，也并非由百姓选举出的代表去行使国家权力和掌管国家机器的运转。当时的共和制国家有会议制度，有规模大、小两种会议，而会议参加者的数量常常被夸张为数百数千。大会通常由贵族长者和青年参加的议事大会，共同讨论决定日常事务和国家大事。但在多数情况下，尤其是在紧急情况下，只能召集由少数主要部落首领出席的临时会议。当时的部落不论大小，其酋长都被称为罗阇，梵文 raja，通常翻译为王、国王。

二、社会生产力与物质文明

（一）城市的兴起

以上我们在提到各个国家时同时提到了这些国家的首都。这些首都较大的城市就是当时人口密集的地区。当时的国家大多是以城市为中心的所谓“国家”，附带周边的乡村，面积一般都不大。有的国家甚至就是一个村镇（佛经中通常称为“聚落”），也有自己的罗阇，有一

① [印] 罗米拉·塔帕：《古代印度》，新德里：企鹅丛书印度私人有限公司，2002 年版，第 146、147 页。（Romila Thapar, Early India, Penguin Books India Pvt. Ltd. New Delhi. 2002, P146-147.）

套行政机构。所以，时常有以城名为国名的情况。只有上述十六国号称大国，面积稍大，城市和乡村有所区别。

据《长阿含经》卷三记载，在佛陀时代，恒河流域有七大城市，它们是：瞻婆、吠舍离、王舍城、沙祇、舍卫城、迦毗罗卫和波罗奈。有的文献还把阿逾陀、乔赏弥以及印度河上游的呾叉始罗列出。这一时期出现了一些新的城市。城市的增加和繁荣，带动了手工业和商业的发达。

（二）手工业

佛陀时代，印度的手工业较前一时期得到很大发展。这一点，从当时的行会组织就可见一斑。有外国学者根据《佛本生经》提供的资料归纳出十八个行会的工种：木工、金属匠、石匠、织工、皮匠、陶工、象牙工、染匠、宝石匠、渔民、屠夫、猎人、厨师、理发按摩师、花冠制作者和卖花人、水手、灯芯草匠和编篮者、画匠。每个行业都有自己的行会，而且这些行业的人聚集在一定的街区或村镇，形成了群体效应。

第四章
孔雀王朝时期的文化

第一节
孔雀王朝的建立与兴盛

约公元前 324 年（一说前 322 年）至前 187 年是印度历史上的孔雀王朝时期。这一时期，南亚次大陆上出现了印度有史以来第一个大一统帝国——孔雀帝国。尤其是到其第三代统治者阿育王（Asoka）时代（约前 272 ～前 232），孔雀帝国空前强盛，成为印度文化史上一个辉煌的时期。

一、西北印度的入侵者

在恒河流域的列国处于纷争的时候，西北印度却迎来一批批不速之客。这些不速之客中最主要的是波斯人和马其顿人。

（一）波斯人的占领

如前文提到的，公元前 6 世纪初期，西北印度的印度河流域有两个主要国家，即犍陀罗和剑浮沙。但到了公元前 6 世纪中期，波斯帝国兴起，一个叫作居鲁士（前 558 ～前 530）的人建立了波斯帝国，据希腊历史学家希罗多德（约前 484 ～约前 425）记载，居鲁士曾经出兵印度河流域，一度攻打过犍陀罗地区。这次进攻并不成功，他退而占据了喀布尔河谷地区。但是，没过多久，到大流士一世（前522～前486年在位）统治波斯帝国期间，其版图得到扩大。犍陀罗大约于前519至前513年间被大流士征服，并被划归波斯帝国的版图。大流士的军队还进一步向东推进，占领了五河流域（旁遮普）。这种局面维持了100多年。到大流士三世（前335～前330年在位）时，波斯帝国衰落，终于被马其顿国王亚历山大吞并。此时，印度西北地区小国林立，如一盘散沙。

（二）亚历山大入侵

公元前327年，亚历山大挥军越过兴都库什山，进入印度河流域，印度西北地区的一些小国纷纷投降，但也有一些国家奋起抵抗。据说，最激烈的战斗发生在杰卢姆河上。

亚历山大本打算向印度内地进攻，但由于士兵厌战，只好罢兵。公元前325年，他率军沿印度河而下，所到之处每有战事。至印度河口，他将军队分成两路返回波斯。公元前323年，亚历山大在巴比伦去世。在亚历山大离开印度之前，他将被征服的区域划分为6个省份，西边的三个省份任命三个总督管理，东边的三个省份则交由当地王公掌管。亚历山大征服西北印度的时间虽短，却给后世留下了巨大影响。据记载，当时马其顿人在那里建立了一些移民城市，仅叫作“亚历山大里亚”的城市就有三座。当时的移民被印度人称为“耶婆那”或“耶槃那”人（Yavana），实指希腊人。这些城市存在了很长时间，至少到中国的南北朝时还有关于这些地方的记载。

二、帝国的建立

（一）旃陀罗笈多

在西北印度呈混乱局面的时候，一个印度人出现了，他就是旃陀罗笈多·毛利耶（Candragupta Maurya，又称月护孔雀，约公元前324～前300年在位）。关于他的出身和生平，有各种说法。既有往世书提供的材料，也有佛教、耆那教文献提供的材料，还有希腊人提供的材料。学界多采取南传佛教文献《大史》的说法，说他出身于毛利耶家族，属于刹帝利种姓，但也有人认为他出身于首陀罗或吠舍。他在谋士考底利耶（Kautilya，约公元前4世纪）的拥戴下夺取王位。据佛教文献，月护王一生比较坎坷，其父是毛利耶族的一个首领，早亡，其母流落到华氏城生下他。他曾经得到牧人和猎人的抚养，后来被考底利耶发现。考底利耶将他送往呾叉始罗学习，那里是考底利耶的故乡。月护孔雀适逢乱世，一呼百应，揭竿而起，先是击败了西北地区的马其顿首领，后又东进至摩揭陀，经过艰苦卓绝的战斗，攻取华氏城，推翻难陀王朝。于是他以华氏城为首都，于公元前324年（或说前322年）自立为王。他继续征战，统一了恒河和印度河流域的广大地区。他还向南印度推进，将纳巴达河以北地区均纳入自己帝国的版图。据耆那教文献，月护王最后皈依了耆那教，并于晚年禅位给儿子宾头沙罗（Bindusara，约公元前300～前273年在位），自己去林中过隐居生活。

宾头沙罗维持了月护王打下的江山，还继续向南方扩展势力。他约于公元前273年病死，传位给自己的儿子阿育王（Asoka，公元前273～232年在位）。

（二）阿育王

关于阿育王的资料，主要来自四个方面：一是南传佛教文献《大史》《大史注》和《岛史》；二是北传佛教文献《阿育王传》及其异译《阿育王经》等；三是中国西行求法僧法显、玄奘的有关记载；四是在印度各地发现的阿育王铭文。阿育王的生平事迹之所以在佛教文献中保存较多，原因是阿育王生前皈依了佛教，并大力弘扬佛教。

据《阿育王经》，阿育王的母亲出自名门，为东印度瞻波（Camppa）城的婆罗门女，容貌端正美丽，深受国王宾头沙罗的宠爱，立为正妻。他为国王生了个儿子，国王说，“我现在无忧了。”于是，这个小王子就被命名为“无忧”（Asoka，音译阿育，又译阿恕伽、阿输迦等）。

阿育王从他的祖父和父亲那里继承了一个庞大的帝国，但他觉得还不够，还要继续扩张。于是，在即位后的第八年，他向羯陵伽（今奥里萨邦一带）进军。羯陵伽本来是一个富庶的强国，享有渔盐之利，据稍早的希腊人记载，其王曾拥有 6 万步兵，1000 骑兵和 700 头战象。阿育王对羯陵伽的战争注定会十分残酷。

据阿育王的 13 号铭文诏书，在这场战争中，有 15 万人被俘，10 万人战死，还有数倍于此的人死于战乱。这是阿育王登基后的唯一一场战争，虽然以胜利告终，但也付出了惨重的代价。至此，孔雀帝国的版图几乎囊括了整个南亚次大陆。这是印度历史上空前统一的强大帝国。在羯陵伽战争之后，阿育王深感悔恨，据说他从此皈依了佛教，并开始宣扬“正法”。

在阿育王逝世之后，帝国迅速衰落，西北地区诸国先后独立，大夏希腊人入侵。约于公元前 187 年（或说前 180、前 185 年），孔雀王朝末代国王被其将领补沙耶蜜多罗·巽伽（Pushyamitra Sunga）杀害，巽伽王朝建立。

第二节
政治、经济与社会

一、政治制度

关于孔雀王朝的政治制度，主要有四种资料可供考察。一是阿育王铭文，二是旃陀罗笈多时期大臣考底利耶的《政事论》(*Arthasastra*，又译《利论》)，三是麦伽斯提尼[①]（Megasthenes，约公元前350～前280）的《印度记》(*Indica*）一书，四是相关的佛教典籍。

（一）行政管理

1. 行政区划

据记载，为管理方便，孔雀帝国的统治者将国家划分为五个大的行政区块，它们是（1）北方路（Uttarapatha），首府为呾叉始罗；（2）西部轮（Pascimicakra），首府为优禅尼（Ujjayini）；（3）南方路

① 麦伽斯提尼，印度西北希腊人国王塞琉古一世（Saleucos Nikator，公元前312～前280年在位）派往华氏城的使节。约公元前305年，月护王与塞琉古签订合约，麦伽斯提尼即被派出，任期约至公元前292年。在任期间，他注意观察和记录印度的见闻，写有《印度记》一书。此书已佚，在其他人的征引中留下很多片段，被认为是研究那个时期印度历史文化的宝贵资料。

（Daksinapatha），首府为苏婆那吉里（Suvarnagiri，意译金山）；（4）羯陵伽，首府为多萨利（Tosali）；（5）中央省（Madhyapradesa），首府为华氏城（Pataliputra）。在这五大区以下，还划分出一些中等地区，称为曼荼罗（Mandala）；中区以下划分聚落（Janapada）；聚落以下为村（Grama）。

2. 王权

孔雀王朝的最高统治者为国王，拥有绝对的权力。据考底利耶的《政事论》，国王有权任免大臣、祭司等朝廷官员；官员、国库、民众中出了事情，均由国王作主予以应对。而作为国王，则要战胜色欲、嗔怒、醉酒、贪欲、痴迷和享乐这“六敌”。考底利耶强调国王要勤勉躬行，不能贪图享乐，不能因为大权在握而恣意妄为。

3. 大臣会议

孔雀王朝时期，虽然国王拥有最高权力，但他仍然需要听取大臣们的建议和意见。为拾遗补阙，设置了大臣会议（御前会议）制度。所有的大臣都是由国王任命的，其官位不得世袭。这种会议究竟有多少人参加，文献中并无确切记载，只是说要根据需要任命大臣。这种大臣会议都是秘密举行的，其内容不得向外界透露。大臣有权提出自己的意见，如果国王不采纳他的意见，他也只能无条件服从国王的意愿，不得从中作梗。

4. 城乡管理

孔雀王朝任命城市管理官员，叫“斯陀尼迦”（Sthanika），相当于市长。市长必须了解本辖区的人口。如果有谁家来了外地客人，家长必须报告，否则将受到惩罚。如果有市民受了伤，或者生了病，也必须报告。市长及有关官员要对城市的供水、街道的布置、广场的情况等适时观察，要为市民提供便利。

对于城市卫生，也有若干规定。如，不许在庙堂、水库、王宫等地大小便，不许乱扔垃圾，否则将给予惩罚。对于民居建设也有一些要求：市民家里要有厕所、水井、水道。如果家里喂养牲畜，要修好厩圈，草料也要放置于家中合适的地方。

在乡下，设有村长（Gramika）一职。村长由村民推举，政府认定。村长在村子里主要人物（即通常所说的五老会，Pancayat，音译潘查耶特）协助下开展工作。

（二）司法、密探

1. 司法

孔雀王朝有一套完备的司法体系。国王拥有最高司法权。据考底利耶的《政事论》，那时在国王的司法权之下设置有两种法庭：一种叫作“达磨斯底耶”（Dharmasthiya），负责审理人与人之间的纠纷案件，具有今天民事法庭的裁判和调节功能；另一种叫作“坎多迦苏达那”（Kantakasodhana），负责审理诸如抢劫、偷盗、谋杀、强奸，以及主仆争端、夫妻争端等案件，具有今天刑事法庭和民事法庭的双重功能。

2. 密探

孔雀王朝时期的政治密探非常著名。可以说是监控犹如网络，密探遍于国中。密探要对国王负责，直接或间接向国王汇报情况。《政事论》第一卷第十一和十二章集中讲密探问题。说密探有坐探和行探两种，前者在某个固定的岗位假扮成学生、僧人、家长、商贩和苦行者等，监视周围的官员和平民。后者则流动于各个场所，主要负责对大臣、高官、王室祭司、军事统帅、王子、宫廷总管、税务官、司库、法官等的监视任务。他们需要有专业技能，如擅长暗杀、投毒、密写、化装等；同时，对于邻国、敌国、属国等境外地区，也要派遣密探，收集情报或直接从事破坏活动。

（三）军事

1. 兵种

据麦伽斯提尼记载，月护王当年拥有一支强大军队。其中 80 万步兵，3 万骑兵，6 千战象，8 千战车。在国王之下，最高司令官为军事统帅（senapati），其下设有一个由 30 人组成的作战部。作战部下设 6 个分部，每 5 人分管一个分部。这 6 个分部是，（1）陆军；（2）骑军；（3）车军；（4）象军；（5）后勤；（6）水军。

另据《政事论》第九卷第二章记载，孔雀王朝的军队有六种来源：（1）当地居民组成的正规世袭士兵；（2）雇佣军；（3）城市手工业者出身的军人；（4）藩王和同盟者提供的军队；（5）外国来的军队；（6）森林部落的蛮族军队。《政事论》对传统的"四兵"（步、骑、车、象）的职能做了详细分析。

2. 战术

考底利耶对军阵、战法、谋略等也提出了具体而生动的见解。他指出，在进攻的时候，要注意阵形，正面进攻宜采取"鳄鱼阵"（Makara），从后面进攻宜采取"巨车阵"（Sakata），从两翼进攻宜采取"金刚杵阵"（Vajra），从四面合击，宜采取"一切吉祥阵"（Sarvato-bhadra）等。

3. 武器

当时的主要武器为刀剑、长矛和弓箭。此外尚有斧、杵、标枪等。《政事论》将各种兵器分为固定的和活动的两大类，不仅罗列出许多名称，也对其性能做出详细解说。还列出多种铠甲、头盔以及盾牌等防护装备。

4. 后勤和待遇

《政事论》中强调了后勤工作的重要性。认为除了直接参战的"四兵"，后勤保障不能忽视。后勤人员是雇佣来的，他们的主要任务是（1）打扫营地，包括营盘、道路、桥梁、水井等；（2）清理战场，包括收拾丢弃的兵器、铠甲，转移伤员等；（3）运输物资，包括一切装备、武器、工具和粮草等。

二、经济状况

（一）农业

由于铁制农具的普遍使用和灌溉系统的形成，孔雀王朝时期的农业空前发展。耕地面积扩大，产量有所提高。

当时，国王是土地的主人，但具体使用权却多种多样。林承节先生将当时的土地占有和使用情况分为三种。第一种情况，名义上属于国家的土地，但由村长占有，由村民世袭使用。第二种情况，由国王赠送、赏赐给婆罗门、寺院、贵族、功臣的土地，这种土地的所有权不属于受赏者，但他们大多有世袭的使用权，不用纳税。第三种情况，私人开荒所得的土地，这也只是获得了使用权，也必须上缴税收。①

（二）工商业

农村往往有手工业者，或者农民自己兼营手工业。如陶匠、木匠、铁匠、理发匠等。而城市手工业则在孔雀王朝期间得到进一步发展。王室有自己的手工作坊，主要制作纺织品、金银珠宝首饰等，主要供王室、贵族享用，有时也对外出口。《政事论》中对一些行业做了介绍，其中多数属于手工业，还有一些属于自由职业。如纺织业、矿业、海上采宝业、珠宝首饰业、医生、盐业、酿酒业、屠宰业、皮革业、造船业、制陶业和烹调与食品加工业。

---

① 参见林承节：《印度古代史纲》，北京：光明日报出版社，2000年版，第91～93页。

孔雀王朝时期不仅在国内形成了庞大的商贸网络，水陆交通便利，而且在海外贸易方面也有较大进步。与斯里兰卡、缅甸、西亚等地均有贸易往来。贸易的货物主要是铁器、纺织品、珠宝、香料等。

（三）税收

国家税收的主要来源是土地税。一般来说，国家收取土地上产出物的五分之一到四分之一作为税收。国家收入的第二个来源是边境税，即进出口的关税。另外，经营商业，在国内出售货物也要交纳营业税，税率可能是十分之一。除了商人，国家还对赌局开设者、妓女、演员、洗衣工、金匠等人物开征营业税。

三、社会

（一）奴隶制

印度上古是存在奴隶制的，但孔雀王朝时期是否存在奴隶制，在古希腊人的记载中就有两种说法。麦伽斯提尼说无，还有人说有。这引起了后世学者的争论。但从许多记载看，当时是存在奴隶制的。最典型的是考底利耶《政事论》中的记载。

也许是印度奴隶制与希腊的奴隶制很不相同，给麦伽斯提尼造成了印度没有奴隶的印象。在他看来，与希腊的奴隶相比，印度的奴隶根本算不上真正的奴隶。

（二）种姓制度

1. 希腊人眼中的种姓

考底利耶在《政事论》中提到婆罗门、刹帝利、吠舍、首陀罗四个种姓，这与麦伽斯提尼所说的七种人不同。

麦伽斯提尼对孔雀王朝时期的印度社会有很细致的观察。他把印度社会的人群分为七个类型：哲人、农民、牧人、工匠与商人、武士、密探和国家的公务人员等。

麦伽斯提尼的记载与印度传统的四种姓制不大相符，但也有一定道理。

2. 阇提制的形成

这一时期的一个重要现象是“阇提”（jati）制的形成。在吠陀时代，所谓种姓制指的是“瓦尔那”（varna）制，瓦尔那的本意是颜色，指的是肤色。而阇提一词则是从词根 jat 演变来的，其原意为“出生”，则阇提指的是出生于某个家族或族群。雅利安人进入次大陆已逾千年，经过不断的融合，人们的肤色已经变得深浅不一。原先的婆罗门、刹帝利等雅利安人是白种人，但由于人种的长期混杂，到孔雀王朝时代婆罗门、刹帝利的肤色可能已经变深，有的甚至与首陀罗的肤色相同了。在这种情况下，再要分清谁是婆罗门，谁是刹帝利，就不能看肤色了，而是要看他出身于哪个家庭或家族。而且，经过逾千年的社会变迁，各个种姓的人所从事的职业也变得多样了，婆罗门去种地，刹帝利去放羊，吠舍去当兵，首陀罗当土邦王公，都不是什么新鲜事。在这种社会大变动时期，种姓制度由瓦尔那制演变出阇提制，就成为一种必然。

3.《摩奴法论》的种姓论述

《摩奴法论》的编纂时间，一般认为是在公元前 2 世纪到公元后 2 世纪。也有人认为其编纂时间更早。

《摩奴法论》第十章第四五两颂中强调说：“婆罗门、刹帝利和吠舍是三个再生种姓；第四个则是一生的首陀罗；第五个则不存在。在各个种姓中，顺生自同种姓的贞洁的有夫之妇者应该被认为是纯血统的。”[1]显然，这是在重申婆罗门阶层的一贯主张，即只有四个种姓。但同时，作者也不能回避现实社会的种姓问题的复杂，即各个种姓间杂交现象很多，繁衍出许多亚种姓。所以，《摩奴法论》第十章第 6 至 39 颂，均谈论各种由杂交而出现的亚种姓。这些亚种姓的名目繁多，以致有许多名目在后世并不流行。

（三）婚姻与妇女地位

当时的石刻铭文、希腊人的纪录和考底利耶的《政事论》为后人提供了这方面的资料。

据麦伽斯提尼记载，孔雀王朝时期的男人可以娶很多女人为妻，除了这些正式婚娶的妻子，他还可以把其他女人放置于家中，一起取乐；有的是一心一意要娶一个妻子，有的则是为了生更多的儿子而娶妻。考底利耶的《政事论》也证实了这一点。他说，男人可以和多名妇女结婚，女人就是要生儿育女、传宗接代。这就是说，当时流行一夫多妻制。不过，那些能够娶很多妻子的人，显然不属于平民阶层。大多数人都实行一夫一妻制。

据《政事论》，当时的男人女人都有再婚的权利。如果结婚后的妇女没有生育能力，那么，丈夫可以等她 8 年再与别的女人结婚；如果妻子生下的孩子夭折，那么，丈夫可以等她 10 年；如果妻子只生女孩不生男孩，丈夫可以等她 12 年。经过等待和观察，男人有权再婚。如果妻子死了丈夫，或者丈夫死了妻子，活着的一方都可以再婚。不过女子再婚要麻烦一些，她必须征求丈夫家里人的同意。如果夫家不同意，则她必须放弃从夫家所得的全部财产才能另嫁。在丈夫没死的情况下，如果没有后代，而丈夫去了外国，她应该等待一年；如果丈夫

① 蒋忠新译：《摩奴法论》，北京：中国社会科学出版社，1986 年版，第 202 页。

走前为她安排了生活物资，她应该等待两年；如果丈夫到外地去学习技能和知识，她应该等待 10 年；如果有孩子，她应该等待 12 年。

从这些记载看，当时的婚姻情况似乎还相对公平，似乎妇女的处境还不算太糟。但事实上，妇女的地位明显低于男性，对妇女的规定显然要苛刻很多。考底利耶提到对妇女犯有过失的惩罚就十分严苛。据麦伽斯提尼记载，当时有买卖妇女的现象。尤其令人震惊的是，当时流行着“萨蒂”（sati，即寡妇随夫殉葬）制度。希腊的旅行家们就不止一次提到这件事。这说明当时的妇女地位是相当低下的，尤其对统治阶级来说，她们不过是可供发泄淫欲和传宗接代的工具而已。

《摩奴法论》第三章第 22 颂讲到八种结婚方式。有梵式（把女儿嫁给一个德才兼备的男子）、天神式（把女儿嫁给祭司）、仙人式（接受男子的牛以后嫁女）、生主式（嫁女儿时让二人表示共同奉法）、阿修罗式（按能力给亲属赠送财物后娶姑娘）、乾达婆式（男女自愿结合）、罗刹式（抢婚）和毕舍遮式（趁姑娘昏睡或沉醉或昏迷占有之）。这八种婚姻的说法在《摩奴法论》之前已经有了，《摩奴法论》不过是重申而已。

在《摩奴法论》第五章讲到妇女地位和义务问题，第九章涉及婚姻家庭等问题，其他章也有提到妇女问题的地方。林承节先生将《摩奴法论》第五、九章中有关妇女的条款总结为七条：（1）女子不得享有自主地位；（2）忠于丈夫是妇女的最高美德；（3）寡妇改嫁是不允许的；（4）妇女参加宗教活动受到限制；（5）女子生性邪恶，丈夫和家人必须严格管束；（6）鼓励童婚；（7）妻子在家庭中只是生育工具。[①]

① 林承节：《印度古代史纲》，北京：光明日报出版社，2000 年版，第 120 页。

第三节
宗教

一、概况

（一）婆罗门教

在旃陀罗笈多时期，婆罗门教还在很大程度上传播于全印各地。吠陀时代的神明如因陀罗、伐楼那、阿耆尼等，仍然是人们的崇拜对象。但由于两大史诗的出现，民间对罗摩、黑天的崇拜增加，这两位神明因其传奇故事为民众喜闻乐见，因他们被认为是大神毗湿奴的化身，印度学界便有一部分学者称毗湿奴崇拜的一派为“薄伽梵教”（Bhagavata-dharma）。同时，信仰湿婆的一派也在民间传播，只不过声势没有佛教那么大而已。

正如林承节先生所说，这个时期印度宗教的特点是“多种宗教并存，同时发展。帝国统治者兼容并蓄政策为共存提供了条件。总的趋势是佛教发展猛烈，婆罗门教走下坡路，耆那教小有增长”。[1] 据麦伽斯提尼记载，在当时的苏罗森那国（Surasena），黑天崇拜很流行。在

① 林承节：《印度古代史纲》，北京：光明日报出版社，2000 年版，第 107、109 页。

今印度拉贾斯坦邦的契托尔市附近，早年出土过一块石刻，属于孔雀王朝时期；从上面的铭文可知，当年那一带的民众就崇拜伐苏提婆（Vasudeva，即黑天大神）。尽管当时杀生祭祀的情况减少，但这一现象并没有断绝。

在《摩奴法论》中，对婆罗门教的一系列行为规范都有细致的规定，从中可以看出其对抗佛教的明显意图。《摩奴法论》第二章讲人生礼仪，成年后有四个时期，即人生的四个阶段：第二章讲到“梵行期”的有关规定，即结婚前的学习期，要学习各种知识和技能。第三至第五章讲“家居期”的有关规定，即在家过家庭生活，包括娶妻、祭祀、谋生、念诵吠陀、施舍、交友等。第六章讲“林居期”和“遁世期”的规则。林居期是年老以后远离人群，到林中生活。遁世期同样远离人群，寻求解脱之道，实际上就是等死。

（二）耆那教和生活派

耆那教在这个时期也得到一定发展。据耆那教文献记载，旃陀罗笈多曾经接受过耆那教长老跋陀罗巴忽（Bhadrabahu，意译贤臂）的教诲。由于耆那教的一些清规戒律不够平民化，所以在当时发展缓慢。

当时，除了婆罗门教、佛教和耆那教以外，还有一些小的宗教派别存在。如生活派（Ajivaka）、瑜伽修行者（youji）、厌世出家人（vairagi）等。生活派是印度古代的宗教哲学派别，大约形成于公元前6世纪，是佛陀时代的“六师”之一，后随佛教传入中国，佛经中又将它译为“邪命派”“邪命外道”等。该派在阿育王时期仍比较活跃。阿育王对各个教派采取怀柔政策，故曾赠送给生活派两孔洞窟供其徒众起居修炼。这件事在当时的铭文中提到不止一次。

二、部派佛教

在佛陀涅槃后百余年，印度佛教逐渐分裂，形成了多个派别。学界称这一时期的佛教为“部派佛教”。

（一）分裂的原因

首先，从理论上讲，任何一个观点、一种理论都存在不同看法，存在对立面。也就是说，任何一个宗教，一种信仰，在失去权威以后，最后发展的结果都是要分裂的，这是一种规律，世界上各大宗教都是如此，没有例外。

其次，发展的本身即孕育着分裂。佛陀去世的时候，佛教流传的区域主要在恒河中游地区。据考证，当时佛陀传教，最西边不过到迦毗罗卫，最东边不过在比哈尔邦。而在佛陀去世后的百余年间，摩揭陀国不断扩张，佛教也在国王们的支持下随之向西方和南方迅速扩展，佛教在这些地区逐渐赢得民众的尊崇，声势日益隆盛。但也正是因为地域的扩大，人员的混杂，又由于信息不通，各个僧团无法始终保持一致，加上各地异俗的影响，当时的僧团又缺乏权威，没有统一的号令，出现分裂已不可避免。

第三，由于各地的僧团秉持的戒律逐渐发生差异，再加上对佛法的见解不同，各持己见，互不让步，这就必然要走上分裂的道路。如几个大的佛教部派，从出家受戒到安居布萨，都有自己的一套仪轨制度，其经、律、论三藏也自成体系。

（二）分裂的经过

1. 第二次结集与分裂

据佛教典籍记载，佛教僧团的第一次重大分裂，也叫“根本分裂”，发生于摩揭陀国尸修那伽王朝的最后一代国王迦罗输迦王（Kalasoka，约公元前396～前360年在位）时期，即佛灭后110年（一说100年）。当时，在吠舍离，有些比丘违背戒律而接受金钱布施，据说从摩头罗（今印度北方邦马图拉）来了一位名叫耶舍（Yasa）的比丘，他对此表示坚决反对。双方争执不下，耶舍只好邀请各地有威望的长老（上座）前来仲裁。当地的反对派也请来许多帮手。双方对接受金银布施等十件事（史称“十事”）作了议论，最后上座长老们禁止当地比丘放宽戒律，认定“十事非法”。随后，为了统一认识，在王室的赞助下，僧众举行了结集，据说当时有七百人参加这次吠舍离集会，所以也称这次结集为“七百人结集”，或者叫“吠舍离结集”。集会上，僧众背诵佛陀当年的教诲和制定的戒律，加以确认。这是佛教史上的第二次结集。据巴利文《岛史》记载，吠舍离一带占多数的比丘并不接受上座长老们的裁决，也不接受这次结集的成果，尤其不承认其中关于律的部分。他们另外举行了僧团大众的结集，形成自己的戒律。他们的集会据说有万人参加，称为“大结集”（mahasamgiti）。从此，佛教僧团分为“上座部”与“大众部”两大派别。

2. 第三次结集与分裂

在第二次结集的大分裂之后，还有两次比较重要的僧团分裂。

到阿育王时期，由于阿育王本人敬信佛教，并大力弘扬佛教，佛教在这一时期获得很大发展，传播的范围更为广大，僧团人数也大大增加，但同时带来的问题也不少。僧团中就难免混进许多外道沙门，他们并不真正接受佛教的思想和仪轨，又把佛教以外的思想，如婆罗门教的思想等带进僧团。于是，僧团内部的思想混乱，行为失范。据南传巴利语文献记述，阿育王曾派遣官员去皇家寺院阿育王寺（又称鸡园寺）去管理僧务，结果反使矛盾更加激化。这时，僧众们开始寻找新的权威。众人一致认为，当时在山林中隐居修行的目犍连子帝须长老（Maudgaliputra Tisya）德高望重，可以主持阿育王寺，使佛法的真谛在阿育王寺重现光辉。这次活动得到了阿育王的大力支持，由目犍连子帝须主讲佛法的要义，清理门户，驱逐外道，使阿育王寺的正常秩序得以恢复。

约公元前250年前后，在阿育王的支持和赞助下，目犍连子帝须召集高僧千人，举行了一次盛大的集会，这就是佛教史上的第三次结集。

（三）部派佛教的形成

第三次结集后，上座部内部也开始分裂。阿育王在第三次结集后不久即派遣上座部长老们去印度各地弘扬佛教，所到之处，皆自成一派。

有关部派佛教的形成问题，佛经中资料很多，但说法各不相同，因而在当今的佛教界也有很不相同的看法。总之，这些部派的名称有因主要理论而得名的，有因区域而得名的，也有因主要人物的名字命名的。据《异部宗轮论》记载，当时的派别多达二十部，其中从大众部中分出来的有八部，即“一说部”“出世部”“鸡胤部”“多闻部”“说假部”“制多山部”“西山住部”“北山住部”。从上座部分出的有十一部，即“说一切有部”“雪山部”“犊子部”“法上部”“贤胄部”“正量部”“密林山住部”“化地部”“法藏部”“饮光部”“经量部”，加上本部，共十二部。

（四）阿育王与佛教

阿育王是否佛教信徒？阿育王的“法”（dharma）是否佛法？这曾是学界长时间热烈讨论的话题。

1. 阿育王是佛教信徒

起初，学界对阿育王是否是佛教信徒问题有过激烈争论。主要有三种论点：（1）阿育王是佛教信徒，主要依据是佛教典籍。（2）认为佛教的典籍记载并非历史事实，不足为信。（3）根据已出土的阿育王铭文，证明阿育王并非某个教派的信徒，他的宗教政策是包容的，是对各宗各派一视同仁的。[①]但是，随着阿育王铭文不断被发现，人们终于从中发现了确证。

编号为第 1 号小石刻诏书中写道："天爱王是这样说的。自从我公开宣布做一个佛陀的世俗信徒以来，已经过去了两年半以上的时间。但是在头一年，我并未满怀热忱地投身于达磨的事业。后来，我虔诚地归附了僧伽，满怀热忱，尽心竭力，如此至今又过了一年多。"[②]文中，"天爱王"是阿育王的自称。"达磨"指佛法，"僧伽"即僧团。也就是说，此时的阿育王对佛、法、僧三宝已经彻底皈依，即佛教所说的"三皈依"。据考，这个诏书发布的时间应在其灌顶即位后的第 11 年，即公元前 263 年。而其宣布为佛教居士的时间在此前两年半，即在其即位后的第 8 或第 9 年，即公元前 266 或前 265 年。

2. 阿育王对佛的尊崇

据《阿育王传》卷一，阿育王敬信三宝，曾在尊者优波掘多（Upagupta）陪同和指点下，到蓝毗尼园礼拜佛陀出生地，叙述甚详。

在树立于蓝毗尼的石柱上，有编号为第 1 号石柱铭文，其中写道："天爱喜见王在灌顶二十年后亲自访问此地，并在此进行了礼拜，因为佛陀，释迦牟尼，诞生在这里。他命人在该地周围建造一道石墙，

---

① [印] 阿特雷伊・比斯瓦斯：《印度古代政治经济文化史》，新德里，乌帕尔出版社，1982 年版，第 213 页（Atreyi Biswas : *Political, Social and Cultural History of Ancient India,* Uppal Publishing House, New Delhi, 1982, p213.）。

② 崔连仲：《从佛陀到阿育王》，沈阳：辽宁大学出版社，1991 年版，第 331 页。

并立此石柱以纪念他的朝拜。由于世尊佛陀诞生在这里，所以他下令豁免蓝毗尼村的土地税，并废除通常的税率，厘定只交收成的八分之一。”[①] 文中，“天爱喜见王”也是阿育王的自称。这个石柱的发现和上面铭文的解读，是现代印度历史学界的一件大事。它不仅证明了佛陀释迦牟尼是历史上真实存在的人物，他的出生地就在蓝毗尼（今尼泊尔境内），他的故国迦毗罗卫与此相去不远，还证明阿育王对佛陀的崇拜。在阿育王看来，蓝毗尼村的后世居民应该享受到佛的遗泽，得到免除土地税和税收减半的恩惠。

同样，阿育王还巡视和礼拜了其他一些著名的佛教圣地，如其初转法轮地菩提伽耶、最后的夏安居地吠舍离、涅槃地拘尸那伽等，并都留有纪念物。这些都能证明，阿育王对佛陀的尊崇是真诚的。

3. 阿育王以佛法治国

阿育王的铭文中每每提到“正法”。于是有人以为，这个正法就是婆罗门教中宣扬的达磨（dharma），与佛法是两回事。也有人认为，阿育王既然是佛教徒，那么他所宣扬的正法就是佛法，就是佛教。这两者都有偏颇。

在阿育王铭文的第 4 号石刻诏书中，这样写道：

> 不杀生命，不欺生灵，礼遇亲族，礼遇婆罗门和沙门，顺从母亲和父亲，顺从老年人，这种风气因有天爱喜见王的正法教诲而步步深入人心。

第 2 号石柱诏书中写道：

① 崔连仲：《从佛陀到阿育王》，沈阳：辽宁大学出版社，1991 年版，第 335 页。

遵行正法就是做了功德。然而，正法都包括哪些内容呢？它包括少做恶，多行善，慈悲，慷慨，真诚，纯洁。

第9号石刻诏书中写道：

诚然，祈福的仪式还是不妨举行的，只是上面各种仪式实际上收效甚微。反之，这些仪式一旦能与正法联系起来，就可以产生巨大的效果。它们包括如下内容：应善待奴隶和仆人，尊敬年长者，对待众生要克制，对沙门和婆罗门要慷慨。这些以及其他一些类似的善行，可以说就是正法的仪式。①

从这三段引文可见，阿育王自己对其正法已做了解说。他鼓吹孝道，鼓吹慈悲善良，鼓吹不杀生，鼓吹一视同仁地善待沙门和婆罗门等。应当明确的是，这个正法，既是一种原则，又是一种社会义务和规范，同时兼有法规的意思。作为一代帝王，阿育王所推广的正法，是其治国安邦的需要，如果仅仅局限于佛法，则未免显得狭隘，不足以安抚其他的各个宗派。

4. 阿育王对佛教的推广

阿育王在传播佛教方面的确做了大量工作。他除了在铭文中宣称自己皈依三宝外，还亲自到佛教圣地礼佛参拜，借此达到推广佛教的目的。在第三次结集之后，又在他的支持下，派遣数名高僧大德到各地传播佛教。有的去了西北印度，有的去了西南印度，有的去了南印

① 以上三段引文转引自崔连仲：《从佛陀到阿育王》，沈阳：辽宁大学出版社，1991年版，第321页。

度，有的去了北方的喜玛拉亚山区，有的去了东边的孟加拉和缅甸。而去斯里兰卡的一支特别受到重视。

阿育王推广佛教的效果十分明显。佛教从恒河流域迅速扩大到印度各地，而且还远播海外。但同时，随着佛教的大规模传播，佛教内部也不可避免地发生着大大小小的分裂，尽管阿育王一直呼吁佛教内部的团结，但最终未能阻止部派佛教的形成。

第四节
文学艺术

一、文学

“孔雀王朝时期的印度文学”，这是一个空洞的命题。因为人们虽然在理论上可以推导出这个时期肯定是有文学作品的，但却无法确认哪些作品是属于这个时期的。例如，一般认为，两大史诗的编订时间在公元前 4 世纪至公元 4 世纪，虽然孔雀王朝就包括于这个时间段，但还是不能确切知道当时的两大史诗是个什么样子。再如佛教文学作品，有些应当就创作或编订于这个时期，但仍不能断定具体有哪些佛经、哪些内容属于这个时期。在这种情况下，我们只能谨慎地选择两种著作作为代表，略加说明。

（一）《摩奴法论》中的神话传说

《摩奴法论》第一章讲述的是神话传说。其开头部分（第 5 至 16 颂）即讲述了一个创世神话：

这宇宙原是一个暗的本体，不可感觉，没有特征，不可推理，不可认识，一如完全处于昏睡状态。后来，自身不显现而使这宇宙显现的世尊自在出现了，他驱除黑暗，具有转变诸粗大元素等的力量。他自照独存，不可感觉，细不可见，不显现，无始终，化入万物，不可想象。怀着创造种种生物的愿望，他通过禅思，首先从自己的身体创造出水，又把自己的种子投入那水中。那种子变成一枚金卵，像太阳那样光辉灿烂；他自己作为一切世界之祖梵天出生在那金卵中。水叫作“拿拉”，因为水是“那拉”生的；既然水是他的最初居所，所以他就叫作“拿拉衍那”。由那个不显现的、无始终的、既实在又不实在的因所产生的那个人，在人间被称为“梵天”。在那枚金卵中住满一年之后，那世尊通过自身的禅思亲自把金卵分成两半。他用那两半金卵造成天和地，以及其间的空界、八方和水的永恒所在地。（第5～13颂）①

从这段引文可知，这个时期的创世神话与吠陀时代前期的创世神话已经有了明显不同。最显著的差别在于，这里的造物主虽然仍然具有不可描述、不显现的特征，但他已经不是那个“原人”，也不是那个抽象的“梵”了。其中提到的“自在”明显是对婆罗门教大神湿婆的暗示，湿婆在佛经中又称大自在天。而文中的“拿拉衍那”，指的是大神毗湿奴，佛经中又译那罗延天、遍入天。自在天、那罗延天，再加上梵天，就组成了婆罗门教的三大主神。这则神话把这三大神都认定为造物主，说明这则神话是晚于吠陀教的婆罗门教神话。《摩奴法论》第一章还讲述了其他内容，都属于婆罗门教的神话传说。

（二）阿育王的故事

佛经中关于阿育王的故事不少。有的是他的生平故事，有的是他身后继承人的故事，还有的是借他之名编辑成的譬喻故事等。应该说，这些故事大多数的编订时间都在阿育王去世后不久或更晚。关于阿育王的故事现存不少版本，南传佛教典籍中有之，汉传佛教典籍和藏传

① 蒋忠新译：《摩奴法论》，北京，中国社会科学出版社，1986年版，第3、4页。

佛教典籍中亦有之。有的版本在后世还有陆续发现。下面罗列出阿育王故事的一些主要典籍[①]。

1. 梵文本

梵文本主要有《阿育王譬喻经》（*Asokavadana-sutra*）、《阿育王譬喻鬘》（*Asokavadana-mala*）、《天譬喻经》（*Divyavadana*）。此外尚有发现于阿富汗、尼泊尔，以及1931年发现于吉尔吉特（在今克什米尔巴基斯坦实际控制区境内）的梵语佛经残卷等。

2. 巴利文本

主要保存于《岛史》《大史》，以及斯里兰卡民间传说中。

3. 汉文本

《阿育王传》七卷、《阿育王经》十卷、《天尊说阿育王譬喻经》一卷、《阿育王息怀目因缘经》一卷、《善见律毗婆娑》卷一《阿育王品》。此外，《杂阿含经》《杂譬喻经》《分别功德论》《旧杂譬喻经》《出曜经》《大般若波罗蜜多经》《大庄严论经》《大唐西域记》《释迦谱》等都收有阿育王故事。可惜的是，在南北朝及其之前还翻译过至少7种有关阿育王的佛经，均佚。

4. 藏文本

藏文本主要有《驹那罗本缘》（*Kumaravadana*）、《无忧斗龙调伏品》（*Asokamukhanagavinayapariccheda*）、多罗那他《印度佛教史》的第一至第八章等。

5. 于阗文本

敦煌藏经洞曾出土两件于阗文《阿育王譬喻经》写本残卷，编号为P.2798和P.2958。

---

① 据张文奕硕士学位论文《〈阿育王传〉的文学解读》，北京大学外国语学院，2010年5月通过。

总之，在佛教典籍中，阿育王的故事流传很广，影响深远。汉译本《阿育王传》约译于西晋太康二年（281）至光熙元年（306）间，为现存最早传入中国的阿育王故事集。说它是故事集，因为其书名虽然叫作“传”，但其中除阿育王的传说外，还包含着很多与阿育王基本无关的故事，明显是佛教徒的传教读本，其故事带有浓烈的文学夸张。至于大约译于东晋（317～420）的《天尊说阿育王譬喻经》，则更是借阿育王之名讲述若干小故事；说这些小故事发生于阿育王时代，但有的故事明显属于本生故事。因此，这部经只是一部宣扬佛教观念和戒律的通俗文学读本。

二、艺术

孔雀王朝时期的艺术主要是建筑艺术和雕刻艺术，达到了空前的高度。而且，由于其西北部地区曾受到波斯人和希腊人的入侵，长期有希腊移民居住，所以不管其宫殿建筑还是寺庙建筑，都明显受到古代波斯和希腊建筑与雕刻的影响。下面分别来谈。

（一）建筑艺术

孔雀王朝的建筑非常宏大豪华。特别是在阿育王时期，艺术家和工匠们大胆借鉴西方的艺术风格和表现手法，创造了印度艺术史上的辉煌。

1. 城市建筑

在旃陀罗笈多时期，由于他羡慕大流士一世和亚历山大的威势和气派，在建筑上也模仿他们的宫殿模式。当时的使节麦伽斯提尼在他的《印度记》中就记载了华氏城的雄伟。该城“沿恒河河岸绵延长达约 15 公里。城堡呈平行四边形，环城围以宽阔的壕沟和高大的木墙，墙上设置 570 座塔楼，辟有 64 座城门。华氏城王宫内外的列柱缠绕着黄金浮雕藤蔓，装饰着金银鸟雀簇叶图案，比波斯帝国都城苏萨和埃克巴塔纳的王宫更为壮丽”。①

阿育王时期，华氏城又得到进一步修缮和扩建。东晋高僧法显于 399 年出发去印度，402 年在印度游历，约 404 年到达华氏城。后又在那里居住 3 年（约 405 ～ 407），学习梵语，抄写佛经。他在《佛国记》中记载了华氏城的雄伟宏丽：“渡河南下一由延，到摩竭提国（即摩揭陀国）巴连弗邑（即华氏城）。巴连弗邑是阿育王所治城。城中王宫殿，皆使鬼神作，累石起墙阙，雕文刻镂，非世所造。今故现在。”②法显亲眼见到了华氏城，以致相信了当地的传说，认为华氏城的宫殿为鬼神所造。

但是，等到玄奘去华氏城的时候，那里已经一片废墟。1912 年，人们在今比哈尔邦首府巴特那附近的库拉哈尔“发现了一座列柱会堂遗址，令人联想起波塞波利斯王宫的百柱大殿”。③ 波塞波利斯是当年波斯帝国的古都，在今伊朗设拉子市东北。其王宫承袭了亚述和希腊艺术元素。因波斯人在西北印度统治 200 余年，故使华氏城建筑深受影响。

2. 塔

塔，音译窣堵波（stupa），是印度佛教、耆那教特有的纪念性建筑。早在佛陀时代之后（佛去世时）已经有了这种建筑形式。相传，佛祖释迦牟尼去世时，就有 8 个国王去争抢佛舍利，险些爆发一场战

---

① 王镛：《印度美术》，北京：中国人民大学出版社，2004 年版，第 24、25 页。

② CBETA, T51, no. 2085, p. 862, a20-23。

③ 王镛：《印度美术》，北京：中国人民大学出版社，2004 年版，第 25 页。

争。后来，八王平分舍利。阿阇世王当年曾获得一份，起塔供养。阿育王时，又将阿阇世王佛塔中的舍利取出，再分为八万四千份，差使夜叉神在各地一夜之间建造了八万四千座塔。而另一种说法是，阿育王打开了 7 个佛塔，修建了八万四千塔。

阿育王起八万四千塔的说法流传很广。这个数量固然可疑，但阿育王修建许多佛塔的事实已被近代以来的考古发掘所证实。现存的阿育王塔遗迹很多，多呈圆丘式（史称覆钵式），红砖砌成，已非其本来面貌。王镛先生说："中国唐代高僧玄奘（约 600 ～ 664）赴印取经，在所撰《大唐西域记》中记载，他在印度各地目睹阿育王所建窣堵波尚有一百余座，高者达二百余尺，有的'宝物厕饰，石作栏槛'，有的'崇基已陷，覆钵犹存'。1794 年，在萨尔纳特发现的达摩拉吉卡窣堵波（Dharmarajika Stupa）遗址，据考证便是玄奘记载的阿育王所建的石窣堵波。印度现存最完整的佛塔桑奇大塔（Great Stupa at Sanchi），居推测其覆钵的核心始建于阿育王时代。"①

3. 石窟

从很早的时候起，石窟就是印度教、佛教和耆那教修行的场所。佛教徒修行的较大型石窟主要有两种：一种叫支提（caitya）窟，即礼拜场所，后世称为佛殿窟。释迦牟尼去世后，最早的石窟里未有佛像，但有象征其存在的窣堵波。另一种叫作毗诃罗（vihara）窟，后世称为僧房窟，即僧人们的起居场所。印度目前尚未发现孔雀王朝时期的佛教石窟，而只发现了耆那教石窟。

（二）雕刻艺术

孔雀王朝时期的雕刻艺术达到一个顶峰，既有皇家气魄，又有民

① 王镛：《印度美术》，北京：中国人民大学出版社，2004 年版，第 27 页。

间气息。其皇家气魄以阿育王石柱为代表，其民间气息以药叉和药叉女雕像为代表。

1. 阿育王石柱

阿育王石柱是印度古代最负盛名的雕刻艺术品。中国西行求法的僧人中，最早见到阿育王石柱的是法显。他在《佛国记》中只记载了6根石柱，有些地方明明有石柱，他也到过，但却没有记。200多年后，玄奘到印度，也看到阿育王石柱，他在《大唐西域记》中记载了16柱。目前印度和尼泊尔境内已发现的阿育王石柱15根，多已折损。其中10根上有铭文，有的虽曾有铭文，因后世严重磨损而不能辨读。

现存石柱中，保存完整的有两个。一个在今比哈尔邦恒河以北吠舍离附近的巴基拉（Bakhira），其年代在公元前257年之后不久。法显和玄奘都记载了这根石柱。石柱上方的倒垂莲花座顶有一块方形顶板，顶板上蹲踞着一头雄狮。另一个在比哈尔邦北部靠近尼泊尔边界的劳里亚·南丹加尔（Lauriya Nandangarh），约作于公元前242年。柱身10米，根部直径90厘米，柱顶直径57厘米。柱头高2米，圆形顶板上蹲踞雄狮。

阿育王石柱最有名的柱头是发现于北方邦瓦拉纳西市萨尔纳特的由四尊背对背蹲踞雄狮组成的柱头。其制作精美，构思新奇，已被采用为印度共和国的国徽图案。该柱头保存基本完好，现藏萨尔纳特博物馆。柱头上的狮子以写实手法表现，逼真而生动，其威猛的气势使观者感到震撼，这正是佛教所追求的佛法的威力。其钟形托座上方为鼓形圆盘，圆盘周围雕有四个法轮，法轮之间雕有四兽：狮子、大象、瘤牛、奔马，代表四个方位。

2. 药叉和药叉女雕像

根据王镛先生的意见，药叉和药叉女是印度民间信仰当中的自然界精灵，也是生殖的精灵。其起源可以追溯到前雅利安时代印度原住民——达罗毗荼人对生殖的崇拜。药叉往往居住在山林中间，守护着宝藏，因而被视为财神；药叉女往往在花果树木之间，代表着滋生繁茂，被视为树神。[①]在印度教神话中，药叉的首领是俱比罗（Kubera），即财神。而药叉（女）们是他的随从，是一群可爱的小神灵。但在佛教神话中，药叉又被汉译为夜叉，多数与罗刹一样，属于妖魔之属。因被佛力感化，被收编为“天龙八部”之一，成为护法神。

孔雀王朝时期在雕刻艺术中表现的药叉和药叉女都呈现出可爱的样子，尚未被妖魔化。这一时期的人物雕像主要是药叉和药叉女。

从以上情况看，孔雀王朝时期的艺术，无论是建筑艺术还是雕刻艺术，都达到了一个空前的高峰。这个高峰的到来，与孔雀王朝的强大国力是分不开的。也与当时的文化氛围紧密相关：一方面，印度的本土传统在不断延续，另一方面又吸收了中亚、西亚甚至欧洲的艺术手法。

① 王镛：《印度美术》，北京：中国人民大学出版社，2004 年版，第 36 页。

第五章
巽伽至贵霜时代的文化

从公元前 187 年前后至公元 3 世纪末，印度次大陆处于分裂状态，经历了很多争斗、动荡和政权更迭。其中，以华氏城为中心的摩揭陀国曾一度出现巽伽王朝和甘婆王朝的统治，但不久就四分五裂。而西北印度在外来势力不断入侵之后，大月氏人建立的贵霜帝国曾一度十分强大。中南印度（纳巴达河与克里希纳河之间地区），萨他瓦哈那王朝曾经与摩揭陀、贵霜帝国鼎立而三，后来经过多次兴衰，维持了长达数百年的统治。印度最南部，则由潘地亚（最南端）、朱罗（东南沿海）和基拉罗普特拉（西南沿海）三国维持了较长时间的统治。

这一时期的印度文化呈现出多元统一的特点。

第一节
政治变迁

一、巽伽王朝

（一）巽伽王朝的兴亡

在阿育王去世以后，孔雀王朝便逐渐衰落下去。人们对阿育王继承者们的情况不很清楚，只能根据往世书的传说和零星的出土碑铭加以推测。有三部往世书，即《风神往世书》《鱼往世书》和《梵卵往世书》，提到孔雀王朝的最后一任国王，其名字叫作巨车（Brhadratha）。其时，大夏希腊人不断东侵，但国王巨车无能、残暴而不得民心，被其军队司令补沙耶蜜多罗·巽伽（Pusyamitra Shunga）杀死，巽伽王朝（公元前 187 ～前 75）建立。

一般认为，补沙耶蜜多罗出身于婆罗门，大约在位 36 年（公元前 187 ～前 151）。其在位期间，南方诸国早已脱离摩揭陀自立，而西北方向又有外来势力——大夏希腊人的进犯。他虽然能征惯战，举行过“马祭”①，

① 马祭（asvamedha）印度古代帝王为炫耀实力而举行的大型祭祀。具体做法是先将马放出，凡马跑过的土地便被认为是该帝王的统治范围。此马如被阻挡或扣留，则表示同该帝王为敌，极有可能开战。如马能顺利回归，则帝王杀马祭祀天神。

但所能掌控的地盘也仅限于恒河中下游地区。他是婆罗门教的支持者，恢复了杀生祭祀的吠陀传统，而且摧毁佛教寺庙，屠杀佛教僧侣。

补沙耶蜜多罗死后，由其子火友王（Agnimitra）继承王位。火友王以后的一段时间，摩揭陀的历史模糊不清。根据往世书的传说，巽伽王朝共经历了十个国王的统治，到公元前 75 年左右灭亡。

（二）巽伽王朝文化的特点

巽伽王朝为时不长，只有 112 年，但其在文化方面却有自己的特点。

首先表现在宗教方面。如前文所说，其首位国王补沙耶蜜多罗是婆罗门教的支持者和信徒。据佛教文献《诸天传》[①]记载，补沙耶蜜多罗王在位期间曾经宣布，如果有谁能提来一颗佛教比丘的头颅，可以获得一件金首饰的奖赏。但是，补沙耶蜜多罗在多大程度上迫害了佛教徒，在学者们中间存在着不同看法。

其次表现在不同文化的融合方面。尤其在西北地区，大夏希腊人的一次次进攻，不同民族逐渐在西北地区融合。当时有不同民族国王之间的联姻，也有一些外来民族的首领开始信仰佛教和婆罗门教毗湿奴派。

约公元前 75 年（一说前 73 年），一名叫伐苏提婆（Vasuveva，又译伐苏迪跋）的人杀死巽伽王朝最后一位国王提婆补弥（Devabhumi），自立为王。因伐苏提婆出身于甘婆（Kanva）家族，因而史称其王朝为甘婆王朝。该王朝为期短暂，仅维持了约 45 年，就被中南印度的萨他瓦哈那王朝军队推翻。据往世书的记载，这个王朝传承四代，分别在

---

①《诸天传》（*Divyavadana*）约成书于 3 世纪或稍后的佛教典籍，记载有阿育王以下至巽伽王朝诸王的故事，对了解印度古代史和宗教史具有重要价值。

位统治 9、14、12 和 10 年。在没有别的证据的情况下，往世书的传说可备一说。

二、希腊人、塞种人和安息人东扩

（一）希腊人

在孔雀王朝崩溃以后，大夏的希腊人就开始向东南方进攻。他们首先征服了今阿富汗地区，然后进入旁遮普地区。

正如印度学者所说："在印度西北部取代希腊人的外国征服者属于三个主要集团，即：塞种人、帕拉维人（安息人）和月氏人（贵霜人）。塞种人被月氏人逐出他们在中亚的老家，被迫南移。"[①]这里说的是公元前 2 至前 1 世纪的情况。

（二）塞种人

关于塞种人（塞人）的起源和早期迁徙，余太山先生研究认为，早在公元前 7 世纪末叶，一些被称为 Asii 的塞种人已出现于伊犁河、楚河流域；公元前 6 世纪 20 年代末，他们又向西扩张至锡尔河，此后，他们被波斯人称为萨迦（即塞种）。[②]

这就告诉我们，塞种人南下占领罽宾以后，分散为一些小国。其主要政治中心在罽宾。罽宾，Kipin，通常解释为今克什米尔一带，而当时可能主要指喀布尔河的支流地区。引文中的休循，大约在今阿富汗瓦罕地区，捐毒则是印度的异译。也就是说，塞种人曾经分散于印

① [印] R.C. 马宗达等著、张澍霖等译：《高级印度史》，北京：商务印书馆，1986 年版，第 127 页。

② 余太山：《塞种史研究》，北京：商务印书馆，2012 年版，第 12、13 页。

度的西北地区。塞种人的罽宾曾经是一个比较强大的国家，且一度与中国汉朝关系密切。从呾叉始罗发现的铜版书可知，约在公元前后的40年间（约公元前20～公元20），有一位强大的塞种人统治者，叫毛伊斯（Mauos），他的势力不仅覆盖了呾叉始罗地区，而且已经延伸到今印度北方邦的马图拉一带。当时的希腊航海家和地理学家称他们的统治地域为西徐亚。

（三）安息人

关于安息，《后汉书·西域传》亦有记载，说它在大月氏的西面，民俗与罽宾同，也与乌弋山离国同。乌弋山离国即亚历山大城（Alexandria）的对音，指当初亚历山大东征时留下的殖民地之一，据学界研究，这里的乌弋山离可能在今阿富汗赫拉特（Herat）。当时的大月氏占领了大夏，《汉书·西域传》说它的国都在监氏城。学界一般认为，监氏城在今阿富汗巴尔黑地区。

安息人不断向南扩张，逐步将一些原属于塞种人的地盘据为己有。他们和塞种人已经混合在一起，史学界称之为"塞种—安息人"。他们也大量发行钱币，从这些钱币可知，当时他们的势力已经在今巴基斯坦呾叉始罗地区扎下了根。但据希腊航海家的记叙，在公元1世纪后半，安息人内部并不团结。也许正因为如此，给了大月氏人以可乘之机，安息被大月氏人灭掉。

三、萨他瓦哈那王朝

（一）政治变迁

往世书文献中称萨他瓦哈那王朝的创建者为案达罗人（Andhara），

所以印度历史学界也常称萨他瓦哈那人为“案达罗—萨他瓦哈那人”。

印度史学界认为，萨他瓦哈那王朝的奠基人叫西牟迦（Simuka），其活动时间大约在公元前1世纪。根据有关石刻铭文，他的继承者名字叫作萨多迦尼（Satakarni），史称萨多迦尼一世。在今奥里萨邦一个叫“象窟”的地方发现的羯陵伽国王迦罗维罗（Kharavela）石刻铭文中提到了他的名字。他与迦罗维罗为同时代人，即活动于公元前20年左右。在桑奇大塔的拱门上也刻有萨多迦尼的名字，学界一致认为这就是他。据说他登基的时候举行过马祭，与西部的摩诃剌咤（今马哈拉施特拉地区）保持着同盟关系。在他去世以后，据说由其妻子当政，而此时西北印度的塞种人南下，萨他瓦哈那王朝的历史也变得模糊了。

使萨他瓦哈那王朝重现光辉的是乔答弥补多罗·萨多迦尼（Gautamiputra Satakarni），他曾宣称自己是塞种人、希腊人和安息人的消灭者。其势力范围北达马尔瓦地区，南抵卡纳塔克地区。他在位时间约为公元1世纪后半。而他之后的继承者们没有太大的作为，萨他瓦哈那王朝逐渐衰落。到公元225年前后，萨他瓦哈那最终分裂为5个小国。

（二）社会文化

案达罗—萨他瓦哈那王朝的统治者们信仰婆罗门教，但他们并不敌视和排挤其他宗教。一些有钱人也为佛教和耆那教僧侣修建庙宇。在萨他瓦哈那王朝时期，一些石刻铭文证实，除了一些婆罗门遵循古老的吠陀传统进行祭祀活动外，还有许多信仰毗湿奴的信徒存在。铭文中经常出现毗湿奴、克里希纳等字样，说明这一时期的毗湿奴信仰流传很广。同时，湿婆信仰也很流行，铭文中也经常提到湿婆的儿子——战神室建陀（Skanda），以及湿婆的坐骑白牛南迪（Nandi）。在一个石窟中甚至有铭文记载，有两个希腊族裔的人将自己的名字改为狮子幢（Simhadhvaja）和达摩（Dharma）。这些事实表明，萨他瓦哈那王朝的统治者们实行的是宗教宽容政策，这不仅促进了不同宗教的融合，也为印度教的传播和发展准备了条件。

在萨他瓦哈那时代，妇女受到尊重，不仅有妇女掌权的纪录，对于妇女参与宗教活动也没有明显的限制，人们对寡妇的生活没有过多的干预和限制。

四、贵霜王朝

到公元1世纪中，印度西北部出现了一个由贵霜人建立的庞大帝国——贵霜帝国。

（一）大月氏人的迁徙

关于大月氏人的早期历史，见于中国的典籍《史记》和《汉书》。从记载可知，月氏人本是游牧民族，逐水草而居。最初在中国敦煌和祁连山之间游牧，在强盛的时候有弓箭手一二十万。但由于他们没有重视匈奴，在冒顿单于的时候（？～公元前174）被击败。大约在公元前165年，又被老上单于（约活动于公元前2世纪后半）彻底击败，国王被杀，因此才向西远逃。他们又经过大宛向西，征服了大夏，定居于妫水（阿姆河）之北。

又据《汉书·西域传上》："大夏本无大君长，城邑往往置小长，民弱畏战，故月氏徙来，皆臣畜之，共禀汉使者。有五翖侯：一曰休密翖侯，治和墨城，去都护二千八百四十一里，去阳关七千八百二里；二曰双靡翖侯，治双靡城，去都护三千七百四十一里，去阳关七千七百八十二里；三曰贵霜翖侯，治护澡城，去都护五千九百四十里，去阳关七千九百八十二里；四曰肸顿翖侯，治薄茅城，去都护五千九百六十二里，去阳关八千二百二里；五曰高附翖侯，治高附城，去都护六千四十一里，去阳关九千二百八十三里。凡五翖侯，皆属大月氏。”

（二）贵霜人

《后汉书·西域传》记载：“初，月氏为匈奴所灭，遂迁于大夏，分其国为休密、双靡、贵霜、肸顿、都密，凡五部翖侯。后百余岁，贵霜翖侯丘就却攻灭四翖侯，自立为王，国号贵霜王。侵安息，取高附地。又灭濮达、罽宾，悉有其国。丘就却年八十余死，子阎膏珍代为王。覆灭天竺，置将一人监领之。月氏自此之后，最为富盛，诸国称之皆曰贵霜王。汉本其故号，言大月氏云。”从这段记载看，容易给人们造成一种假象，似乎贵霜人即大月氏人，或者说是大月氏人的一支。其实，这是一种误解。这里所说的五部翖侯，应即在月氏人之前占领大夏之地的民族，他们被大月氏人统治，被中国史家称为大夏①。

五部翖侯中，贵霜翖侯渐渐强大，首领丘就却先取高附（Kabur），又灭濮达（Bactria）和罽宾，建立起了强大的贵霜帝国。此时，印度西北地区的一大部分已归贵霜所有。

丘就却之子阎膏珍灭掉天竺，应指把整个西北印度纳入自己的统治范围。据学者们研究，丘就却即库久拉·卡德菲赛斯（Kujula Kadphises），其统治时间大约在公元15～65年。他在自己发行的钱币上自称为“王中之王”。阎膏珍即维马·卡德菲赛斯（Vima

①《汉书》和《后汉书》关于贵霜人的记载并不矛盾，都说明他们不是月氏人，但归月氏人统治。印度有学者认为他们是波斯人，显然是不可靠的；还有人认为他们属于突厥人，就更不可靠。

Kadphises），其在位时间约为公元 65 ～ 75 年（一说 45 ～ 78 年）。他将贵霜王朝的统治范围进一步扩大，达到恒河上游地区。他发行过大量金币，这些金币在今巴基斯坦的白沙瓦、塔克西拉等地以及今印度的马图拉、瓦拉纳西、哥拉克普尔、印多尔等地均有发现。

（三）迦腻色迦

1. 迦腻色迦的族属

贵霜王朝到迦腻色迦时期（78 ～ 101 年在位，一说约 129 ～ 152 年在位）达到鼎盛。迦腻色迦也成为印度古代最著名的伟大帝王之一。但是，迦腻色迦并非出自丘就却和阎膏珍家族，而是另外的家族。

2. 迦腻色迦的统治

迦腻色迦的文治武功在印度历史上留下了辉煌的一页。他继承了前两位贵霜王的基业，又向印度内地扩张，征服了今印度北方邦、中央邦、古吉拉特邦和拉贾斯坦邦，一度攻占了今比哈尔邦首府巴特那（华氏城）。

在行政上，迦腻色迦把所管辖的地区划分为若干省，首都设在富楼沙，即今巴基斯坦的白沙瓦附近。各省由国王派王族成员管辖。

3. 迦腻色迦的宗教

迦腻色迦信奉佛教，在他发行的钱币上铸有佛像。但他并非狭隘的佛教信徒，其他宗教也在他的统治时期得到发展。他的金币背面往往有不同民族的神像。不仅有印度神像，如佛像、湿婆像等，还有希腊和伊朗等民族的神像。

相传，在迦腻色迦的赞助下，佛教的第四次结集得以在克什米尔举行。他还在富楼沙等地建设了宏伟的佛塔等一些佛教建筑，中国东晋高僧法显、北魏高僧惠生和使者宋云、唐代高僧玄奘等都曾到那里巡礼遗迹，并留下记载。

4. 迦腻色迦的继承者们

前面已经提到迦腻色迦的几位继承人。其中，伐西色迦（Vasiska）是迦腻色迦的直接继承人，在位时间不长，王位由胡毗色迦（Huviska）继承。他大约维持了迦腻色迦的基业，并将首都迁至了孔雀城（Mathura，今马图拉）。迦腻色迦二世可能是伐西色迦的儿子，他的名字出现于铭文中，他除了继承前辈们的“王中之王”“天子”等称号外，还为自己增加了一个称号“凯撒”。

伐苏提婆（Vasudeva）是贵霜王朝中最后一个有影响的国王。有铭文记载，他的统治时间约为塞种纪元 67 ～ 98 年，即公元 145 ～ 186 年。他的钱币上铸有湿婆像，说明他是湿婆派信徒。此时，贵霜帝国已经衰落，他的势力范围大约只有恒河上游地区。其余地区都已独立。

第二节
经济生活

一、农业

（一）土地问题

这一时期，土地仍归国王所有。耕种者只是享有使用权，并以缴纳税收的方式向地方官缴税。如《弥兰陀问经》所说，获得土地的方式有 7 种，即学识、购买、抵押、勇敢、嫁妆、直系继承和亲属继承。总之，这一时期的土地关系基本如旧。

（二）农业生产力

有考古发掘证明，这一时期广泛使用铁器农具，其形制较以前有所进步，因而农业生产力也会得到提高。当时人们很重视水利建设。如羯陵伽国发现的铭文证实，国王曾自豪地让人记录下他在自己国土内修建了渠道和水库。对于耕作的细化，也有文献讲述某种土地适宜种植某种作物，介绍有关收获与储藏的方法等。文献中还有关于蔬菜、瓜果的种植技术等。在南方，水稻栽培技术得到普及，甚至有大米出口的记载。其时，饲养家畜、家禽，以及养鱼等已经很普遍。[①]

二、手工业、商业

据成书于2世纪的《大事》（*Mahavastu*）记载，王舍城里有36种以上的工匠。《弥兰王问经》中则提到了60种与手工业有关的职业。这都说明，当时的手工业分工已经十分精细。印度的珠宝首饰畅销国外，钢铁制品出口埃及等地。西北印度是传统的毛织品产地，产品销往全印度。玻璃制造业兴起，其产品销往中国。象牙制品销往罗马。

（一）贸易路线

印度史学家马宗达说："早在公元前1世纪，印度与罗马帝国已有了接触。碑文和文学作品告诉我们，在耶稣纪元的最初几个世纪，印度同中国、希腊化各国、锡兰和'远方的印度'（引按，指东南亚各国）有往来，这些情况都载在龙树穴铭文和《弥兰陀问经》中。"[②]林承节先生则把印度的贸易活动总结为三条线路："北路是丝绸之路穿过贵霜帝国的干线及在印度的从呾叉始罗到乌贾因的支线。""中路贸易干线主要是从东海岸港口耽摩栗底（塔姆卢克）经华氏城、乌贾因到西海岸布罗奇等港口。""南路贸易干线主要是沿哥达瓦里河、克里希那河、科佛里河沟通半岛东西两海岸的商路以及海岸贸易、海外贸易航线。"[③]

---

① 林承节：《印度古代史纲》，北京：光明日报出版社，2000年版，第137、138页。

② [印] R.C. 马宗达等著、张澍霖等译：《高级印度史》，北京，商务印书馆，1986年版，第147页。

③ 林承节：《印度古代史纲》，北京，光明日报出版社，2000年版，第140、141页。

（二）货币

在孔雀王朝和巽伽王朝时期，印度内地使用的货币主要是银币、铜币和贝币。而西北地区则主要使用金币、银币。如《汉书·西域传上》记载，罽宾国“以金银为钱，文为骑马，幕为人面”。而乌弋山离（亚历山大城）的货币与罽宾同，但其钱“文为人头，幕为骑马”。这种细致的观察说明中国当时与当地有贸易关系，而且以金银币为主要交换媒介。

《后汉书·西域传》中记载大秦国（此处指罗马）时说：“以金银为钱，银钱十当金钱一。与安息、天竺交市于海中，利有十倍。”这说明，罗马帝国喜欢使用金币和银币，印度西北地区受了西方的影响才流行金币的。

到贵霜王朝时期，金币在印度内地多有普及。近代以来，在孟加拉、奥里萨、比哈尔等邦，都发现了很多贵霜钱币，主要有金币和铜币两种，另外还有当地的仿币。

（三）对中国的贸易

据《后汉书·西域传》记载，当时天竺国的物产有大象、犀牛、玳瑁、金、银、铜、铁、铅、锡等，又有细布、毛织品、香料、石蜜（成块的糖）、胡椒、姜、黑盐等。说明在公元一二世纪时，印度的这些物产已经为中国所熟悉，是贸易的主要商品。这一时期，中国与印度间仍存在丝绸贸易活动。公元 80 ～ 89 年间，旅居埃及的希腊人曾记载说，中国的丝和丝制品以印度为转运站，经大夏销往西方。印度虽为转运站，但当地也有丝和丝织品的消费。同时，印度人已经学会养蚕缫丝的技术。

第三节
六派哲学

古印度婆罗门教哲学有六个主要派别，它们是数论派、瑜伽派、胜论派、正理派、弥曼差派和吠檀多派。它们被视为印度古代哲学的正统。六派哲学的起源非常悠久，最早由吠陀和奥义书的一些思想发展而来。也就是说，早在公元前1000多年至前600多年间就有了六派哲学的思想萌芽。六派形成独立派别的时间不一，一般认为，它们大多形成于公元前300年至公元初。为叙述的方便，将它们集中在这里叙述。

一、数论派和瑜伽派

（一）数论派

数论派（Samkhya）是六派哲学中形成独立派别较早的一派，约在公元前4世纪。后随佛教传入中国。汉译佛经既称之为数论，又称之为“迦毗罗论”“雨众外道”“僧佉”等。

据汉文佛典等记载，该派创始人为迦毗罗（Kapila），约生活于公元前4世纪。而其实际的代表人物是生活于4世纪的自在黑（Isvarakrsna）。现存该派最早的系统经典即自在黑的《数论颂》

（*Samkhya-karika*）。之后，数论派的主要著作是对《数论颂》的注释。目前可见的最早文献是《金七十论》，保存在中国的佛教典籍中，该书于 6 世纪由真谛译为汉文，不知作者。此外，尚有 4 种注释比较重要，即《道理之光》（约 6 世纪）、《乔荼波陀注》（约 7 至 8 世纪）、《摩特罗评注》（约 8 世纪）、《明谛论》（9 世纪）。数论派在印度哲学史上具有重要意义，其影响深远。

据《数论颂》及其注释，其基本思想即所谓“二元二十五谛”。“二元”指宇宙间一切人和事物产生与转变的两个根本原因，“二十五谛”是包括二元在内的 25 个基本范畴。

“二元”指“自性”（物质性的实体）和“神我”（精神性的实体）。“二十五谛”即自性、觉、我慢（自我意识）、十一根（即人体的 11 个有感觉的功能器官：眼、耳、鼻、舌、皮、发声器官、手、足、排泄器官、生殖器官、心）、五唯（即外界可被感知的 5 种基本事物或现象：香、味、色、触、声）、五大（即构成宇宙的 5 种要素：地、水、火、风、空）和神我。

数论派认为，由自性生出“觉”，由觉生出“我慢”，从我慢一方面生出“十一根”，又生“五唯”，五唯又生“五大”。人和世间万物按照这个程序生成。

数论派认为，宇宙间的一切都处于不断的轮回当中。轮回中充满痛苦，需要获得解脱。而解脱之道即获得“二元二十五谛”的智慧。

（二）瑜伽派

瑜伽派（Yoga）的渊源十分古老，但作为一个哲学派别，它大约形成于公元前 2 世纪中期。瑜伽的思想与实践历来受到各个宗教派别的重视，不仅印度教将它作为修行的手段，佛教和耆那教也将它吸收进自己的修行体系。

在印度河文明的出土印章中，就有瑜伽坐法的图像。印度许多古老的典籍，如奥义书、《政事论》、史诗《摩诃婆罗多》等，都提到或论述过瑜伽。

一般认为，瑜伽派的创立者是钵颠阇利（Patanjali），他是公元前2世纪人。他所作的《瑜伽经》（*Yoga-sutra*）为该派哲学的根本经典。此经大约在3至5世纪定型。瑜伽派的主要理论包括“心作用”“三昧”“八支行法”和“神通力”等。

所谓“心作用”，指的是心的活动，而瑜伽则是对心作用的抑制。

所谓“三昧”，主要指心专注一处的精神状态。三昧分两种，一是“有想三昧”，二是“无想三昧”。前者指带有某些思虑情感的状态，属于不够纯粹的入定状态。后者则指去除一切思虑和杂念，达到高度的入定状态。达到“无想三昧”状态的基本方法是依靠信（信仰）、力（力量）、念（忆念）、定（禅定）、慧（智慧）。

八支行法是瑜伽修炼的八个步骤：禁制、劝制、坐法、调息、制感、执持、静虑、等持。

瑜伽派认为，通过上述八支行法可以获得一种超自然力，即“神通力”。如隐身、懂动物的语言、知道别人的想法、了解前生和来生、了解生死等，以至完全摆脱轮回，根除痛苦，获得解脱。

二、胜论派与正理派

（一）胜论派

胜论派（Vaisesika）大致形成于公元前2世纪。胜论派曾随佛教传入中国，受到中国古代一些思想家的重视。在中国古代还被音译为“吠世史迦”“毗世师”等。汉文佛典中常称该派为“胜宗”或“胜论外道”

等。胜论派的特点是将谈论的重点放置于自然现象方面，对传统印度哲学的道德、轮回等学说虽然也有涉及，但不是其理论体系的重点。

胜论派的创立者相传是迦那陀（Kanada），约公元前 2 世纪人，在汉译佛典中也被译为“优楼迦”等。他的《胜论经》（*Vaisesika-sutra*）大约产生于公元前 2 世纪，约在 2 世纪被编定，是该派的主要经典。

（二）正理派

正理派（Nyaya）大约形成于 1 世纪，是印度最早系统探讨逻辑与辩论规则的思想流派，曾随佛教传入中国，对中国佛教因明学产生过重要影响。

正理派的创始人为乔答摩（Gautama 或 Gotama），约 1 世纪人。其《正理经》（*Nyaya-sutra*）大约在三四世纪定型。该派的主要理论保存在《正理经》以及后世的注疏当中。

三、弥曼差派和吠檀多派

（一）弥曼差派

“弥曼差”（Mimamsa）的原义为审察、仔细考虑等。汉译佛经中又译为“弥息伽”等。该派的创始人相传是阇弥尼（Jaimini），约公元前 2 世纪人，其所作《弥曼差经》（*Mimamsa-sutra*）为该派根本经典，约定型于 1 世纪。后世对《弥曼差经》多有注疏。

弥曼差派的精髓在于它所提出的认识论。

（二）吠檀多派

吠檀多派（Vedanta）是印度古代婆罗门教哲学的最主要派别。其理论是印度教思想体系的基础。它发展了吠陀奥义书以来的婆罗门教思想，在印度思想史上占主导地位，影响至今不衰。

“吠檀多”的字面意思是“吠陀的末尾”，指奥义书。因此，吠檀多哲学即奥义书哲学。但作为一个独立的哲学派别，其形成时间较晚，在 1 世纪左右。其创立者是跋达罗衍那（Badarayana）。他的《梵经》（*Brahma-sutra*）总结了吠陀和奥义书的哲学思想，因而被认为是该派的根本经典。

吠檀多哲学的后继者很多，可以说是大师辈出。奥义书哲学的核心问题是“梵”与“我”的关系问题。我们这里只介绍跋达罗衍那的“不一不异论”。

跋达罗衍那的《梵经》由 555 个简短的偈颂组成，分四篇，每篇四章。

在梵我关系问题上，跋达罗衍那的观点有时并不明确。这与《梵经》过于简略有关，也与前后文不一致有关。但一般认为，他的基本观点属于“不一不异论”。也就是说，他认为梵与我既同一又不同一。一方面，梵作为造物主，与被创造物（我）是不能画等号的；但另一方面，我虽然是被创造物，却是具有梵性的，是离开梵不能存在的，从这个角度看，梵与我又是同一的。在他看来，梵与我的关系，如同太阳光与影子的关系。《梵经》在论及轮回与解脱问题时，讲述了小我的轮回过程，以及如何通过冥想等获得梵的知识。跋达罗衍那认为，举行婆罗门教的祭祀有助于正确认识梵。他强调，如果能达到小我与梵合一的境界，我就可以不再受轮回之苦。①

---

① 本节根据姚卫群编译《古印度六派哲学经典》（北京：商务印书馆，2005 年版）和姚卫群著《印度宗教哲学概论》（北京：北京大学出版社，2006 年版）有关部分编写。

第四节
佛教

一、佛教的传播

在孔雀王朝阿育王时期，由于阿育王信仰佛教，佛教得到空前发展和传播。得力于阿育王的大力赞助和推广，佛教已由一个地区性的宗教而发展壮大为一个几乎传遍全印度次大陆的宗教。到巽伽王朝至贵霜王朝期间，佛教的影响在印度各地显现出来。

（一）北印度

在北印度，当年佛陀传教的地方以及与佛陀生平相关的圣地，佛教得到流传，完全是情理中事。然而，在巽伽王朝至贵霜王朝这一时期，佛教在西北印度的传播速度令人吃惊。到公元前 2 世纪，也就是在阿育王去世后的数十年间，西北印度的佛教已经深入到一些希腊人统治的王国内。最典型的例子就是我们前文提到的米兰德王（弥兰陀王）[①]。

1. 关于弥兰陀王

弥兰陀王是历史上的真实存在的人，有许多出土的钱币和铭文为

① 米兰德，又译弥兰陀，简译弥兰王，梵文为 Milindra 或 Menadra，巴利文为 Milinda，系从希腊语 Menander 或 Menandros 转化而来。

证。这一点已毋庸置疑。但关于弥兰陀王信仰佛教的故事，学界曾有许多研究和争论。据《那先比丘经》卷下，弥兰王说："我本生大秦国，国名阿荔散。"①按，后汉时，中国人所说的"大秦"，通常指罗马，但此处指阿富汗等地的希腊人统治区；而"阿荔散"，即亚历山大城，应在今阿富汗的坎大哈。

他当时是西北印度一个大国的国王，作为希腊人，他真的信仰了佛教吗？据考古发现，弥兰陀王曾发行很多金、银、铜币，从这些钱币的出土情况看，他统治的地区应该包括大夏、东阿富汗、犍陀罗、克什米尔、旁遮普、信德、卡提阿瓦半岛及恒河上游地区。据说，他还曾于公元前155年左右东侵摩揭陀国，无功而返。他发行的钱币上主要有三种铸文，一种自称为救世主（Soter），一种自称摩诃罗阇（Maharaja）和奉法者（Dharmika），一种自称执法者（Dikaio）。其第二种可以有不同解释：一说表示他拥护佛法，另一说仅仅表示他履行职责、秉持公正。同时，他的钱币中有的上面铸有车轮，又有两种解释：一说此车轮代表法轮，另说它仅是转轮王的一个标志。但除此之外，还有希腊史学家普鲁塔克（Plutarch，46～120）关于他死后人们为他建舍利塔的记载，以及《弥兰王问经》中弥兰陀王还说过这样的话："请接受我为优婆夷，皈依从今日始至于有生之日"。综合以上情况，巴宙比丘认为："这样，无形中证实他是一位信佛的在家居士。"②

2. 关于《弥兰王问经》

现存巴利文《弥兰王问经》篇幅较长，除《序话》外尚有23品。

---

① CBETA, T32, no. 1670A, p. 699, a2-p. 703, c3。

② 巴宙译：《弥兰王问经》，北京：中国社会科学出版社，1997年版，《导论》，第10～12页。

一般认为，这是经过增补的本子，编订较晚。但其汉译本《那先比丘经》则属东晋以前的译本，篇幅小，仅相当于巴利文本的23%，即其《序话》加前7品。学界认为，其编订时间约在后汉或稍前。如果拿汉文《那先比丘经》与巴利文《弥兰王问经》比较，前者像是一部谈话记录，后者则更像是一部文学作品。

尽管《弥兰王问经》不属于信史，但人们仍能从《弥兰王问经》中得到弥兰王时期印度北方佛教传播的一些信息。经中提到的一些北方地名，如华氏城、波罗奈等地，均属摩揭陀国。尤其提到华氏城阿育王寺，大约为其时全国著名的佛教中心之一。

经中还提到弥兰陀王的都城萨竭罗（Shagala，即前文提到的奢羯罗），在今巴基斯坦旁遮普省东部的锡亚尔科特。这是米兰德王的统治中心。显然，这里住着不少佛教沙门。除了沙门，还有婆罗门等，都受到国王的重视。

3. 贵霜时代佛教的传播

如果说公元前2世纪的米兰德王时代佛教已经在西北印度广泛传播开来的话，那么，此后的一二百年间，西北印度则成为佛教的一个中心区。尤其是在迦腻色迦王统治期间，那里的佛教更是昌盛。由于迦腻色迦王的首都在白沙瓦，比米兰德王的首都萨竭罗西移了许多，佛教因而也随之大规模西扩和北上，占据了丝绸之路的要冲。

正因为如此，佛教的影响也随着丝路上频繁的人员往来传到了中亚和中国中原地区。当东汉明帝时，中国人正是从贵霜人（当时称大月氏人）那里学习到佛教，并把佛教信仰带回到内地的。也正因为如此，最早的佛像雕刻会出现在西北印度，形成犍陀罗艺术流派并向印度内地和中亚地区传播。

（二）南印度

1. 东海岸

这里的东海岸指孟加拉、羯陵伽（今奥里萨）和案达罗（今安得拉）的沿海地区。据佛教文献记载，在阿育王时代，目犍连子帝须长老在第三次结集后曾派员“九地弘法”，皆有成就。其中，第八支传教团成员为须那（Sona）和郁多罗（Uttara），派出地为“金地”（Suvarnabhumi）。据学界考证，“金地”约在今天的孟加拉及其以东的下缅甸地区。

2. 西海岸

这里的西海岸指今印度的古吉拉特、马哈拉施特拉和卡纳塔克三个沿海邦。

印度的西海岸发现了很多当时的佛教石窟。其中最著名的是位于马哈拉施特拉邦奥朗加巴德附近的阿旃陀石窟。阿旃陀石窟中，最早的一批为第 8、9、10、12、13 等窟，其开凿时间从公元前 2 世纪到公元 2 世纪，是阿旃陀艺术的早期代表。

3. 南端

在印度的南端，如前文所说，当时有三个主要国家，即朱罗、潘地亚和哲罗。其人民均操达罗毗荼语，即泰米尔语。这三个国家聚散分合，存在了很长时间。其语言也发生了很大的改变。阿育王时代，虽然没有向这个地区派遣人员传播佛教的记载，但这里后来也有佛教传播。例如，大约形成于公元 2 世纪的泰米尔文史诗《玛妮梅格莱》的女主角就曾经出家成为一位佛教尼姑，她的活动范围先在朱罗国，后在哲罗国。同时，书中还大量使用佛教用语，宣扬了佛教思想。这说明，公元 2 世纪时，佛教在朱罗和哲罗已经广泛流传。

（三）中亚与中国

1. 中亚

由于弥兰陀王和贵霜王迦腻色迦的推崇，佛教在西北印度得到迅速发展，并不断向中亚地区扩张。贵霜帝国的版图本来就包括一部分中亚地区，这些地区的人民中有信奉佛教者，已经是顺理成章的事。

在今天的中亚五国，近代以来的考古发掘有许多佛教遗迹，既有佛教寺院，也有石窟建筑。

2. 中国新疆

中国新疆的一些地方很早就有佛教传播。但一般认为，佛教传入那里的时间并不比内地早，大约在东汉末年。近代以来，西方探险家和考古工作者在塔里木盆地的周边地区，尤其在丝绸之路的南道（即塔里木盆地的南缘），在今疏勒、和田、且末、若羌和罗布泊附近，发现很多古城遗址。这些遗址出土了大量文物，也残存着一些佛教遗迹。

3. 中国内地

关于佛教传入中国的时间，历来有若干不同的说法。但据可靠的文字记载，有“西汉哀帝时”（前 6 ～前 1）说和“东汉明帝时”（58 ～ 75）说两种。因此，学界多倾向于这两说，或者笼统地说在“两汉之际”。

据《三国志·魏书·东夷传》裴松之注引《魏略·西戎传》，西汉哀帝元寿元年（公元前 2 年）即有“博士弟子景卢受大月氏王使伊存口授《浮屠经》”。书中还说：“临儿国，浮屠经云其国王生浮屠……此国在天竺域中。”《后汉书》卷八八：“世传明帝梦见金人，长大，顶有光明，以问群臣。或曰：‘西方有神，名曰佛，其形长丈六尺而黄金色。’帝于是遣使天竺问佛道法，遂于中国图画形象焉。楚王英始信其术，中国因此颇有奉其道者。”及卷四二：楚王英“少时好游侠，交通宾客，晚节更喜黄老，学为浮屠斋戒祭祀”。由以上等等可知，说佛教在西汉末年和东汉初年传入中国是比较可靠的。

据《高僧传》卷一《摄摩腾传》和《竺法兰传》，明帝派人去西域寻访佛法，带回了中天竺人摄摩腾和竺法兰。汉明帝于洛阳“城西门外立精舍以处之”；从此，中国有了第一座寺院——白马寺。摄摩腾和竺法兰来华后即翻译佛经，译有《四十二章经》《十地断结》《佛本生》《法海藏》《佛本行》等五部。这是佛经译为汉文之始。

不管怎样，佛教是在这个时期传进中国内地了。这不仅是中国历史上的一件大事，也是中印文化交流史上的一件大事。往远处说，它又是亚洲乃至人类文化史上的一件大事。因为我们知道，佛教是世界三大宗教之一，而在三大宗教中又是最早出现、并具有完备的僧团组织、庞杂而严密的思想体系；它传入中国后，给中国政治、经济、文化等各个方面所带来的影响无法估量；而且它还通过中国很快就传到了朝鲜、韩国、日本、越南等地，又给这些国家带来了巨大影响。可以说，它在很大程度上影响了整个亚洲的历史命运。

二、大乘和小乘佛教

（一）第四次结集

在迦腻色迦时期，在他的赞助下，佛教徒在克什米尔举行了佛教史上的第四次结集。

此次结集整理完成了经、律、论三藏。

（二）大乘佛教的兴起

大约在公元前后，大乘佛教兴起于印度。所谓“大乘”（Mahayana），意思是“大型运载工具”，常指大车或大船，能够运载很多人到达解脱的彼岸，即所谓“普渡众生”。大乘佛教标榜自己更能利益众生，故将佛教另外的派别贬称为“小乘”（Hinayana）。在后世，小乘主要指上座部佛教。在大乘佛教徒看来，小乘主张独善其身，其运载工具类似独木舟，只管自己渡过苦海，缺乏慈悲之心，因而不能“慈航普度”。在贵霜时期，由于迦腻色迦王信奉了大乘佛教，这成为大乘佛教的一个历史性机遇。大乘佛教得到迦腻色迦王的支持而得以顺利发展，也由于贵霜人的媒介而传入中国。

（三）大乘佛教典籍与人物

1. 诸类大乘经典

大乘佛教有自己的经典，而且种类繁多。大体有以下诸类：

（1）般若类

般若一词为梵文 Prajna 的音译，有智慧、知识等含义。此类佛经数量庞大，其最早的大约形成于公元前 1 世纪左右。此类佛经又可根据篇幅大小分为大品和小品两种。顾名思义，大品般若经的篇幅大，有时号称十万颂，小品般若经篇幅小，常在八千颂或者更短。学界认为，最早出现的般若类经可能是《道行般若经》和《金刚经》。

般若类大乘经重点论述的是“空”的观念。

（2）法华类

所谓法华类大乘经，主要指《法华经》，大约形成于公元 1 至 2 世纪。

法华类佛经强调“方便”，即随方就便，针对不同的受众宣说佛法，以使更多的人能够理解佛法、接受佛法，引导终生得出世间“火宅”，最终得到解脱。

（3）华严类

华严类大乘经约出现于公元 1 世纪或其后不久。现存汉译较全，而梵文本则残缺不全。

《华严经》主张菩萨修行的10个阶段，即欢喜（摆脱执着和畏惧，获得大欢喜）、离垢（持戒）、明（求佛智）、焰（获大智慧，光明遍照）、难胜（获得最高智慧）、现前（指十二因缘）、远行（处于世间）、不动（指意志坚定）、善慧（指得到深奥智慧）、法云（指法云撒下甘露，或菩萨不可思议境界）。配合这十个阶段又提出了“十波罗蜜”：布施、持戒、忍辱、精进、禅、般若、方便、愿、力、智。

（4）宝积类

早期此类经典以小品《宝积经》和《维摩诘经》为代表。《大宝积经》晚出，汇集了不同时代的作品，姑且不论。小品《宝积经》在后汉即有支楼迦谶译的异本《佛说遗日摩尼宝经》一卷，晋代又有无名氏译的《佛说摩诃衍宝严经》。说明在支楼迦谶之前，此经已经形成。此经的特色是强调“中道”。

2. 龙树和提婆

在早期大乘佛经制作问世之后，需要向信众解释和宣扬，于是就出现了一些论师，他们解释佛经的著作叫作“论”。他们的目的是让更多的人正确理解佛经，宣传大乘佛法。于是，在印度大乘佛教中出现了一位菩萨级的论师——龙树。龙树的梵文为Nagarjuna，音译阿周陀那。据学者们推算，龙树大约为二三世纪人。

他是大乘佛教中观派（俗称大乘空宗）理论的奠基人，也有人认为他是中观派的开创者。其主要著作有《中论》《十二门论》《大智度论》《十住毗婆沙》等，而《中论》为其代表作。

关于提婆（Deva），大藏经中有《提婆菩萨传》一卷，为姚秦三藏鸠摩罗什译。

学界一般认为，提婆是龙树弟子，生活年代大体与龙树同时。他是继龙树之后最有成就的大乘论师，对大乘佛教在南印度的发展起到重要作用。

（四）小乘佛教

所谓小乘佛教，是大乘佛教徒对当时部派佛教其他派别的贬称，主要是指上座部佛教，或者说是上座部佛教中分化出来的说一切有部及其支系毗婆沙派和经量部等。小乘佛教信徒以自己为正统，视大乘佛教为异端。事实上，大乘佛教也的确对原始佛教有许多修正。从大乘与小乘的不同主张看，小乘也的确更为传统。

由于大乘佛教的兴起，对小乘佛教也产生了影响，迫使小乘佛教的一些论师整理自己的理论体系，并适当吸收大乘佛教的一些观点。这个过程中，小乘佛教中出现了一位重要的论师世亲（Vasubandhu，音译婆薮槃豆），他的代表作为《俱舍论》。

第五节
文学艺术

一、文学

佛教在当时风行全印度，而且积累了大量文献，许多标明“经”“律”和“论”的东西，都带有一定的文学性。要么讲故事，要么打比方，目的是让读者相信他们提出的理念。即便是一些着重讲义理的著作，也都带有文学性，作者们深知文学的感染力。婆罗门教和耆那教也不例外。

（一）佛教文学

1.《维摩诘经》

在这个时期形成的大乘佛教经典中，就有文学性很强的作品。这里仅以《维摩诘经》为例，其极尽夸张渲染之能事，而驰骋想象以超越时空之手法，都令国人耳目一新。正如有学者指出的，“《维摩诘经》具有十分浓厚的文学色彩。举凡治文学史的，几乎没有不知道它；历史上有许多诗人画家、文人墨士十分推崇《维摩诘经》，认为把它摆在文学史上，也是一部绝代佳作；自隋唐直至明清，以此经为题材写成之变文小说、词赋戏曲等更是数不胜数。《维摩诘经》的这一特点，除了它在体裁结构方面变现为故事形式外，还得力于此经译者之生花妙笔”。[1]

2.《佛所行赞》

《佛所行赞》的作者是马鸣（Asvaghosa），学界一般认为，他是公元 1、2 世纪时人。大藏经中有一卷《马鸣菩萨传》，但那仅仅是神奇的传说，难以为凭。据说，马鸣出生于北印度阿逾陀城，婆罗门种姓。他原先并不信仰佛教，因博学善辩而闻名遐迩。贵霜王攻打中印度时，特地向当地国王要他，并将他带回西北。他从此在贵霜王的宫廷为国王服务，并皈依佛教。根据汉文资料，在他名下的佛教经典有 11 部之多，主要有叙事诗《佛所行赞》，大乘佛教的论著《大乘起信论》《大庄严经论》《大宗地玄文本论》等。甚至还有几部经也在他的名下，如《十不善业道经》《尼乾子问无我义经》《六趣轮回经》等。梵文本的《美难陀传》是一部长篇叙事诗，也被认为是马鸣的作品，但没有汉译。马鸣名下还有三个剧本，其残卷 1910 年发现于新疆吐鲁番。这里要说的是《佛所行赞》。

《佛所行赞》五卷 28 品，相传为北凉昙无谶（385 ～ 433）译。这是在佛传故事的基础上描写释迦牟尼生平的长篇叙事诗。汉译均为五言，带有中国 4、5 世纪五言诗的风格，读来朗朗上口，感觉如同古诗十九首或《孔雀东南飞》等。

3.《神通游戏》(《方广大庄严经》)

《神通游戏》(*Lalitavastara*)，汉译名《方广大庄严经》，十二卷，由天竺三藏地婆诃罗译于 7 世纪。还有一个早期译本，与其内容大体相当，即由竺法护译于 4 世纪初的八卷本《普曜经》。由此可见，这部经的出现不晚于 3 世纪，属于大乘佛教作品，全书 27 品，讲述释迦牟

① 鸠摩罗什原译、赖永海等今译：《维摩诘经》，北京：中华书局，2010 年版，《前言》第 4 页。

尼从出生到初转法轮的传奇故事。

（二）梵语戏剧

梵语戏剧在这个时期已经成熟。

1. “跋娑十三剧”

“跋娑十三剧”是1909年及其以后陆续发现的，发现者是南印度特拉凡哥尔（又译特里凡得琅）梵文抄本出版部主任伽那波底·夏斯特里。他于1909年先在南印度一座寺庙发现了11个无名作者的梵语戏剧抄本，它们是《惊梦记》《负轭氏的誓言》《午夜》《善施》《使者瓶首》《宰羊》《神童传》《仲儿》《迦尔纳出任》《断股》和《黑天出使》，此后又搜集到《灌顶》和《雕像》两剧。伽那波底·夏斯特里于1912至1925年陆续将这13个剧本公开出版，并认定这是跋娑的作品。跋娑（Bhasa）约为二三世纪的戏剧家，但其作品久佚，只是在后世作家的作品中被提到。

十三剧中，有六部取材于大史诗《摩诃婆罗多》，有两部取材于《罗摩衍那》，有一部取材于黑天故事，有两部取材于优填王的传说，有两部取材于其他传说。其代表作为六幕剧《惊梦记》。[①]

2. 首陀罗迦的《小泥车》

首陀罗迦（Sudraka）是《小泥车》的作者，其生平事迹已杳不可考。据黄宝生先生的意见，《小泥车》的创作年代约在3世纪。全剧共十幕，其故事梗概是：“描写在暴君波罗迦王统治下的优禅尼城，有个妓女春军，爱上穷婆罗门商人善施。国舅霸占春军不成，下毒手陷害春军和善施。牧人阿哩耶迦起义，推翻波罗迦王暴政，建立新王朝。

① 季羡林主编：《印度古代文学史》（黄宝生文），北京：北京大学出版社，1991年版，第257～265页。

春军和善施如愿以偿，结为夫妻。”[①]

《小泥车》中有众多角色，男角 27 人，女角 7 人，还有一些群众演员。主要角色个性鲜明。如善施，作为婆罗门商人，却乐善好施，散尽家财接济他人，而自己却过着穷困的生活；但他注重声誉，讲究情谊，善良宽厚。妓女春军渴望过正常女性的生活，向往纯真的爱情，不畏强暴。剧本反映了社会现实，特别反映了市井平民的生活现实和各类生活在社会底层的人物。故事情节曲折复杂，引人入胜。

（三）泰米尔语诗歌

在印度半岛的南端，长期以来为操达罗毗荼语系的民族占据。他们中的一支把自己的语言称为泰米尔语，同时他们也发展了自己的文学。相传，最早的泰米尔语文学作品保存在语法书中。一般认为，从公元前 5 世纪至公元 2 世纪是泰米尔文学的“桑伽姆”（Samgama，原意为汇合，引申为集会、团体）时期，这一时期的泰米尔语文学叫作桑伽姆文学。现在存留于世的最早作品保存在文法书《朵伽比亚姆》中。此书的作者为朵伽比亚尔，生平不详，也不能确定此书的准确年代。《朵伽比亚姆》三卷 27 章，其第三卷为《题材篇》，专讲文学作品的题材问题，实际上是关于文学理论的著作。这说明，当时的文学创作活动已经很多，已经由实践上升为理论。

与《朵伽比亚姆》一起流传下来的还有两部诗集，即《八卷诗集》和《十卷长歌》。前者为短歌集，其诗歌都在数行与数十行之间；后者为长诗集，其诗歌都在百行至 800 行之间。一般认为，这 18 部作品形成于公元 1 世纪之前，被泰米尔文学界称为“上十八部”作品，接下

① 季羡林主编：《印度古代文学史》（黄宝生文），北京：北京大学出版社，1991 年版，第 269 页。

来，约公元一二世纪，泰米尔文学进入了“伦理文学”时期，又流传有18部作品，因而被称为“下十八部”。其中影响最大、成就最高的是《古拉尔箴言》。除了这18部伦理文学作品，大约于2世纪，泰米尔文学中还出现了两部史诗，即《脚镯记》和《玛妮梅格莱》。这两部史诗是姊妹篇，据说两部史诗的作者是好朋友。[①]

1.《脚镯记》

《脚镯记》约产生于公元2世纪，作者相传是哲罗国王子依朗哥。据说他年轻时便出家当了耆那教和尚。

《脚镯记》全长5001行，共30章，分为三篇：《普哈尔篇》10章，《马杜赖篇》13章，《万吉城篇》7章。

故事发生在朱罗国的普哈尔城（即伽韦利，或译科佛里），一对恩爱小夫妻哥瓦兰和甘娜姬过着幸福平静的生活。但艺妓玛达薇的出现在他们的生活中引起波澜。哥瓦兰因看玛达薇的表演而迷恋上玛达薇，二人同居后生下一女玛妮梅格莱。哥瓦兰也因此耗尽家财。颜面扫地的哥瓦兰又回到妻子甘娜姬身边。甘娜姬取出金脚镯给丈夫，让他东山再起，并与丈夫一同来到潘迪亚国都城马杜赖。适逢王后丢失一金脚镯，哥瓦兰在出卖脚镯时被当作盗贼拘捕，国王将他处以极刑。甘娜姬勇闯王宫，指责国王草菅人命，并证明丈夫无罪。国王意识到错杀无辜，从宝座上跌落而死，王后也随之身亡。在甘娜姬诅咒下，马杜赖被大火焚毁。甘娜姬西去哲罗国，在一座山上祈祷14天，有天神将她接入天界。哲罗国王闻知，命人到北方雪山采石，为甘娜姬雕像，并立庙纪念。

从宗教的角度看，这部史诗可以算作耆那教文学作品。诗中，作

---

① 载于季羡林主编：《印度古代文学史》，北京：北京大学出版社，1991年版，第二编第五章（第140～162页）、第三编第十一章（第359～380页）。

者不失时机地宣扬了耆那教的教义。这说明，2 世纪时，耆那教在印度半岛南端三国中的影响是很大的。

2.《玛妮梅格莱》

《玛妮梅格莱》继《脚镯记》后完成，作者萨达纳尔是一名佛教徒。全诗分 30 章，4296 行。其基本情节如下：

在哥瓦兰被杀以后，艺妓玛达薇得到消息，便放弃艺妓生涯，出家当了佛门弟子。玛妮梅格莱是哥瓦兰和玛达薇的女儿，在母亲的安排下，她也出家做了尼姑。一天，她在花园采花，被朱罗国王子看见。王子一见倾心，常到寺院来找玛妮梅格莱。不堪其扰，玛妮梅格莱在家神的帮助下来到一个小岛，她在岛上巡礼佛教胜迹，得知前生因缘，并得到一个如意神钵。后来，玛妮梅格莱返回陆地，四处云游，用神钵救济贫困民众，并弘扬佛法。但由于王子被人杀害，玛妮梅格莱因遭到怀疑而被捕入狱，受尽折磨。后真相大白，玛妮梅格莱获释，她劝国王废除刑罚，改监狱为慈善场。最后，她来到哲罗国，在一老法师跟前学习佛法，直至圆寂。

此书作者和书中女主人公均为佛教徒，书中也宣扬佛教教义，故此史诗又可算作佛教文学作品。这说明，当时佛教在印度半岛南端的三国间流传广泛。而玛妮梅格莱这一艺术形象也深受泰米尔人的喜爱，至今仍被传颂，被当作女神礼拜。

二、艺术

这一时期，印度的雕刻艺术、石窟艺术、绘画艺术乃至乐舞艺术均有很大发展，为后世留下了不朽佳作。其中，巽伽王朝时期的窣堵波建筑、阿旃陀石窟的早期建筑，以及与之相关的石头雕刻，给人们留下深刻印象。贵霜王朝时期的犍陀罗佛像雕刻则影响更大。这一时期流传下来的艺术品主要是佛教艺术品，说明佛教在这一时期的影响很大，影响的地域也很广。虽然这些艺术品主要表现的是佛教题材，但从中也不难看出当时的社会风貌。

需要说明的是，印度著名的阿旃陀石窟建筑中有一小部分雕凿于这个时期，但由于其主要部分属于笈多王朝时期的作品，故为叙述的方便，我们将阿旃陀石窟放在后面介绍。

（一）巴尔胡特和桑奇大塔

继阿育王在全国大建佛塔之后，到巽伽王朝时期，民间仍有许多佛教徒在一些地方建立佛塔。其中，巴尔胡特塔和桑奇大塔最为著名。

1. 巴尔胡特塔

在今印度中央邦萨特纳县城南面 15 公里处，有一村子叫巴尔胡特。1873 年，英国考古学家在那里发现了一个窣堵波遗址，1874 年予以发掘。塔身严重破坏，所存石雕围栏尚存 80 根石柱。后来，其残破的塔门和部分围栏被转移安放于加尔各答博物馆。据测定，该窣堵波约建于公元前 2 世纪后半。据大塔东门石雕上的铭文记载，这座东门是由当地一位王公捐献的，而其围栏则是由许多人集体捐献的，其中有贵族、商人、平民、工匠等各种信徒。尤其值得注意的是，捐助者中既有东北方面华氏城前来观礼的信徒，又有西南方面今孟买附近前来巡礼的信徒。说明这座窣堵波在当时远近闻名，也说明佛教信仰在这些地区很流行。

2. 桑奇大塔

桑奇位于今印度中央邦博帕尔市北面不远处。1819 年，英国人在一座小山上发现了三座塔的遗址。30 年后，考古学家将它们编为 1、2、3 号，其 1 号塔最大。通常所说的桑奇大塔往往指 1 号塔而言。

1912 年，英国考古学家进行了发掘，成功恢复了它们的原貌。大塔底面直径约 36.6 米，高约 16.5 米，是现存早期佛教窣堵波的典型范例。

桑奇大塔最精美的部分是公元前 1 世纪到公元 1 世纪增建的东、西、南、北四座石牌坊一样的塔门。每座塔门约高 10 米，由两根方形石柱支撑，石柱顶部有一圆盘，盘上是四只面朝外的蹲狮，蹲狮上方有三道横梁，横梁间有方形石隔开。这些石材上一般均雕刻有各种烦琐而精美的图案，横梁上下、两端都雕刻有人物、动物、草木等。由于年代久远，四座塔门的保存状况不大一致，但都显示了当年工匠们巧妙的构思和高超的技艺。

（二）犍陀罗艺术

我们前面几章已多次提到犍陀罗这个地名，指的是今巴基斯坦境内、以白沙瓦为中心、处于喀布尔河和印度河中间的一片区域。在印度古籍中，自《梨俱吠陀》而下直至佛经文献都每每提及。中国古籍中也很早就记载了这个地方，但最初记载为“大夏”，如《史记》《汉书》和《后汉书》等，都称犍陀罗一带为大夏、安息、月氏等。因为在张骞通西域的时候，那一带被大夏希腊人所统治，而在后汉时，那一带又先后在塞种、安息和贵霜人的统治下。大约在晋代以后的文献中，才开始称那一带为乾陀罗、乾陀、犍陀卫、犍陀越、健驮罗等等，都是犍陀罗的异译。

通常所说犍陀罗艺术，分布的区域要广一些，其“涵盖的范围远远超过其历史地理的实际疆域，相当于今巴基斯坦西北地区与毗连的阿富汗东部地区，既包括印度河西侧的白沙瓦谷地，也包括印度河东侧的呾叉始罗（Taxila，今译塔克西拉），北到斯瓦特河谷（Swat Valley），西至阿富汗喀布尔河流域上游的哈达（Hadda）、贝格拉姆

（Begram）等地”。[1] 也就是说，犍陀罗有狭义和广义两个概念，狭义的犍陀罗指的是其历史地理概念，广义的犍陀罗指的是犍陀罗艺术分布的地区。

由于犍陀罗地处丝绸之路的要冲，可以说是古来东西方文明的交汇之地。在特定的历史条件下，印度佛教与希腊文明交汇，就形成了犍陀罗艺术。而犍陀罗艺术最突出的特点便是创作出希腊式的佛陀形象。

（三）马图拉艺术

马图拉，印度古代名城，中国古代有摩偷罗、摩头罗、秣兔罗、孔雀城等许多译法。在贵霜时代，曾为其东都。在迦腻色迦之后第三代继承者胡毗色迦时代，此地为贵霜王朝的首都。这里被婆罗门教信徒奉为黑天大神的诞生地，同时又有佛教和耆那教流行。三个宗教的雕刻艺术在这里得到发展，形成了一个流派，被美术界称为“马图拉风格”（Mathura School）。

（四）阿马拉瓦蒂艺术

在贵霜王朝时代，南印度的阿马拉瓦蒂艺术与北方的犍陀罗艺术和马图拉艺术并存，形成既相互联系又相互独立的艺术流派。

阿马拉瓦蒂位于克里希纳河下游的南岸，在今印度安得拉邦中部贡土尔县城以北约 29 千米处，与另一处佛教圣地龙树山相毗邻，在贡土尔县城西北 147 千米处，东距阿马拉瓦蒂约 110 千米。因而，龙树山的建筑与雕刻也被列为阿马拉瓦蒂艺术的一部分。

阿马拉瓦蒂所处的克里希纳河流域长期在案达罗—萨他瓦哈那王朝的统治之下。如前文所说，乔答弥补多罗·萨多迦尼是复兴案达

---

① 王镛：《印度美术》，北京：中国人民大学出版社，2004 年版，第 75 页。

罗—萨他瓦哈那王朝的君主，曾宣称自己是塞种人、希腊人和安息人的消灭者。其势力范围北达马尔瓦地区，南抵卡纳塔克地区。他在位时间约为公元 1 世纪后半叶（但也有人认为在 106 至 130 年）。在他之后，案达罗—萨他瓦哈那王朝逐渐衰落，其政治中心东移。于是有学者认为，阿马拉瓦蒂地处后期案达罗—萨他瓦哈那王朝的政治中心区。龙树山以大乘佛教菩萨龙树得名，此地除了处于案达罗—萨他瓦哈那王朝的政治中心区以外，也因佛教的繁荣而著称。所以，那里发展出一个佛教艺术为主的艺术流派也在情理之中。

第六章
笈多与后笈多文化概况

第一节
历史沿革

印度历史学界通常称公元4至8世纪这段时间为印度教文化的“黄金时期”。但印度著名历史学家罗米拉·塔帕对此表示质疑。她认为，“黄金时期”的说法是片面的。一般来说，所谓“黄金时期”应该是一个非常理想的时期，而事实上这段时间印度文化虽然有所发展，但印度社会并没有达到一个理想境界，所谓的辉煌也仅仅是社会富有阶层生活的折射，不能代表整个印度社会。因此，她称这一时期为“开始时期”（threshold times），指的是印度教古典文化的开始阶段。①

笈多王朝时期，印度教文化开始复兴。无论是文学艺术还是科学技术，都带有印度教的浓厚色彩。尤其是在南印度，印度教逐渐排挤掉佛教和耆那教，夺取了主导地位，并最早开始了虔诚运动。8世纪，经过商羯罗（Sankara）的改革，印度教的社会地位得到回升，佛教和耆那教明显衰落。

---

① 罗米拉·塔帕：《古代印度》，新德里，企鹅丛书私人有限公司，2002年版，第280页（Romila Thapar, *Early India,* Penguin Books Pvt. Ltd. New Delhi, 2002, P280.）。

一、笈多王朝

笈多王朝建立之前的4世纪初期，在北印度马图拉为中心的亚穆纳河流域有不少那加人（Nagas）的土邦王国存在。这些那加人是怎么来的？从哪里来的？至今仍然是个谜。但一般认为，他们不是当今东北印度那加人的祖先，而很可能是上古龙[①]图腾民族的后代。在西印度，塞种人的统治一直持续着。主要有两个塞种人国家，一是鲁多罗·僧诃二世（Rudrasinmha Ⅱ）统治的卡提阿瓦地区，二是耶输陀摩二世（Yasodama Ⅱ）统治的马尔瓦地区。到4世纪40年代，这两个国家依然存在。在西北印度，贵霜人的势力虽然已经衰落，但并未被根除，而南印度的主要势力则是伐卡塔卡人建立的国家。

笈多王朝正是在这种情势下建立起来的。

（一）旃陀罗·笈多

笈多王朝的创立者是旃陀罗·笈多（Candra Gupta）。关于他的种姓出身有婆罗门、刹帝利、吠舍、首陀罗等多种说法。一般认为，旃陀罗·笈多的祖父和父亲原是今印度比哈尔邦境内的一个土邦王国的统治者，到旃陀罗·笈多这一代才发达起来。在今印度比哈尔邦的加耶和北方邦的阿逾陀等地发现的他发行的金币上，一面印有“旃陀罗·笈多”的字样，另一面则印有“吉祥鸠摩罗黛维”和“离车”的字样。这证明，他与北方的离车族联姻，娶了离车族的公主鸠摩罗黛维。显然，他获得了离车族很大的支持。之后，他杀死了摩揭陀的统治者登上摩揭陀国的王位。但这种说法只是来源于文学作品，学界多数人认为并不确实。不管怎样，旃陀罗·笈多的势力发展迅速，他统

① naga本意为蛇，佛典中常翻译为龙。

一了恒河中下游的大部分地区，并于公元319年（一说320年）正式建立笈多王朝，他本人则自称为“王中之王”。据说，他活到了公元335年。

（二）沙摩陀罗·笈多

沙摩陀罗·笈多（Samudra Gopta）在335年之前的某一年继位，大约去世于380年之前不久。关于沙摩陀罗·笈多的生平业绩，除了几个铭文和他发行的钱币外，几乎再也没有其他资料。从有限的资料中可见，后世历史学家对他的业绩做出了大体的描绘。他曾征服了恒河和亚穆纳河之间的一大片国土，将那一带纳入自己的版图，接着又向南扩展土地，占据了今天印度中央邦一带，并向西征服了今天印度的拉贾斯坦地区和古吉拉特的一部分。他还进行过一次声势浩大的南征，据说一直打到南方的德干高地，有铭文说他打败了文迪耶山脉地区的一些国王（据传有12位之多），将他们逮捕后又将他们释放了。据推测，他可能还攻打过今印度泰米尔纳德邦北部的建志地区，迫使帕拉瓦国王承认其宗主权。总之，在南方的许多国家向他表示臣服之后，他举行了马祭。

（三）旃陀罗·笈多二世

旃陀罗·笈多二世（Candra Gupta Ⅱ）在位时间大约从380年到约413年（一说375至414年在位），是一位在位时间较长的帝王。他有两个别名和一个称号。两个别名是提婆·笈多（Deva Gupta）和提婆罗阇（Devaraja），由于他的业绩十分显赫，故又有“超日王”（Vikramaditya，或译健日王、勇健王等）的称号。超日王的称号在印度历史上十分响亮，后世印度各地有多个国王（不下10人）都使用过这个称号，也有多种文学作品都与拥有这个称号的国王有关。传说中的超日王具有卓越超群的文治武功，曾战胜塞种国王，同时拥有宫廷“九宝”[①]。因此，学界的主流看法是，旃陀罗·笈多二世才是最符合条件的超日王。

据说，旃陀罗·笈多二世曾经西征古吉拉特的西部地区，击败了卡提阿瓦半岛上的塞种国王。印度学者推算其时间大约在409至412年之间。[②]他的帝国疆域东至孟加拉、阿萨姆一带，西到古吉拉特和信德，北抵尼泊尔，南达德干地区。

我国东晋高僧法显曾经在这个时期访问印度，他记载帝国首都华氏城时说，“凡诸中国，唯此国城邑为大。民人富盛，竞行仁义”。“其国长者、居士各于城中立福德医药舍，凡国中贫穷、孤独、残跛、一切病人，皆诣此舍，种种供给。医师看病随宜，饮食及汤药皆令得安，差者自去。”[③]证明了华氏城的繁荣。

（四）鸠摩罗·笈多一世

旃陀罗·笈多二世的继承人是鸠摩罗·笈多一世。一般认为，他的在位时间为415至455年。他继承了先辈们的事业，统治着庞大的国家，因而获得了“帝日王”（Mahendraditya）的称号，并举行过马祭。

（五）塞建陀·笈多和普鲁·笈多

塞建陀·笈多打了一场胜仗，回来后正值父王去世，但此时西北地区因白匈奴入侵而告急，他不得不再次出征。在打退白匈奴的进攻

---

① 九宝，Nava-ratna，指在超日王宫廷中服务的九位有才华的人士。

② [印]阿特雷伊·比斯瓦斯：《印度古代政治社会与文化史》，新德里，乌帕尔出版社，1982年版，第344页。（Atreyi Biswas : *Political, Social and Cultural History of Ancient India*, Uppal Publishing House, New Delhi, 1982, P344.）

③ 法显撰，章巽校注：《法显传校注》，上海：上海古籍出版社，1985年版，第103页。

后，他再次凯旋。这一次的战绩，使他更加顺理成章地继承了王位。塞建陀·笈多在位时间约为455年至467年。他因有辉煌的战绩，故亦袭用了“超日王”的称号。从有关铭文和钱币资料分析，他在位时维持了祖上的疆土。大约是因为他没有后代，所以在他死后，王位由他的兄弟普鲁·笈多（Puru Gupta）继承。

（六）笈多帝国的衰落

塞建陀·笈多之后摩揭陀帝国就开始衰落。在普鲁·笈多之后，究竟有多少继承者，持续了多少年，至今尚无定论。

总之，笈多王朝的统治到528年还能得到纳巴达河流域一些王国的承认，而直到6世纪的中后期，在孟加拉北部地区还有笈多家族的首领存在。到7世纪后期，中印度还有以笈多为姓氏的统治者家族，他们是否属于笈多王朝家族后裔，学界未有定论。一般来说，到6世纪中，笈多王朝便已经解体了。

二、后笈多时代

7至12世纪，是印度历史上一个比较混乱的时期。在许多邦国互相角逐的同时，外来者又不断入侵。因此，很难给这一历史时期冠以恰当而具有标志性的名称，姑且称之为“后笈多时代”，意思是笈多王朝解体之后的一个时期。

（一）戒日帝国

戒日王，Siladitya（玄奘音译为尸罗迭多），本是一个帝王称号，玄奘将其本名意译为喜增，音译为曷利沙伐弹那（Harsavardhana），印度学界一般简称之为曷利沙（Harsa）。关于戒日王的业绩生平，玄奘在《大唐西域记》中的记载最为详细可靠，历来为学界研究戒日王的最主要依据。从玄奘的记载可知，戒日王出身于吠舍种姓，其父亲名叫光增（Prabhakaravardhana），已是国王，其兄名王增（Rajyavardhana），继父位为王，加上戒日王，即所谓“二世三王”[①]。在戒日王登基之前，其兄被东印度金耳国首领设赏迦（Sasanka）杀死，其妹则作为一国之后而受囚禁之辱。戒日王于606年登基，但他暂不称王，因为他要先报兄、妹之仇，同时要巩固自己的统治。

戒日王当时已经把周边的一些国家征服，他征战的地方很多，东起孟加拉、奥里萨，西至克什米尔、旁遮普，北抵雪山，南到纳巴达河流域。有很多地方只是承认其宗主权，而他的实际疆域大约只限于恒河中下游地区。

也许是由于玄奘的关系，戒日王与中国唐朝保持着友好交往，接待过中国的使节。戒日王大约去世于647年。在他死后，戒日帝国陷入了混乱。大臣阿罗那顺（Arjuna）窃取政权，并采取敌视唐朝的做法，企图谋害中国的使节王玄策。王玄策得到吐蕃和尼泊尔的支持，带兵打败阿罗那顺，并将其俘获，押回长安。

在戒日王之后，一个笈多统治家族活跃于北印度。但是，到了8世纪初，摩揭陀的统治者已经不属于笈多家族，而是由来自孟加拉的高达人掌握大权了。

（二）波罗王朝

进入公元8世纪，在经过半个世纪群龙无首的日子之后，高达人

① 玄奘、辩机原著，季羡林等校注：《大唐西域记校注》，北京：中华书局，1985年版，第428页。

终于推举出自己的领袖——瞿波罗（Gopala）。从此，印度历史上第一次在孟加拉地区出现了一个繁荣的国家，开始了波罗王朝的统治。瞿波罗大约于 750 至 770 年在位。据说，这个波罗家族属于日族，即与佛祖释迦牟尼一样，来自上古的太阳世系。波罗家族统治高达人和万加人的传统地区，即今天的印度西孟加拉邦和东边的孟加拉国地区。瞿波罗通过武力扩大了自己的统治范围，奠定了波罗王国的基业。他的儿子达摩波罗（Dharmapala）即位后，进一步将自己的势力延伸到今天的比哈尔地区，使那些佛教圣地也归入波罗王朝的管辖范围。达摩波罗的即位时间约在 770 年（一说 780 年），他在位 30 余年，使波罗王国成为北印度的强国之一。

达摩波罗大约于 815 年（一说 810 年）前后去世，由他的儿子提婆波罗（Devapala）继位。而此时，除了西方的普罗蒂诃罗国以外，南方的拉什特拉库塔人（Rashtrakutas）也已崛起，并不断向北进攻。一时间形成了三国争霸的局面。提婆波罗继位后，向东征服了奥里萨，向北征服了阿萨姆，向西曾一度打败过白匈奴人，在三国争霸中也处于上风。有碑文证实，其军队曾北抵喜马拉雅雪山，向南则到达文迪耶山脉。提婆波罗在位近 40 年，活到 855 年前后，使波罗王朝辉煌一时。之后，他的侄子毗讫罗诃波罗一世（Vigrahapala Ⅰ）继位，王国开始走向衰落。大约在 864 年，毗讫罗诃波罗一世禅位给儿子那罗延波罗（Narayanapala）。不久，华氏城陷落，孟加拉北部地区也逐渐被普罗蒂诃罗人占领。那罗延波罗一度收回部分国土。他在位时间至少有 54 年之久，即至少到 918 年。此后，经过瞿波罗二世和毗讫罗诃波罗二世的统治，波罗王朝已经风雨飘摇。然而，他们的继承者摩希波罗（Mahipala，约 1000 ～ 1025 年在位）曾稍稍振兴了波罗王朝，但南方的朱罗王朝却一度攻进了孟加拉地区。又经过数代统治者，到 12 世纪中期，波罗王朝终于被森那（又译犀那）王朝所取代。森那人

（Senas）的祖先原居住在南印度，不知何时来到孟加拉地区，并发展成一股政治和军事力量。

波罗王朝的国王们，尤其是前期的一些国王，都信奉佛教。在他们的庇护和赞助下，佛教得以在比哈尔和孟加拉一带延续。不仅佛学中心那烂陀得以发展，他们还建立了超岩寺和飞行寺等新的佛学中心。中国西藏的许多高僧都曾到那里学习佛法，也延请那里的高僧到西藏去译经传法。因此，在西藏文献中有不少关于波罗王朝历史的资料。

三、笈多时期的南印度

笈多时代，南印度的政治格局也在不断的变化当中。伐卡塔卡是当时最大的国家，此外尚有帕拉瓦、卡丹巴、甘加、朱罗、潘地亚和哲罗等。这里仅介绍两个国家。

（一）伐卡塔卡

伐卡塔卡原为萨塔瓦哈那王朝的一个小小的属国，大约在3世纪末期发展起来。当笈多王朝建立的时候，伐卡塔卡已经是一个相当强大的国家了。到旃陀罗・笈多二世时，笈多王朝达到鼎盛时期，而德干的伐卡塔卡则处于一个分裂时期。相比较而言，以国王鲁多罗森那（Rudrasena）为首的一方强大一些。此时，旃陀罗・笈多二世将自己的女儿普罗巴瓦蒂（Prabhavati）嫁给了伐卡塔卡的鲁多罗森那。这是一个对双方都有利的举措：一方面，笈多王朝可以在南方获得一个强大的盟友，可以不必担心来自南方的进攻；而另一方面，伐卡塔卡也可以趁机扩大自己在南方的势力。但是，鲁多罗森那于390年去世，他的儿子还年幼。此时，王妃普罗巴瓦蒂成为其幼子的监护人并掌握伐卡塔卡的政权。她之所以能够操控政权，在很大程度上仰仗其父超日王的支持。[①] 到5世纪末期，伐卡塔卡又出现了一位有作为的国王诃利森那（Harisena，约 480 ～ 515 年在位），他以武力统一了伐卡塔卡，并扩大了疆域。

（二）帕拉瓦

帕拉瓦在笈多王朝初期就已出现。位置在今印度南方的克里希纳河以南的东南沿海。首都建志补罗，即今天泰米尔纳德邦北部的康契普拉姆（我国汉代称之为黄支）。帕拉瓦人在一个很长的时间里处于伐卡塔卡的南方，似乎与伐卡塔卡保持着良好的关系。但在沙摩陀罗·笈多南征时，帕拉瓦的国王曾经是 12 个被俘国王之一，后被释放，时间在 4 世纪中叶。436 年，一位叫作僧诃跋摩（Simhavarman）的国王登基。6 世纪后半叶，一位叫僧诃毗湿奴（Simhavisnu）的国王登基，据说他曾征服过印度南端的所有国家，包括朱罗在内。但从此以后，帕拉瓦屡次遭到来自西部的攻击，国力减弱。八九世纪，他们又经常受到南部潘地亚人和朱罗人的攻击，最终被朱罗人打败。

四、后笈多时代的南印度

南印度从来都是小国林立的政治局面，没有统一过。所以这里只能对比较重要的国家作简单介绍。

---

① [印] D. 纳拉扬·贾主编：《印度古代史》，新德里，德里大学，1981 年印地文版，第 280 页。

（一）遮娄其

遮娄其人（Calukyas）于 6 世纪兴起于今印度卡纳塔克地区，关于他们的民族来源有各种说法，都不是定论，但有学者根据其国王的命名，认为他们来自南印度而非北印度。这也许是比较可靠的猜测。印度历史学家在指出其早期历史时说："他们最初的首都在瓦达比，即现代孟买管区比贾普尔县的巴达米。""瓦达比王朝的真正创始人是补罗稽舍一世，他举行马祭仪式来庆祝他的即位。"[①] 他的统治范围相当于今天的马哈拉施特拉邦与卡纳塔克邦大部。在进入 7 世纪之后，这个王朝出现了一位有能力的国王补罗稽舍二世（Pulakesin Ⅱ，约 609 ～ 642 年在位）。他不仅巩固了祖上的国土，还进一步扩张，势力北达纳巴达河，南到科韦利河。据说一度攻打下建志城，还成功地顶住了戒日王的进攻。到 753 年前后，这个王朝被推翻，另一个王朝——拉什特拉库塔王朝又在这片土地上兴起。

（二）拉什特拉库塔

关于拉什特拉库塔人的来源，学术界同样争论不休，也同样没有定论。他们在 8 世纪中期兴起，经常参与北印度争夺曲女城为中心的争霸活动，据说曾经打进过曲女城。这个王朝也曾出现过几个有影响、有作为的国王，创立过辉煌一时的业绩，也留下了一些重要的文化遗迹。但最后，到 973 年前后，这个王朝终于被推翻。

（三）朱罗

朱罗国长期处于别国的藩属地位。在拉什特拉库塔兴旺的时代，

① [印] R.C. 马宗达等著，张澍霖等译：《高级印度史》，北京：商务印书馆，1986 年版，第 190 页。

东边的帕拉瓦已经日益衰落。893 年前后，朱罗国王阿迪提亚一世（Aditya Ⅰ）利用帕拉瓦镇压潘地亚的机会参与战事，先击败了潘地亚，然后又灭掉帕拉瓦。进入 10 世纪，朱罗国成为印度半岛南端最强大的国家。949 年，拉什特拉库塔国王进攻朱罗，朱罗再次沦为藩属国。直到 10 世纪晚期，拉什特拉库塔王朝被推翻，朱罗又有了再次崛起的机会。985 年，罗阇罗阇（Rajaraja）继位为朱罗王，他通过武力征服，将周围的小国弱国都变为自己的属国。同时，罗阇罗阇还建立了强大的海军，并以海军的力量征服了斯里兰卡和马尔代夫。罗阇罗阇在中国的史籍中称为“罗荼罗乍”，曾两度派遣使者到中国（见《宋史》卷四八九《外国列传》五）。他去世于 1014 年。11 世纪，朱罗是南印度最强大的国家，1022 年，其军队曾穿越奥里萨，攻打到孟加拉，击败过波罗王朝的军队。

第二节
文化概况

一、制度文化

（一）行政

在笈多王朝，国王是世袭的，实行的是君主制统治。国王将一切权力集于一身，既是法律的制定者，又是行政的最高管理者，又是最高军事统帅。在国王之下，有大臣会议，属于执行机构和咨询机构，而没有国务会议。

地方官员分为三级，省一级的总督一般由王子担任，下面的市县级官员由省督任命。市县也设有行政管理部门，相当于一个委员会。“委员会由一名商业公会代表、一名商人代表、一名手工业行会代表和一名书记官组成。”[①]同时，市县级还有负责税收、警察等部门业务的官员。

最基层的行政组织是村里的评议会，即潘查耶特（五老会）。

---

① 林承节：《印度古代史纲》，北京：光明日报出版社，2000年版，第165页。

（二）司法

司法案件通常要由国王亲自处理，司法大臣协助。小国、土邦的情况更是如此。省一级的法律案件则由省督处理，省督手下有司法官员，是其最主要的助手。市县级的单位，由专门的司法官员审理案件。该官员一般也有协助者，如书记官、当地的商人领袖、贵族人物等。乡村的司法由评议会负责，主要是调解纠纷，但有时也可以判决。

这一时期，人们已经将民事案件和刑事案件区分开来。但由于迷信普遍存在，在一些证据不足或者没有证据的情况下，有时也采取由神来裁判的做法。玄奘说有“水、火、称、毒”四种做法，如将嫌疑人投入水火，如不被淹或烧伤，即可裁定为无罪；或用秤称其重量，或用毒考其真伪。

（三）军事

印度自上古即有“四兵”。到了这一时期，车兵已经较少使用了。这也许是受到西北方游牧民族的影响，也许是内地人自己总结出来的作战经验。但当时在沙漠地区，如拉贾斯坦，已经有了骆驼队参战。由此出现了一个新的兵种，这一兵种在印度一直延续至今。孔雀王朝时期，已经有了海军，出现了一个新的兵种。而到笈多时期，在沿海国家，如上文提到的朱罗也有海军。

国王为军队的最高统率，其下有许多将领。由于国王决定一切，国王的素质往往是决定战争胜负的关键。

二、经济发展

（一）农业

1. 土地制度

林承节先生指出："笈多帝国之前，印度土地关系就有两种趋向产生。一是统治者向婆罗门、佛教寺院、少数官员和宠臣赠赐土地，一是村社上层占有更多土地，使用雇工、佃农耕种。笈多帝国时期，两种倾向都有发展，特别是第一种。沿袭以往轨迹更大规模地实行宗教捐赠，成了这一时期最引人瞩目的现象。"①

印度各地发现了很多赐予和捐赠土地的铜版书，大多属于永久使用的世袭性质，甚至连同土地上税收及行政、司法权力也一并赐予和捐赠。相比之下，村社上层占有土地并使用雇工和佃农的情况处于次要地位。土地的买卖现象较少。

2. 农业技术

这一时期，农业管理和技术得到发展。人们普遍重视水利灌溉，许多地方都修建有水库和蓄水池。有的水库规模宏大。此外，人们懂得了轮作技术，施肥和防治病虫害的知识有所增加。农产品的品种增加了，农作物的产量得到提高。如稻米和小麦，已经有了出口。植桑和养蚕的技术得到发展，丝织业兴盛起来。

（二）手工业

一些传统的手工业技术，如采矿、冶铁、铸造业等，均得到很大发展。再如纺织，其所织平纹细布成为出口产品，在世界享有盛誉。

---

① 林承节：《印度古代史纲》，北京：光明日报出版社，2000年版，第170页。

其所织毛毯等也日益受到外国人的青睐。然而，丝织业的发展却因外国的竞争而受到一定冲击。

此时印度的造船业得到较大发展，一些沿海地区国家有了自己的舰船，如朱罗就有了自己的海军。当时印度制造的大型多桨帆船能够装载百人以上。

（三）商业

这一时期，印度的商业行会组织得到进一步完善，并且在商业贷款等方面起到很大作用。商业行会与手工业行会相协调，促进了手工业的发展，同时也提高了商业活力。

从大量的出土金币、银币可知，这一时期的商业贸易活动已经相当活跃。印度从北到南河流众多，内地的漕运体系完备，加上各种旱路商道，已经形成了一个繁密的商品流通网络。而沿海的贸易更加突出。笈多王朝时期，印度与周围国家的商贸往来十分频繁，海上航行已经有固定的航线，从印度可以向西与罗马通商，也可以与阿拉伯、波斯通商。与东南亚、中国都有直接或间接的商品贸易。

到中国的宋代，与印度的海上贸易更加频繁。印度的宝石、香料、象牙等在中国非常著名。广州、泉州等地也有不少印度商人居住。中国出现了《岭外代答》和《诸蕃志》这样具有贸易手册性质的专著，详细记载了当时印度各地与中国贸易的货品以及交易手段等。

三、社会发展

（一）种姓制度

这一时期，印度的种姓制度发生了很多变化，在四大种姓之外又增加了一些副种姓，同时，外来民族也加入了印度种姓的序列。种姓制度仿佛变成了一个社会坐标，每个人都可以对号入座，在其中找到自己的位置。然而，更加麻烦的问题是，种姓与职业间的壁垒往往被打破，不同种姓和不同民族间的通婚也变成常事。这种现象早已出现，而这一时期则更为严重。

（二）家庭与婚姻

1. 家庭

根据一些出土的铭文记载，笈多王朝时期的家庭都是大家庭，即祖孙数代人都居住在一起，结婚以后的成年弟兄也都居住在一起，并不分爨，包括守寡的姐妹也居住于娘家。

到笈多王朝末期，这种大家庭共同居住和生活的习俗有所减弱，也出现了一些小的家庭。

2. 婚姻

在笈多王朝和后笈多时代，印度的婚姻状况很复杂。如上面所说，除了不同民族和不同种姓间的婚姻关系外，多数人还坚持种姓内的婚姻。根据法论等典籍的要求，印度教的婚姻要遵循古老的婚姻习俗，不得更改。最突出的婚姻习俗有三点：第一是女孩早婚现象严重。法论谴责父亲将成年女儿留在家中。第二是“萨蒂”（sati，随夫殉葬）现象的流行。一些文学作品，如迦梨陀娑和首陀罗迦的戏剧中都提到“萨蒂”。尽管这不是普遍现象，但社会流毒很深，是非人道的做法。第三是出现妇女遮面的现象。即一些上层人家的成年女子（主要是已婚女子）有出门用布蒙面的。这三种现象都体现了社会对妇女的歧视。

四、科学技术

（一）科学

1. 天文学、数学

这一时期，印度的华氏城（今比哈尔邦的巴特那）和优禅尼城（今中央邦乌贾因）是印度数学和天文学的研究中心，在那里出现了一批重要的数学和天文学家。下面逐一做简要介绍。

圣使 Aryabhatta，音译阿利耶毗陀，约生于476年，约卒于550年。史学界经常称他为“圣使第一”，因为10世纪还有一位叫圣使的数学和天文学家。圣使第一出生于华氏城附近，并长期在那里从事天文观测。他的数学基础理论不仅在当时首屈一指，也为后世数百年的数学家所遵循。他将古代的天文学和数学分开，使之成为两门科学。他认为，地球是圆的，按照自己的轨道在运转；地球的影子投射到月亮上，所以会出现月食。后世有些天文学家批判他的观点，认为他革命性的思想违背了宗教原则，但现在看来，他的观点无疑是正确的、科学的。他的著作《圣使论》（*Aryabhattiyam*，又译《圣使集》等）流传于后世，而另一部著作《圣使原理》（*Aryabhatta Siddhanta*，又译《圣使历数书》等）则久已佚失，只有若干片段保存于其他书中。《圣使论》共118颂（诗节），分4部分。第一部分叙述作者所创制的天文数据表示法；第二部分介绍三角和圆的面积算法，锥体、球体体积算法，求平方根、立方根算法，三角函数法、圆周率算法等；第三部分介绍时间单位、天文计时法等；第四部分讲日、月、五星（水、火、金、木、土）以及隐星罗睺、计都的运行，日食、月食计算法等。

彘日 Varahamihira，音译伐罗诃密希罗，约生活于6世纪，据说其出生地为今印度中央邦的乌贾因。他在天文学方面的贡献也许远不如圣使，但他的天文学著作也为后人留下了宝贵财富。其天文学著作主要有两部：一是《五大历数全书汇编》(*Pancasiddhantika*，又译《五原理》)，其中收有许多印度古代数学天文学知识；二是《广本集》(*Vrhatsamhita*，又译《广博观星大集》)，其中不仅有印度古代天文学和占星学知识，还介绍了一些地理学、矿物学知识，如宝石的种类等。此外，据说《梵天本生》(*Brahmajataka*)和《小本生》(*Laghujataka*)等也是他的著作。

作明 Bhaskara，又译婆什迦罗、巴斯迦罗等，因后世（12世纪）还有一位同名的天文学、数学家，故将他称为“作明第一”，将另一位称为“作明第二”。另外，人们还习惯于称他为“作明阿阇梨”，或“婆什迦罗·阿阇梨”。他生活于7世纪。他最著名的著作是《圣使论注》(*Aryabhattiyam-bhasya*)，另外还写有《大作明论》(*Mahabhaskarya*)和《小作明论》(*Laghubhaskarya*)。

梵藏 Brahmagupta，又译婆罗门笈多，589年生于今中央邦乌贾因，卒于660年，曾长期生活于今拉贾斯坦邦维拉马拉地区。主要著作为《梵天辨明论》(*Brahmasphutasiddhanta*，又译《婆罗门历数书》)，对圣使等人的天文学思想进行批判，但在数学方面贡献很大，甚至影响到阿拉伯和西方的数学和天文学。书中对“零”的概念作了论述，此外还包括很多重要内容，如正负数的运算、平方根的运算、线性和二次等式的运算，等等。

另外，梵藏还曾著《历法甘露》(*Khandakhadyaka*)一书，解说历法数算问题。

婆地首罗 Vatesvara，880年出生于今古吉拉特邦的阿南德普兰。904年著《婆地首罗原理》(*Vatesvarasiddhanta*)一书，对梵藏的理论有所批判和继承，同时对作明第一的天文学理论也予以征引记载。具有重要的天文学史料价值。据说他还曾写出一部题为《原理精华》(*Karanasara*)的天文学著作，已佚，仅有部分内容保留在其他人的著作中。

作明第二 Bhaskala Ⅱ（1114～1185），又音译婆什迦罗、巴斯迦罗等，又常被称之为“作明阿阇梨”“巴斯迦罗·阿阇梨”等，曾长期在中印度乌贾因观测天象。他曾于1150年作《历数精粹》（*Siddhantasiromani*，又有《顶上珠悉昙多》《顶上珠历数书》等多种译法）一书，分为4章，前两章主要讨论数学问题，后二章主要讨论天文问题。

2. 医药学

笈多王朝时期，印度医药理论和实践方面有所加强。据说，在旃陀罗·笈多的宫廷就有很高明的医疗专家。

1889年，中国新疆库车附近的一处佛塔遗址中出土了7个梵语写本残卷。1890年，英国中尉H.鲍威尔得到这批残卷，后收藏于牛津大学鲍德利图书馆。学界通常称这批残卷为“鲍威尔写本”（The Bower Manuscript）。残卷写于桦树皮上，抄写时间大约在笈多王朝的晚期，即6世纪前半叶。其中有3个残卷为医学内容。其中介绍了医学原理、药学原理、草药的功用和药方等。这3个残卷提到印度古代一些医学家和医书，但这些医家的事迹与医书均已失传。从这3个残卷可知，早在笈多王朝及其之前，印度的医学已经相当发达。

婆竭颇多　Vagbhata，又译伐八他，约六七世纪人。是印度中世纪的著名医学家，曾著三部重要医书：《八支心要集》（*Astangahrdaya-samhita*）、《八支心要琉璃方论注》（*Astangahrdayavaiduryaka-bhasya*）和《八支大全》（*Astangasamgraha*）。其中《八支心要集》最重要也最著名，分6卷120章，讲述印度医学的基本理论、人的生理、疾病及治疗等问题。此书总结了古代生命科学发理论和实践，曾被翻译为藏文而收入藏文大藏经的“丹珠尔”部。而《八支心要琉璃方论注》则是对《八支心要集》的自注，也曾被翻译为藏文。

另外，有人还将《味宝集》（*Rasaratnasamuccaya*）列于婆竭颇多名下。但《味宝集》中主要讲述金属化学物的性质，涉及药学问题，故也有人不认是他的著作，而将此书系于他人。

时劫 Kalakalpa，音译迦罗迦罗波，或迦罗劫波，是一名兽医，他被认为也生活于笈多王朝时期。他的著作名为《象命吠陀》（*Hastyayurveda*，音译《诃斯迭柔吠陀》），是专门为治疗大象疾病而写的书。由于古代印度的运输业种时常使用大象，并且军队中象军是很重要的一支武装力量，所以印度古人很重视大象的驯养，时劫及其著作就是在这种背景下出现的。

（二）技术

这一时期，印度在技术方面取得很大进步。首先是建筑技术方面，这个时期有很多石窟建筑遗存，从其设计、雕凿等可以看出，当时的建筑技术水平已经十分高超。金属铸造技术方面，至今矗立于德里库特卜高塔处的铁柱是一个很有力的例证。该铁柱树立于 415 年，至今保存完好，历经风雨而未锈蚀。另外，印度当时的造船技术也很发达，如前文提到，当时印度的商船已经航行于海外，与周围许多国家和地区保持着商业往来，而南印沿海的朱罗国强盛时已经拥有一支强大的海军。这一切都从一个侧面证明了当时印度造船业的进步与发达。

第七章
印度教文化的黄金时代

这里所谓“印度教文化的黄金时代”是指印度笈多与后笈多时期的印度教文化的繁荣和发达。“黄金时代”是学界在评价笈多文化时经常使用的字眼儿；但如上一章所说，印度也有学者不同意这样的笼统提法。无论如何，印度教在这一时期得到全面的复兴，印度教文化的方方面面都得到空前的发展，呈现出空前的辉煌，这是事实。

第一节
印度教的复兴

一、婆罗门教的新旧转变

我们知道，旧的婆罗门教，尤其是吠陀教有三大主张：一是吠陀天启，二是祭祀万能，三是婆罗门至上。但随着社会文化的发展和进步，这三大纲领已经不被人们接受。尤其是耆那教和佛教兴起以后，三大纲领受到根本性的动摇。在婆罗门教内部，也逐渐分化，不断革新。如印度学者总结的，后期的婆罗门教具有下列五大特征：（1）多神崇拜；（2）偶像崇拜；（3）自然力崇拜；（4）生殖器崇拜；（5）祭祀与仪轨。[①]

在笈多王朝时期，随着社会的发展，尤其是在经过不同民族文化的大规模整合之后，印度文化得到进一步的繁荣，婆罗门教也迎来了一个转型时机。如中国学者朱明忠先生所说："到了公元 4 ～ 6 世纪，旧婆罗门教已基本上完成了向新婆罗门教的转化。这种新婆罗门教，

① [印] R.N. 特里巴提等：《印度文化》，斋普尔：沙姆出版社，2001 年印地文版，第 167 ～ 170 页。

后来被人们称为‘印度教’”。[①]

笔者以为，除以上四点，还应当再加上两点：一是在三大神崇拜的基础上，印度教形成了三个主要派别，即毗湿奴派、湿婆派和性力派；二是在这三大派别的基础上，南印度首先开始了“虔诚运动”。于是，到公元8世纪，商羯罗对印度教的改革，使印度教得到进一步发展，以致最终将佛教吸收为印度教的一个部分，并最大限度地挤压了耆那教。

二、印度教三大派别

（一）印度教三大神

1. 梵天

吠陀时代晚期的奥义书时代，人们在进行思考人生时，认为人是有灵魂的。他们还认为，在宇宙之上有一个最高的精神和实在，称为“梵”。梵是高居于宇宙万物之上的，而宇宙万物都是由它演变而来的。它是那么的超然，以至于人们无法观察到它，无法描绘它，无法认识它，无法想象它。它没有任何特征，但却是最高的精神，最高的灵魂，最高的实在。正是这个梵，在印度教神话中演变为梵天，成为三大神之一。梵天是创造之神，有的神话说，梵天出自金胎（梵卵），他用意念的力量把卵分为两半，一半为天，一半为地，继而又创造出地、水、风、火、空五大元素以及世间万物。在史诗中，他还有一些别名，如“创造者”“生主”等。他的肤色是红色，有四个头，八只手，手中分别持有四部吠陀、权杖、盛有恒河水的水罐、祭祀时用的勺子以及莲花、

① 朱明忠：《印度教》，福州：福建教育出版社，2013年版，第53页。

珠串、弓等。他经常坐在莲花宝座上，有时也骑天鹅或乘坐由七只天鹅拉的车子。

2. 毗湿奴

毗湿奴是保护神，又称“遍入天”“那罗延”。遍入是无所不在的意思。在吠陀神话中，毗湿奴曾是因陀罗的助手，地位并不显赫，他最初可能是太阳神，有他三步跨过天界的说法，可能与太阳的升起、运行中天与西降有关。在《梵书》中，他的故事逐渐增加，地位越来越高。到了史诗中，他便成了最高一级的神。他的身体呈深蓝色，身穿黄袍，有四只手臂，分别拿着神轮、神螺、神杵和莲花。他的坐骑是大鹏金翅鸟（迦楼罗），他的妻子是吉祥天女（Lakshmi）。在史诗《摩诃婆罗多》的一则故事里，说毗湿奴是宇宙的主宰，说他每当世界末日时，便把整个宇宙吞入腹中，然后躺到海底，在巨蛇的背上休息。当他醒来时，便有了重新创造世界的愿望。于是，从他的脐中生出一支莲花，莲花中又生出大梵天。然后，大梵天根据毗湿奴的命令创造世界。由此可知，毗湿奴的至尊地位在史诗时代已经确立，这恐怕是印度教中毗湿奴派信徒的观点。毗湿奴的故事中，最突出的是他化身下凡拯救世界的故事。《薄伽梵往世书》上说他曾经下凡救世二十四次，也有的书上说他下凡十次。在世界末日的洪水到来时，他曾化身成大鱼救出了人类和各个物种；他还曾化身为侏儒保住了天上和人间的地盘不被阿修罗占领。此外，他还曾化身为龟、野猪、人狮等多次救世。在他的化身故事中，最精彩、内容最丰富的是化身为罗摩和黑天的故事。

3. 湿婆

湿婆大神是世界的创造和毁灭之神。湿婆又被称为“兽主”（Pashupati），早在印度河文明时期即受到崇拜。在吠陀神话中，他的地位不高，称为楼陀罗（Rudra）。从湿婆的功能看，他集中了雅利安神和印度本土神的若干特点。他是生殖神，印度人崇拜他的象征物“湿婆林伽”（Sivalinga）。湿婆林伽是一个圆头柱体物，形同男性生殖器。这代表着湿婆的无穷生殖能力和创造能力。他又是舞神，他的舞蹈代表宇宙的律动，能毁灭世界，他还曾用舞蹈征服过许多敌视他的苦行者。他又是苦行之神，终年住在喜马拉雅山的盖罗娑雪峰上。印度教的湿婆派信徒把他奉为宇宙最高神，而另外两位大神都在他之下，有时还得听从他的命令。湿婆有极大的降魔威力，性情暴躁，很容易发怒，但有时也显得非常温和仁慈。他的肤色也是深蓝色（也有时是白色），有三只眼睛，有时还显现出四个或五个头，四只手，手中常持三叉戟，身背弓箭，腰系一小鼓，头上有新月为饰品，脖上缠着蛇，腰上围着兽皮（虎皮或象皮）。恒河从他的头发上流下，因为恒河本是天河，自天而下时会冲毁大地，所以湿婆先用头承接下天河水，再让它缓缓流向大地。在众神搅乳海时，他把搅出的毒药全部喝了下去，使众神避免痛苦，而他的脖子却被毒药烧成了青色。因此，他又得名为“青项”（或译青颈）。相传湿婆本来是禁欲者，爱神迦摩（Kama）前去引诱他，被他的第三只眼烧成灰烬。但湿婆最终还是爱上了雪山神女（Parvati），雪山神女又名优摩（Uma）。他们生了两个儿子，一个是带领天兵天将的战神鸠摩罗（Kumara），又称塞建陀（Skanda），另一个是象头神群主（Ganapati 或 Ganesha）。雪山神女有许多化身或变体，如大天女（Mahadevi，摩诃提毗）、时母（Kali，迦梨女神）、难近母（Durga，杜尔伽）等。

总之，梵天、毗湿奴、湿婆这三大神，在一般的印度教徒心目中是三位一体的，他们分别代表着宇宙的创造、保护和毁灭。至于吠陀神话中的一些主神，在印度教神话中则已纷纷退居次要地位。

（二）印度教三大派

1. 毗湿奴派

这一派信徒认为，毗湿奴是宇宙的最高主宰，是最高的实在，最高的灵魂。整个宇宙生成和毁灭，都是他的意志。在史诗和一部分往世书中，有毗湿奴创造世界的神话传说。例如，《摩诃婆罗多》的《和平篇》第335章中说："综合不同说法，说梵天第一次创造之初，生自大神毗湿奴的思想，此后第二次至第七次，分别生自毗湿奴的眼睛、语言、耳朵、鼻子、金卵和莲花。"[①]显然，这就是说，梵天是按照毗湿奴的意志创造世界的。在后来的往世书中，这种倾向就更加明显。总之，该派坚信，毗湿奴是救世主，是宇宙的保护神。他的一次次化身下凡，就是为了拯救世界。

该派的起源很早，在公元前2世纪便有人自称是毗湿奴派的信徒。而在11世纪以后，该派又得到更大规模的发展。此时，毗湿奴派分化出一些分支，但总体上是两大分支：一些信徒主要崇拜罗摩，被称为罗摩支派，另一些人主要崇拜黑天，被称为黑天支派。这两派虽各有差别，但并不对立。他们主要分布于印度北方和西部地区。

2. 湿婆派

与毗湿奴派相似，湿婆派是以湿婆为宇宙的最高神，认为湿婆是宇宙的最高存在和最高灵魂。而世界上的生命物与无生命物都是湿婆大神的衍生物。湿婆是宇宙的创造者和毁灭者。而另外两个大神，毗湿奴和梵天，不过是服从于湿婆的二等神明。有一则故事非常说明问题：梵天和毗湿奴正在无边的宇宙间为谁具有统治权而争吵得不可开交，此时，宇宙间忽然出现了一个巨大无比的火柱。梵天立刻化作天鹅向上飞去，去寻找火柱的顶端；毗湿奴则变为公猪向下方挖掘，寻

---

① 黄宝生：《〈摩诃婆罗多〉导读》，北京：中国社会科学出版社，2005年版，第104页。

找火柱的底端。但是，他们寻找了一万年也没有找到，二者都无功而返。此时，湿婆从火柱中显现。原来，那火柱是湿婆林伽，是湿婆的象征物，是整个宇宙无限大的象征。于是，梵天和毗湿奴都听命于湿婆，都对湿婆林伽加以崇拜。显然，这个故事是湿婆派信徒编造的。

湿婆派大约形成于笈多王朝时期。当时印度各地已经出现了专门供奉湿婆的神庙。该派的规模也很大，分布相当广。在不同的历史时期形成了好几个支系。如兽主派、林伽派、遁世派、湿婆悉昙多派、克什米尔湿婆派等。它们各有主张，有不同的修行方法。

3. 性力派

性力派（Shaktism）与以上两派相比，显得比较小，主要流行于印度的东北地区，如阿萨姆（古称迦摩缕波，Kamarupa）、孟加拉和奥里萨等地。该派主张，宇宙是由女神创造的，因为女神才具有生殖繁育能力，是宇宙的根本，男神不过是一种辅助力量。没有女神，男神将一事无成。该派与前两个派别有着密切的联系，因此，也有人认为，该派有毗湿奴性力派和湿婆性力派之分。其实，到中世纪以后，该派已经将湿婆派和毗湿奴派的一些理论都纳入自己的体系中，并把印度教几乎所有的女神都统一到自己的体系。例如，该派的崇拜者将湿婆之妻雪山神女及其化身时母、难近母、大天母等说成是性力的主神，但同时也将梵天的妻子辩才天女、毗湿奴的妻子吉祥天女等都说成是性力女神，认为她们实质上就是一个，只是名号不同而已。

该派大约形成于 8 世纪前后，10 世纪达到鼎盛，并且出现了左道性力派和右道性力派两种倾向。左道性力派又与佛教金刚乘关系紧密，以男女交合为修炼方式；右道性力派的特点是相对保守，但也有杀生祭祀的现象。

该派的理论和相关传说主要保存在一些往世书中，尤其是《女神薄伽梵往世书》中。

三、商羯罗的改革

商羯罗（Sankara，约 788 ～ 820，一说约 700 ～ 750），印度中世纪吠檀多派的哲学家，也是印度思想史上对后世影响最大的哲学家。他生于南印度，据说在今天喀拉拉邦的一个小村庄，父母均属婆罗门种姓。他天资颖慧，自幼丧父，8 岁能诵吠陀。少年离家北上，跟随吠檀多派的思想家牧尊（Govinda）学习，对奥义书以来的婆罗门教哲学理论颇有研究，创立了吠檀多派中最有代表性的学说体系。曾在印度各地游历，宣传自己的理论。最后死于北印度。

（一）“不二论”的创立

商羯罗主要吸收了奥义书哲学及《梵经》的思想，并直接继承和发展了吠檀多派思想家乔荼波陀（牧尊的老师）的“不二论”学说，进一步梳理和改造了传统的婆罗门教哲学主流理论，建立了吠檀多派中最系统、完备的“不二论”学说。

商羯罗主张，世间唯一的真实存在是“梵”，梵是宇宙间万物的根本和源泉，现象世界不过是梵的一种幻变（Maya，摩耶）。正因为世界万有以梵为根本，因而梵也被认为是最高神，具有最高神的力量，无所不在、无所不能。商羯罗还认为，作为实体的梵，如同奥义书思想家所说，是不能用一般人认识事物的方法（如感觉和推理等）来认知和把握的。对梵的理解，只能用那种不断否定的方式加以认识，如说它不可知、不可说、不可想象等，才能真正体悟它的本质。

尽管商羯罗把梵看作是唯一的真正实在，但他还是对人们所普遍认为是实在的世间万象，通过一系列的实质性否定予以详细论证。他认为，梵在本质上是唯一不二的，但由于人们的理解差异而出现了两种梵：一是“下梵”，即有限制的、有属性的梵，这个下梵表现为具有不同名称和形态的世界（现象界）；一是“上梵”，即摆脱了一切条件因素的、无差别无属性的梵。下梵和上梵的区分只是人主观认识的产物，但在实际上，梵只有一个。这是商羯罗的本体论。

商羯罗的不二论是印度历史上吠檀多派哲学的主流观念，对印度近现代的不少思想家都产生过重大影响。

（二）传教生涯

商羯罗从青年时代起就开始周游印度，宣传自己的主张。由于他博闻强记，学识丰厚，经常与佛教徒和耆那教徒辩论，往往可以获胜，因而赢得了很多追随者和普通信众。

对于商羯罗的历史贡献，朱明忠先生总结为四点：（一）创立新学说，为印度教从多神论向一神论转化奠定了理论基础。商羯罗的“梵”是一种永恒绝对的实体，从本质上说，就是一种最高的抽象之神。（二）反对烦琐祭祀，倡导智瑜伽。商羯罗反对婆罗门教烦琐的祭祀礼仪，认为学习可证悟“梵我同一”的真理是宗教修行的主要目标；通过学习知识、获得智慧和真理而达到解脱的方法被称为“智瑜伽”。（三）创立僧侣社团，结束了印度教没有宗教组织的历史。商羯罗效仿佛教创立了一个僧侣社团——“十名教团”。（四）建立宗教寺院，普及宗教知识。商羯罗走遍印度各地，在印度的四个地方建立了四座印度教寺院，有的保留至今。[①]

① 朱明忠：《印度教》，福州：福建教育出版社，2013 年版，第 68、69 页。

四、南方的虔诚运动

我们曾简要地介绍过印度半岛南端诸政权的历史沿革。其中，帕拉瓦、潘地耶和朱罗在公元后的十几个世纪始终存在，势力此消彼长。到七八世纪，帕拉瓦和潘地耶曾先后强大；10 世纪以后，朱罗强大起来。而就在这一时期，南印度的婆罗门教得到复兴，并首先开始了虔诚运动。

虔诚（Bhakti）运动，又译帕格蒂运动、巴克提运动、虔信运动等，指的是印度中世纪全国范围内的印度教改革运动。虔诚，指的是对神、对至高无上之主的虔诚信仰和膜拜。而这一信仰要通过“爱”来表现，这是对神的爱。这爱既像是男女之爱，又胜过男女之爱，是对神的毫无保留的奉献与寄托。虔诚运动中的婆罗门教宣传家们所宣扬的就是这种神爱。他们认为，通过神爱可以达到与神的合一，达到最后的解脱。

7 至 10 世纪这一时期，南印度的虔诚派宣传家们用当地的语言创作出许多诗歌，这些诗歌既是宗教作品又是文学作品。其中，泰米尔语虔诚文学作品（主要是诗歌）最具代表性。而泰米尔语的虔诚诗歌又主要分为两个流派：一是湿婆派的虔诚诗，二是毗湿奴派虔诚诗。毗湿奴派虔诚诗人中的佼佼者往往被冠以“阿尔瓦尔”（Alvar）的称号，而湿婆派虔诚诗人中的佼佼者则被冠以“那衍马尔”（Nayanmar）的称号。

（一）湿婆虔诚派

泰米尔湿婆虔诚派的文献被整理为 12 部《圣典》。这 12 部书中包括了上下 600 年虔诚派的宗教信仰、哲学思想和文学创作等内容。它们又被称为《提瓦拉姆》（*Tevaram*），意思是“对大神的虔诚之歌”。

泰米尔湿婆派中没有种姓歧视，所有 63 名虔诚派“那衍马尔”（大师或圣徒的意思）都被《贝里亚往世书》提到，他们来自各个种姓。该派要求信徒对湿婆大神虔诚，严守信徒之道，而不计较其身份和地位。

（二）毗湿奴虔诚派

在泰米尔毗湿奴派虔诚诗人中，有 12 位获得了“阿尔瓦尔”的称号。这些阿尔瓦尔虔诚诗人大多出身于所谓“不可接触”种姓。后来的虔诚派大师罗摩奴阇（Ramanuja，约 1016 ～ 1091）就与这一阿尔瓦尔诗人传承有密切关系。“阿尔瓦尔”的意思是“完全彻底地沉迷于对主（毗湿奴）的虔诚”。

这些诗人的著作在他们活着的时候并没有被汇集起来，而是长期零散地流传于民间。据估计，他们的作品由于缺乏保护而散佚了不少。到了 9 世纪末年，才有一位叫作室利 · 纳特牟尼（Shri Nathamuni）的人费尽心力将他们的诗歌整理汇集起来，并根据诗歌的内容、诗体和韵律，一一命名。这个集子叫作《圣歌四千首》，又被称为《仁爱献歌》。

第二节
史诗和往世书的编定

我们前面说过，史诗《罗摩衍那》和《摩诃婆罗多》的编定时间很长，从公元前 4 世纪到公元 4 世纪。也就是说，至晚在笈多时期，两大史诗已经被基本编定了。而往世书的编定时间要更晚，有的则在公元 10 世纪以后。下面介绍编定后的两大史诗和 18 部大往世书的基本内容。

一、《摩诃婆罗多》的编定

正因为《摩诃婆罗多》的编定经历了数百年的时间，它的内容被不断增加，规模不断扩大，所以它不仅有一个主干故事，而且还有其他许多内容。下面主要谈两点。

（一）主干故事

相传，《摩诃婆罗多》的作者名为毗耶娑（Vyasa，意译广博，习惯上称为广博仙人）。但实际上，这部大史诗应该是历代吟游诗人们的集体创作。毗耶娑可能是最早吟诵这部史诗的作者之一。《摩诃婆罗多》

分为 18 篇，根据金克木先生的《梵语文学史》和黄宝生先生的《〈摩诃婆罗多〉导读》[①]，简介如下：

第一篇《初篇》：古代有一位国王叫作婆罗多，他的家族后代中出了一位福身王。福身王与恒河女神结婚，生下一个儿子毗湿摩。福身王另外娶妻，毗湿摩发誓不继承王位。毗湿摩有了两个异母弟弟，持国和般度。持国因先天眼瞎，不能继承王位，王位由般度继承。持国生百子，长子难敌；般度生五子，长子坚战，次子怖军，三子阿周那，四子与五子为双胞胎，名谐天和无种。持国的百子被称为俱卢族，般度五子被称为般度族。般度为王不久即死去，持国摄政。般度五子长大，坚战应继承王位，但难敌不许。王位之争开始。难敌设计，建一紫胶宫让般度与母亲去住，企图烧死他们。但般度五子得到消息而逃脱，流亡森林。在般遮罗国的选婿大典上，阿周那拉开铁弓，赢得比赛，五子合娶黑公主为妻。持国得知般度五子活着，便请他们回来，分一半国土给他们。他们开始在荒芜的地方建国，同时阿周那与黑天结下友谊。

第二篇《大会篇》：难敌又设骗局，请坚战掷骰子赌博，坚战输掉国土，又输掉了自己、四兄弟和黑公主。黑公主在大庭广众下遭到羞辱。持国出面，给般度五子以自由。但难敌又找坚战，要再赌一次，谁输谁就流放森林 12 年，第 13 年还要躲藏起来，如被发现则要再流放 12 年。坚战答应，结果又输，只好履行诺言。

第三篇《森林篇》：般度五子在森林中过流放生活 12 年。

第四篇《毗罗吒篇》：第 13 年，般度五子隐姓埋名，在毗罗吒王的宫廷中当差。当 13 年期满时，正好难敌带兵劫掠该国，般度五子出

---

① 参见金克木：《梵语文学史》，北京：人民文学出版社，1980 年版，第 91 ～ 98 页；黄宝生：《〈摩诃婆罗多〉导读》，北京：中国社会科学出版社，2005 年版，第 25、26 页。

战获胜。

第五篇《备战篇》：坚战一方索要自己的国土，难敌不给。黑天出面谈判，也毫无转机。大战在即，双方各自联合盟友备战。

第六篇《毗湿摩篇》：毗湿摩处于两难的地位，不得不为俱卢族担当统帅，率俱卢军作战 10 天，被箭射而不还手，倒在战场。

第七篇《德罗纳篇》：德罗纳本来是俱卢百子和般度五子少年时代的武师，继任统帅，也处于两难境地。战事进行了 5 天，结果被对方用计杀死。怖军和阿周那的儿子都因深入敌营而被害。

第八篇《迦尔纳篇》：迦尔纳是般度五子的母亲婚前的私生子，后被车夫养大，因武艺超群而继任俱卢军统帅。战事进行了两天，迦尔纳被阿周那杀死。

第九篇《沙利耶篇》：俱卢军的最后一任统帅沙利耶指挥第 18 天的战斗，不幸阵亡。难敌逃到一个湖边，怖军追至，击倒难敌。

第十篇《夜袭篇》：俱卢军只剩下 3 员将领，夜袭般度军，大胜。

第十一篇《妇女篇》：死者的家属们来战场痛哭。

第十二篇《和平篇》：是全书最长的一篇，但却不是叙述双方战事的，而是以治国方略及宗教等问题为主要内容。

第十三篇《教诫篇》：内容大体与上一篇相似。

第十四篇《马祭篇》：坚战称帝，举行马祭。

第十五篇《林居篇》：持国夫妇与般度五子之母一起到森林中居住，后来被火烧死。

第十六篇《杵战篇》：黑天的族属相互残杀，自我毁灭。

第十七篇《远行篇》：坚战将国家交给孙子管理，然后五兄弟带着黑公主去喜马拉雅山修道。途中，弟兄们相继死去，最后只剩下坚战和一条狗。天帝因陀罗接坚战升入天堂。

第十八篇《升天篇》：坚战和所有死者（包括敌人）在天堂里

见面。

（二）历史价值

《摩诃婆罗多》的内容包罗万象，被称为印度古代社会的百科全书，又被称为“第五吠陀”，可见它具有何等的价值。

1. 哲学价值

这部史诗中讲述了许多宗教哲学方面的问题，如第十二篇和第十三篇，就集中讲述了宗教哲学方面的内容。而其中最受印度人重视的则是其第六篇中，由黑天口述的《薄伽梵歌》。

《薄伽梵歌》中既讲述“梵”，也讲述“我”，讲述二者间的关系，既有吠檀多哲学的观点，也有六派哲学的观点，还有对佛教哲学的吸收。总之，《薄伽梵歌》的哲学价值重大，在印度教民众中影响巨大。

2. 史学价值

《摩诃婆罗多》不是历史，却具有一定的史学价值。

（1）它反映了印度古代的社会情况；（2）史诗反映了印度古代的政治情况；（3）史诗反映了印度古代的军事情况；（4）史诗反映了印度古代的经济情况；（5）史诗反映了印度古代的宗教情况；（6）除以上 5 点外，史诗还反映了印度古代社会的其他方面，如包括科技在内的各种知识、技艺，以及音乐、舞蹈等等，应有尽有。

3. 文学价值

《摩诃婆罗多》本身为史诗，属于文学作品。关于其文学价值，这里不能一一举例，也不可能面面俱到，因为史诗太庞大、内容太丰富，其长度相当于希腊两部荷马史诗总和的八倍。有五点：（1）从整个史诗的编排结构看，其恢宏的架构、丰富的含量，足以令人惊叹。史诗除了一个主干故事外，中间穿插了许多插话。这种开放式的结构，是印度古代文学中常见的手法。（2）史诗收罗了许多文学性的插话，如

《罗摩传》《莎维德丽传》《那罗传》等，都是脍炙人口的篇章，带有浓厚的传奇色彩，且可以独立成书。史诗中还穿插有大量的神话传说，如创世神话就有数种，帝王世系、英雄传奇也很多。此外，寓言、故事、童话、格言，等等，像是随手拈来。（3）史诗塑造了大量人物形象，对人物的刻画也入木三分。在众多的人物中，那些主要人物都各有性格特征，并且均符合本人的身份地位。许多人物都让人过目难忘。（4）史诗作者善于运用悲剧题材，不仅塑造了大量的悲剧人物，而且设置了整个史诗的悲剧结局。这就告诉人们，战争本身就是人类悲剧，大规模的战争就是更大的悲剧。（5）另外，史诗运用了大量生动贴切的比喻，给读者以生动活泼之美；充分发挥了想象力，给读者以奇异之美；采用象征的手法，给读者以回味的空间。这些都是史诗的成功之处。

二、《罗摩衍那》的编定

（一）主干故事

同大史诗《摩诃婆罗多》一样，相传《罗摩衍那》也有一个作者，名字叫蚁垤（Valmiki，音译瓦尔弥基），人们习惯上称他为蚁垤仙人。

从篇幅讲，《罗摩衍那》仅相当于《摩诃婆罗多》的四分之一强，情节相对单一、紧凑。《罗摩衍那》全书分为七篇：

第一篇《童年篇》：在印度的远古时期，有一个甘蔗族。甘蔗族的祖先是太阳神，因而又称为太阳族。太阳族中有一个名叫十车的国王，他统治着喜马拉雅山以南的一片美丽富饶的国土，这个国家叫拘萨罗，首都是阿逾陀城。

十车王的文治武功远近闻名。他有三个王后，一共生下四个儿子。

大王后乔萨丽雅生的儿子取名罗摩，二王后吉迦伊生的儿子取名婆罗多，三王后萝密多罗生下双胞胎，取名为罗什曼那和沙多卢那。光阴飞逝，四个王子成长顺利，个个结实英武，而其中罗摩尤为突出。

弥提罗城的国王遮那加举行祭神大典。遮那加王有一张湿婆神弓。他说："谁能够把湿婆神弓拉开，谁就可以成为公主悉多的丈夫。"结果，罗摩拉断神弓，与悉多完婚。

第二篇《阿逾陀篇》：十车王感到年迈体弱，宣布立罗摩为太子。但是，二王后吉迦伊受驼背侍女的蛊惑，提出要让自己生的儿子婆罗多继承王位，并将罗摩流放十四年。她以死相威胁，十车王很为难。罗摩表示愿意去过流放生活，把继承权让给弟弟。罗摩和悉多都脱去了华贵的服饰，换上了隐居者穿的树皮衣，同罗什曼那一起上路。

第三篇《森林篇》：罗摩等三人在深山老林里过着流放的生活。一转眼就过了十年。罗婆那是罗刹的首领，他长有十个灵活的脑袋，有二十只手臂。他决定去看看悉多，并准备同罗摩决战。他乘坐上神奇飞车越过大海，飞到罗摩的住地。他让善于变化的罗刹摩里遮变成一只金鹿，到罗摩的住处去引诱悉多。悉多叫罗摩和罗什曼那捉住金鹿，二人走远。隐藏在树丛中的罗婆那便立即将悉多装进了自己的飞车，向楞伽岛飞去。

第四篇《猴国篇》：罗摩兄弟来到猴王妙项居住的高山上。妙项本来统治着一个庞大的猴国，但前不久被他的弟弟波林窃取了王位。妙项身边只有四个大臣跟随，他们是尼罗、那罗、哥婆加和风神伐由之子神猴哈努曼。罗摩许诺要帮助妙项恢复王位，妙项表示要帮助罗摩找到悉多。罗摩放出神箭射死波林，妙项登上了王位。妙项召集一支猴子大军，分头到世界各地打探悉多的消息。

第五篇《美妙篇》：哈努曼飞落在楞伽岛的一座高山上，俯视楞伽城，这城果然雄伟。天黑了，哈努曼变成了一只猫进入城内。他发现了一片无忧树林，悉多被囚禁在那里。哈努曼见到悉多，取得信任，便离开了无忧林。但他被罗刹女们发现，罗婆那派人捉拿哈努曼，都被他打死。罗婆那又派他的一个儿子因陀罗吉特去擒拿哈努曼。因陀罗吉特曾战败过天帝因陀罗，他有一件法宝，即能套住任何敌人的绳索。哈努曼故意被绳索捆住，想趁机去见见罗婆那。罗婆那命人用火烧哈努曼的尾巴。哈努曼突然把身体变小，摆脱绳索，长尾巴四处乱甩，烧着了罗刹们的胡须和衣服。他又跳到了一些豪华的住宅上，用尾巴把这些房子和宫殿点燃。许多罗刹被大火烧死，许多房屋和宫殿变成废墟。哈努曼飞回陆地，向罗摩汇报。

第六篇《战争篇》：妙项把全部猴子大军都交由罗摩指挥。大军日夜赶路，很快就抵达南海之滨。他们决定造一座跨海大桥。大军越过大海，向楞伽城进发。无数的猴子将整个楞伽城团团围住。激战开始。罗刹王接到损兵折将的消息，决定亲自出城。罗摩同十首王对决。天神都在空中帮助罗摩，罗摩的箭奋力射下了罗婆那的十个头颅。罗摩安排罗婆那的弟弟维比沙那完成登基大典，又叫哈努曼到无忧园中救出悉多。罗摩怀疑悉多的贞洁，悉多跳进了火堆，安然无恙。火神阿耆尼托着悉多走近罗摩，证明她的清白。罗摩兄弟俩和悉多登上财神俱比罗的云车返回自己的国家。婆罗多把国家权力交给了罗摩，并举办罗摩登基大典。罗摩同兄弟们一起治理自己的国家。

第七篇《后篇》：悉多怀孕了。罗摩听到民间的流言蜚语，决定送悉多到恒河对岸的净修林。悉多在那里生下一对双胞胎，俱舍和罗婆，他们由蚁垤仙人负责教导。后来孩子长大，蚁垤仙人带他们到罗摩的宫廷。罗摩认亲，悉多则回到大地母亲的怀抱。罗摩决定放弃王位，到森林中去过隐居生活。他把王国分为两半，分别交给俱舍和罗婆统治。最后，罗摩升入天堂。

（二）艺术成就

季羡林先生在翻译了《罗摩衍那》之后，对其艺术成就给予总结，谈了4个方面的特点：（1）人物形象的塑造；（2）展开矛盾斗争；（3）描绘自然景色；（4）创立艺术风格。关于创立艺术风格，他通过实例的讲解之后得出结论说："《罗摩衍那》之所以被称为Adikavya（最初的诗）和kavyanam uttaman（众诗中最优秀者），而《摩诃婆罗多》则否，就是因为，前者有美（sobha），有修辞翰藻（alamkara），而后者没有，或者所有不多。"①

三、往世书的编定

（一）往世书概说

近代最早向国人系统介绍印度文学的是许地山先生。他在介绍往世书时说："这类书，最初只记述事物之原始，后来关于事物原始底解答或事务底故事繁多，便产生了《往世书》。书里底内容每是记载宇宙创造的经过，神统史，家史，英雄传，与宇宙生成诸问题底解答。所以在《长寿字库》里，《往世书》底同义名辞为《五相书》（*Panca-laksana*）。所谓'五相'便是说《往世书》具有五种记载：一，宇宙底创造；二，宇宙底破坏与再造；三，神统与族长底世系；四，神话时代诸儒童王（Manus）治世底情形；五，月族底历史。但这部《五相书》现在已经湮没了，现在所有的《往世书》都是后来的著作，最古

① 季羡林主编：《印度古代文学史》，北京：北京大学出版社，1991年版，第116页。

的也不过一千年左右。”[①]后来，金克木先生介绍往世书，说：“往世书既是所谓‘历史传说’，在印度传统中它被认为就是历史。其中包括了关于开天辟地宇宙起源的神话，还有帝王的世系和各朝代的记述。这些类似历史的成分常出以寓言的形式，事实与幻想交织在一起。有的更夹杂着许多其他材料，如政治、法律、医学甚至诗律、修辞学、文法（《火神往世书》）带有百科全书的性质。”[②]

总之，往世书编定的时间较晚，有十八大往世书和十八小往世书，比较流行的是十八大往世书。

（二）十八大往世书简介

1.《梵天往世书》

全书约 1 万颂（诗节）。先叙述书名的由来、宇宙创造、各摩奴时期、日族与月族帝王谱系及地上世界、地下世界、星宿等，继而以大量篇幅讲述印度教圣地，讲述了黑天的传说。最后讲祭祀仪式、种姓职责、人生阶段、毗湿奴崇拜、时代的划分等，其中还说到印度古代六派哲学中的瑜伽派和数论派。

2.《莲花往世书》

全书约 5.5 万颂，相当于《摩诃婆罗多》的一半，是现存往世书中最长的。共分为五篇（有的版本分七篇）：（1）《创造篇》，先说书名由来，说梵天自莲花中出生，创造了世界；（2）《大地篇》，先讲大地创造之初，迦叶波大仙的二妻各生一群后代，分别为众神和阿修罗；然后通过迦叶波大仙之口解说世界的实与不实；（3）《天国篇》，先是

① 许地山：《印度文学》，长春：时代文艺出版社，2009 年《老北大讲义》系列丛书版，第 100 页。

② 金克木：《梵语文学史》，北京：人民文学出版社，1980 年版，第 201、202 页。

关于毗湿奴崇拜的说教，然后讲到世界的创造、五大元素的形成、印度的主要山脉、河流、古国及四时代等，又讲到四种姓职责、人生四阶段等；(4)《地下篇》，主要讲述了一个完整的罗摩故事，但对罗摩本人事迹的叙述简略，而对罗摩之父十车王及罗摩两个儿子的故事叙述较详；(5)《后篇》，先是通过湿婆和雪山神女对话的形式讲述毗湿奴崇拜的意义和功果，然后讲到恒河女神同大海结合生下个儿子名叫水持，水持长大后成了恶魔统帅，打败天神，湿婆同水持大战，并赐水持恩典。最后又讲到毗湿奴崇拜及四时代等。

3.《毗湿奴往世书》

全书约 2.3 万颂，分为六篇。第一篇，首先提出了宇宙起源、天地形成、诸神世系、时代划分，以及有关达磨、仙人和吠陀的问题，然后逐一解答，讲述若干神话传说。第二篇，先讲述摩奴后代的世系及其对七大洲的统治，其中突出了印度的统治者婆罗多，然后专门介绍了七大洲之一的赡部洲以及位于赡部洲中心的妙高山（须弥山、修弥罗山），介绍了印度古国、山脉、河流等。第三篇，开始讲了七个摩奴时期，又预言未来的七个摩奴时期，然后介绍四吠陀及往世书等文献，介绍四种姓职责、人生四阶段等，并穿插了一些故事。第四篇，主要讲述日族和月族的帝王世系。第五篇，完整地讲述了黑天的故事。第六篇，先讲述四个时代的划分，重点讲了第四个时代——争斗时代的情形。

4.《湿婆往世书》

全书约 2.4 万颂，分为七个本集，讲述湿婆的事迹。说湿婆是世界之主，世界是他创造的。湿婆最初应梵天的请求同萨蒂结婚，但由于湿婆在一次集会中没有向萨蒂的父亲表示敬意，所以他举行祭祀的时候故意不请湿婆。萨蒂感到受了父亲和家人的轻蔑，自焚而死。湿婆进行报复，捣毁祭祀场所，与众天神厮杀起来。慑于湿婆的威力，众天神纷纷退却。萨蒂脱胎到喜马拉雅山王妻子的子宫，化身为雪山神女，再次与湿婆结婚。书中叙述了这次结婚的复杂过程。之后，书中讲述了湿婆与雪山神女的儿子塞建陀和群主的故事，以及湿婆和雪山神女诛杀众魔的故事。

5.《薄伽梵往世书》

又称《幸福海》，是目前印度流传最广的一部往世书，长约 1.8 万颂，共分 12 篇，篇下分章。第一篇先叙述崇信毗湿奴的功德，并笼统提出了毗湿奴的 24 次化身，然后说了《摩诃婆罗多》中大战之后的情况。第二篇讲述世界的创造、毗湿奴的化身等。第三篇颂扬黑天，较详细地描绘了世界的创造及毗湿奴的两次化身故事。第四篇讲述了第一摩奴的谱系，讲了湿婆的故事、北极星的传说及一些虔信毗湿奴者的故事。第五篇开头讲解家庭生活和精神解脱的关系，又讲了几个帝王故事，然后描述了地上七大湖、天上日月星辰及地下各区域和地狱的情况。第六篇讲述了几个毗湿奴崇拜者获得功果的故事。第七篇主要讲述毗湿奴化身成人狮的故事。第八篇讲述一个国王被诅咒变成象王，因虔信毗湿奴得升天国。同时还讲述了毗湿奴化身为龟、侏儒和鱼的故事。第九篇讲述第七摩奴的谱系，说第七摩奴的后代分为日月两大族系，其儿子的后代为日族，其女儿的后代为月族。接着又讲述了两大族系中若干帝王的故事。第十篇最长，详细叙述了黑天的生平事迹。第十一篇讲述黑天完成在人间的使命，返回天国。第十二篇讲述黑天死后的争斗时代的帝王谱系、种种社会罪恶和世界的毁灭。告诉人们要聆听毗湿奴的事迹，沉思毗湿奴，以达到最后的解脱。

6.《那罗陀往世书》

约有 2.5 万颂，是一部毗湿奴教派的知识手册。全书分为两大部分。第一部分，先讲述宇宙的起源：那罗延（即毗湿奴）是宇宙的本原，他从右侧生出梵天，中间生出楼陀罗（湿婆），左侧生出毗湿奴。

他以梵天的形式创造世界，以毗湿奴的形式保护世界，又以湿婆的形式毁灭世界。继而又讲述业报、毗湿奴崇拜、道德礼仪、知识和修行等问题，中间穿插了许多神话传说。第二部分，先讲述礼仪、禁忌、教育、数学、语法、天文、音韵等。最后讲到如何崇拜毗湿奴及其化身。

7.《摩根德耶往世书》

全书约 0.9 万颂，可能是最古老的一部往世书，但也有较晚窜入的内容。其中，因陀罗、火神、太阳神的地位较为突出，而毗湿奴和湿婆的地位却不太突出。许多神话传说都与《摩诃婆罗多》关系密切。这部往世书也与另一些往世书一样，讲到了七大洲、各摩奴时期、种姓、生死、天堂、地狱，以及道德、礼仪等。

8.《火神往世书》

全书约 1.5 万颂。先讲述毗湿奴十次化身故事，又讲了湿婆林伽和杜尔迦女神崇拜问题。其余部分则包括政治、军事、法律、吠陀、往世书、医学、诗律、语法、占星、礼仪、天文、地理等内容。书中还有很大篇幅介绍如何举行火祭，如何画曼荼罗、念诵咒语真言等，与密教的护摩（火祭）关系密切。

9.《未来往世书》

全书约 1.45 万颂。按书名，这应是一部预言未来的往世书，但实际内容却十分杂乱，因而可能不是原书。该书分为三篇：《梵篇》，开始先讲述宇宙的生成，大约出自《摩奴法论》。后来又讲了时代、种姓、女人的本分等。《造物篇》，主要讲历代国王及其事迹，讲到印度各地的王国和国王，甚至还提到了中国（支那）。本篇最后部分讲到几个穆斯林统治者的名字，如贴木儿、胡马雍、阿克巴等，说明这一部分成书很晚，至少在 16 世纪，因为阿克巴死于 1605 年。《后篇》，讲述了各种罪孽和地狱的恐怖，讲述了拜神仪式、祭品、祷词、咒语等，告诉人们如何才能获得解脱和进入天堂。

10.《梵转往世书》

全书约 1.8 万颂，分四篇:《梵篇》《原质篇》《群主篇》和《黑天出生篇》。分别讲述了宇宙的创造、五位女神、群主（湿婆与雪山神女之子）和黑天的故事，其中黑天故事是全书的主要部分。

11.《林伽往世书》

全书约 1.1 万颂，分为两个部分。第一部分讲述世界的创造，说湿婆是宇宙的本原和最高主宰。还叙述了湿婆的 28 次化身及林伽崇拜、天文、地理、帝王世系等。第二部分里讲述了种种有关湿婆林伽的传说，介绍了一种使个体灵魂（自我）与最高灵魂（湿婆）合而为一的修行方法——“牛主瑜伽”。

12.《野猪往世书》

全书约 2.4 万颂，重点介绍的是毗湿奴教派的祷词、仪式、修行方法、日常行为规范等，中间穿插了许多神话故事，还以不小篇幅介绍了毗湿奴派的圣地，也讲述了关于湿婆和杜尔迦女神的故事。

13.《塞建陀往世书》

据说全书有 8.1 万颂，但实际上这部往世书的原作已经散佚。现存的各种抄本比较混乱，一般认为它有六个本集和 50 篇，但也不是定论。

14.《侏儒往世书》

全书约 1 万颂。书中讲述了毗湿奴的化身故事，但更主要的是介绍湿婆教派的圣地、湿婆林伽崇拜，以及湿婆、雪山神女、塞建陀和群主的故事。

15.《龟往世书》

全书约 1.7 万颂。书中的主要内容是颂扬湿婆，讲述湿婆的化身故事，介绍湿婆圣地，告诉人们如何通过沉思认知湿婆和如何通过虔诚的仪式获得最高知识。

16.《鱼往世书》

全书约1.4万颂，被认为是一部比较古老的往世书，但也有后来窜入的成分。书中的许多故事都与《摩诃婆罗多》中的插话一致，如哄呼王与优哩婆湿的故事、迅行王的故事、神魔大战、搅乳海的故事、莎维德丽的故事等。与其他几部往世书一样，本书也介绍了十八往世书、九大天体、七大部洲、四个时代、毗湿奴化身、湿婆诛魔、战神出世、王朝世系、君王职责、家教仪式、宗教节日、占星占梦、法律道德，等等。

17.《大鹏往世书》

全书约1.9万颂，分为三篇：（1）《业篇》，讲述医学、诸神崇拜、法论、天文、地理等。（2）《法篇》，讲述生死、业报、解脱、丧葬仪式等。（3）《梵篇》，讲述毗湿奴的崇高地位、圣地等。但有的版本不分篇，而将全书分为18章。

18.《梵卵往世书》

原作已经散佚，现存约1.2万颂，是一些颂神诗和传说故事。其主要内容有：世界的创造、仙人谱系、帝王世系、摩奴时期、优秀人物事迹、世界各洲、七大圣山、天体星座、毗湿奴化身、神魔争斗等。[①]

---

① 以上关于十八往世书的简介，参见季羡林主编：《印度古代文学史》（黄宝生文），北京：北京大学出版社，1991年版，第174～179页。

第三节
古典梵语文学

在笈多和后笈多时期，随着印度教的复兴，梵语文学也得到大发展。在笈多王朝时期，印度出现了迦梨陀娑这样的伟大作家；之后，则出现了许多诗人和剧作家，形成了梵语文学的众星捧月之势。

一、迦梨陀娑及其著作

（一）迦梨陀娑

迦梨陀娑（Kalidasa）是享有世界声誉的伟大诗人和剧作家，是梵语古典文学最杰出的代表。1956年，他被世界和平理事会列为世界文化名人。

长期以来，学术界对迦梨陀娑的生活时代做出各种推测，但都不能形成定论。相传，迦梨陀娑是超日王的宫廷九宝之一。这个超日王，可能指笈多王朝的旃陀罗・笈多二世。因此，他大约活跃于这位国王及其子鸠摩罗・笈多一世父子两代统治时期（380～455）。印度著名历史学家高善必（D. D. Kosambi）在其《印度古代文化与文明史纲》中认为，迦梨陀娑约生活于公元4世纪下半叶至5世纪上半叶。这是目前学界比较一致的看法。

关于迦梨陀娑的出生地，一般认为，是在优禅尼（Ujjayini），即今中央邦的乌贾因。此城曾是古代印度重要的政治、经济、科学和文化中心之一。从迦梨陀娑的作品看，他对这座城市的确相当熟悉，至少说明他曾在这里长期生活过。关于迦梨陀娑的具体生平不详，但后世流传有许多关于他的传奇故事。

（二）诗作

迦梨陀娑名下的作品很多，但多数都不可靠，有一些可能是别人的作品被后来人强加到他的头上。经学者们研究，真正属于迦梨陀娑的诗歌只有 4 部，即长篇抒情诗《云使》、抒情诗集《时令之环》（又译作《六季杂咏》）、叙事诗《罗怙世系》和《鸠摩罗出世》。

《云使》是迦梨陀娑诗歌的代表作，由 115 个诗节组成，每个诗节分为 4 行，整部诗又分为“前云”与“后云”两部分，表现的是一位身处南方的药叉[①]思恋北方妻子的缠绵之情。

这位药叉作为财神俱比罗的侍从本来住在喜马拉雅山的阿罗迦城，因疏忽职守被贬谪到南方的山中，其流放期为一年。与妻子分离的痛苦使他在雨季到来时浮想联翩。看着那浓密带雨的云彩，他想到自己远在北方的妻子，他向雨云倾吐心曲，托雨云给妻子带信，传递自己平安的消息。

诗人在这首诗中借景抒情，使情景交融，情真意切，体现了作者的非凡功力。因此，此诗成为后世抒情诗的典范。

---

① 药叉（yaksa）汉译佛经中又译为夜叉。在印度教神话中，药叉通常是财神俱比罗的随从，是一些比较可爱的小神灵。但在佛教典籍中，夜叉往往与罗刹并列，属于妖魔一类。

（三）戏剧

迦梨陀娑在印度戏剧文学中享有崇高地位。留存至今并被确认为其所作的剧本有三部：《摩罗维迦和火友王》《优哩婆湿》（一译《广延天女》）与《沙恭达罗》。据说，他还有其他剧作，但均已失传。

1.《摩罗维迦和火友王》

这是一部五幕喜剧。反映的是公元前 2 世纪摩揭陀国巽伽王朝时期的故事，故事发生地为华氏城。摩罗维迦是一位美丽贤惠的公主，因躲避战乱而到火友王宫中当了奴仆。火友王爱上了摩罗维迦，王后发现，便千方百计阻止他们见面。一天，火友王在花园遇见摩罗维迦，便向她表达爱意。王后闻讯，将摩罗维迦投入地牢。在弄清摩罗维迦的真实身份后，王后又同意她与火友王结婚。有些学者认为这不是迦梨陀娑的作品，也有人认为这是他的早期习作。

2.《优哩婆湿》

这是一部五幕神话剧，全名为《凭勇力获得优哩婆湿》。取材于印度古代的神话传说。从《梨俱吠陀》到《摩诃婆罗多》，优哩婆湿的故事一直在传颂。剧中写国王补卢罗婆娑从恶魔手中救出天宫歌伎优哩婆湿，二人一见钟情。不久，优哩婆湿私自从天庭下凡与国王幽会。优哩婆湿在天庭演戏时神不守舍，被贬下凡。天帝因陀罗同情优哩婆湿，允许她到国王那里去，在她见到亲生儿子后即须返回天宫。优哩婆湿与国王结婚生子，但因为她忘记了戒规而变成一株蔓藤；国王失魂落魄，到处寻访妻子。由于一块名为“团圆宝”的红宝石的作用，优哩婆湿得以恢复原身。一天，优哩婆湿托人抚养的儿子因违犯净修林戒规而被送回。她见到儿子亦喜亦悲。面对生离死别，她与国王都痛不欲生。此时，天使前来传达因陀罗的命令，准许他们白头偕老。

3.《沙恭达罗》

这是一部七幕剧，是迦梨陀娑的戏剧代表作，也是梵语戏剧的最高典范。

剧本第一幕写国王豆扇陀狩猎时追逐一只小鹿，来到一座净修林，遇见沙恭达罗。二人一见钟情。第二幕写国王由于爱上沙恭达罗而无心狩猎，借口保护净修林而滞留不去。第三幕写沙恭达罗堕入情网而形容憔悴，郁郁寡欢。在她向两位女友倾吐内心的秘密时，被国王听见。二人幽会。第四幕写国王与沙恭达罗以一种传统方式自主结婚，然后返回京城。临别之际，他将一枚镌刻着自己名字的戒指作为信物留下，许诺随后派人前来接沙恭达罗进宫。国王走后，沙恭达罗由于思念国王而心不在焉，得罪了一位大仙，受到诅咒：沙恭达罗将被自己的情人遗忘，除非他再次看到自己留下的信物。诅咒应验，国王回宫后没有派人前来迎接妻子。沙恭达罗的义父将已有身孕的沙恭达罗送进宫中。第五幕写沙恭达罗到京城面见夫君，但国王已将她忘记。而此时沙恭达罗发现，国王给她的指环已经失落。沙恭达罗惨遭国王遗弃，却被生母接回天宫。第六幕写一名渔夫在出售一枚带有国王名字的戒指时被捕。国王见到戒指后恢复记忆。第七幕写国王在协助天神战胜恶魔后返回人间，在途经金顶山时邂逅自己与沙恭达罗的儿子婆罗多。夫妻相认，阖家团圆。

二、其他作家与作品

5 至 10 世纪，印度梵语文学仍处于大发展时期，虽然这一时期没有再出现迦梨陀娑那样的文豪，但却有一批文学作品传世，其中不仅有诗歌、戏剧，还有小说。此外，这一时期的文艺理论著作也取得了很大成就。

（一）诗歌

据黄宝生先生《印度古代文学大事记》统计[①]，可列出以下诗人和作品：

5世纪，有钵罗婆罗犀那的叙事诗《架桥记》。

五六世纪，有婆罗维的叙事诗《野人和阿周那》。

六七世纪，有跋底的叙事诗《跋底的诗》。

7世纪，有伐致呵利的抒情诗集《三百咏》、阿摩卢的抒情诗集《阿摩卢百咏》、摩由罗的抒情诗集《太阳神百咏》、摩伽的叙事诗《童护伏诛记》。

8世纪，有伐格波罗提罗阇的叙事诗《高达伏诛记》。

八九世纪，有鸠摩罗陀娑的叙事诗《悉多被掳记》。

（二）小说

6世纪，印度出现了一部文人写作的小说，即苏般度的《仙赐传》。7世纪，波那写出小说《迦丹波利》，他还写出了一部传记文学作品《戒日王传》。檀丁写出小说《十王子传》（又译《十公子传》）。比起梵语的诗歌和戏剧，梵语小说显得太少。

（三）戏剧

还是根据黄宝生先生的统计，可以罗列出这一时期的梵语戏剧作品13部：

7世纪，有戒日王的三个剧本《妙容传》《璎珞传》和《龙喜记》。

七八世纪，有毗舍佉达多的《指环印》，还有薄婆菩提的三个剧本《茉莉和青春》《大雄传》和《后罗摩传》。

---

① 黄宝生：《印度古代文学》，北京：知识出版社，1988年版，第179页。

8 世纪，有婆吒·那罗延的《结髻记》。

九十世纪，有王顶的 4 部喜剧《小罗摩衍那》《小婆罗多》《雕像》和《迦布罗曼阇利》。还有牟罗利的《无价的罗摩》。

（四）文论

这一时期的主要文艺理论作品有 5 部，兹从略。

第四节
印度教艺术

一、笈多时期

笈多时代，由于帝王们信奉的是印度教，所以印度教迅速复兴；而且，由于帝王、贵族的资助，印度教也开始建造庙宇和雕凿神像。下面根据王镛先生的《印度美术》一书的有关章节，对这一时期的印度教艺术做简要介绍。

（一）初期的神庙建筑

笈多时期的印度教神庙建筑处于初级阶段，王镛先生称之为“滥觞”，认为这一时期的印度教神庙的形制尚不完备，只是后来比较固定模式的雏形，并且有可能是模仿了佛教建筑的支提（佛殿）等形式而建。这一时期的印度教神庙有两种形式，一种是在岩壁上开凿的石窟式神庙，另一种是独立建造的石头砌成或砖砌成的神庙。

乌达耶吉里石窟（Udayagiri Caves）位于中央邦的贝什纳加尔附近，约开凿于5世纪初，是早期印度教石窟式神庙的代表，相对比较简约。同一时期的独立式神庙以中央邦桑奇大塔旁边的一个祠堂建筑为代表。这是一座希腊神殿式的平顶建筑，石头砌成，正面有四根廊柱，也显得朴素简单。

到笈多时代中期，印度教神庙建筑就显得复杂一些。一般来说，由主殿、圣所、甬道、廊柱、门廊等几部分构成。中央邦布马拉有一座建于5世纪中叶的湿婆神庙，建有大型的基坛，门廊两侧各有一个小神殿，柱廊外壁雕刻有与湿婆派神话传说相关的图案。

笈多后期的神庙建筑已经比较完备，主殿上面有高耸的塔顶。北方邦坎普尔市比塔尔冈有一座建于5世纪末的神庙，是用红砖砌成的。正面有砖砌拱门，拱门上方有高达20米的砖塔。整个建筑虽然显得孤立而单调，但上面的雕刻非常复杂，除了一些马蹄形的窗户装饰，外壁还有若干长方形神龛，上面雕刻着各种神像，有半身的，也有全身的。在北方邦詹西附近还有一处笈多时期的神庙遗址，这座神庙大约建于5世纪末至6世纪初，是一座用红砂石砌成的毗湿奴神庙，被称为“德奥加尔十化身神庙”。庙体为方形。西面正门两侧雕有恒河女神和亚穆纳河女神像，壁龛上雕有《罗摩衍那》故事。

总之，笈多时代印度教神庙遗存不多，尚未形成固定模式。

（二）受佛像影响的神像雕刻

笈多时代，在佛教造像的刺激之下，印度教信徒也掀起了一个造像热潮。据美术学者认为，笈多印度教神像在追求古典主义的平衡与和谐的同时，强调造型的力度与动态，逐渐显示出从古典主义向印度巴洛克风格演变的迹象。笈多王朝把印度教大神毗湿奴奉为保护神，因此毗湿奴及其化身的造像居多。

例如，马图拉地区出土的雕刻《毗湿奴立像》，红砂石雕成，残存的大半身高111厘米，为5世纪的作品，现藏新德里印度国家博物馆。这是这一时期的代表作之一。其造型高贵，与佛教菩萨雕像很相似。同期，另一尊马图拉出土的红砂石毗湿奴雕像现藏美国波士顿博物馆，有三个面孔，中央为毗湿奴的形象，左侧是其化身野猪的形象，右边是其化身人狮头像，背后则是一个轮盘状的光环。其三个头在一起的造型很奇特，表现了雕刻家的匠心。

乌达耶吉里石窟第 5 窟内左侧墙壁上的高浮雕《毗湿奴的野猪化身》也具有代表意义。此石窟建造于 401 或 402 年，浮雕高 3.9 米，长 6.7 米，是一个当时罕见的巨型作品。根据神话故事，毗湿奴曾化身为野猪，将大地托起，使之免于沉沦大海。浮雕上毗湿奴的野猪化身异常高大，斜佩着一条长长的粗大花环，右手叉腰，左手扶膝，用獠牙托起大地女神，显得很有威力和气势。其背景为几排天神和仙人的小浮雕，衬托出毗湿奴的救世主形象。

德奥加尔（Deoghar）十化身神庙南壁上的红砂石高浮雕《毗湿奴卧像》则刻画出毗湿奴躺在海底蛇床上睡觉的情形。这一作品的创作于 5 世纪末、6 世纪初，也是这一时期的代表作之一。浮雕可大致分为三层，中间的主要部分为毗湿奴的卧像，闭目养神，横卧于蛇床，吉祥天女用手扶着他的脚作按摩状。下方雕有一排男女神明。上方也是一排小型浮雕，中间有莲花座，梵天坐在上面，暗示着毗湿奴醒来时，莲花从毗湿奴的肚脐生出，莲花上的梵天将受命创造世界。梵天的左边有湿婆和雪山神女坐在神牛上的雕刻。梵天的右边是骑象的因陀罗以及骑孔雀的塞建陀。

此外，这一时期也有不少印度教大神湿婆及其象征林伽和雪山神女的雕塑，但比起毗湿奴的雕像要少一些。现藏新德里印度国家博物馆的一尊红砂石湿婆林伽雕像被称为《一面林伽》（*Ekamukha Linga*），雕凿于 5 世纪，高 94 厘米。这是这一时期林伽雕刻的典型范例。林伽上半部为光滑的圆柱形，下半部为粗糙的方形。柱上有湿婆头像浮雕。湿婆三只眼，头上是高高束起的发辫，上面有一弯新月。

恒河女神与亚穆纳河女神也是这一时期雕塑家们经常表现的对象。

她们一般被安置的神庙两侧。如现藏于新德里印度国家博物馆的《恒河女神》和《亚穆纳河女神》赤陶雕塑，约创作于5世纪，恒河女神站立在鳄鱼背上，亚穆纳河女神则站在龟背上。二女神均手持水罐，身上缠着水波状的衣饰。

二、后笈多时期

如果说笈多时代的印度教建筑和雕刻都还处于初级阶段，形式古拙粗放，那么到了后笈多时代，印度教的建筑和雕刻艺术风格则进一步向烦琐和细腻发展，达到了一个新的境界。这一时期，印度从南到北都出现了许多建筑和雕刻艺术的杰作。

（一）南印度

南印度帕拉瓦王朝时期，7世纪中叶，在今金奈以南约60千米的海滨建立了一座新城，这座城市迅速发展为一个建筑和雕刻艺术的中心，后世称之为马哈巴利普拉姆，意思是“大力士城”。

1. 建筑

当时的帕拉瓦国王敕建了一座“五车神庙”。这五座神庙是用整块花岗岩雕凿出来的五个独立式神庙，分别以《摩诃婆罗多》中的人物命名，由北向南分别为黑公主神车、阿周那神车、怖军（毗摩）神车、法王（坚战）神车和无种偕天神车。五座建筑形制不同，而其旁还雕有大型的大象、瘤牛等动物。

8世纪初，大力士城附近还建有一座“海岸神庙”，为南印度早期石砌神庙的代表作。该神庙坐落在海滨一块平坦的由石头砌成的长方形基座上，周边砌有低矮的围墙。神庙有三间殿堂，主殿上方是一层层递减逐渐收刹的方锥体，而门堂上方也有一个稍小稍低的锥形尖顶。

2. 雕刻

帕拉瓦王朝时期，大力士城一带还陆续了开凿了十多座石窟式神庙，上面不仅有廊柱雕刻，还有许多印度神话为内容的浮雕，各种人物和动物都很生动，有的场面还十分热闹。例如，一座开凿于7世纪中叶的摩希沙曼达波石窟神庙，其壁上有一幅著名浮雕《杜尔伽杀摩希沙》，表现的是往世书神话中杜尔伽女神杀死水牛怪摩希沙的场面，杜尔伽女神骑在狮子身上，十只手臂各执兵器，主要的两手作挽弓射箭的姿势；摩希沙牛头人身，手执金刚杵作躲避后退状；魔军溃败，惊恐万状。场面热烈，人物众多，且十分生动。

大力士城最负盛名的摩崖雕刻是《恒河降凡》的巨幅岩刻浮雕。创作于7世纪中期，高9米左右，长约27米。据印度神话，恒河原先是天上的天河，日族的一个祖先辛车王（Bhagiratha）经过千年修行，祈请天河（恒河）下凡。恒河下凡时，湿婆大神用自己的头颅承接天河之水，使大地免遭冲毁，河水从湿婆的头发间流下。雕刻者独具匠心，利用两大岩壁间的天然裂缝作为恒河水流，两侧岩壁上则雕有各种神话人物和动物。其场面之宏大，人物之众多，构思之奇巧，令人叹为观止。

（二）埃洛拉石窟

在德干高原，这一时期，印度教的建筑和雕刻艺术也达到令人称奇，甚至令人震撼的地步。德干地区十分宽广，文物存留下来的很多，这里只能举出其中最具有代表性、艺术成就最高、作品最集中的埃罗拉石窟做简要介绍。

1. 概况

埃洛拉石窟在今印度马哈拉施特拉邦奥朗加巴德市西北约29千米

处，离阿旃陀石窟约100千米。埃洛拉石窟群开凿于一个南北走向的新月形山麓的火山岩的石壁上，共有34座石窟。现代考古工作者为这些石窟作了编号，顺序是从南到北。第1至12窟为佛教窟，第13至29为印度教窟，第30至34窟为耆那教窟。这些石窟的建筑年代总体上晚于阿旃陀石窟，大约开凿于6至10世纪。三个宗教的石窟排列在一起，说明当时埃洛拉曾是三个宗教教徒的活动中心，也是三种宗教文化的荟萃之地。

2. 凯拉萨神庙

埃洛拉第16窟最为壮美，最具震撼力。此窟又称凯拉萨神庙，是从一整块火山岩上开凿出来的，始凿于8世纪中后期，费时上百年。其工程十分浩大，要按照设计从山岩顶部下手，向下凿空，硬生生地凿出一座巨型建筑，运走的岩石竟达20万吨。从顶部到地面，达36米，参观者置身其中，浑觉渺小。

镂空的神庙有四个主要部分，即主殿、前殿、南迪神殿和正门，其气势之恢宏，被誉为“雕刻的建筑”“岩石的史诗”，不愧为世界建筑史上的一大奇迹。该神庙的设计，融合了南北方印度教神庙的风格，而更多的是接受了南印度风格的影响。

神庙的正门是长方形门楼，二层，里面是宽大的庭院，纵深84米，南北宽约47米。庭院侧壁尚凿有另一石窟、三河神殿及列柱回廊。三河神殿雕刻的是三尊河流女神，她们是恒河女神、亚穆纳河女神和萨拉斯瓦蒂河女神。三尊女神像雕刻得非常优美。南迪神殿是一座方形阁楼，上层阁楼安置湿婆坐骑公牛南迪的雕像。南迪神殿的两侧庭院各有一根幢柱，高18米多，方体，上面雕有各种纹饰，顶上承托湿婆的法宝三叉戟。

前殿内是16根柱子的方形会堂，会堂平顶上雕有三重莲瓣的巨大莲花，莲花里面的一重莲瓣内雕有四只雄狮。主殿方形，内部有圣所，供奉有石雕的湿婆林伽。主殿上方是高耸的南印度式高塔，椎体，分四层，高 29 米多。主殿高塔周围甬道旁还有五间附属建筑。

凯拉萨神庙的各个部位都布满雕刻品，无不精美绝伦。各种人物雕刻美不胜收。

（三）象岛石窟

象岛在孟买海外约 10 千米处，因靠近孟买，所以象岛石窟格外著名。

象岛石窟有 7 座，开凿时间为 6 至 8 世纪。其代表石窟为第 1 窟，为湿婆神庙。一般认为，该窟开凿于 7 世纪。所谓象岛石窟，往往即指该窟。

该窟正门朝北，在岩石上雕凿了门廊，东西两侧另开出入口。窟内为十字形平面大殿，边长约 39 米，有列柱 20 根。大殿西部中央是供奉湿婆林伽的圣所，圣所为独立式建筑，有四门。四座门旁雕有巨大神像，共 8 尊，高 4.75 米。这座湿婆神庙又被称为“湿婆之家”，因为神殿的石壁上开凿有 9 块大型壁龛，各壁龛都是 3.35 米见方，上刻湿婆神话，分别是“湿婆三面像”“半女之主”（一半男身一半女身）、“持恒河者”（取材于恒河女神下凡神话）、“舞蹈的湿婆”“瑜伽之王”（湿婆坐禅的形象）、“湿婆与雪山神女结婚”“湿婆与雪山神女掷骰子赌博”“湿婆杀黑暗之魔”和“罗婆那摇撼凯拉萨山”。大殿东西两侧配殿里有很多稍小的浮雕，雕刻有舞蹈的湿婆、瑜伽之主、湿婆之子象鼻神群主、战神塞建陀、七神母、守门神等。

大殿南壁中央有巨大的“湿婆三面像”高浮雕，高达 5.44 米。三个面孔分别代表宇宙的创造、保护和毁灭，雕工浑厚，被世界公认为印度雕刻艺术的珍品。在“湿婆三面像”的东侧是“半女之主”的大型浮雕，其一半男身代表湿婆，一半女神为雪山神女。寓意为阴阳和合。

（四）北印度

8 至 10 世纪，与南印度和德干地区相比，北印度各地的建筑和雕刻艺术精品不多。有两个地区比较集中地出现了一批建筑和雕刻艺术品，即奥里萨沿海的布巴内斯瓦尔和中央邦的卡朱拉霍。这里只谈其前期的建筑和雕刻情况。

1. 奥里萨前期建筑

布巴内斯瓦尔是今天奥里萨邦的首府，古时候，奥里萨南部一带被称为羯陵伽。布巴内斯瓦尔在古代中世纪曾建有许多神庙，据说有 7000 余座神庙，而保存至今的尚有 500 余座。这 500 余座神庙的修建时间从 8 世纪中到 13 世纪中。这里，我们仅对其 8 至 10 世纪的主要神庙作简单介绍。这一时期，奥里萨的神庙接受了南方帕拉瓦王朝和德干遮娄其王朝建筑的影响，正在形成奥里萨自己的风格。如持斧罗摩主神庙（Parshurameshvar Temple，约建于 750 年）、韦塔尔·德乌尔（Vaital Deul，约建于 850 年）和穆克台斯瓦尔神庙（Mukteswar Temple，约建于 950 至 975 年）。

2. 卡朱拉霍前期建筑

卡朱拉霍以其神庙群闻名于世，如今已是重要的旅游胜地。那里曾经建有 85 座寺庙，现存 25 座，少数早期的神庙修建于 900 至 950 年间，而大多数修建于 950 至 1050 年间的中期，少数晚期的则修建于 1050 至 1150 年间。

卡朱拉霍的早期神庙用花岗岩和砂石混合砌成，其时，卡朱拉霍的建筑风格尚未形成。此类神庙以梵天神庙（Brahma Temple，约建于 900 年）和马坦盖希瓦拉神庙（Matangeshvare Temple，约建于 900 至 925 年）为代表。

第八章
佛教与耆那教文化

在笈多与后笈多时期，佛教和耆那教也创造了各自的文化，成为印度古代文化的重要组成部分。

第一节
佛教的发展

笈多王朝时期，随着印度教的振兴，佛教虽然已经不像以前那么发达，但也得到了一定发展。这一时期，中国东晋高僧法显访问了印度，目睹了佛教在印度社会的地位和变化。而到了后笈多时期，特别是 7 世纪中期前后，中国唐代高僧玄奘和义净访问印度的时候，佛教明显呈现出衰落的景象，戒日王对佛教的赞助可以说是昙花一现，已无力回天。从 8 世纪以后，印度佛教则迅速向密教转变，呈急剧衰落的趋势。即便如此，这数百年间，佛教徒们仍然为印度文化做出了自己的贡献。

一、小乘佛教的发展

（一）法显的记载

在中国，由于长期以来主要流行大乘佛教，人们往往会产生一个错觉，会觉得大乘佛教自传入中国的时候起，在印度就占压倒优势，小乘佛教就被压倒了，衰落了。但事实并非如此。大乘佛教兴起以后，小乘佛教并没有就此消亡，而是在继续传播、发展和变化当中。例如，法显在西行时越过葱岭而进入北印度。他写道："度岭已，到北天竺。

始入其境，有一小国，名陀历。亦有众僧，皆小乘学。”不久，法显到乌苌国（又译乌仗那，今巴基斯坦斯瓦特河谷地区），记曰：“佛法甚盛。各众僧住止处为僧伽蓝，凡有五百僧伽蓝，皆小乘学。”到犍陀卫（犍陀罗）国，又记曰：“此国人多小乘学。”①如是等等。说明当时印度的西北地区流行小乘学说。法显继续前行，所到之处，有的地方仍是“皆小乘学”，有的地方则“杂大小乘学”。从法显的记载看，给人的总体感觉是，当时印度境内大乘和小乘佛学一样流行，而小乘佛教似乎更为流行。

（二）玄奘的记载

关于7世纪30年代印度各地的佛教情况，玄奘有详细记载。季羡林先生曾把玄奘的记载以表格的形式集中、对比，得出如下看法：“大、小二乘五天竺都有，而小乘的力量，要比大乘强大得多。”“总起来看，上座部流行于南方和东方。大众部流行于北方和中部。说一切有部流行于北方、中部和西方。正量部流行于中部、南方、东方和西方，而以中部和西方为主。”②

（三）主要人物与著作

小乘大众部系统的理论与大乘佛教的学说有密切关系，被认为是大乘佛教思想的先驱。他们在对佛陀的认识上突出其超人的神性，认为他离情绝欲、寿量无边、威力无比。其中的说一切有部对佛法也有不同看法，不仅认为过去法和未来法没有实体，而且认为三世法都是

---

① 法显撰，章巽校注：《法显传校注》，上海：上海古籍出版社，1985年版，第26、33、36页。

② 玄奘、辩机原著，季羡林等校注：《大唐西域记校注》，北京：中华书局，1985年版，前言第81、83页。

"言说"（即说说而已），一切事物都无实体。如此，大众部系统的一些部派对诸法的分析有许多内容都与大乘佛教的观点比较接近。

小乘佛教在理论上也有一些变化。其中较引人注目的是说一切有部系统中的著作《俱舍论》以及与经量部有关的《成实论》。

1. 世亲及其《俱舍论》

关于世亲（Vasubandhu，旧译婆薮槃豆），学界历来有不同说法，一说其生活年代为320至400年，一说为420至500年，还有400至480年说。甚至有人认为有两个世亲，一个是《俱舍论》的作者，一个是大乘瑜伽行派的论师。但一般认为，这两个世亲是一个人。据《婆薮槃豆法师传》，世亲为北印度富娄沙城（今巴基斯坦白沙瓦）人，最初从说一切有部老师出家，学习的是小乘佛学，后来对小乘典籍《大毗婆沙论》有深入研究，并为别人宣讲解说，然后将心得纪录下来，日久成书，这就是著名的《俱舍论》。

《俱舍论》分为9品（《界品》《根品》《世品》《业品》《随眠品》《贤声品》《智品》《定品》和《破执我品》），较全面地反映了说一切有部的学说，又吸收了经量部的观点，尤其坚持了说一切有部主张的"法有"理论，并对诸法的形态做了系统的分析，是小乘佛教中解释佛教名相较为全面和系统的重要理论著作。

2. 诃梨跋摩的《成实论》

一般认为，诃梨跋摩（Harivarman，意译师子铠）生活于4世纪。据汉文大藏经中的资料，他是中印度人，婆罗门出身，拜师于说一切有部，后改学于大众部，实际上是大小乘兼修。

从整体上讲，《成实论》属于小乘学派的著作，但深受大乘佛教般若思想的影响。以前的说一切有部主张"我空法有"，而《成实论》则提出了"我法两空"或"一切皆空"的理论。但这个"空"又与大乘佛教的"空"有本质上的不同，属于缺乏中道意识的小乘佛教的"偏空"。

二、大乘佛教的发展

（一）新经的出现

约公元 3 世纪以后，印度又出现了一批新的大乘经典。

1.《大般涅槃经》

该经谈论了佛与法的关系，提出“佛身常住”的观点，认为佛身与一般的凡人身不同，佛身即“法身”，是佛法的载体，是常住不坏的。该经还讨论了佛性的问题，主张一切众生皆有佛性，包括“一阐提”（断善根者）也能成佛。这既是对种姓歧视的反对，也是对先天恶根说的批判。此外，经中对佛教的涅槃观念也提出了新见解，认为常、乐、我、净的状态是大涅槃，即大般涅槃；而无常、苦、无我、不净则是世俗间的现象。

2.《胜鬘经》

该经主要阐述的是佛教“如来藏”的思想。“如来藏”，主要是指众生的佛性或成佛的可能性。由于众生的清净心往往被贪、瞋、痴等烦恼遮蔽，所以人们发现不了自身所具有的佛性。该经认为，一切众生均具如来藏，即每人自身均具有佛性，均有成佛的可能，所以众生都要勤修功德，开发自身潜力，去除烦恼，即可成佛。该经还提出了“一乘真实”的思想，认为只有佛乘是真实的，其余的三乘——声闻乘、缘觉乘和菩萨乘并不具有实在性，因而它们之间也没有什么本质上的差别。

3.《解深密经》

该经第三品论述了世间诸法的三种性相，对心意识做了分析，这对于后来瑜伽行派的理论影响很大。该经之所以在印度大乘佛教的发展中占有重要地位，主要体现于它提出了一些此前大乘经论中未曾提及的思想，在大乘经典中首次较系统地提出了唯识思想。这就为瑜伽行派的彻底唯心主义理论体系的建立起到先导的作用。

（二）瑜伽行派的形成

继龙树和提婆的中观派，即大乘空宗之后，大乘佛教中又出现了一个重要派别——瑜伽行派。瑜伽行派形成于公元 4 世纪左右，又称唯识派、唯识宗、大乘有宗，或简称有宗。据传说，该派的创始人为弥勒（Maitreya）。

1. 无著与世亲

瑜伽行派的主要理论最先是由无著（Asanga）和世亲阐述的。无著与世亲是亲兄弟。无著年长，先在小乘说一切有部出家，后来改信大乘佛教。据说他接受了弥勒的观点，经常去兜率天向弥勒请教问题，研习弥勒的《瑜伽师地论》。他的主要著作有《金刚般若论》《大乘庄严经论》《显扬圣教论》《摄大乘论》《顺中论》《大乘阿毗达磨集论》《六门教授习定论》，等等。

前面说过世亲的《俱舍论》，属于小乘佛学作品，而他的大乘佛学作品主要有,《大乘五蕴论》《唯识二十论》《唯识三十论颂》《摄大乘论释》《师地经论》《大乘成业论》《佛性论》《大乘百法明论》等。

可见，瑜伽行派制作的论典极多，而其代表性的著作是署名弥勒的《瑜伽师地论》、无著的《摄大乘论》和世亲的《唯识三十论颂》等。

2. 理论要点

瑜伽行派的理论极为复杂，最主要的理论有“八识”“四分”等。

“八识”是瑜伽行派在讲述唯识理论时对“识”作的分析。通常认为，人有六识，即眼、耳、鼻、舌、身、意，即六个方面的认识功能。人可以通过这六种途径获得知识。但瑜伽行派认为，识有八种，即眼识、耳识、鼻识、舌识、身识、意识、末那识、阿赖耶识。其中，末那（mana）的本意是心，因此末那识与意识不好区分。而阿赖耶识（Alayavijnana，又译无没识、种子识等）被认为是根本识，它包含着形成各种生命形态的种子。在这个基础上，瑜伽行派提出了“万法（世界万物万象）唯识”“唯识无境”等观点，彻底否定了客观世界的真实存在。

瑜伽行派中对识的功能作了划分，提出了“四分”的理论。四分是“见分”“相分”“自证分”和“证自证分”。见分是认识主体把握对象的能力；相分指被认识的对象；自证分是对见分、相分相互作用的认证；证自证分是对自证分作用的进一步认证，或最终认证。但不管怎样，在瑜伽行派看来，主客观世界都是认识的产物，万法唯识。

第二节
佛教的衰落

其实，笈多王朝时期，佛教已出现衰落迹象。而到七八世纪，虽然出现了中国僧人去西天取经的高潮，但印度佛教的衰落景象日益明显。只是当时的中国佛教徒不愿意接受这一点而已。密教的兴起，可以认为是诸多衰落景象之一。

一、密教的兴起

（一）陀罗尼密教

陀罗尼（Dharani，本意为执持，此处指记忆）在大乘佛教初期，即 2 世纪时，已在佛教中广泛流行，并与咒术相结合，逐渐成为一种具有神秘力量的语言或声音（甚至是不发声的默念）。在其成为一种修行法门后，逐渐独立发展，成为原始的密教——陀罗尼密教。据我国学者吕建福先生研究，陀罗尼密教形成的标志是《无量门微密持经》的出现，时间在二三世纪，因为其汉译本在 3 世纪已经译出[①]。该经不

① 吕建福：《中国密教史》，北京：中国社会科学出版社，2011 年修订版，第 32 页。

再把陀罗尼作为一种修行法门，而是以陀罗尼为中心、为修行的目的和证悟的境界。到南北朝时期，陀罗尼文句开始不用意译，而采用音译，彻底将其文句神秘化，给人以陀罗尼万能的感觉。大约三四世纪，陀罗尼密教的发展达到高潮。其最早的流行地区在南印度，后传至西印度，再经过西域传到中国，故最早来华翻译陀罗尼密教经典的都是贵霜人。

陀罗尼密教依附于大乘佛教，而又相对独立地发展。即便在后来发展到佛教后期的金刚乘时期，陀罗尼仍被大量使用，不断被创造，并不断被编辑成书。

（二）持明密教

持明密教，梵文 Vidyadharaniyana，又称持明乘、持明教等，印度密教的一个发展阶段，时间在约 4 至 7 世纪间。

据学者吕建福先生研究，当陀罗尼密教发展到四五世纪，有人将"手印"（mudra）与陀罗尼相配，并在此基础上增加了供养法、像法、曼荼罗法、护摩法、灌顶法、成就法等，逐渐形成了一整套完备的密法体系，此即继陀罗尼密教之后形成的早期密教——持明密教。

二、真言乘

真言乘，梵文 Mantrayana，又称真言教、真言道、真言门、真言行等，密教的一个发展阶段，以真言大量应用于曼荼罗为显著特点。约 7 世纪形成于印度，8 世纪传入中国及中国西藏。

（一）《大日经》

真言乘的形成以《大日经》的出现为标志。《大日经》是真言乘的根本经典，是对陀罗尼密教和持明密教的总结，并建立了一套密教本派学说和教义体系，把密法组织得更加完备，而且赋予佛教理论上的内涵，对后来的密教产生了深刻影响。《大日经》的教义可以概括为三句话，即其《住心品》所说的，菩提心为因，大悲为根本，方便为究竟。一行阿阇梨在《大日经疏》卷一里做了解释，认为这是一个因果循环的体系，“犹如世间种子，籍四大众缘，故得生根，如是次第，乃至果实成熟，名为究竟”。“如从种子生果，果还成种，故以为名也。”在修炼中，真言乘密教强调身、口、意三业和合。为此，《大日经》卷四《密印品》则将真言与手印相应，即每一手印都有一相对应的真言，做手印时必诵真言。手印为身业，真言为口业，观想为意业。这样，一面做出手印，一面口诵真言，一面心中冥想，就达到了三业合一的境地。这就是真言乘修法的关键要领。而建立曼荼罗，只是其前奏和铺垫，是营造一个富于氛围的场所。

（二）胎藏界曼荼罗

真言乘的胎藏界曼荼罗是一个大型的综合性曼荼罗，其中既包括供养法和画像法，也包括护摩法和成就法，仪轨烦琐、周密。真言乘在胎藏界曼荼罗中组织了一个完整的诸神谱系。提出了“五佛”的概念，并确立了大日如来的中心地位。其余的四佛也均见于先前的佛经，分别为东方宝幢佛、南方开敷华佛、西方无量寿佛、北方不动佛（一说天鼓雷音佛）。除佛部外，《大日经》还列出莲花部和金刚部诸神，并突出了女神的地位。真言乘独领风骚不久，即被几乎同时兴起于南印度的金刚乘所取代。但真言乘的核心义理和修行方法，尤其是曼荼罗法及真言、手印，犹流传很久，影响很大。

三、金刚乘

金刚乘，梵文 Vajrayana，又称金刚教、金刚法门、瑜伽教、瑜伽宗、瑜伽法门等。印度密教后期阶段的统称。有时用以统称密教。

（一）《金刚顶经》

金刚乘的形成以《金刚顶经》的编纂为标志。《金刚顶经》并不是一部经，而是指一个庞大的经文体系，由多部佛经组成，其形成过程也比较漫长。《金刚顶经》的最初形式为《真实摄经》，大约 7 世纪中叶编定于南印度。8 世纪初形成了《金刚顶经》的系列，其中包括一些仪轨和释文，金刚乘至此而初具规模。8 世纪中叶，金刚乘有很大发展，《金刚顶经》由最初几千颂的《真实摄经》发展到由“十八会”组成的一套丛书，即由佛、菩萨在 18 个不同集会场所演说的金刚顶法门。金刚乘至此完成了理论建设，形成了完整的修行法。其中，供养法、画像法、曼荼罗法、印法、真言法、成就法等，一应俱全。其曼荼罗称“金刚界曼荼罗”，又称“九会曼荼罗”，即由 9 个部分组成的综合性大曼荼罗。

（二）金刚乘的发展

金刚乘至 9 世纪进入其发展鼎盛时期。9 世纪后期，作为其发展的新阶段，“大瑜伽密教”形成。吕建福先生认为：“这时期的金刚乘中大乐思想很突出，将贪嗔痴三平等，说五欲性解脱，瑜伽观想代替了实际休息。其经典称为‘怛特罗’，其教法称为大瑜伽，这就是大瑜伽密教。”[①]怛特罗，汉传佛教仍译为“经”，藏传佛教则译为“续”。10

① 吕建福：《中国密教史》，北京：中国社会科学出版社，2011 年修订版，第 63 页。

世纪，金刚乘中出现一个新的流派，即无上瑜伽（Anutarayoga），或称无上金刚乘。该流派吸收印度教左道修法，主张简单易行、顺其自然、男女双修，因此该派又称易行乘、自然乘（Sahajayana，旧译俱生乘）。11 世纪，金刚乘的无上瑜伽派中又分化出一个新派别——时轮乘，又称“无二瑜伽”或“终极瑜伽”（Atiyoga）。至此，佛教被印度教严重渗透甚至改造，进一步呈现出衰落景象。

天竺僧金刚智最早来华传播金刚乘密法，其主要弟子有一行、义福、不空等。不空为中国四大译经家之一，所译以密教经典为主。他于译经的同时，还为门徒传授金刚乘密法，是中国佛教密宗的实际创始人。

藏传佛教中，金刚乘密法的传播更加广泛，其各个派系均显密等修，当内地密教传承中断、印度一侧佛教覆灭后，藏传佛教的密宗仍然兴旺，至今不衰。

（三）易行乘

易行乘，Sahajayana，又称自然乘，旧译俱生乘，印度密教金刚乘后期出现的一个主张简便易行的流派。

10 世纪，佛教受到印度教的进一步渗透，尤其受到印度教性力派的影响，内部出现了一个“无上瑜伽派”。他们强调世界一体、平等无二，修行者追求与佛平等，即身成佛。他们主张放弃一切烦琐的仪轨，在修行中顺其自然；主张采取世俗间男女交合的方式达到与佛同等的境界。

第三节
佛教文学与艺术

一、文学

印度佛教文学的早期作品，我们已经在前面作了简介。到大乘佛教初期的1至3世纪，仍有一些作品传世，我们在前文也有简介。但是，4世纪及其以后数百年间，有一些作品可能写成或编订于这一时期，却极少见到文学性很强的作品。下面仅选《华严经·普贤行愿品》略做介绍。

8至11世纪，印度佛教进入金刚乘时期，金刚乘的成就师（悉陀）们创作了不少用俗语写成的修行诗，文学性较强，这里也予以简介。

（一）《华严经·普贤行愿品》

1. 关于译本

《华严经》，全称《大方广佛华严经》，先后有三个汉译本，即60卷本、80卷本和40卷本。

40卷本由般若译出，经题有副标题，曰《入不思议解脱境界普贤行愿品》（以下简称《普贤行愿品》），说明此经虽然卷帙宏大，却只是《华严经》中的一品。

2. 关于译者

般若（734 ～？），又称般刺若，意译智慧。据《宋高僧传》卷三、《大唐贞元续开元释教录》卷上、《贞元新定释教目录》卷十七、《大乘理趣六波罗蜜多经》序等，般若为北印度境迦毕试国（在今阿富汗）人，一说罽宾（今克什米尔）人。他约在 40 多岁从海路来华，唐德宗建中三年（782）到达长安，开始译经。贞元六年（790）因译经成就突出，德宗赐其“般若三藏”名号以及紫袈裟，时年 57 岁。后奉敕出使迦湿弥罗国，贞元八年返回长安。贞元十年巡礼五台山。十二年（796）六月奉命于崇福寺宣译《大方广佛华严经》，十四年（798）二月完成，40 卷，即所谓《四十华严经》。此后又译出佛经多部数十卷。般若去世于洛阳，葬于龙门西山，卒年不详。

3. 主要内容

经中，佛在舍卫城逝多林（祇园），面前是五千菩萨。佛向他们展示并引导他们进入法界[①]，所以这一品就叫作《入法界品》。

佛入三昧已，他的大庄严楼阁忽然向四方扩展，覆盖了整个宇宙。由于佛陀的神通力，一类微尘能显现出整个法界；一个毛孔能显示一切过去佛和未来佛，也能显示出整个法界。

在佛与诸菩萨展示了许多奇迹后，文殊菩萨在舍卫城告别佛陀前往南方。

到第四卷，本经的主角——商人之子善财童子出场，听文殊说法。因善财童子有前世功德，文殊菩萨特地为他开导，告诉他必须不断地就教于善知识，发菩提心，遵菩萨行。然后是善财童子“五十三参”，即一一参拜各位大菩萨、比丘、长者、居士、天神、童女、天女、摩

① 法界，Dharmadhatu，佛法的境界。大乘以佛为最高神，最高实在，故其境界为最高境界，为法界。

耶夫人，等等，寻求教导。每位善知识都讲解一番道理。其中重要的是四大菩萨：文殊、弥勒、观音和普贤。

正因为有普贤的教导和演示，以及结尾部分普贤吟唱了菩萨行愿的偈颂，赞美如来，皈依佛陀，所以该品又被称为《普贤行愿品》。

4. 艺术评价

关于对这部经的评价，英国学者渥德尔说："《大方广佛华严经普贤行愿品》是一本文学杰作，是一切大乘经中最值得读的，差不多可以说是唯一的一本照实际计划组织得很均衡的艺术作品。循序渐进引导读者向前，而严肃的散文风格使人印象深刻地与包孕着整个宇宙及其不可思议本性的景色保持一致。精细的描写，丰富的比喻和形象化的语言，标志着这是一部艺术作品，事实上它是一本具有高度想象的宗教小说，虽然它以一本佛经的态度开场。"① 这个评价很高，甚至过高。因为在佛经中类似的铺张写法很多。经中的确使用了大量的比喻（譬如），有的比喻比较新颖。

有些地方集中大量的比喻，表现了作者的耐心和想象力。大量的比喻、大量的排比句式，经中比比皆是。初读尚感新颖，复读则嫌繁复。

5. 后世影响

在印度，《华严经》对催生密教起到重要作用。《华严经》中已经具备了真言乘和金刚乘的一些要素。（1）佛的概念已经从人演变为神，佛身已经不再是肉身，而演化为永恒不灭的法身；毗卢遮那的形象已经出现，在密教中他将成为佛的法身，而居于诸佛的首位。（2）菩萨众多、护法神众多、女神众多，为真言乘和金刚乘的曼荼罗神殿做好了组织上的准备。（3）反复强调菩提心的作用，强调慈悲，强调身、

① [英]渥德尔著，王世安译：《印度佛教史》，北京：商务印书馆，1995年版，第392页。

口、意的方便修行，为真言、金刚两乘提供了最根本的理论依据。（4）反复强调佛和菩萨的瑜伽神通力，为密教的神通成就追求做好准备。

在中国，善财童子的故事对后世影响很大。善财童子五十三参的故事在宋代曾被大臣张商英做成连环画在民间推广。在宋代笔记、元明宝卷以及明代的小说（典型者如《西游记》），也出现了善财童子的形象，作为观音菩萨的胁侍，以至家喻户晓。

（二）悉陀文学

印度文学界通常把 8 至 12 世纪的印度佛教文学分为两种，一种叫"悉陀文学"（Siddha Sahitya），另一种叫"那特文学"（Nath Sahitya）。而实际上，确切地说，这两类文学应该叫作"密教文学"或者"怛特罗文学"。

下面据《印度中世纪宗教文学》一书有关部分[①]对这两类文学做简要介绍。

所谓"悉陀文学"是指佛教金刚乘系统的悉陀（Siddha，成就师）们用阿波布朗舍语[②]写的双行诗（doha）和修行诗（caryapad）。悉陀们认为自己的修行目标不再是获得智慧，而是要获得感觉和体验，获得神通成就。他们大力强调，可以通过密教的方式证悟和体验"极乐"（又叫"大乐"），而极乐才是精神的最深层次或最高境界。

1. 社会背景

悉陀们并不是公开宣称自己是文学创作者，诗歌创作并不是他们的职业。他们只不过是向着社会不公发出呐喊。在他们的作品中，在

---

① 薛克翘等：《印度中世纪宗教文学》（下卷），北京：昆仑出版社，2011 年版，第 390 ～ 407 页。

② 阿波布朗舍语，Apabhransha，印度中世纪流行的俗语中的一种。

描绘生活体验的同时，还宣扬他们的宗教信仰。金刚乘发展的时期，印度社会充满了不平衡，封建主拥有强权，高等阶级把学习吠陀作为教育的根本，妇女和首陀罗没有学习吠陀的权利。而另一方面，与此相反，学习密教对他们来说既方便又不受限制；因此，密教修行得到流行。密教修行并不局限于佛教内部，在耆那教和印度教中也广泛传播。修炼密教，成为百姓获取知识的另外一个管道，这是个实践和体验的传统，它认为书本上的知识是不完整的。通过佛教与印度教的交流，结果是佛教的削弱，密教把佛教和印度教的距离拉近了，使彼此的认同感加强了。可以说，印度教性力派和佛教密宗在宗教地位上不相上下。这恐怕就是许多印度教徒把佛教看作印度教的一个分支的原因之一，是印度教吸纳佛教的前奏。

从文学的角度看，有两位悉陀的成就最突出，即萨罗诃巴（Sarahapad）和坎诃巴（Kanhapad）。有人说萨罗诃巴是8世纪人，但在他名下的主要作品《双行诗库》是用阿波布朗舍语写成，有人认为这些诗歌的写作要晚至10到11世纪[①]，因此也有人认为可能有两个萨罗诃巴[②]。坎诃巴大约是9至10世纪人，主要作品有《黑天诗行》《东比女之歌》等。

2. 悉陀文学的特点

（1）爱情描写的进步

悉陀们忽视了传统佛教的涅槃思想，而把“大乐”（Mahasukha）的体验放到突出位置。佛教涅槃有三个要点：空、智、极乐。密教把极乐改变了，认为涅槃的极乐就好像是男女同房时得到的那种快乐。

---

① [法]罗伯尔·萨耶著，耿升译：《印度—西藏的佛教密宗》，北京：中国藏学出版社，2000年版，第79页。

② [英]渥德尔著，王世安译：《印度佛教史》，北京：商务印书馆，1995年版，第454页。

悉陀文学对性爱的描写是以世俗的性爱为基础的。沙巴尔巴（Shabarpad）描写过一个沙巴尔族（南印度一个不开化的山地民族）少女使一个非常单纯可爱的形象活脱脱地浮现在读者面前。她是自然界质朴无华的女孩，居住在深山之中，她用孔雀羽毛和花环装饰自己的身体，与大自然和谐相通。

这种质朴和纯真与传统的文学作品中所表现的有所不同。这里，没有封建文学中对男女主人公享乐的描写，没有把女人当作享乐的工具。由此可见，悉陀文学对两性爱情的描写表现出了某种超越，即把社会底层的人物作为文学作品的描写对象，给社会边缘人物以文学的中心地位。过去那种以国王、王子、公主等为文学描写中心的情况被打破了。东比女也好，沙巴尔女也好，都是这样。这在印度文学发展史上是一个明显的进步，是悉陀文学的一个贡献。

（2）对保守主义的反抗

悉陀文学对传统的保守主义进行了公开而坚决的反抗。他们的作品中，可以看到对传统的社会统治势力的蔑视。悉陀诗人们不仅反对种姓制度，也抨击了婆罗门祭司们的宗教礼仪。当时的印度社会沉沦于种姓歧视的弊端，社会下层民众没有尊严生活的权利。

（3）语言的叛逆

印度文学史家拉姆昌德拉·舒克勒先生说过：“在超日王纪年七世纪[①]的作品中，我们发现用阿波布朗舍语或俗语印地[②]写作的情形。这一时期作品的典型代表在佛教金刚乘的悉陀作品中可以见到。”[③]实际上，悉陀们在同社会守旧、种姓制度和印度教做斗争的同时，也在寻

---

① 超日王纪年自公元前 56 年算起，其七世纪约当公元 7 世纪后半至 8 世纪前半。

② 原文 Prakritabhas Hindi，指印地语的早期形式。

③ [印] 拉姆昌德拉·舒克勒：《印地语文学史》，贝拿勒斯，1956 年印地文版，第 6 页。

找与传统雅语不同的语言，这种语言就是印地语的前身，或者说是印地语的最初形式。

（4）表现手法

首先，在诗歌的形式上，悉陀们的诗歌不采用长篇叙事诗和分章叙事诗的古老手法，而采取短歌和单首诗的形式。

其次，象征手法和隐喻。在悉陀们的诗歌中，充满了哲学感受和修行的神秘主义话语，而且还有大量的关于瑜伽修炼的烦琐仪轨，但其中也有关于人们通常的自然感受的描述，从中能够看到低等种姓和下层百姓日常生活的影子。

（三）那特文学

那特派是如何产生的，对此，学界有很大的争议，而那特文学的确凿性也是值得怀疑的。据现有的材料，那特和悉陀有着很深的关联。在那些悉陀的名单里，有好几位悉陀和那特一系有着密切的关系。在那特一系，有一位摩差因陀罗那特（Matsyendranatha①），他的老师叫作阇兰达罗那特（Jalandharanatha）。在西藏的文献里，阇兰达罗那特也被称为悉陀。这样，在佛教金刚乘信徒看来，那特派就是悉陀派的一个分支。

那特派前三代的传承如下：

阇兰达罗那特→摩差因陀罗那特→戈拉克那特（Golakhanatha②，牛护那特）

牛护那特的生活年代不能确定，一般认为他生活于10世纪。总之，他是当时很著名的宗教大师，具有很强的组织能力。就像悉陀有

① 阿波布朗舍语作Machandaranatha，即摩钦达罗那特。

② 又作Gorakshanatha，也是84悉陀之一。

84 名大师一样，那特有 9 名大师：那加周那（Nagarjuna，龙树）、阇罗婆罗多（Jadabharata）、赫利什昌德拉（Harishchadra）、萨提亚那特（Satyanatha）、毗摩那特（Bhimanatha）、戈拉克那特、查尔帕特（Carpata）、阇兰达罗、摩罗亚周那（Malayarjuna）。

二、笈多艺术

本小节要介绍的笈多与后笈多时代的佛教艺术，主要包括建筑、雕刻和绘画三个门类，均据王镛先生的著作《印度美术》的有关章节编写[①]。

（一）概述

笈多艺术（Gupta art）指印度笈多王朝时代的艺术。其中主要包括笈多时代的佛教艺术和印度教艺术两大部分，而以笈多式佛像成就最高，影响也最大。

在印度历史上，笈多王朝是继孔雀王朝之后由本土印度人建立的又一个统一的大帝国。旃陀罗·笈多二世时期，其文治武功盛极一时，享有“超日王”的称号。其时，印度的社会和文化均得到发展。中国东晋僧人法显赴印度求法，就在旃陀罗·笈多二世时期，因此，印度给法显留下了美好印象。

笈多时代是印度古典文化全面繁荣的时代，也是印度古典主义艺术的黄金时代。其时，佛教艺术达到鼎盛阶段，而印度教艺术也蔚然勃兴。尽管当时笈多诸王大多信奉印度教，佛教已随着印度教的兴盛

① 王镛：《印度美术》，北京：中国人民大学出版社，2004 年版，第 155 ～ 376 页。

而在印度本土日渐衰微，但在笈多王朝宽容的宗教政策庇护下，佛教哲学与佛教艺术仍然继续发展，达到一个高潮期。笈多时代，印度有两大雕刻艺术中心——马图拉和萨尔纳特（Sarnath）。两地分别创造了笈多式佛像的两种地方样式——马图拉样式和萨尔纳特样式，它们代表着印度古典主义艺术的最高成就。

笈多时代的绘画也相当繁荣，在阿旃陀石窟后期（约 450 ～ 650）的壁画中，还保留着笈多时代和后笈多时代绘画的一些遗迹。

（二）马图拉佛像雕刻

马图拉（旧译秣菟罗、摩头罗、马土腊等）位于今印度北方邦恒河支流亚穆纳河西岸，公元前 6 世纪是古印度十六列国之一苏罗森那国的首府，贵霜时代又成为贵霜王朝的东都，与西北的犍陀罗并列为贵霜艺术的两大中心。贵霜时代的马图拉红砂石雕刻的佛像，主要是参照印度本土特别是马图拉本地传统的药叉雕像创造的，造型浑厚硬直，孔武有力，强调健壮裸露的肉体表现，不同于犍陀罗那种希腊化风格的佛像。四五世纪，笈多时代的马图拉佛像在经过了两个多世纪的经验积累后，终于发生了质变，即进一步本土化、理想化了，这是在印度古典主义审美理想作用下产生的新的样式。

笈多马图拉式佛像的特征是，脸型是印度人的面容，眉毛细长，呈倒八字形向上挑起；眼睛半闭，眼帘低垂，带有沉思冥想的神情；鼻梁笔直，高高隆起；下唇宽厚，嘴角呈自然微笑；耳垂拉长呈矩形；下巴圆润；颈部刻有三道褶纹，为佛经中“三十二相”之一；头顶肉髻是排列整齐的右旋的螺旋状螺发，亦是“三十二相”的真实写照；头后方的光环为硕大华丽的圆形浮雕，雕有莲瓣、卷草、连珠等图案；佛身颀长而匀称，显得健壮魁梧。通肩式僧衣单薄贴体，犹如被水浸湿了一样给人以半透明的感觉，衣纹通常是一道道平行的 U 字形或 V

字形线条，具有流水般波动的韵律，隐约凸显出全身的轮廓。根据这种薄衣贴体的半透明效果，笈多马图拉式佛像又被称为“湿衣佛像”。

笈多时期的马图拉佛像对中国的雕刻艺术和绘画艺术产生过巨大影响，最典型的例子是佛像的螺发，后来连中国雕刻的石狮也满头螺发；中国绘画史上所说的“曹衣出水”（北齐曹仲达）的画法，显然也是借鉴了马图拉佛像的水纹袈裟而形成的技法。

（三）萨尔纳特佛像雕刻

萨尔纳特（旧译鹿野苑）位于印度北方邦恒河中游的圣城瓦拉纳西（古称迦尸，又称贝拿勒斯）东北郊区，相传为佛陀初转法轮的圣地。贵霜时代马图拉雕刻的佛像曾由巴拉比丘捐赠给鹿野苑精舍。笈多时代，萨尔纳特与马图拉并列为笈多艺术的两大中心。萨尔纳特以浅灰色楚纳尔砂石雕刻的佛像，创造了笈多萨尔纳特式佛像风格。笈多萨尔纳特式佛像的造型，与笈多马图拉式佛像大体相同：相貌也是印度人的相貌，眼帘也是低垂的，表情平静，犹如在沉思冥想，直鼻厚唇，长方形长耳下达颈部，颈上刻有三道纹理，螺发一排排地整齐排列，肉髻上也布满整齐的螺发。佛头后的光环华丽，佛身匀称健美。最大的不同是，萨尔纳特式佛像的僧衣比马图拉式佛像更为单薄，给人的感觉几乎是完全透明的，仅在领口、袖口和下摆边缘依稀可见几丝透明的衣纹，如不注意，还以为是完全裸体的。这种全透明效果，有学者称笈多萨尔纳特式佛像为“裸体佛像”。

（四）笈多艺术的影响

笈多艺术特别是笈多式佛像雕刻艺术，对整个印度与亚洲诸国佛教艺术的影响，比犍陀罗佛像更为深远。南印度的阿马拉瓦蒂（Amaravati），在贵霜时代与北印度的犍陀罗和马图拉并列为印度艺术的三大中心。阿马拉瓦蒂艺术被认为是笈多艺术的先驱之一。阿马拉瓦蒂佛像直接影响了斯里兰卡佛像的雕刻。斯里兰卡古称僧伽罗（Simhala，狮子国）。4世纪，斯里兰卡最早的佛像是从南印度传入的阿马拉瓦蒂样式。6世纪左右，斯里兰卡古都阿努拉达普拉（Anuradhapura）白云石雕刻的佛像，轻纱薄衣几无任何皱褶，完全透明，显露裸体，已属于典型的笈多萨尔纳特式佛像。

笈多式佛像的影响也波及犍陀罗地区。后期犍陀罗艺术中呾叉始罗与哈达等地那些古典式冥想风格的灰泥塑像，不仅代表着“非地中海的希腊主义”的复兴，也濡染了同时代的笈多式佛像的印度古典主义精神。阿富汗巴米扬石窟的大佛像那种薄衣贴体的U字形衣纹，显然衍生于笈多马图拉式佛像。

笈多艺术的影响继犍陀罗艺术之后主要通过中亚地区东渐中国新疆与内地，在中国克孜尔、敦煌、炳灵寺、云冈等地的早期佛教石窟中，笈多式佛像对中国佛像的影响在深度和广度上都已经超过犍陀罗佛像。

三、阿旃陀石窟艺术

（一）概述

阿旃陀石窟（Ajanta Caves）位于印度德干高原马哈拉施特拉邦重镇奥兰加巴德西北约106千米处。约公元前2世纪至公元7世纪，在阿旃陀的马蹄形河谷丘陵岩壁中陆续开凿了29座石窟。7世纪上半叶，中国唐代高僧玄奘在《大唐西域记》卷十一中记载“摩诃剌侘国”（马哈拉施特拉）的“阿折罗伽蓝”：“基于幽谷，高堂邃宇，疏崖枕峰，重阁层台，背岩面壑”，“精舍四周雕镂石壁，作如来在昔修菩萨行诸因地事。证圣果之祯祥，入寂灭之灵应，巨细无遗，备尽镌镂。伽蓝门外南北左右，各一石象。闻之土俗曰：此象时大声吼，地为震动。”玄奘描述的地理环境、建筑结构和雕刻题材均与阿旃陀石窟相符，在阿旃陀第16窟门外左右各有一头石雕的大象，第26窟铭文镌刻着“阿折罗”（Achala）的名字，因此多数学者同意比定“阿折罗伽蓝”为阿旃陀石窟。

（二）石窟建筑

阿旃陀29座石窟均系佛教石窟，可分为前后两期：前期属于部派佛教和小乘佛教时期，包括第8、9、10、12、13诸窟，约开凿于公元前2世纪至公元2世纪；后期属于大乘佛教时期，除了上述5窟以外，其余诸窟均属于这个时期，即约开凿于450至650年间。阿旃陀石窟建筑的形制可分为支提（chaitya, 佛殿）窟和毗诃罗（vihara, 僧房）窟两种，第9、10、19、26、29五窟是支提窟，其余均系毗诃罗窟。第19窟是阿旃陀后期支提窟的典型，正面与内部装饰雕刻富丽堂皇。第26窟内部长约7米的《涅槃佛像》是印度境内现存最大的佛像。

（三）壁画

阿旃陀石窟的壁画在世界艺术史上享有盛名。阿旃陀前期壁画约作于公元前1世纪至公元200年，是现存世界上最古的佛教绘画遗迹，呈现古风式风格，以第9、10两窟为代表；后期壁画约作于450～650年或更晚，风格从古典主义向矫饰主义和巴洛克风格逐渐演变，以第1、2、16、17四窟为代表。阿旃陀壁画的题材包括大量本生故事、佛传故事和单独的佛像、菩萨像。代表作有第16窟壁画《难陀出家》，第17窟壁画《须大拿本生》《因陀罗与天女》《佛陀还家》《僧伽罗事迹》(*Simhala Avadana*)，第 2 窟壁画《女信徒献祭》，第 1 窟壁画《持莲花菩萨》(*Bodhisattva Padmapani*)、《摩诃贾纳卡（Mahajanaka）本生》《降魔图》等。阿旃陀壁画的绘画技法既采用平面法，也采用凹凸法，在后期壁画中对凹凸法的应用更为频繁。阿旃陀壁画的凹凸法不仅用于人物，而且用于动物、花卉、山石、建筑等。

印度传统绘画的凹凸法，也经由中亚各地逐渐传入中国，对中国的佛教绘画产生了一定影响。但中国的佛教绘画（包括克孜尔、敦煌石窟早期壁画中的“天竺遗法”）是否直接来自阿旃陀壁画的凹凸法的影响，尚缺乏相关的传播中介、历史文献和实物证据。在玄奘的《大唐西域记》关于“摩诃剌侘国”的“阿折罗伽蓝”的记载中，对建筑、雕刻均有描述，但没有提到壁画。

四、其他石窟艺术

（一）埃洛拉佛教石窟

如上一章所说，埃洛拉石窟群有 34 座石窟，其编号第 1 至第 12 窟为佛教石窟。这 12 座石窟的开凿时间约在 6 至 8 世纪，其形制基本上沿袭了阿旃陀石窟的形式，有两种，一种是支提窟（佛殿窟），一种是毗诃罗窟（僧房窟）。埃洛拉的 12 座佛教石窟中仅有第 10 窟属于支提窟，其余 11 座均系毗诃罗窟。一般来说，僧房窟是用来居住的，但此时的毗诃罗窟用途已不再单一，出现了与佛殿窟相结合的倾向，如第 11、12 号窟，已经兼具佛殿窟的功能，僧人起居过程中随时可以礼佛。由于受密教的影响，这些石窟的雕刻中开始出现较多的菩萨和女神形象。

其第 10 窟二层开凿于 620 至 650 年间。石窟正面有台阶，阶上是有列柱的门廊，门廊上方是主殿的阳台，阳台外侧的围栏上雕刻有两层浮雕，底层是动物浮雕，上层是一对对爱侣的浮雕。石窟上层为主殿，三座门，中门宽大，门顶部有三叶形窗户，窗户两侧各有一组飞天，一男二女。石窟内部宽约 13 米，纵深约 26 米多，有 28 根列柱支持着仿木桁的窟顶。石窟内后殿为半圆形，雕凿有窣堵波，窣堵波前安置有佛像。

（二）奥朗加巴德石窟

在奥朗加巴德的郊区，离埃洛拉石窟群不远处，有一个佛教石窟群。这也是德干地区的佛教建筑雕刻艺术的一个重要中心。这里共有 8 座石窟，其开凿时间为 2 至 7 世纪。因其规模无法与阿旃陀和埃洛拉石窟相比，故往往不被人们关注。但学界认为，该石窟群在印度佛教艺术史上不容忽视。

其第 7 窟最具代表性。该窟大约开凿于 7 世纪早期的遮娄其王朝时期。这是一座典型的僧房与佛殿合一的石窟。佛像处于大殿的中央位置，入口的侧壁上雕有观音菩萨救济众生的巨型浮雕。其中的一幅浮雕表现的是舞女与乐师，6 名女乐师分坐两旁，舞女在她们的伴奏下翩翩起舞，体态优美，情景生动。

五、波罗王朝的佛教艺术

8 世纪中叶至 12 世纪，地处印度中东部的波罗王朝诸王信奉佛教，这是这一时期印度本土唯一以佛教为国教的国家，可以说是硕果仅存。而此时的佛教，已经发展到密教金刚乘阶段。波罗王朝统治的区域时大时小，一般来说，他们的主要统治范围在今天印度的比哈尔和西孟加拉邦及孟加拉国。那个时期，中国的佛教徒（包括藏传佛教信徒）都把佛教圣地比较集中的古摩揭陀国（今比哈尔邦及北方邦东部地区）称为“中印度”或“中天竺”。去那里朝拜、取经、求学的人很多。而从艺术的角度看，那一带的佛教艺术作品也很多。这些艺术品中，主要是建筑和雕刻两种，绘画作品也有少量遗存。

（一）建筑

比哈尔邦波罗王朝时期的佛教建筑很多，如今绝大多数都已成为废墟，面目皆非了。今天只是从一些文字记载中得知其规模与华丽。例如，据藏族学者多罗那他《印度佛教史》记载，瞿波罗王时代，在欧丹多补梨（Otantapuri）附近又建立了一座名叫那烂陀的寺院；提婆波罗王时代，建立了欧丹多补梨寺（飞行寺）和三辛寺；达摩波罗王时代，建立了超岩寺，“该寺建在摩揭陀北部恒河岸边一座小山顶上，中央是与大菩提像相等的佛像的殿堂，周围建有佛教密宗的小佛堂五十三座，一般的佛殿五十四座，总计有一百零八座佛殿，外面墙垣围绕”。①

1. 那烂陀

那烂陀在今比哈尔邦巴特那市以南偏东约 90 千米处。据玄奘《大唐西域记》卷九记载，笈多王朝帝日王（Sakraditya，音译铄迦罗阿迭多，即鸠摩罗·笈多一世）首先选定此地建造寺院。其后，在笈多王朝历代国王的赞助下，到玄奘到达那烂陀寺时，那烂陀寺已扩展成一座大寺院，成为一座国内外知名的学府。《大慈恩寺三藏法师传》卷三

① 多罗那他：《印度佛教史》，成都：四川民族出版社，1988 年版，第 196、199、202、207 页。

记曰：

六帝相承，各加营造。又以砖垒其外，合为一寺，都建一门。庭序别开。中分八院。宝台星列，琼楼岳峙。观竦烟中，殿飞霞上。生风云于户牖，交日月于轩檐。加以渌水逶迤，青莲菡萏；羯尼花树，晖焕其间；庵没罗林，森疏其外。诸院僧室，皆四重重阁，虬栋虹梁，绣栌朱柱，雕楹镂槛，玉础文硙。甍接瑶晖，榱连绳彩。印度伽蓝数乃千万，壮丽崇高，此为其极。[①]

这段描写固然有作者展现文采的一面，但也如实地反映了那烂陀寺的建筑规模和建筑技巧。数十年后，义净来到那烂陀寺。他在《大唐西域求法高僧传》卷上做了更详尽的描述：

然其寺形，畟方如城，四面直檐，长廊遍匝，皆是砖室。重叠三层，层高丈余。横梁板阗，本无椽瓦，用砖平覆。寺背正直，随意旋往。其房后壁即为外面也，垒砖峻峭，高三四丈。上作人头，高共人等。其僧房也，面有九焉。一一房中，可方丈许，后面通窓户向檐矣。其门既高，唯安一扇，皆相瞻望，不许安帘。出外平观，四面皆睹。互相检察，宁容片私？于一角头作阁道还往。寺上四角，各为砖堂，多闻大德而住于此。寺门西向，飞阁凌虚，雕刻奇形，妙尽工饰。其门乃与房相连，元不别作，但前出两步，齐安四柱。其门虽非过大，实乃装架弥坚。每至食时，重关返闭，既是圣教，意在防私。寺内之地，方三十步许，皆以砖砌。小者或七步，或五步耳。凡所覆屋脊上檐前、房内之地，并用砖屑，如桃枣大，和杂粘泥，以杵平筑。用礓石灰，杂以麻筋并油，及麻滓烂皮之属。浸渍多日，泥于砖地之上，覆以青草，经三数日，看其欲干，重以滑石揩拭，拂赤土汁或丹朱之类。后以油涂，鲜澄若镜。其堂殿阶陛，悉皆如此。一作已后，纵人

① CBETA, T50, no. 2053, p. 237, b16-25。

践蹋，动经一二十载，曾不圮坼。不同石灰，水沾便脱。如斯等类，乃有八寺，上皆平通，规矩相似。于寺东面西取房或一或三，用安尊像。或可即于此面前出多少，别起台观为佛殿矣。此寺西南大院之外，方列大窣睹波（旧云塔者讹略）及诸制底（旧云支提者讹），数乃盈百。圣迹相连，不可称记。金宝莹饰，实成希有。①

波罗王朝期间，国王们又慷慨捐助，使这座大寺又有所扩大。10世纪后期，有很多中国僧人去过那烂陀寺，但记载不详。

约1205年，这座大寺被巴赫蒂亚尔·哈尔吉（Bakhtiyar Khilji）放火焚烧，后渐渐成为废墟。

2. 大菩提寺

又称大觉寺、摩诃菩提寺。位于佛成道处的菩提伽耶。据传，最早由阿育王建于公元前3世纪，最初可能是由栏楯柱将菩提树和金刚座围绕起来的院落，也有人认为是菩提树殿。之后，巽迦王朝时期被扩建为一座两层建筑，供奉菩提树和金刚座。5世纪，法显到访菩提伽耶，并在《佛国记》(《法显传》) 中提到菩提树和金刚座旁的一座高塔，这是关于摩诃菩提寺结构加高的最早记载。贵霜时期的浮雕也描绘了该寺于公元1至3世纪间的扩建。7世纪玄奘到访时，这里已建成一座晚期笈多风格的砖结构寺庙：

菩提树东有精舍，高百六七十尺，下基面广二十余步，垒以青砖，涂以石灰。层龛皆有金像，四壁镂作奇制，或连珠形，或天仙像，上置金铜阿摩落迦果。东面接为重阁，檐宇特起三层，榱柱栋梁，户扉寮牖，金银雕镂以饰之，珠玉厕错以填之。奥室邃宇，洞户三重。外门左右各有龛室，右则观自在菩萨像，左则慈氏菩萨像，白银铸成，

① CBETA, T51, no. 2066, p. 5, b22-c20。

高十余尺。[①]

（二）雕刻

1. 佛像

波罗王朝时期的佛像以“宝冠佛”（Crowned Buddha）为代表。例如萨尔纳特出土的宝冠佛坐像（现藏新德里印度国家博物馆），约作于九十世纪。它是在一块椭圆形绿泥石头上，磨平底座雕成高浮雕佛像，高 24.1 厘米。这尊佛像头戴三面山形宝冠，结跏趺坐于莲花座上，左手横置小腹前，掌心向上，托有经文状物；右手下伸，指尖触地，作触地印。莲花座下是平伸出来的莲瓣，下方是底座，底座上雕有小型人物和动物浮雕。佛像两侧有两尊站立式小佛像，小佛像头上有二宝塔。佛像头光以串珠纹表示，佛像头顶有三片菩提树叶的高浮雕。这座佛像与其他佛像不同，其特点是头上没有雕出肉髻，而是戴着宝冠。这一现象表明，当时的佛教已经进入密教金刚乘阶段，所雕的佛像很像是大日如来（毗卢遮那）。在密教中，大日如来是五佛之一，是法身佛，处于曼荼罗的最中心位置。

2. 菩萨像

一尊出土于那烂陀的砂石观音立像（现藏新德里印度国家博物馆）约作于 9 世纪，高 152 厘米。从中已经透露出受印度教湿婆像影响的痕迹。

---

① 玄奘、辩既原著，季羡林等校注：《大唐西域记校注》，北京：中华书局，1985 年版，第 672、673 页。

第四节
耆那教文化

一、耆那教的兴衰

从玄奘在《大唐西域记》中的记载可知，公元7世纪的时，耆那教在印度的传播几乎遍及全境，而在一些地区信徒则相对集中。如西北地区（包括今巴基斯坦境内）白衣派相对集中，东部（如孟加拉、比哈尔、奥里萨）、中部（如中央邦、古吉拉特）和南部（如泰米尔纳德、卡纳塔克、安得拉）则天衣派相对集中。

到了8至10世纪，在约300年的时间里，耆那教虽然遭受到印度教的排挤，但在一些地区仍有明显的发展。特别是在今印度的古吉拉特邦和卡纳塔克邦一带，耆那教得到一些国王的崇信和支持，建立了一批庙宇，雕凿了一批祖师像。例如，德干高原上的拉什特拉库塔王朝这一时期比较强盛，经常与东北方的波罗王朝争霸。国王阿莫加瓦尔沙（Amoghavarsha，815～877）就皈依了耆那教天衣派，并于晚年禅位离家苦行[①]。

① [英]查尔斯·埃利奥特著，李荣熙译：《印度教与佛教史纲》（第一卷），北京：商务印书馆，1982年版，第220页。

二、耆那教文学

（一）概述

到目前为止，我国对耆那教文学的介绍较少，最先是金克木先生在《梵语文学史》中对耆那教文献中的文学成分作了概要介绍[①]，此后是黄宝生先生更为详细的介绍，这里不仅有早期耆那教文献的介绍，还有一部分中世纪耆那教文学作品的介绍[②]。他们的这些介绍可以说是凤毛麟角，非常宝贵，具有开创意义。之所以出现这种稀缺的情况，和我国的国情有关，也与耆那教的影响有关。耆那教早期文献是用半摩揭陀语写的，而中世纪的大部分文献是用阿波布朗舍语写的。我国因与佛教有特殊紧密的关系，所以有研究梵语、巴利语的传统。1949年以后，又有一批研究现代印度语言文学的学者，却没有人研究阿波布朗舍语。又因为耆那教本身的发展几乎仅限于印度本土，近代以来才有对外传播，而对中国没有多少影响；所以也只有一般宗教概况和文学概况的介绍，而无深入研究。这里，我们也只能在前辈学者的基础上争取多做一些介绍，而真正深入的研究尚寄望于来者。

就像佛教在印度东部地区建立自己教派而把当地民众语言作为自己的语言基础一样，耆那教则在西部地区建立起自己的教派并把当地的语言作为自己文学的语言。中世纪耆那教的语言主要是阿波布朗舍语，耆那教的僧侣们也主要用这种语言写作。当然，也有使用梵语和其他俗语写出的作品。

耆那教文学中有三种作品。第一种被称为“往世诗”（pauranika

① 见金克木：《梵语文学史》，北京：人民文学出版社，1980年版，第168～170页。

② 见季羡林主编：《印度古代文学史》，北京：北京大学出版社，1991年版，第207～213页、216页。

kavya），又叫本行诗（caritakavya）。主要诗人有自在主（音译斯瓦扬布，Svayambhu）、华峰（音译普什帕丹特，Pushpadanta）等。第二种可以称为单篇诗（muktaka）。第三种是一些语法类的著作，其中以雪月（Hemacandra，音译海姆昌德拉，一译金月）的著作最为重要（将于下卷介绍）。

（二）往世诗

所谓“往世诗”，是指耆那教诗人们根据古代传说用梵语、俗语和阿波布朗舍语写的长篇文学作品。这些作品里，有对人生要义的教诲，对宗教和法的理解，还有对一些“伟人”生平的礼赞。这些往世诗写一个或若干个人物的本行[①]，即生平事迹。而这些被描写的人物，要么是耆那教的祖师，要么是古代传说中的英雄人物，后来变成了耆那教的虔诚信徒。耆那教中能够享受这“伟人”称号的共有63人。其中，有24位祖师（Tirthankara）、12位转轮王（Cakravarti）、9名力天（Baladeva）、9名伐苏提婆（Vasudeva）和9名伐苏提婆之敌（Prativasudeva）。按照耆那教的说法，在每一劫当中都要出现9名力天、9名伐苏提婆和9名伐苏提婆之敌。其中，一名力天、一名伐苏提婆和一名伐苏提婆之敌为一组，同时出现于某一时期；力天和伐苏提婆分别由某个国王的不同后妃生出，即二人为同父异母兄弟；然后，伐苏提婆与兄长力天一起同伐苏提婆之敌作战并杀死他；于是，伐苏提婆因杀生而进入地狱，力天则因弟弟进入地狱而悲观厌世皈依耆那教，并最后获得解脱。讲述其中一个伟人故事的往世诗，也被称为“往世书”；而将“伟人”们的事迹汇集起来讲述的长诗，则被称为“大往

---

① 本行，阿波布朗舍语作 cariu，梵语作 caritra，或 carita，意思是“传记”或“传”。下文的有关书名有时被译作“本行”，有时被译为“传”，意思是一样的。

世书”。“大往世书”常常又分“原初往世书”和“后往世书”两部分。“原初往世书”是专门讲述耆那教远古初祖梨沙波提婆（Rsabhadeva，亦称阿底那特，Adinatha，即初祖或初主）事迹的；“后往世书”则讲述其余23位教主和其他“伟人”的生平事迹。罗摩故事和黑天故事被包括在“后往世书”中，因为他们都被认定为耆那教的“伟人”。

自在主和华峰是这类往世诗或本行诗的两位优秀代表。

1. 自在主及其往世诗

自在主，公元八九世纪人，用俗语和阿波布朗舍语写作。其生平资料很少。其父摩录多提婆（Marutadeva）和儿子特里布文（Tribhuvana）都是耆那教诗人。据说自在主的形体丑陋，但娶有二妻（一说三妻）。现在流传下来的作品有三部，即《莲花本行》《利塔涅米本行》和《斯瓦扬布诗韵》。据说，他还有另外三部著作，两部本行诗和一部语法，但都已失传。他学识丰富，尤其在诗学方面的贡献突出，曾获得过多种称号，其中一个是“诗人之王”（Kaviraja）。

2. 华峰及其往世诗

华峰是继自在主之后的耆那教另一位著名往世诗作者。关于他的生平资料也极少，只知他约生活于10世纪，父母均为婆罗门。他自幼受到熏陶，成为一名湿婆派信徒。后来，他皈依耆那教，成为天衣派信徒。他大约是今印度中央邦南部地区人，后来到南方，在当时的拉施特拉库塔国生活，不久即为当地高官收留供养。他曾经这样描绘自己：“身体瘦削，褐色，却有一副天生的笑脸。”他以自己的诗才自豪。曾获得“诗王”“诗宝”（Kavya-Ratnakar）等多个称号。目前已知的作品主要有三部：《大往世书》《龙王子传》和《耶输陀罗本行》。

（三）单篇诗

所谓“单篇诗”（mukkada）并非都是短诗，也有长篇叙事诗，只是不分章而已。耆那教文学中的单篇诗大致可以分为两种类型：一类是为修行目的而写的诗歌，其中表现的主要是神秘主义的感受，即如何进入禅定，如何达到无上三昧的境界等。这类诗歌，我们把它叫作神秘主义诗歌。另一类是为规范信徒和社会道德而写的诗歌，如教导人们如何朝拜圣地、如何斋戒、如何遵守戒律等。这类诗歌在形式上受到民歌影响，所以我们把它叫作民歌形式的诗歌。

在耆那教文学中，能够看到一些着重阐释哲学思考和修行要领的诗歌，印度文学界把这类诗歌称为耆那教文学中的“神秘主义诗歌”。这类诗歌有两个主要特点：一是十分强调师尊的作用，主张在修炼中遵循师尊的教诲；二是强调内在的修炼，反对徒有形式的外在仪式。

三、耆那教艺术

（一）埃洛拉的耆那教石窟

埃洛拉石窟群第 30 至 34 号窟属耆那教石窟，其开凿时间为 8 至 10 世纪。

约开凿于 9 世纪的第 30 号窟又被称为“小凯拉萨”。顾名思义，它在形制上模仿了第 16 号窟凯拉萨神庙。但相比之下，第 30 号窟要小得多，完全没有 16 号窟那样的气势和规模。从雕刻艺术的角度看，30 号窟的雕刻水平也不被美术界看好。

第 32 号窟开凿于 9 至 10 世纪是埃洛拉石窟群里最有代表性的耆那教石窟。其规模较大，雕刻较多。该石窟双层，也有模仿凯拉萨神庙的痕迹。其上层主殿供奉耆那教教主大雄。大雄为高浮雕，置身于壁龛中。在其他壁龛中，还供奉有耆那教第 23 祖巴湿伐那特（Parsvanatha）的雕像以及耆那教初祖涅米那特的儿子、转轮王婆罗多与其弟巴忽巴利（Bahubali，臂力王）。巴忽巴利被耆那教描绘为远古的“伟人”之一，其形象全身赤裸，手臂上缠绕着藤蔓。

（二）阿布山的耆那教建筑

约 962 年至 1297 年，西部印度的拉贾斯坦和古吉拉特邦基本处于索兰基王朝的统治之下。索兰基诸王大多信奉婆罗门教湿婆派，但也对耆那教予以支持。因此，在近古吉拉特和拉贾斯坦地区形成了几个耆那教建筑群，但属于这个时期的建筑非常罕见。

第九章
伊斯兰教在印度的传播

第一节
穆斯林的进入

一、来自阿拉伯帝国的威胁

穆罕默德（Muhammad，约 570 ～ 632）创立伊斯兰教后，于 631 年大体统一了阿拉伯半岛。穆罕默德去世以后，其继任者被称为哈里发。在“四大哈里发”时期（632 ～ 661），阿拉伯人不仅实现了阿拉伯半岛的统一，而且向外扩张，征服了地中海西岸的大马士革、耶路撒冷等地，又征服了北非的埃及，占领了伊拉克和伊朗的大部分土地。这一时期，阿拉伯人曾渡过阿拉伯海，向印度西部的莫克兰海岸出兵，但因失败而中止。

之后，倭马亚王朝（Umayyad Dynasty，661 ～ 750）建立，并定都于大马士革。该王朝自建立起也大力实行对外扩张政策，并于 664 年攻占了喀布尔；705 年攻占了巴尔赫；706 ～ 709 年占领了布哈拉地区；710 ～ 712 年占领了撒马尔罕和花剌子模，把中亚的大片土地纳入帝国的版图。

7 世纪后半叶，印度始终面临着来自海路和陆路的双向威胁。尤其是阿拉伯人对中亚的征服，使强悍的突厥人和阿富汗人皈依了伊斯兰教。他们皈依了伊斯兰教后，最终变成了进攻印度的一支生力军，也成为伊斯兰教向印度传播的强有力推行者。但在倭马亚王朝后期，由于伊朗和中亚各地的局势尚不稳定，不时有人起来造反，帝国忙于安内，未能从印度西北部大规模南下。

二、征服信德

710 年，阿拉伯倭马亚王朝巴士拉的统治者哈贾吉派遣他的侄子穆罕默德·宾·卡西姆（Muhammad bin Qasim，8 世纪）率兵从陆路征伐信德，当年占领莫克兰沿海地区，711 至 712 年占领信德，并于 713 年向北推进至木尔坦。当时信德的统治者不得民心，所以很快就被击败。阿拉伯军队也试图进攻古吉拉特和拉贾斯坦等地，但都被击退。

当信德成为阿拉伯帝国的一个省以后，伊斯兰教在那里迅速传播。起先，穆罕默德·宾·卡西姆采取强制的办法迫使当地的印度教徒、佛教徒和耆那教徒信奉伊斯兰教。后来，其政策有所缓和，允许一部分不愿意改宗的人缴纳人头税以保持其原有信仰。即便如此，当地的大部分人都成了穆斯林。

信德地区的伊斯兰化达 3 个世纪之久，这对于伊斯兰教在次大陆的传播起到巨大的作用。

三、马茂德的掠夺

倭马亚王朝覆灭之后，取而代之的是阿拔斯王朝（Abbasids，750 ～ 1258）。阿拔斯王朝时期的阿拉伯帝国因各种势力的不断崛起而显得很松散。地区内先后出现了多个王朝，如塔希尔王朝（Tahirids，820 ～ 872）、萨法尔王朝（al-Dawlat al-Saffariyah，867 ～ 903）、萨曼王朝（Samanids，874 ～ 999）和伽色尼王朝（Ghaznavids，962 ～ 1186）等。

伽色尼王朝的创始人阿普提真（Alptigin，962 ～ 976 年在位）原系奴隶出身，因勇敢善战得到重用，被升为卫队长，621 年又升任呼罗珊总督。因参与宫廷斗争而失宠南逃，在阿富汗的伽色尼自立为苏丹。他死后，他的女婿沙巴提真（Sabuktigin，976 ～ 997 年在位）把伽色尼国的版图扩张至呼罗珊和今巴基斯坦的白沙瓦一带。

沙巴提真死后，其子马茂德（Mahmud of Ghazni，997 ～ 1030 年在位）继任伽色尼苏丹。

据统计，自 1000 年至 1027 年，马茂德带兵入侵印度达 12 次（或说达 17 次）之多。他的入侵以劫掠财物为主，每次都能抢夺到大量财物。其时，印度北部地区呈分裂状态，小国林立，相互攻伐，对马茂德的入侵几乎无力抵抗，所以马茂德能够长驱直入，有时竟能深入到恒河中游。马茂德在抢掠的同时也对其附近地区实行兼并。他于 1008 年兼并了木尔坦，1020 年征服旁遮普，1026 年占领信德。从此，西北印度的大片土地变成伽色尼的属地，并有大量民众皈依了伊斯兰教。

第二节
德里苏丹国

一、德里苏丹国的建立

马茂德死后，伽色尼王朝走向衰落。另一个突厥人家族——古尔人则逐渐兴盛。古尔家族原本是伽色尼王朝的藩属，掌控着一个小小的公国。他们趁伽色尼王朝衰落之机开始壮大自己的势力，对外实行扩张。经过百余年的努力，古尔人吉亚斯-乌德-丁·穆罕默德（Ghiyas-ud-din Muhammad，12 世纪）于 1174 年攻占伽色尼，建立了古尔王朝，定都古尔，命其弟穆罕默德·古尔（又称古尔的穆罕默德，Muhammad of Ghur，？～1206）为伽色尼苏丹。1175 年，穆罕默德·古尔远征印度，当年即攻下木尔坦。1178 年，穆罕默德·古尔的军队向古吉拉特进攻，失败。次年，转而攻击旁遮普，扫除伽色尼势力，当年攻占白沙瓦。又于 1182 年占领信德，1186 年攻占拉合尔，伽色尼王朝彻底覆亡。

1191 年，穆罕默德·古尔率军南下，在德里附近与兆汉（又译乔汉）王朝国王普里特维罗阇三世（意译地王，Prithviraja Ⅲ，约 1162～1192）率领的拉吉普特军队作战，因负重伤败走伽色尼。次年，穆罕默德·古尔重整旗鼓，与拉吉普特人决战，取得大胜，俘获并杀死普里特维罗阇三世。1194 至 1195 年，卡瑙季、贝拿勒斯（瓦腊纳西）、瓜廖尔等地先后被征服。1197 至 1203 年征服中印度、比哈尔等地，1204 至 1205 年征服了孟加拉。这个过程中，印度各邦国或因不团结，或因麻痹大意纷纷失败。拉吉普特人的英勇抵抗也只是为后人留下了充满豪情的悲壮记忆。穆斯林军队所到之处，烧杀劫掠，无数印度教、佛教和耆那教寺院被野蛮破坏。尤其是一些著名的佛寺，如那烂陀、超岩寺等被焚毁，僧侣要么被杀要么逃走，佛教僧团从此在印度本土消失。

1206 年，默罕默德·古尔在途中遇刺，古尔王朝统治德里的总督库特卜—乌德—丁·艾巴克（Qutb-ud-din Aibak，？～1210）自立为统治北印度的苏丹，由于他自幼出身奴隶，故其所建王朝史称奴隶王朝（Slave Dynasty 1206～1290），从此开始了印度历史上突厥—阿富汗人长达 300 多年的德里苏丹国时期（1206～1526）。

二、德里苏丹国的兴衰

德里苏丹国统治印度的 300 余年间，共经历了奴隶王朝、卡尔吉王朝（Kalaji Dynasty，1290～1320）、图格鲁克王朝（Tughluq Dynasty，1320～1413）、赛义德王朝（Sayyid Dynasty，1414～1451）和洛迪王朝（Lodi Dynasty，1451～1526）5 个时期，但并未统一印度。除短暂时期外，德里苏丹实质上不过是北印度一个最大的区域王国。除德干北端的省区政权外，苏丹在南印度的政权机构都为时短暂。

奴隶王朝的第二任苏丹伊勒图特米什（Iltutmishi，1211～1236）是库特卜—乌德—丁·艾巴克的女婿，也是奴隶出身，但很能干，平定了内忧外患，使奴隶王朝得到巩固。但伊勒图特米什去世后，政权动荡了 10 年，直到 1246 年巴尔班（Ghiyas-ud-din Balban，1205 ～ 1287）成为控制朝政的大臣，局势才平稳下来。1265 年，巴尔班正式登基为苏丹。他在位 22 年，阻止了西北方蒙古军队的深入，平定了内乱。他去世后，国家再度内乱。1290 年，贾拉尔 - 乌德 - 丁·菲鲁兹·沙（即贾拉尔 - 乌德 - 丁·卡尔吉，Jalal-ud-din Khalji，约 1220 ～ 1296）推翻奴隶王朝，建立了卡尔吉王朝。

卡尔吉王朝最为有名的苏丹是第二任苏丹阿拉乌丁（Ala-ud-din Khalji，？～ 1316），他是第一任苏丹的外甥兼女婿，曾于 1292 年带兵出征马尔瓦，1295 年又曾南征德干。他于 1296 年杀死岳父登基后，实行扩张政策，先后征服了古吉拉特、拉贾斯坦和中印度腹地，将整个北印度置于德里苏丹国统治之下。继而，他又派兵进入德干，征服了一些印度教王国，又派兵南下，直抵半岛的最南端，1311 年灭掉潘迪亚，几乎统一了全印度。但苏丹国在南部的统治并不稳固，苏丹的军队一撤走他们就纷纷独立。

阿拉乌丁死后，政权不稳，贵族军阀吉亚斯 - 乌德 - 丁·图格鲁克（Ghiyas-ud-din Tughluq，1320 ～ 1325 年在位）趁机建立图格鲁克王朝。他在位 5 年去世，其子穆罕默德·宾·图格鲁克（Muhammad bin Tughluq，1325 ～ 1351 年在位 ）继任。穆罕默德·宾·图格鲁克再次南征，并设立总督管理南方各省。除了半岛西南端、克什米尔、奥里萨、拉贾斯坦部分地区和卡提阿瓦半岛的部分地区外，穆罕默德·宾·图格鲁克几乎将全印度都纳入苏丹国的版图，全国各地又有许多人皈依伊斯兰教。但好景不长，在其统治的后半期，各地反叛的浪潮便不断涌起，纷纷独立。穆罕默德·宾·图格鲁克去世后，局面更加不可收拾，印度处于四分五裂的局面。

1369 年，突厥化的蒙古贵族帖木儿（Timur，1336 ～ 1405）在撒马尔罕登上王位，开始四面出兵。1398 年，其大军南下印度，击败图格鲁克王朝的军队，攻入德里，并大肆洗劫，德里苏丹国从此一蹶不振。后虽经赛义德王朝 4 任苏丹和洛迪王朝 3 任苏丹，但苏丹国已经支离破碎，名存实亡。

三、南印度概况

穆罕默德·宾·图格鲁克征伐南印度时，曾在道拉塔巴德建立第二都城，并组织许多穆斯林贵族南迁；但由于各地的不断反叛，苏丹已经顾不上这座新建的第二都城。1335 年，半岛南端的马八儿省宣布独立，不久占领了政治和文化中心马杜赖，建成马杜赖苏丹国。

1336 年，南印度的印度教徒也在今卡纳塔克邦北部地区宣布独立，不久即定都维杰耶纳加尔，史称维杰耶纳加尔王国（Kingdom of Vijayanagara，约 1336 ～ 1672）。这个王国共经历了 4 个王朝，在南印度维持统治达 300 余年。16 世纪上半叶时国力最为强盛，曾大体统一半岛南部，两侧临海，享有渔盐之利，并与葡萄牙人进行贸易，经济得到发展。但该国北邻巴曼尼王朝，两国间时常作战。

1347 年，在维杰耶纳加尔国北面，穆斯林贵族建立了以首都古巴加为中心的巴曼尼王朝（Bahmani Dynasty，1347 ～ 1527）。该国经历了 18 位国王，最强盛的时候在 15 世纪下半叶，其疆土横跨德干地区，东临孟加拉湾，西滨阿拉伯海。他们长期与维杰耶纳加尔国作战，消耗了大量人力物力。

第三节
德里苏丹国时期的穆斯林文化

一、政治体制

印度的伊斯兰国家是一种神权政体，体现了穆斯林政治统治和宗教传播并举的宗旨。苏丹位于中央政府的制高点。他集所有权力于一身，是王国的至高统治者、司法的最终裁决者，主要的立法者和军队的统帅。尽管如此，他并不是绝对意义上专制君主，他们必须遵循沙里阿（伊斯兰教法典）在宗教事务方面的权力受到《古兰经》的限制，听从乌里玛（Ulama）和神学家的教导，从而力图避免因不适当的统治方式而可能引起的暴乱。除了阿拉—乌德—丁以外，没有一个苏丹能够使宗教同政治截然分开。

作为最高的行政首脑，苏丹下设一套行政机构，由规定的官僚统治集团统治各部门，按照苏丹的命令履行各自的职责。苏丹有一个由朋友和信臣组成的参事会（majlis-i-khalwat）辅佐他处理国家事务，一般是四人制，苏丹与他们商讨一切重大国事，行政的、立法的和财政的。事实上，印度的穆斯林苏丹是一个不受任何约束的十足的独裁者，他说的话就是法律。多数君主只是在理论上接受了沙里阿规定的立国治国准则，但在实施上并未完全遵循沙里阿的规定。

苏丹在枢密殿（Bar-i-Khas）接见各级廷臣——汗（khans）、马利克（maliks）和阿密尔（amirs），他还作为最高法官在勤政厅（Bar-i-Am）中审理案件，决策事务，听取请愿，发布命令。苏丹就是整个行政体系的主要动力，靠武装力量行使权力。

瓦济尔（宰相）是中央政府的最高官员。他直接负责所有部门的管理，当国王不在时，瓦济尔就代理国王的职务。国王常会和他进行密谈，他是国王最主要的谏言人。图格鲁克时期是印度瓦济尔制度的全盛时期，从图格鲁克王朝后期起，瓦济尔的权力大增。但是在赛义德王朝时，瓦济尔的权力开始削弱；而到阿富汗人统治的时候，瓦济尔的职位已经变得微不足道了。

德里苏丹国的高级官员和军官都是贵族，贵族最高头衔是汗，次为马利克，再次为阿密尔；也有的贵族未担任何官职，没有头衔。他们并不是一个世袭的、同族的和组织健全的集团，贵族的权势是任何苏丹也不能轻视的。贵族中有不同的势力集团，“奴隶王朝”时突厥贵族几乎垄断全部权力，阿富汗贵族在卡尔吉王朝时受到重视，到洛迪王朝时，占主导地位。德里苏丹国基本上奉行沙里阿关于君主由贵族、乌里玛推选的规定，为贵族和乌里玛插手王位之争提供了合法依据。各个时期贵族又分不同派别，彼此不断明争暗斗，都采取种种手段影响甚至控制苏丹。穆斯林贵族是苏丹势力强大的制衡者，是德里苏丹国统治支柱之一。

德里苏丹王朝中央设有审判庭、申诉庭，有时还有惩戒庭，分理民事、刑事、谋反案件，受理上诉，并负责任命各省法官。苏丹是司法的最高权威，重大案件由他亲自审理。卡济（qazis）是主要法官，苏丹之下的最高司法权威，最高上述法庭的最高法官。所有从较低一级的法庭而来的民事或刑事的上诉，都由他主审。他由“穆夫蒂”帮助解释法律，法律还是以沙里阿和苏丹的法令为依据。穆罕默德·本·图格鲁克建立了惩处部门，去审判那些反对他的人。债务法是严厉的，债权人经常乞求国王的支持，向债务人索取债款。民事案件若涉及宗教问题，只要原被告双方有一方是穆斯林，就参照伊斯兰教法判案。

德里苏丹始终保持一支人数众多的军队，苏丹是军队的最高统帅。苏丹国的常备军包括王室卫队、首都禁卫军。军队里有各民族的士兵，如突厥人、卡泰人、波斯人和印度人。军队的主要兵种是骑兵、工兵、步兵、象军。骑兵、工兵主要由穆斯林组成，象军和步兵多为印度教徒。军事组织不同时期有所不同，最初是苏丹、省督和部分贵族都养军队，阿拉-乌德-丁·卡尔吉开始改为统归国家招募，由国家统一负担军事费用，兵员最多时达47.5万人。到菲鲁兹沙·图格鲁克统治时，又把军队组织改为贵族养兵的封建体制。国家保持战士和战马登记册，并实行战马烙印制度。这种状况延续军队建制，军饷支付办法各王朝不尽相同。

二、经济状况

中世纪前期的经济制度仍然延续戒日帝国统治时期的经济制度。当时封建的生产关系已经基本确立，在这一时期得到进一步发展。

中世纪前期实行了官吏食邑制，国家仍是土地所有者，向官员分封食邑或职田的税收以代替薪水。封邑的大小依官职级别大小而定，但这些官员在封邑上享有的权力是有限的。同时，宗教赐地在这一时期获得大规模的发展。最大的受赐者是神庙。受赐封者不仅得到来自土地的税收，而且享有所辖领地的部分行政权和司法权，这些都在赐地文书中一一列明。拉喜特拉库塔、波罗、帕拉瓦、朱罗等国家都采取了“职田”制度，赠赐给婆罗门及印度教、佛教、耆那教寺院的土地也越来越多。拉喜特拉库塔宗教赐地数量最多，规模最大。受赐者不仅得到土地税和土地上的其他收入，而且被赋予行政、司法权，国家官员和军队不准进入这片土地。有的受赐者还得到权利可以收回土地自耕或转让。波罗的土地赠赐规模次于拉喜特拉库塔。赠赐土地时，一般也伴随着行政权的转让。普罗蒂诃罗的宗教赐地在数量和规模上都不及前两个国家，而且受赐者只是得到土地的各种收入权，一般不附有行政权力。

中世纪后期，与行政管理制度并行的也有一套土地分封制度即军事采邑制。德里苏丹国和莫卧儿君主们同样宣布自己是全国土地的最高所有者；同样，君主（或国家）只直接占有部分土地，叫哈里萨。这部分的税收供国家开支和王室使用。由于哈里萨不断因征服而扩大，又不断因分封而缩小，所以它的数量一直变动不定。德里苏丹国时期还保留有官吏食邑制和宗教赐地制。

从伊勒图特米什起，对国家的常备军部分地采取了分给军役田代替薪金的办法，莫卧儿时期延续了这一制度，并将土地分封发展成为一种较为成熟的军事采邑形式。军事采邑叫札吉尔，它的领有者叫札吉达尔。札吉达尔只享有札吉尔的土地税收入，其义务是按品级规定供养和保持一支骑兵队伍为君主服务，包括人员和马匹。

莫卧儿君主们严格规定札吉尔不能世袭，但实际上，当中央权力削弱时，想要收回札吉尔死后的土地是很困难的；于是，世袭札吉尔出现了。他们事实上已经具有了封建地主的性质。这一时期，另一种较普遍兴起的封建土地占有者为柴明达尔，即包税人。其权力不是来自国家拨给的采邑，而是以一定的价格从国家取得一定地区的包税权，柴明达尔包括印度教王公、部落首领、税吏、村社上层小封建主等，其中王公的土地是可以世袭的。柴明达尔封建主阶层的形成意味着封建土地占有关系的复杂化。

德里苏丹的财政政策仿照穆斯林法学家中的哈那菲学派的财政理论制定，伊斯兰教国家的税收来源分为两类——宗教税和世俗税。宗教税被称为天课，由穆斯林交纳，收入归天课国库，专门用于宗教用途。世俗税包括土地税、人头税、商业税、矿产税等，对全体民众收取，但标准不一。人头税只针对非穆斯林征收，其他税则各教派都要交纳，但是穆斯林的税率要远远低于印度教徒的税率。

中世纪前期，与封建土地关系相适应，经济活动地区化倾向加强。印度商品经济虽有一定发展，但仍是农业手工业直接结合的自给自足的社会。工匠艺人不管在城市还是农村，都在继续从事他们古老的职业。他们保留了原始的工具，技术上并无太大发展。中世纪前期，各地王公争霸割据，无暇发展经济，工商业进一步衰落，城市缩小，城市的物质水平也随之下降。但是，当时印度仍然拥有令侵略者垂涎的大量财富。

穆斯林统治者进入印度之初，对印度社会经济造成了严重的破坏，可并未从根本上动摇印度经济体制的根基，这一时期政治变革对于印度工业、贸易、商业的发展并未造成太大冲击。发展经济是国王维护其统治体系的最强有力的保障。长期战乱必然导致国库吃紧，阿拉乌德丁·卡尔吉采取增税和控制物价的办法填补国库，而有的统治者则把目光更多地投向了发展农业和贸易。发展农业的举措包括兴修水利、减轻地税、鼓励种植高产作物和开垦荒地等，在苏丹的支持和提倡之下，农业有所发展。但由于战乱频仍和繁重的赋税几乎与农业发展所带来的效益相抵消，农业经济还处于不稳定的状态。

德里苏丹或者晚些时候某一些省一级较小统治者，出于政治上的需要而鼓励工商业。印度有着产业组织的传统，如农村公社、城市行会和同业工会，又有广泛的国内外贸易传统。德里苏丹国时期，手工业的发展是为了满足统治阶级的需求，为了满足王室的需要。如德里的王室有官营作坊，那里有时除了雇佣其他织品的制造者以外，还雇佣四千名丝织工。当时还没有像今天这样的工厂或大规模的产业组织。虽然农业是大多数人民从事的职业，但是在国家的城市和乡村地区也有一些重要的工业，主要为了适应当地需要并提供给贵族之用。印度传统工业，也是最大的工业纺织业（包括棉布业、毛织业和丝织业）在中世纪时继续繁荣并遍及全国。此外还有印染业和棉布印花业、制糖业、金屑制造业、砖石业和造纸工业。小工业有制杯、制靴、制造武器（特别是弓和箭筒）、制造香水、烈酒和饮料等等。有些城市和地区也因其某种产业而著称。孟加拉和古吉拉特尤以生产和出口纺织品著称。

德里苏丹对商业的态度是既鼓励又打压的。鼓励商业是为了满足宫廷贵族和军队的需要及增加国库收入，打压商业只局限于某一特殊时期，主要是控制物价，是蒙古人入侵期间为了保证军需供应和社会安定采取的措施。阿拉—乌德—丁·卡尔吉首次在城市实行物价控制。这种国家控制物价的措施只持续到蒙古人侵略威胁解除之时。为了便利商业运转，苏丹们还采取其他一些举措，如修复主要商业干线，改进驿站系统，取消对商人加征的一系列杂税等。在伊勒图特米时期还发行了标准货币，尽管最终并未能在全国统一。这些举措都促进了商品流通，并有益于经济发展。这一时期印度国内的贸易量仍然较大，它与外部世界也仍保持着较密切的商业关系。直接连接了印度与西方的海路有二：波斯湾和红海，通过海路，它与欧洲、马来群岛、中国以及太平洋其他国家有商业联系；通过陆路则与中亚、阿富汗、波斯、西藏和不丹有交往。主要的进口商品是供富裕阶级使用的奢侈品和骡马，而主要的出口商品包括各种农产品、纺织品和小商品。波斯湾沿岸的一些国家完全依赖印度供给食品。孟加拉和古吉拉特的港口当时主要用于印度的出口贸易。

工商业的发展催生了很多新兴城市和其他国家的都城或省会，其中有些是新建的，如菲鲁兹沙时期建立的就有法特哈巴德、希沙尔、菲鲁兹浦尔、江普尔、菲鲁扎巴德等。一些老城市也出现了不同程度的复兴。这些城市既是行政中心，又集聚了越来越多的商人，他们的商业活动很频繁而且活跃。德里是当时最重要的商业中心。

三、社会风貌

德里苏丹国时期，苏丹和贵族们过着富裕而舒适的生活，属于享有特权的统治阶级。在贵族之下有一小部分中等阶级，他们倾向节俭，按适合他们各自的职位和职业的生活水平过活。统治阶级大量使用男女奴隶。阿拉 - 乌德 - 丁 · 基吉尔时有 5 万名奴隶，而到菲鲁兹沙的时候，奴隶总数增加到 20 万名。这些奴隶无疑是社会的最下层。

穆斯林侵入印度又使印度社会按信仰分成了两大社群，印度教徒社群和穆斯林社群。穆斯林在印度的人口逐渐增长。到 17 世纪，印度人口约 1.5 亿，穆斯林占四分之一左右。

德里苏丹国时期，伊斯兰教和印度教之间没有爆发激烈的冲突。这两大群体之间存在着一种巨大的调和力量，即苏非派和虔诚运动在民间所做的努力。莫卧儿时期，印度教徒和穆斯林之间的隔阂在逐渐缩小，在阿克巴睿智和宽松的统治之下建立了一种友好愉快的氛围。两教派下层群众在实际生活中都在试图欣赏和吸收对方的优点，这两大社群在思想领域和社会行为方面互相影响。例如许多宗教节日活动，不论是伊斯兰教的，还是印度教的，两教派的群众都一起参加，甚至节日的庆祝方式也相互模仿。如圣纪节是穆斯林节日，也学习印度教的胜利节、灯节使用烟花。印度教许多群众把安拉也看作神，同样，不少穆斯林也对印度教的一些神表示崇敬。

种姓制度这一印度独有社会结构在穆斯林王朝的统治时期遭到了一定程度的打击。受到影响较多的是社会的上层和中层，下层的群众或是低种姓者大都遵循传统的方式继续生活。总体上说，印度教婆罗门的权威已今非昔比，刹帝利的地位也因穆斯林统治权的建立受到影响。他们中有不少人由于失去权力和财源，经济地位下降，被迫从事低级种姓的职业。种姓制度一向由这两个具有特权地位的高级种姓来维护。两者势力的削弱对种姓制度是个沉重的打击。再加上低级种姓大批改宗，而虔诚运动又公开地、广泛地批判种姓歧视。然而，所有这一切并未撼动种姓制度的根基。婆罗门、刹帝利封建主在莫卧儿帝国仍然是上层社会的一部分，在所有印度教附属国里仍然掌权。只要他们的势力依然存在，就会在印度教社会里继续维护种姓压迫。穆斯林统治时期，印度教徒大批改宗，公元 17 世纪他们的后代已构成了印度穆斯林人口的大多数，其中绝大部分属于下层群众；外来穆斯林中有部分人和改宗的穆斯林上层通婚，逐渐融合。伊斯兰教没有种姓制度，但等级制度是存在的。贵族、官员、宗教上层自恃血统纯正，不但轻视改宗的下层群众，就是改宗的上层也被他们视为旁系，不肯与他们平起平坐。

这一时期突出的社会陋习是“萨蒂”（寡妇殉夫）、童婚和嫁妆制度。一些宗教家虽然猛烈地批判了这种陋习，一些政治家也曾努力试图禁止，但效果并不明显。

印度妇女地位在印度历史发展的任何一个时期都没有得到太大改善，在穆斯林王朝统治下仍是如此。无论在印度教内还是伊斯兰教内，妇女都仍然受歧视。她们通常深居简出，过着与世隔绝的生活，妇女的文化修养随她们所属的阶级而有所不同。固然，在这一时期出了一些杰出的女性，但这些女性只能出自社会上层，因为只有她们才有接受教育的机会。所以，整体看来，女子不能参政，在家庭内普遍处于依附地位。当时，在穆斯林社会上层和印度教高级种姓中流行一夫多妻制。如孟加拉有些婆罗门种姓娶多少不受限制。由于允许“顺婚”[①]和向女方索取嫁妆，使一夫多妻成为常见现象。伊斯兰教则规定穆斯林男子可以多妻，逊尼派允许同时拥有4个妻妾，什叶派则允许更多。虽然这些规定都是理论上的，照规定实行的人是少数，大多数人还是一夫一妻。印度教和伊斯兰教上层都实行深闺制，后者更严格，所以上层妇女参加社会活动的机会很少。

四、苏非派

一般认为，伊斯兰教苏非派产生的时间是7世纪末。最初在阿拉伯帝国形成，10世纪左右在伊朗得到很大发展[②]。最先进入印度定居并传教的苏非是胡吉伟利（Shaikh Ali bin Usman Hujweri，1009～1089），他于“1039年经由开伯尔山口进入印度”[③]，在拉合尔等地传播苏非派主张，他的著作是长达27章的《神秘的启示》。从这部著作中可以窥见苏非神秘主义的主要观点。

在印度的中世纪，印度教、佛教和耆那教中都流行一股神秘主义思潮。这股思潮在印度民间广泛传播，与普通民众的日常生活紧密结合在一起。苏非神秘主义恰好在印度的土地上得到了发展机会。在德

---

① 顺婚，即高种姓男子娶低种姓女子为妻。

② 林承节：《印度古代史纲》，北京：光明日报出版社，2000年版，第293页。

③ 唐孟生等：《印度中世纪宗教文学》（下卷），北京：昆仑出版社，2011年版，第15页。

里苏丹国建立以后，苏非神秘主义不仅为下层穆斯林民众（多为新皈依伊斯兰教信徒）所接受，在穆斯林社会的上层也受到重视。而且，即便是一些没有皈依伊斯兰教的印度教徒，尤其是那些低等种姓的群众，对那些主张真主面前人人平等的苏非们也抱有好感。于是，德里苏丹们看到了苏非们的作用，便开始与苏非们接近；与他们保持良好关系的同时，还大力赞助他们的传教活动。

在胡吉伟利之后，有许多苏非到印度传教。其中最著名的是穆因·丁·契什提（Muin al-Din Cishti，1142 ～ 1236, 一说 1141 ～ 1235）。契什提又名阿季米利（Ajmiri），他约于 1192 年来到印度，1194 年定居于阿季米尔，不久即创立契什提教团，成为契什提教团第一代哈里发（掌门人）。他主要活动于拉合尔、德里、阿季米尔等地。另外，在契什提教团成立后的 13 世纪，木尔坦建立了印度的苏哈尔瓦底教团，其创始人为巴哈 - 乌德 - 丁·扎卡里亚（Baha-ud-din Zakariya,1182 ～ 1262）。苏哈尔瓦底教团在奴隶王朝和图格鲁克王朝都受到苏丹们的重视，但它后来的发展受到阻碍，主要活动于孟加拉、信德和俾路支地区。

除了上述两个教团，印度的费尔道希教团也随之成立，但其影响不如前两个教团大，主要活动于比哈尔和孟加拉一带。

契什提教团的苏非们遵循本派祖师们的训导，坚持过清贫的苦日子，受到百姓的敬仰。他们在德里的中心一直发展得很平稳，既受到苏丹们的重视，也能够接近群众，因此在这个时期得到不断发展。契什提教团的几位掌门长老因而也赢得了很高的声誉。该教团的第二任哈里发巴赫提亚尔（Kaki Qutb-ul-Din Bakhtiyar，1187 ～ 1232）17 岁时就成为阿季米利的继承人，主要著作有《诗集》和《旅行者的美德》等。第三代哈里发法利德（Farid-ul-Din Ganj Shakar，1173 ～ 1266）曾周游过伊斯兰教的很多国家，并向其他教团的长老学习过。后来在旁遮普一带传教大获成功，在全印很多大城市都建立起契什提教团的分支。法利德本人既是一位哲学家，又是一位杰出的诗人。契什提教团的第四代掌门人尼扎姆·乌德丁·奥利亚（Nizam-ud-din Auliya，1238 ～ 1325）也是印度历史上的著名人物。他学习刻苦，20 岁时就成为法利德的继承者，后来培养出很多苏非学者，壮大了契什提教团的队伍，在印度各地影响很大。其著作有《仁慈的心》和《赛义德·法利德》等。

五、文学艺术

（一）苏非文学

德里苏丹国时期的文学主要是苏非文学。而这一时期的苏非主要用波斯语、乌尔都语和印地语创作诗歌。

用波斯语和乌尔都语创作的诗人很多，但其中最著名的诗人是阿米尔·胡斯鲁（Amir Khusraw，1253 ～ 1325，或译为阿米尔·库斯劳）。他年轻时曾当过宫廷诗人，为苏丹和王公们歌功颂德，后来他拜尼扎姆·乌德丁·奥利亚为师，创作了大量苏非诗歌。他的作品大体可分为两类，一类是叙事诗，包括历史叙事诗和浪漫叙事诗两种；另一类是叙情诗。其历史叙事诗有《木星与金星相会》（1289）、《胜利的关键》（1291）、《迪瓦尔·拉尼与赫哲尔·汗》（1315）、《九重天》（1318）、《图格鲁克故事》（1320）。这些叙事诗由于记叙了当时的很多社会生活细节，因而具有历史学价值，成为研究德里苏丹国时期历史的素材和依据。其浪漫叙事诗有 5 部：即《圣光普照》（1298）、《西琳与胡斯鲁》（1298）、《马杰农与莱拉》（1298）、《亚历山大的宝鉴》（1299）和《八仙国》（1301）。这是模仿波斯古代长篇叙事诗而作，故事情节上较少创新，但起到了将阿拉伯和波斯民间故事扩大流传至印度的重要作用，因而使印度文化更具多样性。其抒情诗有《青春的赠礼》（1272）、《生命中期》（1284）、《出类拔萃》（1293）、《精选之余》（1316）、《尽善尽美》（1325）。这些诗作以细腻的笔法抒发了诗人的情感，因而具有审美价值。①

苏非派为了广泛传播他们的宗教观念，也用印地文从事文学创作。他们写出不少印地语诗歌，其中最多的是取材于民间故事的长篇传奇叙事诗。据印度学者提供的研究数据，仅 20 世纪 60 年代就发现过这类叙事诗近 40 部，其中较为主要的有 20 部。这些叙事诗中最早的是毛拉·达乌德（Maulana Daud，活动于公元 14 世纪）写出的《月女传奇》，完成于 1379 年。这些叙事诗的创作高峰发生于公元 16 世纪，这个时期至少创作出 6 部作品，前两部完成于德里苏丹国时期，即《萨提娅瓦蒂》，伊什瓦尔达斯（Ishvaredas）作于 1501 年；以及《鹿女公主传奇》，库图本（Kutuban）作于 1503 年。这些作品主要依据民间故事编写，对于比较文学研究具有重要价值。②

（二）穆斯林建筑

德里苏丹国时期，穆斯林的建筑艺术取得了突出成就。在经历了数百年的风雨剥蚀和人为破坏之后，至今遗留下来的建筑遗迹主要是一些宫殿、清真寺和陵墓废墟。这一时期穆斯林建筑的特点是受不同民族、不同宗教影响的混合型建筑风格。具体说就是既受到阿拉伯人、波斯人和突厥人建筑风格的影响，也受到印度教、佛教和耆那教建筑

① 唐孟生等：《印度中世纪宗教文学》（下卷），北京：昆仑出版社，2011 年版，第 127、128 页。

② 薛克翘：《中印文学比较研究》，北京：昆仑出版社，2003 年版，第 305 页。

风格的影响，因而在印度各地呈现出不同的样式。

德里苏丹国时期遗留至今的遗迹有很多处。其中最早的是库特卜—乌德—丁·艾巴克 1192 年攻占德里后开始修建的一座名为“伊斯兰威力”的清真寺。这座清真寺位于新德里南部约 15 公里处。该清真寺建成于 1198 年，是在一座被穆斯林拆毁的印度教神庙基础上建成的。正如该寺东门外墙的阿拉伯文铭文记载，它利用“二十七座崇拜偶像神庙”的材料建成。它东西长约 64 米，南北宽约 46 米；柱廊内部的长度约为 43 米，宽约 33 米。虽然这座清真寺已经变成废墟，但残存的部分依然可见其规模的宏大。尤其是那存留至今的 22 根廊柱，是用了印度教或耆那教雕刻精美的材料堆砌起来的，原先的雕刻工艺就十分考究，只是上面有人物形象的地方都被打磨下去，只留下花卉和几何图形等装饰。

当年，库特卜—乌德—丁·艾巴克为了纪念自己的胜利还要建一座高塔，那就是保存至今的库特卜塔。此塔与“伊斯兰威力”清真寺连在一起，但直到库特卜—乌德—丁·艾巴克去世时，高塔尚未完工。他的女婿也是他的继承人伊勒图特米什继续了这项工程。他不仅扩大了清真寺的规模，还大约于 1231 年建成了库特卜塔。库特卜塔呈多棱圆柱形，高约 72.5 米，基座直径约 14.3 米，顶部直径约 2.5 米。塔身分为五层：下三层以打磨的红砂石堆砌而成，以半圆形和三角形相间的凸起和竖槽为塔身立面，半圆柱形体和三角体上都雕有《古兰经》的阿拉伯文字句，每行文句间都用一圈圈连串的花草和几何图样层层隔开；上面两层的主要材料为白色大理石和少量的红砂石砌成，呈光滑的圆柱体，亦雕有几何形图案环绕柱身。此塔高峻挺拔，雕刻精美。伊勒图特米什去世以后，他的陵墓就建在清真寺附近。1993 年，库特卜塔连同附近的清真寺、陵墓等建筑群被联合国教科文组织列入《世界遗产名录》。

德里苏丹国时期修建了一批规模巨大的清真寺，至今尚存有遗迹，1325 年修建于今古吉拉特邦肯帕德（坎贝）的加米清真寺，1333 年修建于古吉拉特邦艾哈迈达巴德附近的希拉勒汗・卡济清真寺，14 世纪中叶修建于今卡纳塔克邦北端古尔伯加的大清真寺，约 1360 年修建于今西孟加拉邦高尔的阿迪那大清真寺，1387 年完工的德里卡兰清真寺，1408 和 1438 年建于北方邦江普尔的阿塔拉清真寺和小红门清真寺，1411 年建于艾哈迈达巴德的加米清真寺，1451 年建于艾哈迈达巴德附近萨尔凯杰大清真寺，1459 年建于今孟加拉国巴盖尔哈特的六十穹顶清真寺，1526 年建成于今西孟加拉邦高尔的黄金清真寺，等等。

此外，德里苏丹国时期还留下一些陵墓遗址。如图格鲁克王朝开国苏丹吉亚斯 - 乌德 - 丁・图格鲁克（ghiyas-ud-din Tughluq，？～1325）在德里的陵墓以及赛义德王朝及洛迪王朝诸苏丹的陵墓等。

第十章
德里苏丹国时期的印度教文化

第一节
南印度虔诚运动的发展

一、卡纳塔克的虔诚运动

在 11 世纪前二百多年间，卡纳塔克地区流行耆那教，婆罗门教受到压抑。大约在 1150 至 1500 年间，卡纳塔克地区的政治、社会和文化领域都发生了一些革命性的变化。其在文化领域的变革主要表现为虔诚运动的勃兴。这一时期，卡纳塔克地区出现了两位影响较大的思想家，即巴萨瓦和摩陀婆。

巴萨瓦（Basava，约 1140 ～ 1196）出生于今卡纳塔克邦北部比贾普尔附近的一个婆罗门家庭，父母都是湿婆派信徒。因此，他受家庭影响，自幼成为湿婆派信徒。长大后，他由于才能超群，进入宫廷，成为国王的宰相。当时的卡纳塔克地区叫遮娄其国（Chalukya，或译遮娄其王朝），国都在今比贾普尔市附近的卡利亚纳。国王比贾拉·迦罗珠利亚（Bijjala Kalachurya）是一位耆那教信徒。巴萨瓦看到社会的弊端，立志进行宗教和社会改革，开始用坎纳达语从事诗歌创作，向民众宣传虔诚思想。他主张走虔诚之路，反对吠陀祭祀、偶像崇拜、种姓歧视和妇女歧视。他大约于 1160 年开创了“维拉·湿婆虔诚派”（或称为“英雄湿婆虔诚派”），又称“林伽耶特派”（Lingayata）。该派以湿婆为宇宙最高神，认为湿婆是可以亲近的，通过虔诚地信念可以达到与湿婆合一，从而获得最终的解脱。该派信徒的虔诚崇拜很特别，他们不进入庙宇礼拜偶像，而是佩戴一个小小的湿婆林伽（通常为木制），像饰物一样垂挂于胸前。由于该派反对种姓制度和歧视妇女，因此受到广大下层民众的欢迎。信徒中不仅男女老少都有，而且有许多社会下层的民众，包括一些原住民。该派的影响也逐渐扩展到南印度的许多地区。

二、安得拉的虔诚运动

印度安得拉邦的人民使用的语言被称为泰卢固语。从语言学的角度，泰卢固语是达罗毗荼语系的一支。大约在 8 至 10 世纪，安得拉地区已经出现了泰卢固语的民歌，但由于资料稀少，人们无法掌握这一时期泰卢固语文学的全貌。因此，印度学术界将 1050 年至 1500 年这段时间定为泰卢固语文学的“初期”。事实上，到 11 世纪时，安得拉邦主要流行的宗教还是佛教和耆那教，婆罗门教呈现出一片衰败的景象。同时，社会上流行的种姓制度、歧视妇女、偶像崇拜、杀牲祭祀等陋习普遍存在。也正在这一时期，当地的有识之士开始反思，开始行动，掀起了一股改革运动。他们首先用泰卢固语进行文学创作，使 12 世纪的泰卢固语文学呈现出繁荣景象，而其主要内容则是向湿婆表示虔诚的诗歌。

如上文所说，由卡纳塔克邦湿婆派虔诚大师巴萨瓦创立的林伽耶特派在南印度影响很大，其中就包括对安得拉地区的影响。安得拉邦这一时期最主要的诗人和虔诚派导师是帕尔库利基·索姆纳特（Palkuriki Somnath，约 1190 ～ 1260）。他出生于安得拉邦瓦兰加尔县乡下的一个婆罗门家庭，父亲本是一名毗湿奴派信徒，但他自己却成为巴萨瓦的忠实追随者。他用泰卢固语、梵语和坎纳达语写作，用自己的著作阐释和宣扬湿婆虔诚派的思想。他的主要著作是用泰卢固语写成的（详见本章有关文学的部分）。从其著作可知，他认为，湿婆大神是宇宙的根本，虔敬湿婆是获得解脱的主要途径；表示虔诚的重要方式是崇拜湿婆林伽，佩戴湿婆林伽，并念诵“五字真言”——“吽南无湿婆”（Om namah Sivae）；在虔诚的道路上，必须有师尊的指引；巴萨瓦是最主要的师尊，是和湿婆融为一体的；同样，那些修炼有成的师尊们也与湿婆大神等同，应该崇敬他们，听从他们的教诲，并为他们服务；种姓制度是不合理的，所有湿婆派信徒都属于同一个种姓。

总之，索姆纳特是安得拉地区湿婆虔诚派的一个代表，他通俗易懂的主张在安得拉民众中产生了重大影响，使来自各个阶层的信众汇集于林伽耶特派的旗下，对社会进步起到了推动作用。

三、马哈拉施特拉的虔诚运动

11 世纪之前，马拉塔[①]社会已经有佛教、耆那教、印度教的湿婆派和毗湿奴派等流行。那时的毗湿奴派顽固坚持种姓制度，实行一系列烦琐仪式和封建迷信，在马拉塔地区已经造成了根深蒂固的影响。其他教派也进行了各自的宣传，对人民的麻痹作用不可小视。而且，当时各宗派之间还怀有严重的门户之见，彼此攻击，争夺信徒。在这

① 马拉塔，Maratha，约当今马哈拉施特拉邦一带。马拉塔人，Marathas，今印度马哈拉施特拉邦一带的居民；其语言叫马拉提语（Marathi）。

种情况下，虔诚运动在马拉塔地区的传播就具有很重要的意义。

中世纪在马拉塔地区传播的虔诚派有好几支，而其中最主要的三支是“那特派”（Natha Sampradaya）、“大感悟派”（Mahanubhava Sampradaya）和“瓦尔卡利派”（Varakari Sampradaya）。下面分别介绍。

关于那特派的早期历史谁也说不清楚。但有一点可以肯定，即牛护那特（Gorakanatha，又音译为戈尔卡那特，约10世纪人）振兴和发展了那特派。湿婆崇拜发展为那特派，而“那特”一词成为“湿婆”的代名词。戈尔卡那特强调修炼赫特瑜伽和出家修行。后来，这中间又结合进有形虔诚信仰，赫特瑜伽基本被黑天的有形信仰所代替，在民众中影响逐渐扩大。这样，该地区的那特派中既有有形虔诚（指偶像崇拜）又有无形虔诚（指对抽象上帝的崇拜）。

那特派的诗人们率先在社会上发起反对种姓歧视的运动。他们认为，妇女、首陀罗等社会下层人也可以走上虔诚的道路，可以通过虔诚获得解脱。他们的努力获得了社会上越来越多的回应。

由于那特派宣扬了黑天有形虔诚，所以在马哈拉施特拉地区“赫利—赫拉”（毗湿奴—湿婆）虔诚派被建立起来。也就是说，那特派原本将湿婆奉为最高和唯一的神，现在则把毗湿奴（黑天）也结合进来了。这在当地很受欢迎。

那特派的代表诗人主要是格亚奈什瓦尔（Jyaneshvar，1275～1296）。他一生短暂，但成就很大，影响深远，不仅是那特派的代表人物，也是瓦尔卡利派的创建者。

大感悟派是在毗湿奴派黑天崇拜的基础上发展而来的，12世纪由哈尔帕尔德瓦（Harapaldeva）创立。哈尔帕尔德瓦是古吉拉特国王特里巴拉德瓦（Tribhalladeva）的宰相维沙尔德瓦（Vishaladeva）之子。据说，哈尔帕尔德瓦小时候受过良好的家庭教育，长大后却迷恋上赌博，输掉全部财产。此后，他萌发了厌世情绪，离家四处游荡。在里迪普尔[1]，他见到黑天派虔诚圣徒戈文德·普拉布（Govinda Prabhu），被收为弟子。

哈尔帕尔德瓦学成回到马哈拉施特拉，积极传教，创立了大感悟派。和虔诚派其他圣徒一样，哈尔帕尔德瓦也首先把斗争的矛头对准了社会上普遍流行的种姓制度。他可以和不可接触者一起用餐，反对社会不平等和性别歧视。他认为，妇女和首陀罗都有权利走上虔诚之路，都可以获得解脱。他奉行一神教，认为黑天（毗湿奴）是唯一和最高的神。他还主张不杀生，强调出家修行。由于他坚决反对种姓制度，遭到婆罗门阶层的愤恨，最后被杀害。

大感悟派也有其不利于自身发展的一些缺点。该派的圣徒们虽然用当地的语言进行文学创作，但其作品的内容并不符合大众的需要，而是充满了只有本派弟子才能领悟的暗示。另外，该派坚持强调出家修行，师父只把教义传授给本派的弟子，这就失去了一大批普通民众的支持和追随。正因为如此，该派很快就衰落了。代之而起的是瓦尔卡利派。

“瓦尔卡利”的意思是“朝圣者”。原因是，早在公元999年，在潘塔尔普尔地方就建立了一座比特尔[2]神庙，远近闻名。该派信徒每年两次到这里朝圣，该派也因此得名。该派又被称为“薄伽梵教”（Bhagavata Dharma）。

瓦尔卡利派的创立和发展在很大程度上得益于格亚奈什瓦尔的教诲。他原本是那特派信徒，后来皈依了瓦尔卡利派。在传教的过程中，他还得到过自己兄弟和妹妹的大力帮助。

---

① 里迪普尔（Riddhipur）印度中古时期一地名，当时属于维达尔巴（Vidarbha），在今印度中央邦。

② 比特尔（Bitthal）大神毗湿奴的一个称号，这里指黑天，是马哈拉施特拉地区最受尊崇的神明。

瓦尔卡利派主张“不二论”，但这个“不二论”有其特定的内容，主要是两点：一是认为宇宙之主与虔诚信徒是同一不二的；二是认为有形与无形是同一不二的。不过，在有形与无形的问题上，该派主张随方就便，即对普通信众讲解有形梵，对有一定造诣者讲解无形梵。这有些像吠檀多派哲学大师商羯罗在自己的“不二论”中设置了“上梵”和“下梵”一样，对于不同的对象作不同的解释开导①。同时，瓦尔卡利派圣徒还强调念诵和赞美大神的名号，强调智慧和虔诚的协调一致。该派不赞成出家修行，主张虔诚面前人人平等。总之，该派深知民众的重要，为了赢得民众，他们还把自己的信仰具体化，创造出了一个能够包容一切、美德具足的新神——比特尔。后来的圣徒们为了进一步树立比特尔的无上权威，对多神崇拜进行了冷嘲热讽。他们近乎造反的举动获得了成功，越来越多的马拉塔人开始礼拜比特尔，不同肤色和种姓的人怀着平等的心态纷纷到潘特尔普尔朝拜比特尔大神。

该派的主要圣徒中有裁缝、园丁、陶工、手工艺人、打水工和女奴等出身低微的人士，说明该派在反对种姓制度方面取得了成功。

四、罗摩奴阇和摩陀婆

罗摩奴阇（Ramanuja，约生活于 1017 ～ 1137 年间）出生于今印度泰米尔纳德邦金奈附近一农村，婆罗门种姓。少年时代投身于商羯罗学派的师门，学习商羯罗的不二论。后来因受到虔诚派理论的影响，与老师观点不合，另立门户，创立了“限制不二论”（Visistadvaita，亦

① 参见黄心川：《印度哲学史》，北京：商务印书馆，1989 年版，第 431 页。

译制限不二论、限定不二论、局限不二论等）学说。

罗摩奴阇一生的大部分时间是在泰米尔纳德地区度过的。他有两处活动中心，一处在金奈西边不远的康契普拉姆，另一处在泰米尔纳德中部地区的斯里朗加姆。后来，由于遭到朱罗王朝宫廷的迫害，他被迫向西行，逃往卡纳塔克邦的迈索尔居住。因而，他的思想也在卡纳塔克地区传播。

罗摩奴阇的学说是在吸收奥义书和《梵经》等文献思想的基础上创立形成的。在学习期间，他曾接受过商羯罗的一些观点，但后来又提出一些不同于商羯罗的看法。他虽然与商羯罗一样承认奥义书中提出的“梵”是最高实在的思想，但却反对商羯罗及其以前的一些哲学家们的“摩耶”论。他不赞成把世间现象看作是虚幻或无明的产物，而认为梵是真实的，梵所显现的世间万物也是真实的。同时，他认为客观世界与梵既同一又不完全同一，而是一种有限制的同一。所以，他的理论被称为“限制不二论”。

罗摩奴阇认为，梵虽然是宇宙的最高实体，但并不是没有任何属性和差别的。他针对商羯罗等人的关于最高实体没有任何属性和差别的观点，提出自己的主张，认为，那些主张实体没有任何差别的人无权对这个或那个实体下无差别结论，也无法证明这种实体是无差别的，因为这样做是违反认识规律的，一切正确的认识方式都以带有差别的事物为对象。

罗摩奴阇还认为，小我（世界现象）与最高我（梵）之间的关系，如同光与火和太阳之间的关系一样，光是属性，火和太阳是实体，光是火和太阳的一部分。因此，小我与最高我虽然是密不可分的，但二者又不相同。小我是最高我的属性，是最高我的一部分。属性隶属于实体，部分隶属于整体，不能因此而否认属性或部分的实在性。也就是说，作为属性或部分的世间现象虽然隶属于梵，但并不能因此而否认世间现象的真实性。

罗摩奴阇一方面坚持认为世间现象的多样性和差别性是真实的，另一方面也始终认为梵是唯一的实体。世间现象的真实性是有限的、从属的、部分的，其最终的实体仍然是梵，它们最终与梵是“不二”的。而梵，也不应像商羯罗那样人为地分为“上梵”和“下梵”。梵就是宇宙万物的创造者，梵就是神，是至高无上的。他吸收了南印度虔诚派的思想，认为神是具有大慈大悲之心的，是有救世愿望的，是可以亲近的。只要虔诚地拜神、爱神，大神就会施舍恩惠给每一个信徒，而不管其种姓出身如何。低种姓人和高种姓人一样能够得到神的恩典，一样可以通过虔诚的崇拜与主合一，获得解脱。

罗摩奴阇的主要著作有：《圣疏》《薄伽梵歌注》《吠陀义纲要》等。他的理论对后世虔诚运动的发展影响很大。

摩陀婆（Madhva，1198 ～ 1278，一说 1238 ～ 1317）是一位重要的思想家。出生并活跃于卡纳塔克地区。他的贡献主要在哲学理论方面，通常被认为是吠檀多哲学的大师之一，但他对社会改革和虔诚运动也起到重要的推动作用。

摩陀婆早年求学期间，他曾追随商羯罗思想体系的导师学习吠檀多不二论哲学；但后来，他觉得这一派哲学思想中存在诸多矛盾，不能正确地解释宇宙和人生，因而提出了自己的新思想。他与大多数吠檀多派的思想家一样，继承和发展了奥义书和《梵经》中的一些基本思想，承认梵是一切事物的根本因，认为梵也就是最高神，它力量无限，全知全能。梵具有纯粹精神的本质，这种本质存在于一切不同的事物中。摩陀婆赞成奥义书等婆罗门教圣典中所说的梵的不可描述性，认为梵超出了言语、推理等一般认识所能达到的范围，但反对那种“有德之梵”（下梵）可见可描述，“无德之梵”（上梵）不可见不可描述的观点。

在梵我关系问题上，摩陀婆持一种“二元论”的观点。他认为，梵虽是根本，但梵与小我不同一，二者是分离的。他不同意商羯罗的许多观点，坚决反对“摩耶”的理论。他实际更为强调的是小我的实在性，更为强调小我与梵之间的差别。摩陀婆明确宣称：小我与神（梵）是分离的，小我与神（梵）不同一。正是由于摩陀婆极为强调神（梵）与小我（现象界）的双重实在性和二者间的差别，他的理论才被称为“二元论”（Dvaitavada）。

在社会改革方面，摩陀婆认为，种姓制度不应成为阻止人们礼拜毗湿奴的障碍。他教导弟子们给予低种姓和无种姓崇拜大神毗湿奴的权利，引导社会底层的民众通过对大神毗湿奴的虔诚信仰实现解脱的目的。

摩陀婆有大量著作，据传有 37 种之多，曾对婆罗门教中一些古代圣典作过注疏。其中，有一定影响的是他的《梵经注》。摩陀婆对古印度当时流行的一些其他哲学流派的思想也较关注，曾吸收了数论派、胜论派、正理派、耆那教等的理论。

第二节
梵语文学的没落和方言文学的兴起

11 至 14 世纪是印度社会文化发生巨大变迁的时代。印度传统的梵语文学迅速衰落，而各地区的方言文学逐渐兴起。正如金克木先生所说："十二世纪以后，印度许多地方口语的新文学从农村中成长起来了。梵语虽然还继续作为全国性的文化通用语，却在文学方面不再产生伟大作品了。"①

一、梵语文学

在梵语文学衰落的过程中，仍有一些优秀的作品出现，下面分三方面介绍。

（一）诗歌

在迦梨陀娑之后，梵语文学中出现了"大诗"（mahakavya）这一体裁。所谓"大诗"，不过是叙事加抒情的长诗，是次于史诗而规模较

① 金克木：《梵语文学史》，北京：人民文学出版社，1980 年版，第 367 页。

宏大的长诗，其内容往往取材于两大史诗，多讲述天神、帝王等英雄传奇，兼有男女情爱等故事。梵语诗歌在这个时期仍然延续着古老的传统，较少创新。例如，12 世纪的诗人室利诃奢（Sriharsa）写的《那罗王传》（*Naisadhacarita*）就是典型的这类作品。另外还有一些长诗，内容虽然有所更新，写了较为晚近的帝王世系与历史事件，但从形式到内容仍然属于“大诗”的体制，而非真实历史的记录。这方面的典型例子有三个：一是 11 世纪人比尔诃那（Bilhana）写的《遮娄其王朝史》（*Vikramankadevacarita*，共十八章），二是 12 世纪人迦尔诃那（Kaihana）写的《王河》（*Rajatarangini*，八卷），三是 12 世纪佚名所作的《地王的胜利》（*Prthvirajavijaya*，十二章，残缺未完）。这三部长诗都有一定的史学价值，受到现代史学界的重视；但由于前两种中神话和传说所占比重很大，后一种中虚构的情节较多，故远不能与信史相提并论。①

这一时期出现了一些短诗的集子，如 11 世纪比尔诃那的《偷情五十咏》（*Caurapancasika*）和 12 世纪牛增（Govardhana）的《阿利耶七百咏》（*Aryasaptasati*）。前者是写主人公“我”与一个公主的秘密恋情，后者则是根据早年的俗语诗集《七百咏》（*Sattasai*）改写的梵文世纪。二者都属于艳情诗。②

这一时期流传最广、影响最大的梵语诗歌是 12 世纪胜天（Jayadeva）的《牧童歌》（*Gitagovinda*）。胜天是东印度孟加拉一带的人，生平不详。《牧童歌》全诗八章，包括 24 组歌词，描写的是少年黑天与牧区女子罗陀（Radha）的爱情。关于《牧童歌》十二章的内容提要，金克木先生介绍说：“第一章，开头叙述罗陀的女友劝她。接着

① 金克木：《梵语文学史》，北京：人民文学出版社，1980 年版，第 360、361 页。

② 黄宝生：《印度古代文学》，北京：知识出版社，1988 年版，第 96、97 页。

即颂毗湿奴十次化身，颂黑天，然后是女友描绘春景及黑天和许多牧女游戏。第二章，罗陀告女友，自己恋黑天，请她撮合。第三章写黑天离开诸牧女和他对罗陀的相思。第四章，女友把罗陀的相思告诉黑天。第五章，女友又向罗陀说黑天的相思，劝她赴幽会。第六章，女友告黑天，罗陀在一花亭候他。第七章，罗陀不见黑天来，生疑妒之心。第八章，黑天来到，受罗陀责备。第九章，女友劝罗陀和好。第十章，黑天对罗陀求情。第十一章，黑天到另一处候罗陀。女友劝罗陀。罗陀赴幽会。第十二章，黑天与罗陀和好后的对话。”①

关于《牧童歌》的影响，黄宝生先生说：“《牧童歌》问世后，恰逢印度中世纪虔信运动蓬勃发展。从此，这首艳情诗被视作颂扬毗湿奴大神的虔信诗，在印度各地广为流传。”②

（二）戏剧

10 世纪以后，梵语戏剧不多，值得一提只有 11 世纪克里希那弥湿罗（Krsnamisra）的《觉月初升》（*Prabodhacandrodaya*）。这是一个 6 幕剧，表现的是宫廷内部斗争。但作者把一些人物概念化、抽象化，以戏剧的形式表现宗教哲理，颂扬的是毗湿奴派的虔诚理论。大体剧情是：“原人”和“幻觉”生下国王“心”；“心”有两个妻子“有为”和“无为”，她们分别生下自己的儿子“痴迷”和“明辨”。这两个儿子开始争夺王权，爆发大战。“痴迷”一方有“爱欲”“愤怒”“贪婪”“欺诈”“自私”“谬误”“杀生”等，而“明辨”一方则有“理智”、“求实”“仁慈”“和平”“友谊”“知足”“虔诚”等，双方大战的结果自然是后者获胜。这种类型的戏剧最早出现于一二世纪时佛教剧作家马鸣的作

---

① 金克木：《梵语文学史》，北京：人民文学出版社，1980 年版，第 268、369 页。

② 黄宝生：《印度古代文学》，北京：知识出版社，1988 年版，第 99 页。

品，并非克里希那弥湿罗的发明创造。[①]

（三）文论

这一时期印度梵语文论主要是对前人文论的总结和发挥。主要有两部著作，即 11 世纪人曼摩吒（Manmata）的《诗光》(*Kavyaprakasa*) 和 14 世纪人毗首那他（Visvanatha）的《文镜》(*Sahityadarpana*)。

关于这两部书的性质、内容和影响，黄宝生先生给出过详细的评介。关于《诗光》，他指出："在后期梵语诗学综合性著作中，曼摩吒的《诗光》是流传最广的一部。这部诗学著作……以韵论为核心，广泛吸收庄严论、风格论和味论的合理成分。《诗光》共分十章，分别论述诗的性质、音和义、暗示、韵诗、以韵为辅的诗、诗病、诗德音庄严和义庄严。这样，《诗光》成了一部内容比较全面的梵语诗学著作，或者说，一部规范化的梵语诗学教科书。"关于《文镜》，他指出："毗首那特的《文镜》也是一部著名的梵语诗学综合性著作。《文镜》的格局和体例与曼摩吒的《诗光》相仿。全书共分十章，分别论述诗的特性、词句、味和情、韵、诗病、风格和庄严。但同样是综合性的梵语诗学著作，《诗光》以韵论为核心，而《文镜》以味论为核心。"[②]

二、梵语民间文学作品

印度自古民间文学发达，到这一时期，又有一些著作问世。这些著作中有大部头的《五卷书》《故事海》等，也有一些其他故事集。应

---

① 黄宝生：《印度古代文学》，北京：知识出版社，1988 年版，第 135 页。

② 黄宝生：《印度古典诗学》，北京：北京大学出版社，1993 年版，第 423、432 页。

当说，这些故事绝大多数并非新作，也不是一时一地的产物，而是经过多人之手，经过漫长的岁月，到这个时期才基本定型的。

（一）《五卷书》

《五卷书》（*Pancatantra*）是印度古代梵语寓言故事集。其成书年代难以确定，但至少可以追溯到6世纪以前，因为在6世纪时已经有了古波斯的巴列维语译本《卡里来和迪木乃》（已佚）。6世纪后半，又出现了由巴列维语译本转译的古叙利亚文译本（残存）。到8世纪中叶，阿拉伯文译本（现存）问世。这后两个本子仍然沿用《卡里来和迪木乃》的书名。事实上，《五卷书》中一些最早的故事公元前6世纪就已存在，有不少故事在《本生经》中就已成型。所以有人估计其最初文本可追溯至公元二三世纪。

需要说明的是，之所以在这里介绍《五卷书》，是因为现存最早的本子，也是目前印度流传最广的本子，编订于12世纪。

《五卷书》的开头部分叫作“楔子”，叙述《五卷书》的成因，说某城有三个愚笨的王子，不爱读书。国王请一个婆罗门教导他们。婆罗门便给他们讲故事，所讲的故事就成了《五卷书》。该书分为五卷。第一卷《朋友的分离》，主干故事讲述狮子和牛结交为好朋友，豺狼离间了它们。除了主干故事外，中间还穿插了30个小故事。第二卷《朋友的获得》，主干故事讲乌鸦、乌龟、兔子和鹿结交为友，它们同心协力摆脱了猎人的捕杀。其间穿插有9个故事。第三卷《乌鸦和猫头鹰从事于和平与战争等等》，主干故事讲述乌鸦与猫头鹰结怨，乌鸦用计战胜猫头鹰。其间穿插了17个故事。第四卷《已经得到的东西的丧失》，除主干故事外，穿插了11个故事。第五卷《不思而行》，除主干故事外，也穿插了11个故事。5个主干故事加上78个穿插故事，总共83个故事。实际上，书中的故事总量不止此数。

《五卷书》除了具备寓言的一般特点外，还具有自己的特点：1. 结构特点，大故事里套小故事。2. 韵散相间的形式。叙述故事情节用散文体，不断插入有韵律的诗歌、格言和警句。3. 动物寓言居多。其实，这些特点也不是《五卷书》编者的自创，而是古代早已有之，一些佛经早就采取了这样的做法。

《五卷书》的故事具有世界影响，在中国也影响广泛。除了上述巴列维语、叙利亚语和阿拉伯语译本外，从 19 世纪中叶开始，就陆续有多种欧洲语言的译本问世。同时，西方学术界也开始利用《五卷书》中的资料从事比较文学的研究，甚至有人得出结论，认为印度是世界民间故事的发源地。这个结论虽然不够准确，但却说明印度民间故事的确影响深远，《五卷书》在其中发挥了重要作用。

由于《五卷书》中的故事有许多与《本生经》的故事相同，而《本生经》的许多故事在二三世纪甚至更早就已译为汉语，所以中国人对这部分故事并不陌生。另外，在中国西藏、新疆、云南、广西等地，都流传有《五卷书》的故事。因很早就有《五卷书》的蒙文译本，故在内蒙古地区流传更广。

（二）《故事海》

《故事海》（*Kathasaritsagara*）是 11 世纪一个叫月天（Somadeva，又译苏摩提婆）的克什米尔人编纂的。大约在 7 世纪或者更早，印度就有一部巨著《伟大的故事》（*Brhatkatha*，又译《故事广记》）存在，月天就是在这部书的基础上缩写出了《故事海》。相传，《伟大的故事》的作者是德富（Gunadhya），其书长达 70 万颂（一说 10 万颂），但已经失传。只有缩写后的《故事海》流传于世，仅 21000 余颂。

《故事海》分十八卷，124 章。据黄宝生先生介绍："《故事海》采用印度传统的故事套故事的框架式叙事结构。第一卷以德富《伟大的故事》的写作缘起为主干。第二和第三卷以优填王的两次婚姻为主干。第四至第十八卷以优填王的儿子那罗婆诃那达多的故事为主干，从他诞生，以后一次又一次娶妻，直至最后成为持明王为止。全书围绕以上主干故事，插入大大小小的故事，总共约有三百五十多个。故事种类很多，有神话传说、寓言故事、宗教故事、幻想故事、历险故事、宫廷故事、爱情故事、妓女故事、荡妇故事、贞女故事、智慧故事、傻瓜故事、骗子故事、动物故事、巫术故事和鬼故事等等。可以说，几乎没有哪一类印度古代故事不见于《故事海》。”①

总之，《故事海》中包括了大量故事，甚至《五卷书》和《僵尸鬼故事》（详见下文）也被包括在内。《故事海》里不仅故事多，成为印度古代文学史和比较文学研究的资料宝库，而且从这些故事中还能或直接或间接地反映出印度古代某个时期的社会文化信息。

（三）其他民间故事集

这里主要介绍四种梵语民间故事集，即《嘉言集》（*Hitopadesa*）、《僵尸鬼故事二十五则》（*Vetalapancavimsika*，简称《僵尸鬼故事》）、《宝座故事三十二则》（*Simhasanadvatrimsika*，简称《宝座故事》）和《鹦鹉故事七十则》（*Sukasaptati*，简称《鹦鹉故事》）。它们的成书时间难以确定，大体上编订于这一时期。

《嘉言集》又译《有益的教训》《益世嘉言》，现存最早的本子是14世纪的，是以《五卷书》为基础，并收取其他书中的故事编成。编订者的名字是那罗衍（Narayana）。全书分四章（《结交篇》《绝交篇》《作战篇》和《谛和篇》），有四个主干故事，前加一个“楔子”，此外

① 黄宝生、郭良鋆、蒋忠新译：《故事海选》，北京：人民文学出版社，2001年版，《译本序》第3页。

尚穿插有 38 个故事。这些故事多数都是《五卷书》中原有的，但有 17 个故事采自他书。《嘉言集》比《五卷书》显得短小精干，据编者那罗衍说，编此书的目的是宣扬处世和为政之道，教人们如何使用正规的雅语。[①]

《僵尸鬼故事二十五则》有两个诗歌体传本，两个韵散相间体传本，还有一个散文体传本，是印度古代一个流传较广的故事集。即使在今天，这个集子中的故事仍被编写为通俗读本和绘成连环画供孩子们阅读。故事的主角是印度历史上的一位国王，叫“超日王”（Vikramaditya），或译为“健日王”“勇健王”等，然而历史上以这个称号命名的国王很多，很难考订出这个超日王究竟是指哪一位。不过，史学家们有一个倾向性意见，认为笈多王朝的旃陀罗·笈多二世（380 ～ 413 年在位）最有可能是历史上声名赫赫的超日王，因为他的文治武功都相当出色。我们不妨认为，《僵尸鬼故事》就是假借了他的名号演绎的。

故事的大体脉络是，一个修道人要修炼秘法，需要有一具尸体，还要有一个孔武有力的人作为牺牲献给女神，这样才能获得法术。这个修道人请求超日王帮忙搬运一具僵尸到他的祭坛，途中不能说话。超日王答应了。但当超日王背起河边树上挂着的僵尸向祭坛走的时候，附在僵尸身上的鬼魂开始说话，给超日王讲一个故事，讲完还要提出一个难题，超日王回答了难题，便打破了不说话的规定，僵尸便自动回到原来的树上，超日王还得重新去背。这样，僵尸鬼讲了 25 个故事，提出了 25 个难题，只有最后一个难题难住了超日王。他没有说话，僵尸才被带到祭坛。这时鬼魂告诉超日王，要警惕修道人会杀死他向女神献祭。超日王得知，便抓住机会先动手杀死修道人，使自己获得了法力。

因那 25 个难题均属于伦理道德问题，所以，《僵尸鬼故事》被认

---

① 参见金克木：《梵语文学史》，北京：人民文学出版社，1980 年版，第 222 页。

为是集中宣扬古代伦理道德的故事集。

《僵尸鬼故事》曾随佛教传入中国西藏，被称为《尸语故事》在藏族地区流传，同时也被传入信仰藏传佛教的蒙古族地区。

《宝座故事三十二则》大约产生于11世纪，有许多传本。讲述的也是与超日王有关的故事。故事说，由于超日王英勇慷慨，天帝因陀罗特地赠送给他一个宝座。这个宝座后来被埋入地下，若干年后被挖掘出来。这时，国王颇阇（Bhoja）想登上宝座，宝座上雕刻的32个小仙女便渐次复活，每人依次给颇阇王讲述一个关于超日王的故事，并向颇阇王发问，问他是否能像超日王那样英勇、慷慨，那样品德高尚，是否有资格坐这个宝座。讲完32个故事，颇阇王坐上宝座，小仙女们也返回到天界。

在印度历史上，颇阇是一个族群，被称为颇阇人（Bhojas），远古时代就生活于印度中南部地区。到9世纪，出现了一位强有力的国王颇阇一世，他是波罗蒂诃罗王朝的统治者，统治着曲女城为中心的广大地区，势力范围一度抵达温迪耶山脉。到10世纪，颇阇一世的孙子颇阇二世统治的地区似乎更大，曾征服过南印度的沿海一带。所以，《宝座故事》中的颇阇王可能就是历史上颇阇一世和二世的影子。这对于推测这个故事集的成书年代是有帮助的。

《宝座故事》在世界上也广泛流传，曾被翻译成波斯语、泰语和蒙语。

《鹦鹉故事七十则》曾在14世纪被翻译成波斯语，所以其成书年代应在此之前，但具体时间已不可考。故事讲的是一个青年丈夫要外出经商，把一只鹦鹉和一只八哥留给了妻子。当妻子想出去偷情的时候，鹦鹉和八哥就给她讲故事。连续讲了70个夜晚，使她没有机会外出，直到她丈夫从外地回来。这70个故事中有很多是关于男女偷情的，也有一些伦理道德和机智故事。故事中涉及各个阶层的人物，在一定程度上反映了印度古代社会的情况。

三、南方方言文学的兴起

（一）马拉雅拉姆语文学

马拉雅拉姆语是现在喀拉拉邦的通行语言。该语言的文学创作大约开始于 11 世纪。在此之前，这里的文学语言是泰米尔语和梵语，只有统治阶级才使用，其中包括上层文人；普通百姓用自己的语言创作民歌。后来，喀拉拉地区的文学语言发生了变化，分为两大系统。第一个系统：大约 12 世纪时，马拉雅拉姆语逐渐同梵语相结合（主要是吸收了一些梵语词汇），产生了一种新的文学语言，被称为“马尼普拉瓦拉姆”（Manipravalam）。但这种语言的文学作品流于艳情描写，仍然远离民众生活。这种情况一直持续到 15 世纪。第二个系统：马拉雅拉姆语与泰米尔语相结合，出现了一种新的诗歌，人们称之为“帕图”（pattu），即民歌的意思。现在发现的最早的“帕图”是 12 世纪由室利·维拉·拉姆·沃尔马（Shri Vira Rama Varma）写的《罗摩行传》。这是根据蚁垤仙人的《罗摩衍那》改写的，但并不是全部，而是将其中的《战斗篇》抽出，在此基础上进行详细加工。多少个世纪以来，喀拉拉的人民一直唱它，所以对后世的文学影响很大。

由于我们对这一时期马拉雅拉姆文坛的情况所知甚少，无法在这里作具体介绍。

（二）坎纳达语文学

学者们把坎纳达语文学分为五个时期，前四个时期为古代文学时期，最后一个时期为现代文学时期。

第一时期为“模糊时期”，从 900 年到 950 年。因为这一时期的文学作品已经非常罕见，有关资料极少，所以叫作“模糊时期”，人们又把这一时期称为“前本博时期”。

第二时期为“本博时期”，从 950 年到 1150 年。因为这 200 年间出了一个名叫本博（Pampa）的诗人，他率先将史诗《摩诃婆罗多》改写为坎纳达语。这一时期又可以称为耆那教文学时期，因为这一时期的文学作品基本都是耆那教徒创作的。耆那教诗人的创作主要分两部分：一部分是耆那教的宗教诗歌，一部分是“世俗诗歌”或者叫“纯诗歌”。所谓的“纯诗歌”或“世俗诗歌”其实是这些耆那教诗人把梵语史诗改写为坎纳达语的作品，它们实际上属于印度教，耆那教徒这样做的目的是为了利用这些史诗把民众吸引到自己这方面来。这一时期主要有三位诗人：本博、波那（Ponna）和兰那（Ranna），被称为“三宝”。也有人称这一时期为“黄金时期”，是因为这一时期的诗人们丰富了坎纳达语文学。不过，尽管这 200 年间出现了几位大诗人，出现了一些坎纳达语作品，但这些作品与人民群众的关系并不紧密。其原因是当时的诗人们依附于宫廷，为国王或贵族大臣们歌功颂德，以博得赏赐和喝彩。这样，他们的作品就远离了普通百姓，语言也不通俗。他们虽然也做韵散相间的“占布体”诗歌，但那也是为少数人服务的，并且处处都有梵语文学影响的痕迹。

第三时期为“巴萨瓦时期”，从 1150 年到 1500 年。这个时期又被称为“变革时期”，因为在这一时期，卡纳塔克地区在政治、社会、宗教和文学等领域都出现了革命性的变化。这场变革的领袖就是巴萨瓦（Basava，约 1140 ～ 1196）[①]，他既是一位社会改革家又是一位诗人。

这一时期坎纳达语文学的最大特点表现于语言和诗歌的体式上，即梵语化的坎纳达语被口语化的坎纳达语所代替，梵语诗体被当地坎

① 巴萨瓦，印度 12 世纪宗教改革家，领导了印度卡纳塔克地区的湿婆虔诚运动。他在湿婆虔诚派中的地位相当于罗摩奴阇在毗湿奴虔诚派中的地位。参见 [印] 马宗达等著，张澍霖等译：《高级印度史》，北京：商务印书馆，1986 年版，第 221 页。

纳达语民歌体式所代替。另一个特点，这一时期的诗人已经不局限于耆那教徒，其他教派也涌现出一批诗人，尤其是湿婆虔诚派的诗人。

（三）泰卢固语文学

现今，人们把“泰卢固语”（Telugu）、“泰努固语”（Tenugu）和“安得拉语”（Andhra）当作是同一种语言。其中，“安得拉”一词的原意是“种姓”（Jati，旧译阇提），后用作地名，继而用作语言的称谓。而“泰卢固”和“泰努固”则出现于“安得拉”一词之后。先有“泰努固”一词，此后才出现“泰卢固”一词；而“泰卢固”一词的使用，开始于公元12世纪。

“泰卢固”一词的出现，标志着泰卢固语文学的诞生。因此，学者们认为，泰卢固语文学大约开端于1050年前后。也就是说，泰卢固文学的历史至今约有千年。通常，学者们将泰卢固语文学划分为如下四个时期：

未知时期（公元700～1050年）

初期（公元1050～1500年）

中期（公元1500～1750年）

晚期（公元1750年至今）

所谓“未知时期”，其实又可以叫作萌芽时期或模糊时期。由于我们到目前为止所掌握的资料太少，无法窥见其全豹，而只能从石刻铭文或铜板书上得之鳞爪。另外，当地流传的口头文学几乎可以肯定是泰卢固语文学的一个重要来源。因此，除了石刻铭文和铜板书外，当时还流行着诸如《少年之歌》（*Bhramaragita*，关于黑天少年时代与牧女恋爱故事的民歌）、《祭祀歌》（*Yajnagana*，印度教信徒祭祀时吟诵的民歌）和《晨歌》（*Prabhati*，清晨时唱的民歌，或寺庙中僧侣们于清晨吟唱的祈祷歌）等，这些都被纳入了研究者的视野。

我们这里要重点介绍的是泰卢固语文学的“初期”。这实际上是属于印度教湿婆派诗人的时代。在这一时期，出现了三位湿婆派诗人。他们写出许多散文和短诗来描绘和赞美湿婆大神的至高无上和无比完美。这三位诗人是拉贾·南奈卓拉（Raja Nannecora）、帕尔库利基·索姆纳特（Palkuriki Somnath，约 1190 ～ 1260）和马利卡琼·潘迪特（Mallikarjun Pandit）。

初期的诗人南奈卓拉就是出于宗教的目的开始用泰卢固语翻译史诗《摩诃婆罗多》的，但他只翻译了第三篇《森林篇》的一小部分就英年早逝。在他之后大约 200 年，另一位大诗人提坎（Tikkan ）完成了后 15 篇的翻译。14 世纪中期，第三位大诗人艾兰纳（Eranna）将《森林篇》的剩余部分翻译完毕。这样，大约历时 3 个世纪，由三位大诗人完成了这部大史诗的浩大的翻译工程。

这一时期的主要诗人是帕尔库利基·索姆纳特。他出生于今安得拉邦瓦兰加尔县帕尔库尔提村一个婆罗门家庭，但他仍然受到来自卡纳塔克地区的湿婆教派的吸引，并最终完全倾心于该教派。索姆纳特虽然也用梵文和坎纳达文写作，但他的主要著作是用泰卢固文写成的。其中最主要的是《感受的精粹》《牛主百咏》《巴萨瓦往世书》和《马利卡琼大师行传》。

（四）马拉提语文学

前文，我们介绍了马拉塔地区三大宗教派别的概况。这里，我们简要介绍两位主要诗人及其作品。

格亚奈什瓦尔本名为格扬德瓦（Jyandeva），1275 年出生在白坦镇附近的阿兰底村。因为受到歧视，格亚奈什瓦尔长大后离开阿兰底村，来到一个叫奈瓦塞的村子居住。在这里，他于 1290 年用马拉塔文注释了《薄伽梵歌》，此书以《格亚奈什瓦利》闻名于世。6 年后，即 1296

年，年仅21岁的格亚奈什瓦尔坐化身亡（实际上是自尽）了。除了《格亚奈什瓦利》，他还写有《心得甘露》《昌格德瓦训导》。

纳姆德瓦·德尔吉1270年10月26日出生于潘特尔普尔，与格亚奈什瓦尔属于同时代人。在格亚奈什瓦尔创立瓦尔卡利派以后，他为该派传播的最得力宣传者。

他有半生时间是在北印度度过的，主要是在旁遮普地区活动。因此，他除了用马拉塔文写作外，也用印地语写作，他的一些作品被收进了锡克教的《阿迪·格兰特》。现在能够看到的属于他的作品有300来首诗，其中有61首收在《阿迪·格兰特》中。纳姆德瓦在诗中公开反对一些教派的虚伪，反对种姓歧视和烦琐的宗教仪式。他强调以虔诚的心态念诵大神名号，认为每个虔诚的信徒都可以通过这种最简单的方式亲证上帝。

纳姆德瓦于1350年去世，在他死后，马拉塔文学的第一个时期也结束了。

四、北方方言文学的兴起

（一）印地语文学

中世纪，在五印度这片广袤的大地上，由于地理环境的不同，出现了很多操不同语言的人群。在南印度，由达罗毗荼语系分化出四种语言，即泰米尔语、泰卢固语、坎纳达语和马拉雅拉姆语。而东、西、北、中各地则由梵语和俗语[①]中分化出孟加拉语、奥里雅语、信德语、旁遮普语、古吉拉提语、克什米尔语、马拉提语和印地语，等等。对

① 俗语（prakrit）特指相对于雅语——梵语而言的下层民众使用的语言。

于操不同语言的人群，有时候学界也将他们称为民族。除了印地语以外，其他语言都具有单一地区的性质，唯有印地语流行的地区广阔，使用的人口众多。因而可以认为，印地语是多地区性的语言，这也正是它被尊为印度国语的主要原因。

除了南印度达罗毗荼系的四种语言外，印地语及其他地方性语言的产生和发展有一个大体的脉络，即先由梵语到俗语，再由俗语到阿波布朗舍语①。而这三种语言都是全印度性的。但是，到了中世纪，情形变化很快，梵语的使用者越来越少，俗语则进一步蜕化，变成了阿波布朗舍语。而在阿波布朗舍语之后，才陆续出现了印地语和其他地方性的语言。当然，这只是一个大体的脉络，印度语言的发展演变远比这段描述复杂得多。

印地语虽然可以被认为是在多地区被广泛使用的语言，但印地语在中世纪以后的千余年间也因使用的地域不同而呈现出多种形态。有德里一带使用的克里波利语（或称克里方言），古吉拉特邦使用的古吉拉提语，拉贾斯坦邦使用的拉贾斯坦尼语，北方邦马图拉和阿格拉一带使用的布罗杰语，北方邦南部和中央邦北部使用的阿瓦提语（也有人译为奥德语），北方邦东部与比哈尔邦部分地区使用的波杰普利语，也有比哈尔邦等地使用的迈提利语，等等。它们之间虽有千差万别，但总体上都被归为印地语。

大约在 12 至 15 世纪，印地语文学中出现了一批英雄加艳情的叙事长诗。对于这批长诗，印地语里有一个专词——“拉索”（raso）；所以也有学者把这一时期称为“拉索时期”，把这一类诗歌称为“拉索诗歌”。其中最主要的有《库芒拉索》《比瑟尔德沃拉索》和《地王颂》(《波利特

① 阿波布朗舍语，apabhransh，中世纪由俗语发展出来的一种语言，也有学者认为它是俗语的一种，并且是印地语的初期形式。

维拉杰拉索》)，而《地王颂》是拉索诗歌中最庞大最著名的一部。

《地王颂》的作者为金德·巴尔达伊（Cand Bardai)，其生活年代在12世纪。他是兆汉王朝国王波利特维拉杰（Prithviraj，意译地王，约1126～1192）的宫廷诗人，是他写下了最初的《地王颂》。他所使用的语言是俗语，或者是阿波布朗舍语。

（二）孟加拉语文学

孟加拉语属印欧语系，约形成于10世纪中期。现在，人们通常认为，950年到1350年为古代孟加拉语时期，1350年到1500年为中世纪早期孟加拉语时期，1500年到1800年为中期孟加拉语时期。

12世纪，孟加拉地区发生了巨大的政治变动，波罗王朝被推翻，犀那王朝建立。波罗王朝时期，国王们推崇佛教，因而孟加拉地区佛教盛行。到犀那王朝时，佛教仍然存在，但印度教也得到很大发展。后世发现的佛教密宗信徒的修行诗有一些属于8至12世纪这个时期。12世纪的梵语诗歌《牧童歌》作者胜天据说就是犀那王朝的宫廷诗人。

在13世纪突厥人进入孟加拉以前，孟加拉地区被几个印度教王朝所统治；那时，孟加拉地区的文化已经有了长足的进步，文学、绘画、音乐、建筑等方面都在全印度名列前茅。但在突厥人进入以后，庙宇被拆毁，城市被掠夺，孟加拉地区有文化的人纷纷外逃，其中包括一些僧侣。这些人要么跑到比哈尔，要么跑到尼泊尔，并带走了许多文献。因此，在孟加拉地区，至今几乎没有找到13、14世纪的任何文学作品。

（三）古吉拉特语文学

关于古吉拉特地区的早期历史，历史学家历来争论颇多。一般认为，约在公元1世纪时，古吉拉人移居这一带。公元5世纪，这里被笈多王朝统治。公元6世纪，古吉拉人崛起，建立了王国，并称雄一方。公元7世纪上半，中国唐代高僧玄奘访问过这里，称这里为“瞿折罗国”[①]，即古吉拉国。公元8世纪，阿拉伯旅行家们把这片土地称为古吉拉特。从此，这里就叫作古吉拉特。公元746年至1298年，拉吉普特人统治古吉拉特。1298至1420年，穆斯林统治古吉拉特。历史上，古吉拉特地区先后流传过婆罗门教、耆那教、佛教，中世纪又传入伊斯兰教。所以，该地区呈多民族杂居、多文化融合的社会文化格局。

古吉拉特语的形成要比这个地名的产生晚约500年。到15世纪，有一位诗人那尔辛赫·默赫达（Narasinmha Mehta，1414～1480）称自己的语言为“阿波布朗舍基拉[②]”，而大约同时代的另一位诗人巴兰（Bhalan，1405～1489）称自己所使用的语言为“阿波布朗舍”和“古吉拉语”，第一次把自己的语言说成是古吉拉特语的是诗人普列马南德（Premananda，1636～1734）。

在拉吉普特人统治古吉拉特期间，当地的文学作品是用梵语和阿波布朗舍语写成的。大约10世纪，有的宫廷诗人开始用当地通俗的语言写“拉斯”——一种歌舞剧。耆那教徒也用当地语言，采用“拉斯”的形式写一些训诫诗进行宣传。目前，10至14世纪的“拉斯”保存下来的大约有300余种。但这些作品的艺术成就不高，因而影响也不大。

15世纪，印度教虔诚运动席卷北方大地，古吉拉特地区也受到很大影响。当时，《薄伽梵往世书》的第十章（主要讲述黑天故事）成为古吉拉特虔诚诗人的创作源泉之一。因为，在那些虔诚者看来，爱是一条走向解脱的重要道路，黑天是上帝，而牧女们则代表个体灵魂。

---

①《大唐西域记》卷十一：瞿折罗，Gurjara，今译古吉拉。

② 基拉（Gira）：话语、声音。

爱黑天就是爱上帝，就是向最高灵魂接近。所以，从 15 世纪开始，古吉拉特语的虔诚文学得到很大发展，出现了巴兰和那尔辛赫·默赫达等重要诗人。

（四）克什米尔语文学

克什米尔语属于印欧语系是克什米尔地区的语言，距今大约有 1000 年的历史。从印度古代的阿波布朗舍语发展演变而来。大约 600 多年前，克什米尔语的文字是用“夏尔达”①体书写的，而在 14 世纪，由于波斯语成为当地的官方用语，波斯语的书体开始逐步取代夏尔达字体，成为人们最常用的书体。

克什米尔语文学的历史可以追溯到 12 世纪，但一般从 13 世纪算起，有的印度学者将克什米尔语文学划分为五个时期：

初期（1250 ～ 1400）

叙事诗时期（1400 ～ 1550）

歌词时期（1550 ～ 1750）

爱情传奇诗时期（1750 ～ 1900）

近现代时期（1900 年至今）

“初期”的克什米尔语文学作品主要是一些圣徒们的格言诗。而这些格言诗主要有印度教湿婆派哲学思想、反对守旧、简易修行法，以及各种道德说教等内容。这一时期的代表作品有西提肯特（Shitikanth）的《大明》、拉莱什瓦莉（Lalleshwari）的《格言》和农德尔由什（Nundaryosh）的颂体诗等，而其中最感人的是拉莱什瓦莉的《格言》。

“叙事诗期”，国王杰努拉比丁（Jainulabidin，14 世纪）是文学的赞助者。在他的赞助下，克什米尔语文学得到了长足的发展。不过，

---

① 夏尔达（Sharda）：印度古代书体的一种，一度使用于克什米尔和旁遮普等地。

除了两部书以外，这一时期的其他作品都没有流传下来。存留下来的两部书是马哈巴塔沃塔尔（Mahabhattavatar）的《波那修罗[1]之死》和普拉夏斯特（Prashasta）的《苦乐行传》。

在拉莱什瓦莉之后的14世纪后半，出现了另一位克什米尔语虔诚诗人谢赫·努鲁丁·瓦里（Shekh Nuruddin Vali）。而此时的克什米尔正处在苏丹西坎达尔·布特基山（Sikandar Butkishan）的残暴统治之下，数百年来印度教徒和穆斯林和平友好相处的关系被破坏了，恐怖笼罩了克什米尔。印度教的活动中心被摧毁，一些印度教徒在剑与火的逼迫下改宗伊斯兰教。在这种情况下，谢赫·努鲁丁的诗歌给人们带来了道义、真诚与友善的教诲。

① 波那修罗（Banasura）：印度古代神话中巨魔巴力百子之一。

第三节
印度教艺术

11 至 14 世纪，印度教艺术又有所发展和演变。在北印度，穆斯林军队不断入侵，尤其是在 1206 年建立了德里苏丹国之后，其势力不断扩张，东西印度都在其版图之内。由于伊斯兰教反对异端，对印度教庙宇建筑无法容忍，所以是能拆即拆，不能拆即烧。他们拆毁印度教庙宇，利用其石材建造清真寺。伊斯兰教尤其反对偶像崇拜，因此对印度教雕刻更是毫不手软，能捣毁的一律捣毁。在这种情况下，幸存下来的作品已为数不多，而新的作品也难以出现。在南印度，穆斯林军队于 13 世纪末进入德干地区，到 14 世纪初即征服了马拉塔、卡纳塔克和安得拉，结束了印度教徒在那里的统治。因而，德干地区也有不少印度教建筑和雕刻遭到毁坏。

由于印度教建筑大量使用石材，雕刻品也多为石雕和铜雕等，容易长久保存，所以至今还能够看到一些印度教建筑和雕刻遗存。也偶有一些绘画作品传世。

一、建筑

（一）卡朱拉霍中晚期建筑

卡朱拉霍庙群的兴建分为三个时期：公元 900 至 950 年为其早期；950 至 1050 年为其中期；1050 至 1150 年为其晚期。我们这里介绍的是其晚期建筑。中期的神庙一般都建得高大宏伟，坎达里亚·摩诃提婆（Kandariya Mahadeva）庙就建于中期的后半。这整个时期，统治卡朱拉霍地区的是金代尔王朝。相传金代尔王族是来自西部的拉其普特人，属于古老的“月亮世系”。他们原先是毗湿奴派信徒，后来改为湿婆派信徒。他们的都城就建在卡朱拉霍，那里至今还残留着都城的遗址。在几代国王的倡导下，卡朱拉霍修建了 85 座庙宇，现在仅存 25 座。其中绝大多数是印度教神庙，另有几座耆那教和佛教庙宇。说明国王的宗教政策是开明的。这个王朝到 12 世纪便衰落了，所以卡朱拉霍的庙宇建筑也停止了。13 世纪初年，来自西亚的穆斯林占领了北印度；并在德里建立了苏丹国，印度教、佛教和耆那教的神庙遭到严重破坏。卡朱拉霍还能够完整保存下来 20 多座神庙，实属万幸。

坎达里亚·摩诃提婆庙是庙群中规模最大、气势最恢宏的建筑。约建于 11 世纪中期。“坎达里亚”的意思是“内在的”，“摩诃提婆”的意思是“大神”，指的是印度教三大神之一湿婆。

根据湿婆派信徒的观点，古代的建筑大师们施展才华，巧妙构思，把这座坎达里亚·摩诃提婆庙修建在高大宽广的平坦台基上，在台基上再加上重重叠叠、雕有各种纹饰的庙基，又在庙基上修建起重峦叠嶂般的塔群。

坎达里亚·摩诃提婆庙的主体分为四个主要部分：沿石阶而上进入门廊，联结门廊的是过厅，通过过厅进入会堂，穿过会堂便可深入主殿。如此，门廊、过厅、会堂、主殿上端都建有塔顶，由低而高依次向后排开，既各自独立，又紧密衔接。主殿周围有右向甬道环绕，外部有若干尖塔相辅助。整个建筑浑然一体，如同一座群峰耸峙的大山。这座“山”，被称为“宇宙之山”。印度教湿婆派认为，大神湿婆是宇宙的本体，这座庙就被修建成宇宙的象征。印度教还认为，宇宙分为天上、人间和地下三大层次（三界），每个大层次又分出许多小层次。所以，把庙宇修建得重重叠叠，代表着宇宙的不同层次。这种具有象征意义的建筑构思已经成为印度教庙宇建筑的一个模式，在印度北方的许多地方都能够看到。

主殿里，最核心、最神圣的地方，供奉着的不是湿婆大神的雕像，而是一根敦敦实实的圆头石柱，那就是湿婆“林伽”（男性生殖器）。原来，这个石柱是男根的符号，这个湿婆林伽象征着湿婆大神的无限创造力和生命力，在印度教信徒看来，这个男根正是宇宙的命根，是人类的命根，宇宙和人生的全部奥秘就来源于此。从庙外到庙内，整个建筑围绕着一个主题——生命。不管是繁复的花草纹饰，还是成群结队的交合男女，也不管是人、神还是动物，都在合奏着一首热烈的歌。整个宇宙显得那么繁茂而昌盛，充满了活力。如果说，建筑艺术是凝固了的音乐，那么，这座神庙就是一曲生命的浩歌，歌唱的是宇宙的生命，人类的生命。

（二）奥里萨的太阳神庙

今奥里萨邦首府布巴内斯瓦尔及其周边地区有许多神庙。到 11 世纪，奥里萨的神庙不仅形成了群体效应，而且形成了自己的特色。在 11 至 13 世纪的千百座神庙中，最具代表性的有三座，即建于 11 世纪的林伽王神庙（Lingaraja Temple）、建于 12 世纪的扎格纳特神庙（Jagnnath Temple）和建于 13 世纪的太阳神庙（Sun Temple 或 Surya

Temple)。以下根据王镛先生的《印度美术》一书作具体介绍。[①]

林伽王神庙现保存完好，其规模宏大，占地面积约 158 米 ×142 米。神庙由主殿、前殿、舞殿和献祭殿几个主要部分构成，主殿上方是高约 45 米的玉米形主塔，主塔上方是一个多楞的圆形盖盘，圆盘上有宝顶，宝顶上树立一支三叉戟。三叉戟是湿婆大神的法器，是其象征物之一。前殿上方的塔身呈方形椎体，从下往上逐级收减，再上方是三级圆盘状塔顶，塔顶上方为圆球形塔尖，其总高度为 30.4 米。整座神庙外壁雕刻精致。主塔半腰挑出大象背驮狮子的石雕。基坛外侧雕有各种花卉和几何纹饰；壁龛数以百计，雕有美女立像或男女交欢情景。

布巴内斯瓦尔市以南 61 公里的海滨有座著名的圣城普里。普里有庞大的神庙群。其中最著名的是扎格纳特神庙。其面积约 200 米 ×190 米，有三道围墙，布局与林伽王神庙相类似而更加高峻宏大。主殿、前殿、舞殿和献祭殿排列于同一条直线上。主殿上方为玉米状石塔，通高 61 米。石塔顶部有一覆钵式圆盘，圆盘下缘被雕成若干竖楞。圆盘上方为宝瓶顶，顶上立一轮宝。轮宝是大神毗湿奴的法宝，也是其象征物之一。主塔通常被粉刷为白色，俗称“白塔”。

太阳神庙位于布巴内斯瓦尔东南约 64 公里的海滨小镇科纳拉克，大约建于 1240 年。神庙院墙内面积约 264 米 ×165 米。主殿早已坍塌，据推测，主殿上方的玉米形塔身高约 68.8 米，前殿基本完好，舞殿只余基座。现存前殿上方呈方锥形，分为三段，下段和中段各有 6 层重檐，上段有 5 层重檐。三段重檐间有两处凹进去的平台，上面雕有伎乐天女手执乐器作弹奏状的立像。第三重上的平台雕有石狮，油立柱支撑起两重扁圆的石盖，石盖上面的宝顶已然不存。主殿残存部分下方三个侧面砌有神龛，龛内分别雕有太阳神苏利耶的立像，代表早中

① 王镛：《印度美术》，北京：中国人民大学出版社，2004 年版，第 346 ～ 352 页。

晚三时。整座神庙被设想为太阳神的马车，前殿正门两侧雕有 24 个 3 米直径的巨型车轮，前方雕有 7 匹骏马。关于其雕刻艺术，详见下文。

（三）德干地区的神庙建筑

后遮娄其王朝（又称西遮娄其王朝）期间（973 ～ 1200），王朝的统治区域大体在克里希那河与通加巴德拉河流域，大约相当于今卡纳塔克邦全境和安得拉邦的部分地区。王朝的首都设置于通加巴德拉河畔的卡利亚尼，地处今卡纳塔克邦中部。在此期间，遮娄其人建造了许多印度教寺庙。这些寺庙分布于克里希那河与通加巴德拉河之间，至今尚有百余座遗存。

在今达尔瓦尔市以东的加达格附近，有一个叫拉昆迪的地方，还有一个叫伊塔基的地方，这两处的寺庙群很著名。其中，拉昆迪的"卡西·世界自在主"（Kasi-Visvesvara）神庙和伊塔基的"摩诃提婆"（Mahadeva，意译大天）神庙被认为是该地区后遮娄其时代神庙建筑的极品。据铭文，其建筑年代为 1112 年，应是超日王六世（1076 ～ 1127）在位时期的杰作。

尤其是"卡西·世界自在主"神庙，外观宏伟峻拔，基座平面呈长方形。基座上面堆砌有 12 层，依次收窄，第十二层之上有一长方形庙顶，庙顶有一排既像葫芦又像宝瓶的石雕装饰物。整个庙宇像一座塔楼，直入云端。第一层正面中间位置开有长方形大门。以上各层大门的位置变为门洞式的窗口，并且由下至上依次变小。每层四面都雕刻有华美的装饰，线条烦琐，显得十分精细。每层都有立柱浮雕，立柱间雕有神像或其他纹饰。神像有立有坐，呈不同姿势。当时，卡纳塔克地区中部流行湿婆崇拜，这座庙宇的主神就是湿婆。整个神庙层层叠叠，犹如重重天界，象征着宇宙的无限时空。

同一时期，在今卡纳塔克邦南部哈桑县和迈索尔市一带，霍伊萨拉人（Hoysalas）修建了许多崇拜毗湿奴的庙宇。如建于1117年的哈桑县贝卢尔镇的辰那凯斯瓦尔（Chennakesvara）神庙，建于1150年的哈桑县哈来比德镇的霍伊萨来斯瓦尔（Hoysalesvara）神庙等。它们被认为是“霍伊萨拉风格”的代表。以霍伊萨来斯瓦尔神庙为例，它不像卡西·世界自在主神庙那么峻拔高耸，而是显得敦实厚重，在一个巨大的不规则的基座上，叠加出4层楼阁。第一层雕刻有繁密的花纹装饰，第二、三层雕刻着各种栩栩如生的神像。

在今安得拉邦瓦朗加尔附近的哈南孔达，有一座被称为“千柱神庙”的建筑，建于1162年，被认为是“卡卡提亚风格”（Kakatiya Style）的代表。

1190年以后，后遮娄其国开始分裂，卡卡提亚人（Kakatiyas）的今安得拉邦的北部建立了瓦朗加尔（Walangal）王国，霍伊萨拉人（Hoysalas）在南德干哈来比德建立了多拉萨穆德拉王朝（Dorasamudra），亚达瓦人（Yadavas）则在今马哈拉施特拉邦道拉塔巴德建立了德瓦吉里（Devagiri）王国。

在今安得拉邦首府海德拉巴东南有一个纳尔贡达县，其皮拉拉马利镇有三座神庙，分别叫纳梅斯瓦尔（Namesvara）、卡梅斯瓦尔（Kamesvara）和艾拉凯斯瓦尔（Erakesvara，又称索梅斯瓦尔，Somesvara）。前二者均建于13世纪初，即1202前后。其捐助者是一名叫作纳米·雷迪（Nami Reddi）的人。后者建于1208年。这三座神庙被认为是卡卡提亚神庙建筑的代表。而建于1268年的凯萨瓦神庙（Kesava temple）位于索姆纳特普尔，被认为是这一时期霍伊萨拉风格的代表。

（四）朱罗王朝的神庙建筑

印度南端的朱罗王朝（846～1279）于9世纪末并吞了帕拉瓦王朝的土地，势力迅速崛起。到11世纪，朱罗王朝发展到鼎盛时期。国王罗阇罗阇一世（Rajaraja Ⅰ，985～1012年在位）及其子拉金德拉一世（Rajendra Ⅰ，1012 ～ 1044 年在位）期间，朱罗王朝统治着印度半岛南部的广大地区，同时不断向北扩张，征服了遮娄其人，还曾打败过波罗王朝的军队。向南，则征服了斯里兰卡。朱罗国当时拥有一支强大的海军，控制着孟加拉湾，也曾征服缅甸南部和印度尼西亚等地，并与中国的宋朝建立了外交关系。

朱罗王朝的国王们信奉湿婆教。他们修建了许多湿婆庙，其中最著名的是两座同名为布里哈迪什瓦尔（Brihadishvara）的神庙。其第一座位于朱罗王朝首都坦焦尔，因而俗称“坦焦尔大塔”，始建于公元 1000 年。当时，国王罗阇罗阇一世北征遮娄其，获胜后即下令修此庙以资纪念。此庙以花岗岩巨石垒砌而成，周围是 152 米长、76 米宽的回廊庭院，正方形的双层主殿边长 25 米。主殿上堆砌有 13 层方椎体塔身，高约 61 米，显得十分宏伟壮观。椎体塔身的顶部加盖了一整块花岗岩圆顶，据计算，其重量达 80 吨。主殿内供奉有巨大的石制湿婆林伽，其外体的雕刻繁复，主殿内壁画、浮雕都极其华美。

1023年，拉金德拉一世远征孟加拉归来，下令兴建新的都城。新都建在坦焦尔以东偏北的今昆巴柯南附近。因他的军队远征曾抵达恒河之滨，所以他将新都命名为“恒河水朱罗城”（Gangaikongdacholapuram）。1025 年，他又下令建一座湿婆庙，也取名为布里哈迪什瓦尔神庙。这座神庙模仿了罗阇罗阇一世所建的神庙，但规模略小。其特点是有一个水池，据说当年装满了战象从恒河驮回来的恒河圣水。

朱罗王朝期间，泰米尔纳德各地还修建有许多神庙，这里仅介绍其中最大最有代表性的两座。①

① 关于南印度的建筑，参见王镛：《印度美术》，北京：中国人民大学出版社，2004 年版，第 268 ～ 271 页。K.R.Srinivasan: *Temples of South India, National Book Trust, India,* New Delhi, 1998, P. 138-145.

二、雕刻

（一）卡朱拉霍的人像雕刻

卡朱拉霍神庙建筑群遗址以大胆、露骨地表现性爱的雕刻而驰名世界。

我们知道，人类的祖先都经历过生殖器崇拜的阶段，我们也曾经耳闻和目睹过一些男根或女阴崇拜现象的遗存。但是，这里几座神庙外壁上的雕刻，那些男女交合甚至人兽交合的场面，既细腻逼真，又夸张粗犷，实在是惊世骇俗、令人震撼。不过，人们在这里体会到的不仅仅是视觉的冲击，更应当感觉到印度古人对人生和宇宙奥秘的深刻思索。从神庙外壁体态丰盈、男女交合的雕塑，到主殿里被人顶礼膜拜的石柱——湿婆“林伽”（男性生殖器），这里的雕刻渗透着古代印度人“阴阳和合乃成宇宙，男女交合乃有人生”的哲学理念。

那些寺庙四周的墙壁上，层层叠叠的雕刻中间，装饰有许多雕有各种各样人物的板块，上面雕有男神、女神、少妇、情侣，还有狮、马、怪兽，等等。庙里庙外，据说仅人物雕像就有 872 尊之多。男神和女神都基本裸体，仅腰际挂有一条装饰带。天女们搔首弄姿，通常是“三道弯”式站立，向人们显示她们丰腴的胸部和臀部。

最耀眼也是最与众不同的是，在一些主要板块上，雕刻出一组组男女做出各种交合姿势的画面，而且多数是三女一男的群交场面，他们的姿势夸张，体态洋溢着肉感，一些细部也被表现得淋漓尽致。在板块和板块之间，有裸女仰面跪在形同狮子的怪兽胯下，她的娇柔妩媚与怪兽的阳刚威猛形成鲜明的对照。总之，这些雕刻既写实又夸张，既原自世俗生活又富于大胆想象，在世界雕塑史上享有特殊的地位。

从门廊往里走，再从过庭到会堂，两壁雕有各色伎乐人物、鳄鱼、男女飞天，还有以各种姿势交合的男女雕像。会堂的藻井都是精美的雕刻纹饰，柱子上雕有体态丰盈的美女。

登堂入室，人们可以清楚地看见，一侧是骑着鳄鱼的恒河女神像，另一侧是骑着巨龟的亚穆纳河女神像。在印度，河神都是女性，山神都是男性。河神具有旺盛的生殖能力，水就是生命的孕育者。

在中世纪的印度，印度教性力派得到迅速发展，这一派信徒崇拜女神，尤其崇拜湿婆妻子雪山神女及其化身。由于崇拜对象的关系，性力派就很自然地同湿婆派有了共识。这座庙宇就是湿婆派和性力派相结合的例证。那种男女之事本来是自然人的世俗本能，但性力派却把这种行为看作一种修行手段和修行层次，在通过这一层次的修炼之后，方能获得与主神湿婆合二为一的功果，并最终达到解脱灵魂的目的。

其实，这种雕刻的出现，在印度并非偶然。在上古，印度人和世界其他民族一样，都经历过生殖崇拜的阶段。在那个原始的时期，人们普遍裸体，崇拜生殖器也属正常行为，人们都不以为耻。不仅印度教有这种传统的延续，佛教和耆那教也有。耆那教甚至有一个“天衣派”，主张裸体修行，至今犹然。在雕刻方面，佛教和耆那教艺术都表现裸体。佛教早期的雕刻对丰满女性的性特征刻画得非常精细，晚期的佛教密宗也有表现男女交合场面的雕塑。耆那教，除了有“天衣派”以外，还雕凿过巨大的全裸男性神像。至于卡朱拉霍男女交合的雕刻，在印度也不是只此一家别无分店，其他地区也发现有类似的庙宇。

正是由于宗教的原因，印度古人的原始生殖崇拜观念得以顽强延续。这种庙宇在印度出现也是合情合理的。印度在公元前后就出现了一部书，叫作《欲经》，专门研究和介绍男女交合的各种姿势。坎达里亚·摩诃提婆庙上雕刻的各种交欢姿势，在很大程度上与这部书的介绍有关。这部书也与宗教关系密切，强调性行为符合印度教的法则，符合天神的意志。

（二）奥里萨的雕刻艺术

在奥里萨的神庙群里，雕刻有各种各样的天神、人物、动物和花卉等。下面仅举数例。

奥里萨庙群里的女性人物雕刻明显多于男性。这些雕刻突出了两个问题，一是突出女性之人体美，二是突出性交之乐。印度古代雕刻作品中有突出女性人体美的悠久传统。早在公元前后的佛教雕刻品中，就普遍存在这一倾向，如桑奇大塔塔门上雕刻的药叉女，以及马图拉艺术中的药叉女，不仅通过其裸体表现女性的身体特征，甚至还特意刻画出性器官。奥里萨的人物雕像继承了这一传统，雕造出大量女性，竭力突出其女性美。例如，太阳神庙前殿塔腰雕刻的伎乐天女，显得粗壮肥硕，带有古风。再如，在林伽王神庙基坛的一个壁龛里雕刻的贵妇《娜伊卡》，面部线条鲜明，脸型俊俏，垂目微笑，显得温柔姣好。其胸部向前微倾，双峰圆润坚实；腰肢纤细，丰臀后耸，是理想的苗条少女身段，而双臂双手的动作姿态也显得相当写实。与卡朱拉霍的性爱雕刻一样，在林伽王神庙和太阳神庙的壁龛中都有一些男女交欢的场景，这突出的就是性交之乐，是当时民间密教（怛特罗教）在艺术上的反映。密教左道强调男女双修，从双修中获取“大乐”（mahasukha），认为这是顺其自然的修行。佛教密宗称这种双修为“自然乘”（Sahajayana，或译为易行乘），主张通过获得“大乐”的体验达到解脱境界。林伽王神庙崇拜的是湿婆林伽，崇拜的是宇宙间永恒的活力与生命的创造。太阳神庙也一样，表现的是古老的太阳崇拜，而太阳不仅给予世界以光明，也是万物生命的保障，是阳刚之气的代表，是阴阳和合的原动力。

在太阳神庙主殿下方神龛中有三尊等身大小的太阳神雕像。太阳神笔直站立，身体刚健，目视前方，面带微笑。一双大臂下垂，两个小臂虽然已断掉，但仍能看出其平伸向前的姿势，仿佛在驾车。其脚下是七匹马拉车的小型雕刻，表示太阳神是站在车上驾驶着神马。

太阳神庙的巨大车轮高达 3 米，也雕刻得十分精美，给人印象极深。车轮的外缘（辋）厚重，呈带状，上面布满圆形花纹，这些圆形花纹像藤蔓一样相互连接为一个个圆圈，圆圈中雕有动物图案。轮辐 16 条，8 粗 8 细，粗细相间，粗者为主，细者为辅。细者如绳，又似连珠，粗者则纹饰密布，呈长菱形。菱形中间为一圆圈，圆圈内雕有男女交合及瑜伽修炼的图像。轮毂周边为莲瓣图案，轴心圆中亦雕有男女交合图案。车轮是时间运动的象征，24 个车轮为 12 对，代表一年 12 个月，每月又分为“黑半月”和“白半月”，故总数为 24 个。车轮又是宇宙运动的象征，故称轮回，瑜伽修炼和阴阳和合就是这轮回中的动力和摆脱轮回之苦的途径。

太阳神庙雕刻着不少动物，主要是狮子、大象和马。神庙北侧有两头战象的砂石圆雕，其中一头用鼻子卷起一名敌兵，显得异常威猛。南侧有两匹战马的砂石圆雕，其中一批昂首扬蹄，踏向敌人，令人震撼。舞殿东侧，有两尊狮象圆雕，大象匍匐跪地，显得温顺柔和，其后背各有一头狮子凌驾其上。狮子体格雄健，凶悍咆哮，双目凸出，面容夸张。这也是阴阳和合的象征。

（三）南印度的雕刻

南印度铜像铸造和雕刻的历史悠久，朱罗人继承了这一传统，在 10 至 12 世纪期间制作了很多男女神铜像，陈设于神庙中供信徒膜拜。据说，朱罗王朝的历代国王都赞助铜像铸造。尤其是罗阇罗阇一世、拉金德拉一世和库洛通加一世（Kulottunga Ⅰ，1075 ～ 1125 年在位）及其王后们，都是湿婆派信徒，因而赞助铸造和雕刻了许多有关湿婆的铜像。在这一时期南印度的雕刻品中，最著名的莫过于“舞王”（Nataraja）湿婆的铜像。

“舞王”的形象是湿婆诸相中的一种。在湿婆派信徒的心目中，湿婆的舞蹈（dandava）代表着宇宙的律动，世界在湿婆的舞蹈中生成，也在他的舞蹈中毁灭。这就是“舞王”铜像的内在含义。

现今所发现的“舞王”铜像最早约雕造于公元900年。而最为精美的一尊则出土于泰米尔纳德邦蒂鲁瓦兰古拉姆镇，为11世纪的作品，现藏新德里印度国家博物馆。该作品为青铜制，高98厘米，宽83厘米，纵深27厘米。铜像有一个方形基座，基座上为圆形莲花座，莲座上有一个横向匍匐的侏儒和一个带着火焰的圆形光环。湿婆三目四臂，面向正前方，胸部亦向正前方，腰部以下扭向右方。右腿微曲，右脚独立于侏儒背上，左腿抬起悬空，微曲，向右方伸出，呈舞蹈姿势。四臂中前右前手向前，作立掌，类似佛像的“施无畏印”，但手指纤纤，显得柔软多姿。左前手向右，似垂非垂。后左臂微曲右伸，手持小鼓。后右臂微曲左伸，手持一团火焰。舞王头顶的发髻上镶一颗髑髅，脑后向两侧飘出蛇一般的发缕，右边的发缕上雕有一个既像美人鱼又像飞天的恒河女神。

朱罗时代还铸造雕刻湿婆其他形象的铜像，也有湿婆妻子雪山神女的铜像。有一尊《半女自在天》（*Ardhanarisvara*）像也很有代表性。该像约作于11世纪，出土于蒂鲁文卡杜，现藏金奈政府博物馆。该像为湿婆的半男半女像，右胸平，显示男性特征，左胸有凸起的乳峰，为女性标志。右边两只手，连同右半身体和右腿，为湿婆的半边。左边一只手，连同左半身和左腿，为雪山神女的半边。其寓意是阴阳合体，即整个宇宙。

至于这一时期南印度的石雕艺术，上文介绍建筑艺术时已有所涉及，这里不再细说。

三、绘画

在德干的霍伊萨拉王朝和卡卡提亚王朝时期，都有少量的绘画作品传世，但霍伊萨拉王朝的绘画作品主要是耆那教的，而卡卡提亚王朝神庙中作品是印度教的。相对来说，耆那教的绘画作品成就更高一些，而卡卡提亚王朝的绘画作品不仅残存稀少，而且成就不高，因此通常不为学术界重视。

南印度朱罗王朝时期的印度教神庙中往往绘有壁画，但由于年代久远，得以存留得不多。其中，成就较高的是罗阇罗阇一世所建布里哈迪什瓦尔神庙中的壁画。据王镛先生介绍，这些壁画在主殿圣所的甬道和回廊中，“内容多描绘湿婆的神话、诸神、圣徒和天女等。壁画《罗阇罗阇一世和他的师傅卡鲁乌拉尔》（*Rajaraja Iand his Guru Karuvurar*）中，人物肖像的个性特征异常分明。圣所回廊第7室的壁画《舞蹈的天女》（*Dancing Apsaras*），其中一位裸体天女的舞姿高度夸张，比阿旃陀壁画的飞天更显得动态强烈，肉感丰美，那扭曲腰身、回眸微笑的背影极富魅力”。①

① 王镛：《印度美术》，北京：中国人民大学出版社，2004年版，第269页。

第十一章
佛教与耆那教

第一节
佛教

一、佛教的衰落

（一）背景

8 至 13 世纪，印度依然呈现出列国纷争的局面，佛教在此期间也经历了其最后的衰败。8 世纪，在印度东北部兴起了一个波罗王朝，其统治地在今孟加拉国和印度西孟加拉邦一带。约公元 780 年，达摩波罗（Dharmapala）即位。在位期间，他几乎征服了整个北印度。公元 815 年前后，达摩波罗去世，子提婆波罗（Devapala）即位。提婆波罗继续扩展霸权，曾经征服了奥里萨和阿萨姆，使自己的势力达到文迪耶山脉。他大约于 855 年去世。此后，波罗王国开始衰落，到 12 世纪，终于被森那王朝所取代。

波罗王朝的统治者们崇信佛教。在达摩波罗统治时期，他不仅为著名的学术中心那烂陀寺提供经济支持，而且还在今比哈尔邦建立了超岩寺，使之成为新的佛学中心。超岩寺规模宏大，宗师辈出，与我国西藏佛教关系密切。在一个相当长的时期，甚至连那烂陀寺也归超岩寺统领。由于国王的崇尚，因此在波罗王朝的统治范围内，佛教还处于比较活跃的状态。大乘佛教，尤其是大乘佛教后期的金刚乘在这一地区得到迅速发展，成为这一时期印度佛教的主导力量。那烂陀寺和超岩寺作为密教（金刚乘）的中心，一直持续了300余年，最后于13世纪初相继被穆斯林摧毁。佛教僧人有一批被杀，一批逃走，一批则如那特派转身进入印度教。至此，佛教在印度本土消亡。

除了东、北印度以外，在穆斯林大规模进入之前，其他地区也处于多国争霸状态，如德干的拉什特拉库塔、南方的朱罗、西方的遮娄其，等等。此时，佛教在其他地区依然存在，尤其是印度河上游地区（古乌仗那国等地）、克什米尔地区以及南印度的一些地方，金刚乘也曾一度兴旺。

（二）金刚乘的发展演变

金刚乘，梵文Vajrayana，又称金刚教、金刚法门、瑜伽教、瑜伽宗、瑜伽法门等。印度密教后期阶段的统称，有时用以统称密教。

金刚乘至9世纪进入其发展鼎盛时期。9世纪后期，作为其发展的新阶段，“大瑜伽密教”形成。吕建福先生认为：“这时期的金刚乘中大乐思想很突出，将贪嗔痴三平等，说五欲性解脱，瑜伽观想代替了实际休息。其经典称为‘怛特罗’，其教法称为大瑜伽，这就是大瑜伽密教。”[①]“怛特罗”，汉传佛教仍译为“经”，藏传佛教则译为“续”。10世纪，金刚乘中出现一个新的流派，即无上瑜伽（Anutarayoga），或称无上金刚乘。该流派吸收印度教左道修法，主张简单易行、顺其自然、男女双修，因此该派又称易行乘、自然乘（Sahajayana，旧译俱生乘）。11世纪，金刚乘的无上瑜伽派中又分化出一个新派别——时轮乘，又称无二瑜伽或终极瑜伽（Atiyoga）。至此，佛教被印度教严重渗透甚至改造，进一步呈现出衰落景象。

① 吕建福：《中国密教史》，北京：中国社会科学出版社，2011年修订版，第63页。

易行乘（Sahajayana）强调世界一体、平等无二，修行者追求与佛平等，即身成佛。他们主张放弃一切烦琐的仪轨，在修行中顺其自然。主张采取世俗间男女交合的方式达到与佛同等的境界。在印度，修行者打破种姓和民族界限，寻找异性修行伙伴。修行中想象自己是佛或金刚，异性伙伴为明妃或莲花，二人合作以获得“大乐”。该派经典称“母怛特罗”，汉译仍称为“经”，藏传佛教称为“母续”，以区别于此前大瑜伽的“父怛特罗”（“父续”）。该派经典主要有《胜乐》《喜金刚》《佛顶》《四座》《大幻化》《大印明点》等，均为藏传佛教译名。其教法也在11世纪中期流行于西藏。汉译此类经典有《大悲空智金刚大教王仪轨经》（藏文译为《喜金刚本续》）《一切秘密名义大教王经》和《秘密相经》等，均由北宋初期来华的译经家法护译出。但由于儒家传统势力的牵制，其教法未能在内地流行开来。

时轮乘（Kalacakrayana），印度密教末期兴起的一个流派。印度密教金刚乘后期，约10至11世纪，开始流行终极瑜伽（Atiyoga，或译无二瑜伽）的修行法，这一流派又被称为时轮乘。时轮乘论者崇拜时间和象征时间的车轮。该派认为，时间是永恒的，轮回是永恒的，是宇宙的根本法则。宇宙的终极存在是本初佛。修行的根本目的是要使自己成为本初佛。该派的主要经典是《时轮经》，最早于公元11世纪初译为藏文。时轮乘主要在中国藏传佛教地区流行。

二、佛教消亡的原因

（一）内部原因

1. 部派林立

在释迦牟尼身后，由于佛教内部丧失了权威人物，不得不借重佛的教诲来维持团结。但对于经、律的理解不同，很快便出现不同观点，分化出不同派别。而这些派别又进一步分化，竟达到“十八部”之多。

到公元二三世纪，大乘佛教兴起，使印度佛教又一次出现大分化，虽然到 7 世纪时小乘佛教已被整合成四个派别，但大小乘佛教中鱼龙混杂，在强大的外部势力面前，不能形成一致对外的力量。

2. 僧伽的副作用

在印度历史上，分裂多于统一，民心涣散、我行我素已经形成常态。在这种情况下，僧团组织有利有弊。利在有一个集体可依靠，作为皈依者的庇护所。它也存在弊病，一方面有许多人不愿受僧团戒律的严格束缚，宁愿充当头陀，四处云游；另一方面僧团的人往往拥有很多财产，容易脱离民众。

3. 理论的艰深

在原始佛教之后，一些佛教理论家把佛教理论越搞越深，甚至把教义当成少数人的学识，闭门造车、坐而论道，不为民众所接受。况且，经、律的编订不是在佛陀在世时完成的，这又给造假者打开方便之门，致使疑伪经不断涌现，十多个世纪绵绵不绝。艰深混乱的理论和多如牛毛的仪轨都不利于佛教的发展。

4. 缺乏带头人

在贵霜王朝之后，虽然出现了不少著名佛教人物，但多为理论家，缺少政治活动家和社会活动家，因而没有打开局面，也不能振兴佛教。虽然也有人想振兴佛教，但却走偏了道路，反而使佛教日益向婆罗门教靠拢，试图融合外道，却造成自身的混乱和倒退，最后被婆罗门教吃掉。

（二）外部原因

1. 当权者的态度

历史已经证明，佛教的发展，与当权者的态度关系密切。原始佛教的发展，在很大程度上依赖于当权者的支持和赞助。而在佛陀去世以后，又有阿育王、迦腻色迦王的支持和赞助，所以佛教在印度风行一时。但是，在贵霜帝国崩溃以后，笈多王朝诸王不再信奉佛教，虽然没有刻意打压佛教，但抬举婆罗门教，也就在客观上压缩了佛教的发展空间。自笈多王朝开始，佛教一路走下坡路。在波罗王朝期间，国王扶持佛教，使之在局部地区兴盛一时，然而佛教进入金刚乘阶段，已不堪扶持。

2. 民众的态度

印度民众多数并不信仰佛教。即便在佛教的鼎盛时期，如阿育王时期，社会上的佛教徒也不占多数。其余的时期更不消说。后期真言乘、金刚乘阶段，一些人试图挽回颓势而采取简便易行的做法，以期吸引民众，但内部的混乱其实不能改变民众的看法。

3. 异教势力的增长

婆罗门教有悠久的历史，虽然没有僧团组织，却在民间扎根，而且包容力极强。一旦出现商羯罗那样的理论家和实践家，婆罗门教便得到改革，再经过开始于南方的虔诚运动，婆罗门教得到振兴，从各个方面向佛教进逼。在婆罗门教不间断的攻势下，佛教终于被婆罗门教吸纳。

4. 外来民族的打击

后期佛教偏安于印度东北地区，但穆斯林的进入已势不可挡。公元 13 世纪初期，由于佛教的中心那烂陀寺和超岩寺等被突厥穆斯林付之一炬，佛教徒要么被杀，要么远走他乡，要么转身变成婆罗门教信徒。印度佛教在本土基本消失。

三、佛教文学艺术

（一）文学

1. 维那巴

维那巴（Vinapa），约生活于10至11世纪间，据说是北印度某国王子，自幼喜欢音乐，擅长弹奏维那琴（vina），故得名维那巴。后得到一位瑜伽士的剃度，皈依佛门，并通过9年修行，证得大手印成就（Mahamudra siddhi）。[①]

这种大手印即一种双修，又被称为“无上瑜伽”。维那巴有这样一首诗：

日为琴体月为弦，破俗长柄密音传；
做成乐器维那琴，欢愉犹可听妙音；
双调如笛弹奏起，心如象王舞醉迷；
琴人操琴妙手娴，三十二弦音传遍；
国王起舞王后唱，佛陀舞剧美景长。

诗人说，他有一个维那，太阳是琴体（葫芦体），月亮是琴弦，看破红尘（avadhuti）是它的长柄，瑜伽音[②]为琴音，这是Heruka[③]维那。ali和kali是它的两个音调，听到这声音，象王一样的心会醉迷起舞，这是无上瑜伽的心理平衡状态。弹奏者在弹起维那琴时，上面的三十二根琴弦都发出声音，声音传遍所有的地方，国王跳起舞来，王

---

① 白马僧格：《唐卡中的八十四大成就者》，北京：紫禁城出版社，2008年版，第142页。参见无畏使尊者口授，蒙杜谢饶笔录：《金刚歌·八十四大成就者传》（上册）（杨忆祖译），慧光文化出版社，第122～126页。

② 瑜伽音（anahata）：据说瑜伽修炼者能从心脏边听到的一种声音。

③ Heruka，音译呬噜迦、黑如加等，意译空智。

后唱起歌，这是“佛陀的舞剧”。这是一种瑜伽修行的体验，作者自己指出了一些象征物，意在说明瑜伽行为中所达到的和谐（天地人神的和谐）与无限美好。

2. 遮耶难提

根据藏文资料，遮耶难提（Jayanandi）又名遮耶南达（Jayananda），中印度摩揭陀国人，婆罗门出身，约生活于12世纪。据说他曾在宫廷为官，并暗中修行密法。他曾念过一首偈颂：

> 无上俱生之智慧，由上师恩始能生。
> 我乃大乐之大臣，轮回流转我不住。
> 本性明光之国王，摧毁二元之大敌。
> 切莫贪着轮回乐，悲哉迷愚痴众生。①

从这首偈颂可看出这样几个观点：（1）他采取的是“无上俱生”（即无上易行、无上天然，属无上瑜伽）的修行途径；（2）这一修行必须有上师指导；（2）主张修行中获得“大乐”；（4）目标是摆脱轮回；（5）坚决反对二元论。短短的几句诗中，含有众多的信息，几乎把易行乘修行的要素和主要目标全部点到了。

遮耶难提主张在修行诗中描绘通过真如自性来净化心，他说：

> 世界为心幻，犹如梦假象。
> 意识得解脱，断绝来和往；

① 转引自明吉·金贝巴班智达口授传承，蒋扬·钦哲·汪波等编纂：《印度八十四大成就者传》，第51页，www.wenku.baidu.com。白马僧格：《唐卡中的八十四大成就者》，北京：2008年版，第194页。参见无畏使尊者口授，蒙杜谢饶笔录：《金刚歌·八十四大成就者传》（下册）（杨忆祖译），慧光文化出版社，第117～120页。

水火不侵体，刀兵不能伤。
鉴此尚迷惑，世人难解放。
若作有无争，故有幻、身、影。
遮耶难提说，道理自然明：
涤以真如性，心灵常洁净。

这首诗里，“幻、身、影”是三个谐音字，梵文分别是maya（摩耶）、kaya（迦耶）和chaya（查耶）。在诗人看来，整个世间都存在于内心，在末那识中，在阿赖耶识中，就像梦里看见影子，是幻上加幻。如果意识（末那识）从它得到解放，那么由与外界交流而带来的束缚就会破碎断裂。于是，水火刀兵都不能损伤他。如果一个人看到这个仍受迷惑困扰的话，那就难以解脱了。正因为人们太计较有、无等问题，才产生了各种识，也正因为这各种识，幻、身、影等世俗的东西才起作用。遮耶难提的意思很清楚，要清洁心灵，只能靠真如自性，而不是别的。

我们从这首诗可以看出，悉陀遮耶难提在空有之辩的基础上强调了真如自性的净心作用。他的观点，显然是与大乘空宗和有宗的观点一脉相承的。

（二）艺术

1. 建筑

比哈尔邦波罗王朝时期的佛教建筑很多，如今绝大多数都已成为废墟，面目皆非了。只是从一些文字记载中得知其规模与华丽。其中，那烂陀寺、欧丹多补梨寺（飞行寺）、三辛寺和超岩寺等得以新建，并不断扩建，在公元11至12世纪尚辉煌兴旺。但是，约在1205年，那烂陀寺等被巴赫蒂亚尔·卡尔吉（Bakhtiyar Khilji）的军队放火焚烧，后渐渐成为废墟。

大菩提寺，又称摩诃菩提寺、大觉寺。位于佛成道处的菩提伽耶。据传，最早由阿育王建于公元前 3 世纪，最初可能是由栏楯柱将菩提树和金刚座围绕起来的院落，也有人认为是菩提树殿。之后，巽迦王朝时期被扩建为一座两层建筑，供奉菩提树和金刚座。5 世纪，法显到访菩提伽耶，并在《佛国记》(《法显传》) 中提到菩提树和金刚座旁的一座高塔，这是关于摩诃菩提寺结构加高的最早记载。贵霜时期的浮雕也描绘了该寺于公元 1 至 3 世纪间的扩建。7 世纪玄奘到访时，这里已建成一座晚期笈多风格的砖结构寺庙。

波罗王朝至犀那王朝时期（10 至 12 世纪），大菩提寺得到重建。现存的大菩提寺即在此基础上修复而成。10 世纪晚期和 11 世纪早期的两块中国宋代石碑记录了这座寺庙的盛景，同一时期的其他石碑也载有斯里兰卡、尼泊尔、缅甸及其他佛教国家统治者出资翻修、扩建该寺的事迹。大塔方形基坛边长 15 米，塔高 52 米。塔身为方锥形，下宽上窄，周身布满一层层龛状雕刻，其装饰图案和花纹繁密。主塔四角各有一座小型佛塔，形状与主塔相似。

2. 雕刻

10 至 11 世纪，今比哈尔邦库尔基哈尔（Kurkihar）是波罗王朝的一个制作铜像的中心，那里出土的铜雕像“宝冠佛立像”（现藏巴特那博物馆），是这一时期铜雕佛像的代表。

在比申普尔·坦达瓦（Bishenpur Tandava）出土有一尊砂石“观音立像”，约雕于公元 11 世纪，体态明显呈女性化倾向。比申普尔·坦达瓦还出土了一尊砂石“弥勒菩萨坐像”（现藏巴特那博物馆），约雕于 11 世纪。其姿态亦呈女性化倾向，腰肢纤细，曲线优美。

这一时期的女神雕刻以萨尔纳特出土的 11 世纪砂石“四面金刚多

罗”（现藏新德里印度国家博物馆）为典型。该像仅存胸部以上部分。此多罗[1]雕像多面多臂（已断），乳房浑圆，颈戴多种珠串。头上戴花冠，花冠上有小佛像。

① 多罗（Tara）又称多罗母、度母，为密教女神。

第二节
耆那教

一、耆那教概况

11至12世纪，耆那教在古吉拉特地区取得长足发展。索楞喀王朝的统治者贾耶辛哈（Jayasimha，1094～1143）及其继承人鸠摩罗波罗（Kumarapala，1125～1159）都是耆那教的有力赞助者和庇护者，著名耆那教学术大师雪月（详见下文）就是他们的密友。在索楞喀王朝统治的约200年间，该地区的耆那教空前兴旺，国王和大臣们不仅赞助修建了许多庙宇，而且也赞助了学术。[①]

但在局部地区获得发展的同时，有些曾经受耆那教影响较大的地区却被印度教夺走了地盘。尤其是在南印度的某些邦国，上层贵族集团原本信仰的是佛教或耆那教，但由于那里的印度教虔诚运动最先兴起，许多虔诚派圣徒与佛教和耆那教展开竞争，进行辩论的结果，往往是印度教虔诚派获胜。这种竞争日益激烈，甚至出现了对付耆那教信徒的暴力事件。例如，在古吉拉特地区，在1174年以前还是耆那教

① 黄心川主编:《世界十大宗教》(宫静撰文)，北京：东方出版社，1988年版，第120～121页。

的天堂，而 1174 年以后竟变成了耆那教信徒的地狱，就在这一年，国王阿阇耶提婆（Ajayadeva）由于信仰湿婆教而对耆那教信徒采取暴力虐待[①]。再如 14 世纪时，印度最南端的潘迪亚国王孙陀罗·潘迪亚（Sundara Pandya）信奉湿婆教，1310 年弑父篡位，在位仅数月，兵败后投靠了穆斯林[②]，他曾将 8000 名耆那教信徒钉到木桩上受刑[③]。耆那教虽说在 12 世纪以后受到印度教和伊斯兰教的双重排挤，势力在不断萎缩，但仍然持续存在着。

根据以上情况，我们可以对印度中世纪耆那教的情形有一个概要的了解。与佛教的情形不同，耆那教在此期间表现出顽强的生命力：它没有被印度教吃掉，也没有被伊斯兰教打垮，既保持了独立，又延续了传承。更有意义的是，在此期间，耆那教还创造了灿烂的文明，在建筑、雕刻、文学、哲学、因明学、数学和医学等领域为整个印度文明做出了自己的贡献。

二、耆那教文学

（一）长篇叙事诗作者

属于这一时期的耆那教诗人有多位，均以阿波布朗舍语写作。

---

① [英] 查尔斯·埃利奥特著，李荣熙译：《印度教与佛教史纲》（第一卷），北京：商务印书馆，1982 年版，第 220 页。

② [印]R.C. 马宗达等著，张澍霖等译：《高级印度史》，北京：商务印书馆，1986 年版，第 324 页。

③ [英] 查尔斯·埃利奥特著，李荣熙译：《印度教与佛教史纲》（第一卷），北京：商务印书馆，1982 年版，第 220 页。

1. 陀那巴罗

陀那巴罗（Dhanapala）出身吠舍家庭，属耆那教天衣派。关于其生活时代，印度学界说法不一，主要有10、11、14、15世纪诸说。他的著作目前只发现一部《薄毗娑达多的故事》，用阿波布朗舍语写成。这是一个根据民间故事改编的叙事诗，共分为三个部分。情节大体是：在俱卢国首都象城有一个财主，他和妻子莲吉（Kamalasri）生有一子，名薄毗娑达多（Bhavisayatta，梵文Bhavisyadatta）。财主因与妻子不和，又娶一美女萨鲁帕（Sarupa），生子班度达多（Bandudatta）。二子长大后，国王派他们一起去金岛谋取财富。弟弟欺骗了兄长，带着财富回来，而国王明察秋毫，惩罚了弟弟而赞扬了哥哥。在俱卢国与呾叉始罗国一次作战时，薄毗娑达多表现英勇，为战争的胜利立下头功。为此，国王将女儿苏密特拉（Sumitra）许配给他，并立他为储君。过了一些时候，牟尼毗摩罗（Vimala）给薄毗娑达多说法，并讲述了他的前生故事，使薄毗娑达多感悟而厌世，最后通过修行获得涅槃。这部诗歌的结构与许多印度民间文学作品一样，即主干故事中穿插小故事。诗中，反映了一些社会问题，如一夫多妻带来的弊病、兄弟间的竞争、家庭生活与出家修行的矛盾等。

2. 迦那迦摩罗

迦那迦摩罗（kanakamara）牟尼，约11世纪后期至12世纪初期人。出身于婆罗门家庭，后为耆那教天衣派信徒。他的著作仅发现《迦罗根杜传》一部。该书分为10章，主要讲述耆那教伟人之一转轮王迦罗根杜（Karakandu）的故事。据耆那教传说，迦罗根杜是公元前9世纪以前的人。全书大约有四分之三讲述他的故事，另外四分之一讲述了9个较小的故事。迦罗根杜的故事梗概是：某国王和王后乘象出游，大象突然疯狂奔走，将王后带入一陌生地方。王后生下王子，取名迦罗根杜（意思是“手痒”）。迦罗根杜被大象抚养长大，成为国王，并与另一国的公主结婚。他远征印度南方各地的时，他的王后遭到绑架。在一个圣人的指引下，他来到狮子国，并与狮子国国王之女结婚。当他从海路返回时，一条大鱼挡住去路。他杀死大鱼，却被一魔法师抓走。经过其小王后的斋戒祈祷，他得以返回，并征服了南印度各国。班师途中，他又重新得到前妻。后来，戒护牟尼（Silaguptamuni）给他讲述了前生故事，他便放弃世俗生活去苦修了。

3. 室利陀罗

室利陀罗（Sridhara），印度北方哈里亚纳人，生活于12世纪，生平资料很少。他的长诗《巴湿伐那特传》于1132年完成于德里。诗中讲述的是耆那教第23祖巴湿伐那特（Parsvanatha）的生平故事。诗中还描写了德里和亚穆纳河的美丽。他的另一部长诗《苏具摩罗传》于1141年在古吉拉特的瓦勒德城完成。全诗6章，讲述的是苏具摩罗（Sukumala）长老前生的故事。

4. 诃利跋陀罗

诃利跋陀罗（Haribhadra，一译师子贤），12世纪人，早年皈依耆那教白衣派，师从著名耆那教导师吉月（Sricandra，音译室利昌德拉）。他长期居住于南印度的遮娄其国，并得到该国两代国王的庇护和供养。1159年，他完成了阿波布朗舍语的《涅米那特传》。该诗共7章，803颂，讲述的是耆那教第22代教祖涅米那特（Neminatha）的故事。此外，他还用俗语写过《摩利那特传》，还有人认为一部叫作《月光传》(《昌德拉普拉巴传》) 的往世诗也是他的作品。

5. 沙梨跋陀罗·苏利

沙梨跋陀罗·苏利（Salibhadra Suri），12世纪人，生平不详。其往世诗《巴忽巴利传》完成于1184年。讲述耆那教初祖涅米那特的儿子、转轮王婆罗多与其弟巴忽巴利（Bahubali，臂力王）的故事。诗中，对巴忽巴利率军英勇征战并不断取胜的描写，表现了诗人的英雄主义和浪漫主义情怀。

（二）单篇诗作者

所谓“单篇诗”（mukkada），并非都是短诗，也有长篇叙事诗，只是不分章而已。耆那教文学中的单篇诗大致可以分为两种类型。一类是为修行目的而写的诗歌，其中表现的主要是神秘主义的感受，即如何进入禅定，如何达到无上三昧的境界等。这类诗歌，我们把它叫作神秘主义诗歌。另一类是为规范信徒和社会道德而写的诗歌，如教导人们如何朝拜圣地、如何斋戒、如何遵守戒律等。这类诗歌在形式上受到民歌影响，所以我们把它叫作民歌形式的诗歌。

在耆那教文学中，能够看到一些着重阐释哲学思考和修行要领的诗歌，印度文学界把这类诗歌称为耆那教文学中的“神秘主义诗歌”。这类诗歌有两个主要特点：一是十分强调师尊的作用，主张在修炼中遵循师尊的教诲；二是强调内在的修炼，反对徒有形式的外在仪式。

1. 焦因度

焦因度（Joindu，又名 Yogindu、Yogindra）的《宇宙本体之光》和《瑜伽精华》等是这类神秘主义诗歌的代表。

焦因度被公认为用阿波布朗舍语写作的最优秀的神秘主义诗人。关于他的生平无资料可查，对他的生活时代也只能推测。印度学者根据其作品的语言分析，认为他的生活年代不会早于 10 世纪，大约在 11 世纪。他的《宇宙本体之光》是为解答弟子提问而写的，分为两大部分（上下篇），445 小节。上篇主要讲的是外在自我（bahiratma）、内在自我（antaratma）和最高自我（paramatma）的本质，以及分散的最高自我（vikala paramatma）和整体最高自我（sakala paramatma）的本质等问题。下篇主要讲的是解脱的本质、解脱的法门、解脱的善果、三宝一如（abheda ratnatraya）、最高三昧（parama-samadhi）等问题。

其中有这样两句诗：

执着与解脱，业行由众生；
自我虽能动，始终无所成。

按照焦因度的观点，宇宙本体或者宇宙最高灵魂的认知和亲证，不是通过吠陀和各类法论的学习，而是通过洁净的禅定感受到的。他认为，宇宙的最高本体梵，与心等感觉器官的活动虽然是不同的，但是它就存在于人的体内，并且充满了整个世界。众生的业是导致执着和解脱的根源，个体灵魂（自我）实际上起不到什么作用。出于这个观点，他认为行善和作恶是一样的。他在《宇宙本体之光》的最后说了这样的话：

行善兴家业，家业生自尊。
自尊迷心智，罪恶所从生。
如是行善事，不如都不行。

在他看来，善和恶是可以循环的：行善的结果是家业的兴旺，由此带来荣耀和尊贵，而荣耀尊贵会使人丧失理性和智慧，丧失理性和智慧就会犯下罪孽。但是，诗人并非善恶不分，他所强调的是不能带着不纯净的心，或者是为了财富而行善。

在《瑜伽精华》中，诗人用浅显通俗的语言描绘出深邃而精微的感受。关于善恶，有这样两句诗：

恶之所以恶，人人都晓得；
善也会变恶，难倒大学者。

显然，诗人对自己的这个论断（姑且称作善恶循环论）十分得意。

在《瑜伽精华》中，诗人宣示了他一直坚持的道理。即宇宙大我和个人自我是同一的：

宇宙我即是众生，众生即是宇宙灵。
明白此理不迷惑，自我本质要认清。

焦因度是想通过诗歌来表达对耆那教哲学的理解，也希望通过诗歌来宣扬耆那教哲学。耆那教哲学认为，通过自我认知可以去掉眼睛所看见的不真实东西，从而净化心灵和行为，以达到最高的精神境界，获得解脱的善果。

2. 罗摩狮子

从牟尼罗摩狮子（Ramasimha）的《献礼双行诗》中，人们几乎找不到任何与作者生平有关的内容，只是在一个手抄本上，在一行诗中发现了作者的名字。而在另外的本子里，又说它的作者是焦因度。不过，经过印度学者们详细考证，基本上得到共识，即此书的作者是罗摩狮子牟尼，而不是焦因度。

据印度学者推测，罗摩狮子可能是拉贾斯坦人，因为诗中运用的一些比喻是拉贾斯坦地方常用的，如用骆驼比喻心的躁动。他的生活时代大约在 11 世纪，因为后来的诗人雪月曾在自己的诗作中引用过他的诗句。

《献礼双行诗》是为瑜伽行者写的诗，诗中使用了大量瑜伽修行的概念，如融通（agama）、无觉（acit）、又觉（cit）、湿婆（siva）、沙克蒂（Sakti）、左道（vama patha）、右道（daksina patha）、有性（sagana）、无性（nirgana）、恒觉（aksarabodha）、醒觉（vibodha）、日（ravi）、月（sasi）、风（pavana）、时（kala），等等。诗中写道：

心证最高我，最高我会心；
两者相一致，同气境界真。

修炼瑜伽达到了如此境界，则礼拜、祈祷等都没有必要了。诗人认为，修炼者的身体犹如一座神殿，里面有各种各样的神，不同的神拥有不同神力；这些力量要在导师的指导下，经过不断的修炼才能获得。也就是说，这个世界有诸多烦恼和困扰，解脱之路在于对自我灵魂的深刻思考。只有这样，才能获得最大的快乐和满足。他又说：

蠢人去拜庙，庙是人工造；
不看自体内，湿婆自在好。

诗人反对到庙里膜拜，反对偶像崇拜，因为那些都是人工制造的。而真正的神明（湿婆）就在你自己的身体里存在着呢。

3. 妙光

妙光阿阇梨（Suprabhacarya），大约是 11 至 13 世纪间人，属耆那教天衣派信徒。他的《离欲精华》只有 77 韵（每韵一行）。诗中用朴实易懂的语言讲解了如何离欲修行的道理。例如，说感官好比盗贼，达磨如同财富，修行者要提高警惕，防止盗贼窃取财富。

4. 摩诃月

另外，一位名叫摩诃月（Mahacanda，即大月）的牟尼写了一部长达 333 节（每节两行）的《双行献礼诗》，还有无名氏写的 43 韵《大欢喜赞》等都是中世纪流传下来的阿波布朗舍语耆那教神秘主义诗歌。

（三）民歌形式的诗歌

耆那教的神秘主义诗歌有三种形式，第一种叫作“拉斯”（Rasa），第二种叫作“切尔切利”（carcari），第三种叫作“帕格”（phag）。

所谓“拉斯”，在印度教民间是一种表现大神黑天故事的歌舞表演，一种娱乐形式，或译“黑天本事诗”。而在耆那教文学中，是指一种配曲演唱的歌词。这种歌词在耆那教较晚的文献中有一定数量。从形式上看，有长篇叙事诗，也有单篇短诗，都是可以与歌舞表演相结合的。无论是叙事诗还是短诗，都具有教诲和警诫的意义。

主要的叙事拉斯作品有《婆罗多与巴忽巴利拉斯》《旃檀女拉斯》和单篇诗《教诲祛病拉斯》。

医贤·苏利（Salibhadra Suri）的《婆罗多与巴忽巴利拉斯》是一篇可以配曲演唱的叙事诗。作者在诗中对杀生行为予以坚决反对和谴责，告诉人们杀生是多么残忍和可怕。

《旃檀女拉斯》的作者是阿苏伽（Asuga），他在诗中描绘了妇女的可怜生活，充满了对妇女的同情。在封建社会，妇女像财产一样被掠夺，被买卖。诗中的旃檀女被绑架以后，又被卖给一个富商，在几经磨难和痛苦之后，旃檀女始终保持着自己的妇道尊严。

还有一类教诫诗是把社会的现实生活摆在人们面前，告诫家居信徒如何遵守戒律。耆那达多·苏利（Jinadatta Suri）的《教诲祛病拉斯》和《教诲诗束》就是这类作品。类似的作品有时又称“切尔切利”。切尔切利是印度民众春天或洒红节时唱的歌，耆那教徒利用了这一形式进行劝诫，通常在寺庙中吟唱。

耆那达多·苏利，生于1075年，卒于1154年。用梵语、俗语和阿波布朗舍语写作。其原名苏摩月（Somacandra），9岁时被一耆那教导师看中，予以教诲。不久，正好有一位耆那教导师耆那婆罗比·苏利（Jinavallabha Suri）去世，他便作为继承者被扶上“苏利”（导师）的座位，更名为耆那达多，并获得了苏利的称号。

他的《教诲祛病拉斯》只有80小节。他在诗中强调真师（sadguru）

的作用，认为只有真师才能帮助迷失的灵魂渡过情海（bhavasagara），到达彼岸。而他的《教诲诗束》更短，只有 32 小节。诗中，作者认为，当时的社会出现了毁灭幸福的灾难。在这场灾难中，人们不尊重正法，浑浑噩噩，听不进真师的教诲。为此，他写道：

> 相信了真师的话，阎王发怒都不怕；
> 相信了大梵的话，谁都不能伤害他。

耆那达多·苏利的《切尔切利》是采取民间歌词的形式写成的，共 47 首。据说，切尔切利这种诗歌形式还相当古老，迦梨陀娑在他的诗剧《优哩婆湿》的第四幕就使用了这一形式。耆那达多的这个作品也是配曲吟唱的，内容则是为他的前任导师耆那婆罗比·苏利歌功颂德。

印度还有一种叫作“帕格”或“帕古阿”（phagua）的歌调，也是印度民众在春天或洒红节时唱的，也被耆那教徒用来写劝诫诗。如拉贾谢斯瓦尔（Rajasesvara）写的《涅米那特帕格》就属于这一类诗歌的代表。《涅米那特帕格》讲述的是，耆那教 22 代祖涅米那特（Neminatha）与罗阇摩蒂（Rajamati）结婚，女方家为招待女婿的迎亲队而杀生，涅米那特看到后十分不忍，毅然离开了岳家，并到山上去修行。显然，这是对往世诗的一种改写，同时宣扬了耆那教不杀生的戒律。

（四）雪月的著作

耆那教作者们还用阿波布朗舍语写出了一批语法书。其中最著名的是雪月。雪月生于 1088 年，卒于 1172 年。他主要生活在古吉拉特地区，得到那里王公贵族的庇护和供养。他的著作有 13 种之多，有用阿波布朗舍语写的，有用俗语写的，也有用梵语写的。他学识渊博，才华横溢。他的 13 种书中，有两部语法书、两部大诗、两部诗学著作、一部因明学、一部瑜伽学、一部往世诗和四部辞书（其中一部是医学辞书）。

雪月最重要的著作《成就者雪月文法》是用阿波布朗舍语写的语法书，约完成于1143年前后。此书模仿巴尼尼的《八章书》，也分为8章。前7章讲的是梵语语法，第八章讲的是俗语语法。阿波布朗舍语语法在第八章内。书中，他将梵语、俗语和阿波布朗舍语三者相结合，有时举梵语和俗语的例子，有时举阿波布朗舍语例子。不过，他举梵语和俗语的例子较少，显得零散。而举阿波布朗舍语例子时则经常举出整首或者整小节诗。从雪月的这部著作可以看出，当时的阿波布朗舍语已经是成熟的文学语言，但阿波布朗舍语的标准形式不同，方言和阿波布朗舍语相结合，一种新的语言正在产生，这种语言发展的结果就是今天的印地语。学者们给予这部著作很高的评价，称雪月为“阿波布朗舍语的巴尼尼”。

但《成就者雪月文法》并非只是枯燥地讲解语法规则，其文学性的内容也引起人们的特别关注。在第8章，讲到阿波布朗舍语文法的时候，作者摘引了很多前人的阿波布朗舍语双行诗，其中也有不少是流行于民众口头的民间文学遗产。这些双行诗合起来多达160多首，它们虽然不是雪月的创作，但由于原作者姓名缺失，所以人们习惯上把它们叫作“雪月的双行诗”。仅举两例：

女友啊，你且莫唠唠叨叨，我心爱的人只有错误两条：
给人东西时把我漏掉，打起仗来把性命忘掉。

要是敌军在溃败，是因为有我爱人在；
要是我军在溃败，一定是他战死不回来。

按印度传统诗学的观点，这些诗歌带有十足的“英雄味”。但是我们知道，耆那教主张不杀生，向往和平宁静。而这几首诗却像是刹帝利女人在抒发一种因丈夫英勇善战而倍感荣耀的豪情，显然与耆那教的宗旨背道而驰。尽管我们从耆那教文学的其他作品中也能看到关于战斗场面的精彩而逼真的描述，但它们仍然不像这些诗歌那样把女人描绘得这样富于英雄主义的激情，把战斗说成是男人的使命、英雄的盛典。由此可见，这些诗歌不会是雪月自己的作品，而很有可能是采集自民间的歌谣。这使我们联想到拉吉普特人抵抗外来入侵者的历史，想起拉吉普特妇女在丈夫战死后集体自杀的情景。

除了这些“英雄味”的诗歌，雪月的这部语法书中还有许多别的例子，这里试举二例。

蜜蜂离开莲花追逐象群，希望大象醉后流出蜜津①；
为得到难得的东西，它们不惜求远舍近。

这首诗说出了人们的一种心理，越难以得到的东西越想得到。告诫人们，不要因为追求高远而忽视了身边的美好事物。

大海让水草在表面飘摇，深深的水下却藏着珠宝；
主人看不起好的佣人，把卑鄙小人当成荣耀。

这与其说是奴仆佣人们的怨言，倒不如说是诗人在揭示一种社会现象，宣传一种美德，批判一种谬误。

① 印度有一种说法，大象在发情期间眼窝会流出蜜汁一样的液体。

三、耆那教艺术

约 962 年至 1297 年，西部印度的拉贾斯坦和古吉拉特邦基本处于索兰基王朝的统治之下。索兰基诸王大多信奉婆罗门教湿婆派，但也对耆那教予以支持。因此，在古吉拉特和拉贾斯坦地区形成了几个耆那教建筑群。

拉贾斯坦的阿布山上有著名的耆那教庙群，叫作“迪尔瓦拉神庙群”。这些寺庙大体上修建于公元 11 至 13 世纪之间。王镛先生认为，这个神庙群的建筑“是印度耆那教神庙的范例。”[①]其中，一座叫作“维马拉·瓦萨希”的神庙（Vimala Vasahi Temple）是由一位名叫维马拉的将军建造的，时间约在 1032 年。这座神庙的主尊是传说中的耆那教初祖。另一座较晚期的神庙建于 1231 年左右，是由两位富豪大臣出资建造的，被称为“卢纳·瓦萨希神庙”（Luna Vasahi Temple）。这两座神庙均为白色大理石建筑，外表简洁朴实，但内部十分富丽。尤其是其圆顶部分，仰望上去，其精美绝伦令人惊叹，不身临其境不足以体会其美感。

---

① 王镛：《印度美术》，北京：中国人民大学出版社，2004 年版，第 371 页。

第十二章
莫卧儿帝国的文化

第一节
帝国的建立和发展

一、帝国的草创

莫卧儿（Mogul 或 Mughul）一词是由蒙古一词变化来的。但莫卧儿人并非纯粹的蒙古人，而是蒙古人和突厥人混血的后代。我们知道，成吉思汗（1162 ～ 1227）建立蒙古国后，曾于 1219 至 1225 年间西征中亚和南亚。1221 年，成吉思汗的军队攻入印度西北部，虽然于 1222 年撤离，但给那里的印度人留下了极为恐怖的印象。成吉思汗去世后，他的儿孙们继续四方征战，并在中亚和伊朗一带站住脚，建立了察合台汗国。1241 年，其孙旭烈兀（1219 ～ 1265）的军队攻占了拉合尔，1246 年又占领了木尔坦，整个旁遮普成了蒙古人的势力范围，这种情形至少维持了十多年。此后，蒙古人的军队一直是印度西北部地区的最大威胁，1279、1286、1292、1299、1303、1304、1306 和 1307 年，蒙古的军队曾数次攻入印度，也曾饮马亚穆纳河，逼近德里城。虽然每次都被击退，但他们攻取印度之心始终未泯。1398 至 1399 年，具有突厥人血统的蒙古人阿米尔·帖木儿（Timur，1336 ～ 1405）攻入德里，大肆烧杀劫掠。再度给印度人留下恐怖记忆。

（一）巴布尔

巴布尔（Babur，1483 ～ 1530）的身世可以追溯到帖木儿。据说，他是帖木儿的四世孙，母系为成吉思汗第十三世孙。巴布尔 11 岁时，从其父亲那里继承了一个小王国——费尔干纳，15 岁时进攻撒马尔罕获胜。但不久，他就失掉了自己的故国，不得不到处流浪。1504 年，他趁机夺取了喀布尔，继而又占领了加兹尼。有了新的根据地后，他于 1507 年正式称帝，这时他年仅 24 岁。雄心勃勃的巴布尔决心重振成吉思汗和帖木儿的伟业，便于 1510 年重新攻占撒马尔罕。但不久便失败了。此时，他把进攻的矛头指向南方的印度。1519 年，他开始向旁遮普做试探性进攻，1524 年正式进军旁遮普。德里苏丹国此时处于洛迪王朝时期，巴布尔利用王朝内部的矛盾，成功拿下拉合尔等要地。次年，巴布尔再度南下，直逼德里。1526 年，巴布尔与洛迪王朝的军队在帕尼帕特进行了历史性的决战。当时，苏丹易卜拉欣・洛迪（Ibrahim Lodi）拥有一支强大的军队、10 万骑兵和 100 头战象。巴布尔仅有 12000 余人，但他有新式武器、大炮。巴布尔充分利用火炮的威力，一举击败人数上占优势敌军，推进到德里和阿格拉一带①。于是，他在阿格拉建立了莫卧儿王朝。

1527 年 3 月，由拉吉普特人首领拉那・桑伽（Rana Sanga，1482 ～ 1529）率领的联合大军 8 万余人向阿格拉进攻，巴布尔则率领 4 万士兵在阿格拉附近的坎瓦哈与之决战，再次凭借火炮的威力获胜。1529 年，巴布尔开始向东部的阿富汗人势力进攻，将帝国的版图扩大到比哈尔地区。帝国的中心由喀布尔转到阿格拉。

① H.G.Rawlinson: *A Concise History of the Indian People,* Low Price Publications, Delhi, 2011, p.164.

（二）胡马雍与舍尔沙

1530年巴布尔去世后，其长子胡马雍（Humayun，1507 ～ 1556）继承帝位。同年，胡马雍在分封了自己的几个弟弟之后，便在勒克瑙附近击败了阿富汗贵族的军队。1531年，古吉拉特的苏丹巴哈杜尔沙（Bahadur Shah，1526 ～ 1537年在位）开始向东部扩展领土，占领了梅瓦尔和马尔瓦等地，迫使胡马雍出兵。1532年，巴哈杜尔沙退回古吉拉特。胡马雍开始在德里建立新城。此时，巴哈杜尔沙又开始向东扩张，并与莫卧儿人为敌。胡马雍再次出兵。追赶巴哈杜尔沙至古吉拉特，巴哈杜尔沙逃至第乌避难。但胡马雍回到阿格拉后，巴哈杜尔沙又重新收复了古吉拉特，并占领马尔瓦。就在这种猫鼠游戏的同时，另一支反莫卧儿的势力也在崛起，那就是舍尔汗的军队。

舍尔汗·苏尔（Sher Khan Sur，1472 ～ 1545）原名法里德·苏尔（Farid Sur），原为洛迪王朝的一名官吏。1530年，他集结了一支队伍，占领了于贝拿勒斯以南约30公里处的丘纳尔堡，并在比哈尔东部地区发展势力。1536年，他派兵讨伐孟加拉，获得胜利。这引起了胡马雍的警惕，决定派兵攻伐。1537年，胡马雍的军队攻下丘纳尔堡，但舍尔汗的主力已经撤退至孟加拉。胡马雍追赶至孟加拉，舍尔汗却迂回至比哈尔，切断了胡马雍的后路。在人马疲惫的情况下，胡马雍强行西归，付出惨重代价后才回到阿格拉。1939年初，舍尔汗一方面与胡马雍谈判，提出领土要求，一方面调集军队准备袭击莫卧儿军队。6月，舍尔汗军奇袭莫卧儿军，胡马雍大败而逃，妻小被舍尔汗俘虏。12月，舍尔汗加冕为王，称舍尔沙（Sher Shah）。1540年，舍尔沙与胡马雍在卡瑙季附近决战，并大破其军，胡马雍远遁拉合尔。舍尔沙则乘胜扩张，占领了德里，成立了苏尔王朝。此时，舍尔沙已经成为反莫卧儿王朝的领袖，其国土面积迅速扩大至整个北印度。

在与舍尔沙作战的过程中，胡马雍没有得到几个弟弟的支持，他被迫逃至伊朗，身边只有 22 名追随者。在伊朗国王的支持下，胡马雍从他弟弟的手中夺得坎大哈和喀布尔，暂时安身立命。1545 年舍尔沙去世后，苏尔王朝迅速衰落。胡马雍养精蓄锐 9 年，坐等时机。终于，他于 1554 年南下，先后攻取白沙瓦和拉合尔。次年 7 月，他便占领了德里和阿格拉，恢复了莫卧儿的统治。但是，还没来得及收复全部失地，他便意外身亡。

二、帝国的鼎盛

（一）阿克巴

胡马雍的未竟事业落到了他的长子阿克巴（Akbar，1542 ～ 1605）的头上。阿克巴于 1556 年 2 月在旁遮普的卡拉瑙尔继位，当时他 14 岁，他的保护人拜拉姆汗（Bairam Khan，？～ 1561）任摄政大臣兼首相。此时，苏尔王朝的大臣喜穆（Himu 或 Hemu，？～ 1556）带兵进攻德里，德里省督弃城逃走，喜穆顺利入城。阿克巴和拜拉姆汗领军向德里进发，11 月，与喜穆军在帕尼帕特激战，喜穆战败被杀。此后，在拜拉姆汗的指挥下，瓜廖尔、阿吉米尔、江普尔等地陆续被收复，德里的安全得到保证。1560 年，阿克巴 18 岁，他向拜拉姆汗提出亲政要求，并要求拜拉姆汗去麦加朝圣，拜拉姆汗因试图造反被捉，得到阿克巴的宽恕后，在前往麦加的途中遇刺身亡。

1562 年，阿克巴终于学会了亲自处理政务，并摆脱了周围亲信的掣肘。在以后的若干年，他开始征服四方。先是征服拉贾斯坦和古吉拉特等地，然后又向东征服了比哈尔和孟加拉。又于 1585 至 1595 年间先后收复了喀布尔、克什米尔、信德、奥里萨、俾路支和坎大哈。之后，阿克巴又挥军南下，将德干地区的大片土地纳入莫卧儿帝国的版图。1601 年，阿克巴处理了德干的事务后返回阿格拉，处理他与长子萨利姆（Salim，即后来皇帝贾汗吉尔）的关系。因为萨利姆早就急于当皇帝，1595 年便在阿拉哈巴德称王。最终，由于阿克巴的其他儿子均已去世，萨利姆继位已成定局，父子二人的关系才算缓和。1605 年，因患上痢疾，印度历史上的一代伟大帝王阿克巴去世。

（二）阿克巴的改革

阿克巴不仅武功赫赫，文治也成就卓越。阿克巴勤于政事，据说每天要召开三次会议，分别处理各种事务。他的改革主要有以下几项。

1. 行政改革

由于吸取了拜拉姆汗独断专行的教训，阿克巴决定制约首相的权力。他设立了四名大臣作为最高行政管理层成员：迪万（Diwan）负责税收和财政，米尔・巴克希（Mir Bakhshi）为军事首领，米尔・萨曼（Mir Saman）主管工厂和仓库，萨德尔 - 乌斯 - 萨德尔（Sadar-us-sadar）主管宗教和司法。

在地方行政方面，他先是将当时占领的印度领土划分为 12 个苏巴（Suba），即省。后来又增加了 3 个，成为 15 个省。它们是：（1）阿格拉，（2）阿默达巴德，（3）阿吉梅尔，（4）阿拉哈巴德，（5）孟加拉和奥里萨，（6）比哈尔，（7）德里，（8）喀布尔（包括克什米尔），（9）拉合尔，（10）马尔瓦，（11）木尔坦（包括信德），（12）奥德，（13）阿默德纳加尔，（14）贝拉尔，（15）坎德什，最后三个是后补的[①]。省长称苏贝达尔（Subedar）。其下也比照中央政府，设立四个行政领导官员，分别管理各方面事物。省级主要官员由中央任命。

---

① H.G.Rawlinson: *A Concise History of the Indian People,* Low Price Publications, Delhi, 2011, p.181.

对于政府的官员的阶位，他采取了“曼萨卜制”（Mansab），即按照军队中的官阶划分政府官员的等级。在军队中，阿克巴将官阶分为66个等级，最高等级是“万二千人长”，最低的是“十人长”。军官按军阶领取薪俸。政府官员中的中级以上官员也照此执行。

2. 税制改革

阿克巴根据各地的不同情况，制定了三种不同的税收政策。一种是实行于信德、喀布尔和克什米尔的收获物分成制，即政府从农民的收获物中分得一部分。第二种是实行于从木尔坦到比哈尔的大多数地区的调节制，即政府根据土地的好坏计算收成的平均值，再直接从农民手中收取三分之一（后期收四分之一）的税。这就避免了中间人的盘剥。第三种是实行于孟加拉的估价制，即一种相对粗糙的税收做法，不经过细致的调查、丈量和计算。

德里苏丹国时期的税收分为两类，宗教税和世俗税。宗教税被称为天课，由穆斯林交纳，收入归天课国库，专门用于宗教用途。世俗税包括土地税、人头税、商业税、矿产税等。其中，人头税只针对非穆斯林征收，其他税则各教派都要交纳。但是穆斯林的税率要远远低于印度教徒的税率。阿克巴税制改革的最大亮点是取消人头税，穆斯林和印度教徒在税率上一律平等。

3. 司法改革

阿克巴时代基本上执行两套法律系统，即伊斯兰教法和印度教教法。

在中央，皇帝要亲自审理一些重大案件，通常都是刑事案件。尤其是涉及处以极刑的案件，都须经过皇帝的批准。民事案件一般都在下层法律部门审判和裁决。

在省一级，省长要亲自审理要案大案，尤其是政治犯，这些要案大案一般都是由县一级移交上来的。

凡是穆斯林之间的民事案件，都要由卡齐（kazi，法官）依照伊斯兰教法来处理。而印度教徒之间的案件，均按照印度教的传统法规处理。尤其是乡村的民事纠纷，都由乡村评议会（即潘查雅特，或称五老会）处理。县一级负责处理更复杂一些的案件。如果的税收方面的案件，最终由省级负责税收的官员裁决。

4. 宗教改革

阿克巴最引人瞩目的改革是宗教和社会改革。这是他作为伟大帝王的重要功绩之一。

统治一个印度教徒占四分之三人口的国家，阿克巴明显感到需要一种宽容的宗教政策，需要社会平等。所以，他于 1562 年就颁布法令，取消奴隶贸易，不得把战俘变为奴隶。次年，他又下令取消香客税。1564 年，他取消了向非穆斯林征收的人头税。尽管这些做法遭到一些人的反对，但他仍然坚持不变。他曾宣布："印度教徒在年轻时被迫改宗为穆斯林者，允许恢复其祖上的信仰，任何人不得干涉宗教信仰。""如果人们希望建立礼拜堂、祈祷室、偶像庙和拜火寺，不得干扰。"[①]

阿克巴认为，在印度，不仅要重视伊斯兰教和印度教，对其他宗教也应该一视同仁。他曾经召集一批宗教界的学者一起讨论宗教和社会问题，其中不仅有伊斯兰教的学者、印度教和耆那教的大师，还有袄教学者以及果阿的基督教传教士。由于他倾听了各宗各派的理论和观点，所以他认为各个宗教派别都有自己的长处。于是，他没有偏袒任何一方，没有倒向其中的任何一派，而是自己倡导了一个新的宗教团体——"丁－伊－伊拉希"（Din-i-Ilahi），即"神圣信仰"。他希望通过"神圣信仰"使各个宗教和教派统一起来，大家和睦相处，使国

①《阿克巴则例》卷一。转引自林承节：《印度古代史纲》，北京：光明日报出版社，2000 年版，第 335 页。

家长治久安。尽管他的倡导最后还是落了空，但他的初衷是好的。他所采取的社会平等措施、宗教信仰自由的政策是好的。

不仅如此，他还身体力行，娶了一位印度教徒的妻子，在朝廷里任用印度教大臣。他还下令把吠陀经典、两大史诗以及六派哲学的经典翻译成波斯文。

这一切，为印度形成一个和谐共存的多元文化社会奠定了思想基础。其影响是深远的。

（三）贾汗吉尔

贾汗吉尔（Jahangier，1569 ～ 1627）本名萨利姆，1605 年即位，时年 36 岁，号为贾汗吉尔，意思是世界掌控者（World Grasper）。他即位之后，首先下令大赦罪犯，以取悦民心。他最初遇到的一道难题是他的长子胡斯鲁（Khusru，或 Khusrav，胡斯劳）的反叛。胡斯鲁一直得到阿克巴的宠爱，还得到许多权贵的支持，因而形成了叛逆性格。其父登基之后，他逃至旁遮普起兵造反。贾汗吉尔亲率大军讨伐。胡斯鲁惨败，被俘后被监禁起来，并被刺瞎了眼睛，最终于 1622 年死去。

贾汗吉尔也效法他的前辈进行领土扩张，镇压各地的叛乱。登基当年就派兵攻打梅瓦尔，未果，又于 1608 年再次攻打，直到 1615 年才迫使那里的拉吉普特人媾和。在孟加拉，莫卧儿的军队经过苦战，终于在 1612 年镇压了阿富汗人首领，使孟加拉划入莫卧儿的版图。同时，贾汗吉尔还曾派兵征伐并占领了阿萨姆。在德干，贾汗吉尔于 1616 年委任其第三子胡拉姆（Khulam）处理其事务，胡拉姆成功地从那里为莫卧儿帝国挽回了一部分领土，因此被贾汗吉尔授予“沙 · 贾汉”（Shah Jahan，世界之王）的称号。

贾汗吉尔晚年时，由王后努尔 · 贾汗（Nur Jahan，意为世界之光，？～1645）左右朝政，朝廷内钩心斗角，贵族间矛盾重重。王子胡拉姆也因被猜忌而背叛了父皇，兵败后四处逃窜，最后落脚德干。

（四）沙・贾汉

贾汗吉尔于1628年10月去世。沙・贾汉（1592～1666）得到消息便动身北上，在岳父的帮助下于1628年2月在阿格拉正式加冕，成为莫卧儿王朝第五代皇帝。

沙・贾汉即位后就面临一些地方的反叛，他立即派兵前往镇压。1629年，他亲率大军南征，1632年兼并了阿马德纳加尔（约当今马哈拉施特拉地区）。同年，他命令孟加拉省督将加尔各答附近葡萄牙人的商业中心胡格利收回。1636年，迫使高康达（约当今安得拉地区）和比贾普尔（约当今卡纳塔克地区）成为莫卧儿王朝的藩属，并任命他的第三个儿子奥朗则布（Aurangzeb，1618～1707）为德干副王。1646年，沙・贾汉派兵进入今阿富汗北部，占领了巴达赫尚和巴尔赫。但是，由于遭到顽强抵抗，加上气候恶劣，莫卧儿军只好撤退。次年，沙・贾汉又派奥朗则布带兵前去，同样铩羽而归。1648年至1653年，沙・贾汉为收复坎大哈耗尽人力物力，但最终以失败告终。

1657年，因沙・贾汉病重引起了王位之争。他的四个儿子各自领兵，相互厮杀。最后，奥朗则布夺取了阿格拉城堡，监禁了他的父亲。1658年，他在德里加冕为皇帝。

三、帝国的衰落

（一）奥朗则布

奥朗则布即位以后，面临着许多难题。首先他要分别对付自己的三个弟兄，打垮他们的军队。结果，三人分别失败并被杀。之后，他要应付各地的民族起义。

从1656年起，在今马哈拉施特拉地区的马拉塔人中出现了一位领袖西瓦吉（Sivaji，1627～1680）。他整合了附近的小封建主势力，在以浦那为中心的一大片地区建立了国家的雏形。比贾普尔苏丹于1659年出兵镇压，奥朗则布于1660年派兵镇压，在双重打击下，西瓦吉顽强抵抗，在被迫放弃了部分土地之后，辗转奋斗三年，终于赶走了入侵者。1665年，奥朗则布再次出兵。西瓦吉见敌强我弱，被迫签订合约，割让土地。但在1666年，西瓦吉前往阿格拉谒见奥朗则布时，却被软禁起来。西瓦吉化装逃离，返回浦那。经过三年修整，重新举起义旗，收复失地。1674年灌顶为王，正式建立起马拉塔国家。此后，西瓦吉不断扩大领土，到他1680年去世时，马拉塔国已经占据了马哈拉施特拉的全部和卡纳塔克的部分地区，成为奥朗则布的心腹之患。

在奥朗则布统治下，莫卧儿帝国的版图一度很大。从1665到1687年的20多年间，奥朗则布一直把主要精力放在南印度的德干地区。经过数次战斗，才把比贾普尔和高康达兼并。

1669年，马图拉一带的农民（贾特人）因不堪剥削和宗教歧视而起义。1670年，又因奥朗则布下令拆毁印度教神庙，起义队伍扩大至2万人。奥朗则布亲自率兵镇压。1686年，起义再次爆发，并最终建立了一个小的王国。

奥朗则布采取打压其他宗教的政策，锡克教也在他的打压之列。1675年，锡克教第九任师尊德格·巴哈杜尔被奥朗则布杀害，锡克教从此成为莫卧儿的坚定反对者（详见第四章）。

此外，拉吉普特人顽强的性格使他们成为奥朗则布的劲敌。尤其是到17世纪最后的20年，奥朗则布在征服梅瓦尔和马尔瓦尔等地的过程中付出了巨大代价，但直到他死也没有达到目的。

（二）马拉塔王国

西瓦吉于 1674 年正式建立马拉塔王国。这是一个印度教王国，其军队均由农民组成。但在他去世以后，奥朗则布的军队便进攻马拉塔，占领了大片土地，并俘获了西瓦吉之子和继承人桑布吉（Shambhuji，1680 ～ 1689 年在位），使马拉塔国群龙无首。但不久，马拉塔人再度兴起，奥朗则布也不得不再次出征。奥朗则布的镇压收效甚微，因为只要他进攻，马拉塔人就撤退，只要他撤退，马拉塔人立刻回来。在这种拉锯式的斗争中，莫卧儿的国力受到巨大损耗。

桑布吉去世以后，马拉塔王国内部进一步分裂，局面混乱。他的儿子沙胡一世（Sahu Ⅰ）即西瓦吉二世（Sivaji Ⅱ，1708 ～ 1749 年在位）上台时，没有能力掌控国家，各地的土邦王拥兵自立，四处劫掠，形成了无政府状态。但他于 1713 年任命了一名有能力的“佩什瓦”（Peshwa，宰相），使朝政得到整顿；同时，也开启了马拉塔王国佩什瓦时代。这位佩什瓦名叫巴拉吉·维斯瓦那特（Balaji Viswanath，1713 ～ 1720 年在任）。巴拉吉整合了马拉塔人的各股势力，结成了一个马拉塔人联邦。然后他趁莫卧儿帝国的混乱之机，使马拉塔王国获得了德干六个地区的税收权，并通过税制改革把马拉塔联邦巩固起来。他去世以后，其子巴吉·拉奥（Baji Rao，1720 ～ 1740 年在任）接任佩什瓦。巴吉·拉奥采取了向北扩张的政策，对马尔瓦和古吉拉特进行了多次远征，并于 1731 年迫使莫卧儿皇帝委任他为马尔瓦代理省长。巴吉·拉奥还多次进攻到德里一带。1738 年，他在博帕尔击败莫卧儿的军队，获得了马尔瓦纳巴达河与昌巴尔河之间的土地和马尔瓦的永久统治权。在南方，马拉塔人击败葡萄牙人，夺取了巴塞因。马拉塔国确立了在德干地区的霸权，其领土范围大大超过了西瓦吉时期的版图。

在巴吉·拉奥逝世以后，马拉塔王国仍维持了一段时间的辉煌。但是，由于马拉塔人不断向北方出征，便不可避免地遭遇阿富汗人军队。阿富汗人首领艾哈迈德·沙·阿布达利（Ahmad Shah Abdali）屡次入侵德里。1756 年，他第四次入侵德里，在迫使莫卧儿皇帝割让旁遮普和木尔坦之后，于次年撤出。此时，马拉塔人进入德里，并开始向西北推进，不久即占领了旁遮普。但 1760 年，进驻旁遮普的马拉塔人被阿布达利击败。阿布达利的军队又一次进入德里，击败那里守卫的马拉塔人。1761 年初，马拉塔军队与阿布达利的大军在帕尼帕特激战，结果是马拉塔人失败，只有极少数人得以逃生。

（三）帝国的内乱与分裂

奥朗则布死于 1707 年，几乎同时，整个莫卧儿王朝就陷于内乱和分裂当中。各地的省督拥兵自立，不再听从朝廷调遣；各地的土邦也纷纷各自为政。而兄弟相残，争夺王位成了帖木儿家族的传统，奥朗则布的儿子们也不例外。当时他还有三个活着的儿子，在经过将近一年的征战后，其中两个战败而死，只剩下穆阿扎姆（Muazzam，1643 ～ 1712）一人。穆阿扎姆成为莫卧儿帝国的第七代皇帝，即巴哈杜尔沙一世（Bahadur Shah Ⅰ）。但不到 5 年，巴哈杜尔沙一世去世，他的四个儿子又开始争夺王位。最后，贾汗达尔沙（Jahandar Shah，？～ 1713）夺得王位，其余三个被杀。仅过了一年，贾汗达尔沙便被他的侄子法鲁赫西亚尔（Farrukhsiyar）下令绞死。从此，王位几乎是坐无常人，莫卧儿王朝彻底衰落了。到 1757 年普拉西战役之后，莫卧儿皇帝被英国人控制，更是有名无实。

第二节
帝国的政治经济与社会

一、政治制度

（一）政治体制

莫卧儿时期的统治体制和政策到阿克巴时代才健全起来。阿克巴借鉴苏尔王朝的做法，即结合印度的实际情况，实行波斯—阿拉伯制。后世虽有改变，但万变不离其宗。莫卧儿王朝的政治体制有这样几个显著特点：一是王权至上，二是政府官阶与军阶合一，三是中央与省级行政机构相一致，四是基层管理以税收为中心，五是双重司法体系。下面分别介绍。

1. 王权至上

自阿克巴时代起，王权至上的治国理念得到强化和凸显。也就是说，莫卧儿皇帝将国家的主要权力集于一身，既是国家元首、政府主管、全军统帅，又是立法者、司法的最终裁定者、解释人；同时，又是全部国土的拥有者。

根据伊斯兰教的传统，王权至上是与神权至上相矛盾的。但实际上，这种中央集权的出现，是特定历史时期和特殊的社会环境决定的。在印度这样一个国度，历来是一盘散沙，人们已经习惯于小国林立、各自为政的政治生态。莫卧儿作为一个大一统的帝国，必须有一个强有力的中央集权，才能使政令畅通，维持统治。印度又是一个多民族、多宗教的国度，各个宗教又有多个教派，很难根据某个教派的一家之言管理国政，而必须根据实际具体掌握。这些都是印度的客观现实。另外，阿克巴即位时年纪尚幼，由拜拉姆汗作为摄政大臣。数年下来，拜拉姆汗养成了独断专行的作风，功高盖主。阿克巴成年以后已经深深感到大权旁落，这是一个强有力帝王不能接受的事实。这是阿克巴采取王权至上统治制度的直接原因。

2. 政府官阶与军阶合一

前文说过，阿克巴在大权独揽的同时，任命了中央一级的四大臣。而在四大臣之外，还设有几名次一级的官员，如皇帝的秘书、诏书草拟官、情报官和奏疏呈报官等。后来，几经调整，中央一级的大臣主要有六人：（1）财政大臣（迪万），主要负责国家财政事务；（2）皇家事务大臣（汗 - 伊 - 萨曼），主要负责处理与皇室有关大小事务；（3）军需大臣（米尔 · 巴赫希），主要负责与军队和作战有关的事务，如向皇帝提供军队编制数目、管理军饷筹措、发放，以及招募军队等；（4）司法大臣（kazi，卡齐），掌管司法部；（5）大法官（萨德尔），负责管辖宗教捐赠和慈善事业部门；（6）监察官，主要负责管辖公共道德检查部门。此外尚有一些次级官员，如火炮长、通讯长、造币厂总监、掌玺大臣、审计长、皇家作坊总监、税务大臣、海军部大臣、森林总监、新闻报道官、主管向皇帝递呈请愿书的官员、兵站总监和典礼官等。[①] 从阿克巴时代起，就实行了“曼萨卜制”，即将中央一级到中级的文职官员分为 33 级，与军队中 66 级军阶的上半部分

① [印] R.C. 马宗达等著，张澍霖等译：《高级印度史》，北京：商务印书馆，1986 年版，第 603 页。

相对应，这些官员被称为曼萨卜达尔。在阿克巴的晚年，莫卧儿全国有曼萨卜达尔 1658 人，到贾汗吉尔时有 2069 人，沙・贾汉时猛增至 8000 人，奥朗则布时则又增至 11456 人。1690 年前后，这些人中的大多数（约占三分之二）是从国库中领取薪俸的，但也有少数上层官员（约占三分之一）是得到封地的[①]。

这种曼萨卜制运用于文职官员品级，是全民皆兵的表现，从理论上讲，莫卧儿时代规定，凡是健全的成年人都是预备军人，需要时就要上战场，当然文职官员也不例外。事实上他们也会随时被委派去参加战事。

3. 中央和省级机构一致

如前所述，阿克巴把帝国划为 15 个省。到奥朗则布时，由于版图扩大，省的数量增加到 20 个。从阿克巴时代起，莫卧儿的省级行政机构就是中央机构的缩影。省督由皇帝委派，直接向皇帝负责，但他只有行政权，没有土地占有权。省督管辖的部门，如财政、军事、司法、宗教事务、情报等部门，业务上都受中央相应部门的垂直领导。省一级的主要官员也要由皇帝任命。各部门主管中，主管财政的迪万拥有较大权力，地位仅次于省督，并由中央财政大臣直接管辖。同样，中央控制着军事部门，省督的权力受到牵制，可防止省督拥兵自立。但由于省督都是皇亲国戚或有功之臣担任的，往往一有风吹草动，他们也会不听从中央的调遣。

4. 以税收为中心的基层管理

莫卧儿王朝的省下设县。县长归省督领导，并向省督负责，但其任免权属于中央。县级其他官员主要有税收财政主管、法官、警察长等。县以下设税区。通常税区下辖若干村，村是最小的基层行政单位。村里有村长和乡村评议会潘查雅特（五老会），他们负责村里的税收、

① 林承节：《印度古代史纲》，北京：光明日报出版社，2000 年版，第 324 页。

司法等。城镇设有行政官，主要负责税收、市政管理，以及案件处理。城市行政官手下也有一批官员协助他处理各种事务。总之，县以下的各层官员的主要工作是保证税收的及时上交，因为这是帝国的命脉。

5. 双重司法体系

皇帝作为最高司法权威，既听取来自各省的上诉，也直接受理大案要案的申诉，并最后做出裁决。大法官法庭也受理重大案件，并向皇帝请示报告。各省和城市、县都有卡齐（法官），他们负责审理财产和宗教案件。通常任命伊斯兰教法学家和印度教法学家协助办案。当诉讼双方都是穆斯林时，依据伊斯兰教法审理，而当诉讼双方都是印度教徒时，按印度教法学家的意见审理。不同的司法系统分别处理不同性质的案件，但由于情况往往很复杂，各种因素搅在一起，加之分工又不是很明确，出现混乱在所难免。莫卧儿的司法没有脱离宗教法，也没有编制出莫卧儿的国家法典，这就难免出现漏洞，影响社会公平和正义。

（二）军事体制

莫卧儿帝国的军队以骑兵为主，其次是步兵和象兵。巴布尔从伊朗人那里学会了使用火炮，组织起一支有效的炮兵队伍。阿克巴时，莫卧儿军队的数量增加，还拥有一支小规模的海军。军队人数在贾汉吉尔和沙·贾汉时约为 30 万人。从体制上讲，帝国的军队可分为两大类。一类为政府供养的，其招募、训练、装备、指挥都由中央和省负责，这是帝国的常规部队，主要负责保卫首都和行省重镇的安全。另一类是曼萨卜达尔供养的军队，战争时征召他们作为补充力量或作战主力。其数量很难准确估计，因为关于曼萨卜达尔养兵的定额时有变动，规定限额和实际额度间存在差距，而且学界说法纷纭，没有定论[①]。

① 林承节：《印度古代史纲》，北京：光明日报出版社，2000 年版，第 323 页。

二、经济状况

（一）土地制度与税收

原则上，莫卧儿帝国的土地归皇帝所有。但事实上，真正皇家所占有的土地是有限的。皇帝将大量的土地以札吉尔（Zagir，采邑）的形式分封给贵族和功臣。而且，莫卧儿君主们严格规定札吉尔不能世袭。但实际上，当中央权力削弱时，想要收回封地持有人死后的土地是很困难的。于是，世袭札吉尔出现了。这些人事实上已经具有了封建地主的性质。这一时期，另一种较普遍兴起的封建土地占有者为柴明达尔（Zamindar），即包税人。其权力不是来自国家拨给的采邑，而是以一定的价格从国家取得一定地区的包税权。柴明达尔包括印度教王公、部落首领、税吏、村社上层小封建主等，其中王公的土地是可以世袭的。柴明达尔封建主阶层的形成意味着封建土地占有关系的复杂化。

莫卧儿帝国的税收可分为中央和各省两大部分。莫卧儿王朝统治时期曾经在税收方面进行了多次改革。阿克巴取消了旧的税收区域，把帝国划分为许多单位，每个单位上设置一个叫作克罗里的官员，负责收税和奖励耕种。但是，因克罗里的暴虐使农民陷入悲惨境地，因此这一官职后被取消。1582 年，托达尔·马尔被任命为税务大臣，进行了重要的税务改革。他建立了一套标准的税收制度，即丈量土地，土地按生产能力分等和固定税率。

耕地面积扩大，高产量作物的耕种，农作物的种类增加，农业技术的精细化，使各省的地税收入增长。

（二）城市手工业

中世纪前期，与封建土地关系相适应，经济活动地区化倾向加强。

印度商品经济虽有一定发展，但仍是农业手工业直接结合的自给自足的社会。工匠艺人，不管在城市还是农村，都在继续从事他们古老的职业。他们保留了原始的工具，技术上并无太大发展。中世纪前期，各地王公争霸割据，无暇发展经济，工商业进一步衰落，城市缩小，城市的物质水平也下降。但是，当时印度仍然拥有令侵略者垂涎的大量财富。

在莫卧儿王朝的鼎盛时期，印度的主要城市繁荣而富庶。阿格拉和法特普尔·西克里不管从面积和人口来看都蔚为可观。旁遮普是一个富饶的大省。拉合尔是那里的主要城市，是全印度主要的商业城市之一。东印度城市贝拿勒斯、巴特那、拉杰马哈尔、布德万、胡格利、达卡和吉大港等地也很富裕。城乡手工业得到了很大发展。

莫卧儿帝国统治期间国家的经济状况一度达到了繁荣阶段。阿克巴统治时期，饱受战争之苦的劳动人民在相对稳定的国内形势下，得到了暂时的休养生息。社会生产的发展得到推进，商业和贸易也有一定进展，整个国家的经济形势趋于好转。

这一时期，印度经济发展的最重要因素之一，是其人民广泛而多样的工业活动。这些活动除了满足当地的贵族和商人的需要外，还可以满足来自欧洲和亚洲其他地区商人的需要。这个时期印度最重要的工业是棉布的织造。棉织业的主要中心分布于全国各地，而达卡地区则以其精美的平纹细布著称。丝织业与棉纺织业相比，在范围上是有限的，但它也是一部分人从事的重要工业。阿克巴统治时期，丝织业得到很大的发展。孟加拉是蚕丝生产和丝织业最重要的中心。在阿克巴赞助下，围巾织造和毛毯织造工业甚为兴旺。造船业在这一时期并没有衰落，硝石主要用作火药的配料，也被荷兰商人和英国商人用作出口；莫卧儿时期还有各种各样的手工艺。虽然国家鼓励制造业，织工们的待遇却并不高，他们经常受到贵族和官员们的剥削及粗暴对待。

商品货币关系发展对手工业者也产生很大影响。村社手工业者有些脱离出去而成为为市场生产小商品的生产者，有些继续留在村社内。有些村社的手工业者也把部分产品投入市场。城市手工业者分工加强，专业化倾向增长。市场对消费品日益增加的需求，使以往由单个手工业者完成的工作如今分成了一道道工序，由专门的、独立的手工业者承担。

（三）商业贸易

在莫卧儿时期的大部分时间里，印度与亚洲和欧洲各国有很活跃的对外贸易关系。印度的主要进口商品是金银块、生丝、马匹、金属、象牙、珊瑚、琥珀、宝石、丝绒、锦缎、绒面呢、香料、药品、中国的瓷器和非洲的奴隶，而它的出口商品则是各种纺织品、胡椒、靛青、硝石、鸦片及其他药品。当时，印度北部有两条出口贸易的主要陆路路线——从拉合尔到喀布尔和从木尔坦到坎大哈；海上则左右逢源。从阿克巴统治时期起，印度贸易的重要特点是与英国人和荷兰人的商务往来活跃，他们在各大商业中心建立起一些商馆。在频繁的内外贸易中，商人势力得到进一步发展。古吉拉特商人（其中有印度教徒、耆那教徒、穆斯林）、马尔瓦里商人（印度教徒）、波斯商人（袄教徒）成为全国性的大商人集团，同时也存在地区性的商人集团。大商人积累了大量财富，雄踞一方。17 世纪末，印度开始出现资本主义萌芽。

在奥朗则布统治时期行将结束的年代里，印度的经济衰退了。但是在 18 世纪，一系列的原因加速了国内尤其是孟加拉的经济衰退，18 世纪确实是印度经济史上“最黑暗的时代”。中央政府的软弱无能，加之内忧外患，最终导致了经济的崩溃。

三、社会状况

（一）种姓制度

种姓制度这一印度独有社会结构在穆斯林王朝的统治时期遭到了一定程度的打击。受到影响较多的是社会的上层和中层，下层的群众或是低种姓者大都继续遵循传统的方式生活。总体上说，印度教婆罗门的权威已今非昔比，刹帝利的地位也因穆斯林统治权的建立受到影响，他们中有不少人由于失去权力和财源、经济地位下降，被迫从事低级种姓的职业。种姓制度一向由这两个具有特权地位的高级种姓来维护。两者势力的削弱对种姓制度是个沉重的打击。再加上低级种姓大批改宗，而虔诚运动又公开地、广泛地批判种姓歧视。然而，所有这一切并未撼动种姓制度的根基。婆罗门、刹帝利封建主在莫卧儿帝国仍然是上层社会的一部分，在所有印度教附属国里仍然掌权。只要他们的势力依然存在，就会在印度教社会里继续维护种姓压迫。

穆斯林统治时期，印度教徒大批改宗，17 世纪他们的后代已构成了印度穆斯林人口的大多数。其中绝大部分属于下层群众；外来穆斯林中有部分人和改宗的穆斯林上层通婚，逐渐融合。伊斯兰教没有种姓制度，但等级制度是存在的。贵族、官员、宗教上层自恃血统纯正，不但轻视改宗的下层群众，就是改宗的上层也被他们视为旁系，不肯与他们平起平坐。

（二）妇女地位

这一时期突出的社会陋习是“萨蒂”（寡妇殉夫）、童婚和嫁妆制度。一些宗教家虽然猛烈地批判了这种陋习，一些政治家也曾努力试图禁止，但效果并不明显。

印度妇女地位在印度历史发展的任何一个时期都没有得到太大改

善，在穆斯林王朝统治下仍是如此。无论在印度教内还是伊斯兰教内，妇女都仍然受歧视。她们通常深居简出，过着与世隔绝的生活。妇女的文化修养随她们所属的阶级而有所不同。固然，在这一时期出了一些杰出的女性，但这些女性只能出自社会上层，因为只有她们才有接受教育的机会。所以整体看来，女子不能参政，在家庭内普遍处于依附地位。当时，在穆斯林社会上层和印度教高级种姓中流行一夫多妻制。如孟加拉有些婆罗门种姓娶多少不受限制。由于允许“顺婚”和向女方索取嫁妆，使一夫多妻成为常见现象。伊斯兰教则规定穆斯林男子可以多妻，逊尼派允许同时拥有 4 个妻妾，什叶派则允许更多。然而，这些规定都是理论上的，照规定实行的是少数，大多数人还是一夫一妻。印度教和伊斯兰教上层都实行深闺制，后者更严格，所以上层妇女参加社会活动的机会很少。

（三）宗教歧视

印度教上层与伊斯兰教上层之间始终存在着权力和利益之争，尽管经过几个世纪激烈的政治竞争，印度教徒与穆斯林的和解过程和这两个社群的成员之间的友好接触仍在继续。阿克巴的统治时期对印度教徒与穆斯林和睦相处来说，是非常重要而有益的。印度教与伊斯兰教两大宗教由德里苏丹国时期的不平等共存转变为莫卧儿帝国前几位君主时期的基本平等共存，这是个有意义的进步。两大宗教在文化方面、在群众的衣食住行等生活方面逐渐增加了了解和接近，共同点逐渐增多。

但是，这两大宗教在教义上、宗教习俗上却有许多直接抵牾之处，如印度教实行偶像崇拜，伊斯兰教反对偶像崇拜；印度教崇敬母牛，伊斯兰教禁食猪肉，宰杀母牛；印度教宗教游行鼓乐喧天，伊斯兰教做礼拜要保持安静等。这些不可调和之处很容易被双方正统势力用来煽动宗教狂热，加剧对立。所以，即便在阿克巴的宗教平等政策下，两大宗教也仍然是两个社会，同在一块国土上生活，彼此却有着相当程度的隔膜，如果说阿克巴的政策是沿着努力减少隔膜的方向前进，而且确实取得了成果的话，奥朗则布的所作所为，则是故意把宗教对立的沉渣重新搅起，使阿克巴改革的一切成果化作灰烬。英国殖民者正是轻而易举地利用了这一宗教矛盾，成功入主印度的。

第三节
穆斯林文学艺术和教育

一、文学

（一）苏非派的发展

莫卧儿的开国皇帝巴布尔属于伊斯兰教逊尼派，但他与苏非派保持着良好关系，他本人非常敬重苏非派长老，并与苏非派家族联姻。到胡马雍时，在坚持逊尼派信仰的同时，也不排斥什叶派，同时也维系了与苏非派的关系，娶了一个苏非派长老的女儿为妻。正是这位妻子生下了阿克巴。

直到1578年，阿克巴都是一名开明的逊尼派信徒，与各派的长老们都有密切的联系，同时也是苏非派的崇拜者。他每年都到阿季米尔去礼拜那里的苏非契什提派长老穆因·丁·契什提的墓。①

正是在这种情况下，印度伊斯兰教苏非派在莫卧儿王朝初期得到了长足的发展。在阿克巴死后，贾汗吉尔和沙·贾汉两朝，虽然没有给苏非派什么特殊照顾，但苏非派依然在不断发展，而且出现了17个

① [印]室利罗摩主编：《莫卧儿王朝前期历史》，新德里，孟西拉姆·莫诺哈尔拉尔私人出版有限公司，1987年印地文版，第213页。

教团并存的局面。此时的苏非们已经从轰轰烈烈的传教活动转而向研究领域深入，而其研究的重点则是神秘主义的核心——“泛神论”。[①]

（二）主要苏非诗人

莫卧儿时期，印度出现了一批苏非诗人，他们分布于各地，用不同的语言写作，创作出大量诗篇。下面按照年代顺序对主要诗人予以简介。

1. 贾耶西

贾耶西，全名马立克·穆罕默德·贾耶西（Malik Muhammad Jayasi，约 1492 ～ 1542），生平不详。其出生地在印度北方小镇贾耶斯（今属北方邦赖巴雷里县），当时那里是苏非派契什提教团圣徒的聚居地，贾耶西因地得名，为该派信徒。但由于他与印度教徒也保持着密切的关系，受印度教影响较大，因而他在思想感情上并无偏激的教派情绪。受这一思想感情的驱使，贾耶西用印地文创作了长篇传奇叙事诗《莲花公主传奇》。这是印度文学史上的一部优秀作品，受到史学界的一致好评。

2. 沙·侯赛因

沙·侯赛因（Shah Husain，1538 ～ 1593）出身于旁遮普一个织布工家庭。童年时，他被送入清真寺学习背诵《古兰经》，之后开始学习教法，几年后在胡吉伟利陵园接受了近十年的修行训练。26 岁开始学习神秘主义思想和教法。他用旁遮普语从事诗歌创作，写有数百首诗，宣扬苏非神秘主义。

3. 苏尔坦·巴胡

苏尔坦·巴胡（Sultan Bahu，1631 ～ 1691）是莫卧儿王朝奥朗则

① 唐孟生等：《印度中世纪宗教文学》（下卷），北京：昆仑出版社，2011 年版，第 167 页。

布时期最负盛名的苏非诗人，出生于旁遮普省的羌格。他用波斯文写作，写有大量论著和诗歌。现存最流行的诗集中收有其 220 首诗歌，主要宣扬其神秘主义哲学。

4. 瓦利·穆罕默德

瓦利·穆罕默德（Wali Muhammad）的姓名、生平等都缺乏确凿的资料，据推测他应诞生于 1662 至 1668 年之间，并于 1707 至 1718 年间辞世。他用乌尔都语写抒情诗，其作品充满欢快的情调。他的创作成为乌尔都语文学发展的里程碑。

5. 拉赫曼·巴巴

拉赫曼·巴巴（Rahman Baba，1653 ～ 1711）原名阿卜杜拉·拉赫曼（Abdullah Rahman），是用普什图语写作的苏非诗人。他出生于巴哈杜尔吉里（在今巴基斯坦西北边境省境内），他的诗歌以抒情诗为主，主要宣扬宿命论和苏非神秘主义。

6. 拉迪夫

沙·阿卜杜尔·拉迪夫·巴塔依（Shah Abdul Ladif Bhatai，1689 ～ 1752），今巴基斯坦信德省人。用信德语写作抒情诗，并借用信德地区流传的民间故事中人物和情节对苏非哲学作形象化阐述，因而深受当地民众的喜爱，这使他的诗歌在信德家喻户晓。

7. 瓦利斯·沙

瓦利斯·沙（Walis Shah，1718 ～ 1798），出生于拉合尔附近的小镇谢胡布拉。他用旁遮普语创作的长篇叙事诗剧《希尔》和《西茜和布努》都取材于当地流传的民间故事。他借用故事中男女自由恋爱的主题宣扬苏非与主合一的思想。①

---

① 以上第 2 至第 7 位诗人简介，据唐孟生等：《印度中世纪宗教文学》（下卷）有关部分缩写，北京：昆仑出版社，2011 年版，第 188 ～ 270 页。

二、建筑

莫卧儿时期的艺术成就辉煌，主要表现在建筑上，而其绘画艺术也显得十分突出。由于这两者都有诸多珍品存留世间，显而易见，故为世人格外瞩目，似乎都远远超过了这个时期苏非诗歌的影响力。

在莫卧儿时期，印度伊斯兰建筑艺术得到很大发展。这个时期有两个建筑高潮，分别发生于阿克巴时期和沙·贾汉时期。阿克巴时期的印度伊斯兰建筑明显将伊斯兰风格与印度本土风格结合在一起，雄浑刚健有余而优美典雅不足。沙·贾汉时期的建筑则完全确立了印度伊斯兰建筑的独特风格，并达到了完美和谐的境界，出现了泰姬陵这样的世界建筑史上的典范。而到奥朗则布时期，莫卧儿建筑迅速衰落，盛况不再。

（一）初期的建筑

在巴布尔建立莫卧儿王朝之初，他就很注重建筑艺术。他在位时间虽然只有 4 年，但却曾驱使许多工匠在阿格拉、法特普尔·西克里、瓜廖尔等地建造大型的宫殿、花园和清真寺等。但是，由于长期的战乱和岁月的消磨，他那个时期的建筑物遗存很少，目前只有几处小型的清真寺保存了下来。如为纪念帕尼帕特战争胜利而建的卡布利·巴格清真寺（Kabuli Bagh Masjid，1526）、德里东边洛希尔坎德的桑巴尔大清真寺（Jami Masjid）等。胡马雍也是一位喜欢建筑艺术的皇帝，他一生颠沛流离，统治印度的时间很短，但也曾建过宫殿和清真寺。在胡马雍流亡期间，舍尔沙在德里建立了统治，虽然也为时不久，却曾大兴土木，重新建设了德里城。他建的城堡如今被称为“古堡”或“旧堡”（Purana Qila），虽然当年没有竣工而今又几近废墟，依然气象不凡，成为人们参观和凭吊的场所。舍尔沙还在世时就在比哈尔的一处湖中为自己选择了一块高地作为修建陵墓的处所，并于 1543 年前后建造成这座陵墓。它至今矗立于萨萨拉姆（Sasaram）的湖心，似一座方形城堡，气势恢宏。其主体建筑分三层，底层和二层呈六角形，各有三座拱门，每个角上都有一座圆顶亭子。最上层是一座穹顶，酷似早期的佛塔，如桑奇大塔的形状。上有多重宝顶，亦与佛塔相似。这说明，此陵融合了穆斯林建筑与佛教建筑的风格，而这种风格在后来莫卧儿王朝的建筑中被反复采用。

（二）阿克巴时期的建筑

阿克巴时期的建筑是莫卧儿建筑的代表。阿克巴以其雄才大略，融合了伊斯兰教和印度教建筑风格，开创了印度建筑史上的阿克巴时代，建造了大规模的城堡、宫殿、园林、清真寺和陵墓等。下面重点介绍这一时期的代表性建筑“二堡一陵”。

1. 阿格拉堡

阿格拉作为莫卧儿初期的首都，在巴布尔和胡马雍时代并没有得到大规模的营建。到阿克巴时代，这位伟大的帝王开始于 1565 年兴建阿格拉堡。阿格拉堡既是一座军事要塞，又是一座王宫的建筑群。其城墙为红砂石砌成，分为两层，内层高约 21 米，外层高约 12 米，四周长度 2.5 千米，由 10 米宽的护城河环绕。其正门高居于一个斜坡之上，显得十分雄伟险要，有一夫当关万夫莫开的气势。其城墙上布满雉堞和炮塔，并分布有瞭望塔和窗口，看上去如同一座巨大的堡垒。据史料记载，当年城堡内建有 500 多座古吉拉特和孟加拉风格的红砂石楼阁，这体现了阿克巴对印度教艺术的兼收并蓄。其中，阿克巴为儿子贾汗吉尔建造的后宫阁楼最为宽敞豪华，无论从整体布局还是从一些营造细节看，都集中展现了印度教建筑艺术的许多细节。

2. 胡马雍陵

位于德里的胡马雍陵始建于1564年，完成于1573年。该陵墓由波斯的工程师设计，由胡马雍的遗孀督建。陵墓建筑在一个巨大花园中央，以红砂石为主要建筑材料，以白色大理石为装饰条镶嵌于红砂石上。陵墓的主体建造在一个方形的台基之上，台基边长47.5米。台基上面是带有一长串拱形大门和门廊的方形平台。平台上，高大的主体建筑如同一个城堡，每个方向都有一个主门，两个侧门。主门上方两侧各有一个塔亭，侧门上方各有一个较大的塔亭。主体建筑的上方则是一个宏大的白色大理石圆顶，形制如同早期佛教的窣堵波。圆顶为复合式穹隆，其下方便是灵柩的八角形墓室。从整个设计看，该建筑一方面承袭了波斯建筑的风格，同时也融入了印度本土的建筑风格。

3. 法特普尔·西克里

在阿格拉西南约40千米处，有一座著名的城堡，叫法特普尔·西克里。西克里是地名，本是一片贫瘠的荒地。但那里却居住过一位著名的苏非大师——谢赫·萨里姆·契什提。如我们在本章第一节第一部分提到的，阿克巴在27岁时尚无子嗣，内心不免为皇位继承问题焦急。就在这个时候，有人建议阿克巴去西克里拜见苏非大师契什提，祈求子嗣。他照办之后，皇后果然怀孕了，并于1569年8月顺利生下了第一位王子。阿克巴为了感谢和纪念萨里姆·契什提，特地给小王子命名为萨里姆，这就是后来的贾汗吉尔皇帝。阿克巴还将西克里视为福地，决定在那里兴建新都。1570年，新都的西克里堡开始营建。阿克巴亲自审定设计方案并监督施工。这期间，他还在1573年征服古吉拉特的战役中获胜。为纪念这次胜利，当1574年城堡建成时，他特地将该城命名为“法特普尔·西克里”（Fatehpur Sikri），意思是“西克里的胜利城”。

法特普尔·西克里是一个规模宏大的建筑群，也是伊斯兰建筑与印度传统建筑相结合的产物。在设计和兴建过程中，阿克巴可能聘请过波斯或者土耳其的建筑师，也曾大量使用过印度各地区的工匠。正因为如此，这个建筑群既体现了波斯、土耳其的建筑风格，也吸取了印度教、佛教建筑的元素。其整体建筑的材料以红砂石为主，有些地方则以白大理石为装饰。整座城堡坐落于山岗之上，高峻的城墙周长约 11 千米，城门楼巍峨雄奇。

该建筑群规模宏大，不仅有广阔的园林式庭院，有豪华的宫殿，还有精致的清真寺和苏非圣人的陵墓等。其中，勤政殿、枢密殿等宫殿的斜檐和列柱都体现了拉贾斯坦风格。其后面的建筑主要为皇帝与后妃起居宫室以及大臣们的居住地，建筑也都极尽奢华。如阿克巴拉吉普特皇后居住的鎏金宫室（Golden House），以及其印度教大臣比尔巴尔的府第（Birbal Bhavan），都很精美。还有以“五层宫”（Panch Mahal）闻名的一处供后妃们登临休闲的五层楼阁，每层都有精美雕刻的列柱支撑，看上去简洁通透，仅其底层就有 56 根列柱，顶部则是一圆形穹顶的亭台。

此外，城内还有许多建筑物，修建于不同的年份，也各有名称。如接待商人的会馆（Karawan Sarai）、阿克巴射鹿的 21 米高的鹿台（Hiran Minar）、阿克巴下棋的棋盘院（Pachisi Court）、音乐家丹森的音乐演奏厅（Tansen Khana）、阿克巴召集各个宗教学者讨论教义的礼拜堂（Ibadat Khana）、建于 1571 年的红砂石的大清真寺（Jami Masjid）、建于 1577 年高达 54 米的凯旋门（Buland Daevaza）和建于 1580 年的苏非大师萨里姆·契什提墓（Tomb of Shakh Salim Chishti）等。其中，契什提墓以白色大理石砌成，一层，一门四窗，穹顶圆形，有向外延伸的斜拉式屋檐，通体洁白，显得十分优雅明快。

1580 年，阿克巴决定再次迁都到拉合尔，又在那里兴建了新的拉合尔堡（Lahore Fort），1585 年建成后，阿克巴放弃了法特普尔·西克里。但由于统治的需要，阿克巴又于 1589 年将首都迁回阿格拉，直至其去世。

正如王镛先生所说："阿克巴时代的建筑真是伊斯兰文化与印度教文化融合的产物，被称作折中风格（eclectic style）。在阿克巴时代的建筑风格上也留下了阿克巴个性的印记，雄浑刚健，奇拔恣肆，富有巨人的伟岸风度与男性的豪壮气概。"①

（三）贾汗吉尔时期的建筑

在阿克巴去世前夕，他就开始为自己谋划建筑陵墓。阿克巴陵位于阿格拉以北约 10 千米的西坎达拉，1605 年开始建设，1613 年完工。这是一座由阿克巴时代向贾汗吉尔时代过渡时期的建筑。与胡马雍陵相同的是，这座陵墓也建造在一座大花园的中央。不同的是，这座陵墓的建筑材料已经采用了较多的白色大理石。如陵墓的正门（南门），其主色调为白色，红砂石则变为辅助装饰材料。这座大门分为两层，中间有一个高大尖拱，两侧各有上下两个拱形窗。正门顶部为两个穹顶方亭，四角树立四根高耸的三级塔柱，方亭和塔柱皆为白色。门的后方是陵墓的主体建筑，分为五层。第一层为回环的拱门游廊，其上为宽阔的露台，主要以红砂石建成，间或有白色大理石贴面。第二层为建筑在露台中央的廊柱大厅。第三和第四两层面积相当，均为红砂石廊柱大厅。第五层为纯白大理石建造，起露台中央安置着一座象征性的阿克巴的棺椁仿制品，也是由白色大理石雕造而成。此外，陵墓主体的大门、露台及三四层四角的塔亭的穹顶部分，均为大理石雕造。其下部的红砂石部分显得厚重，而其上方一个个白色圆顶则显得优雅。

贾汗吉尔时期的另一座著名建筑是伊蒂马德 - 乌德 - 道拉墓（Tomb

① 王镛：《印度美术》，北京：中国人民大学出版社，2004 年版，第 384 页。

Itimad-ud-Daula）。墓主人伊蒂马德-乌德-道拉是贾汗吉尔的岳父，其岳父生前是一位位高权重的大臣。皇后努尔贾汗主持了父亲陵墓的建造。该陵墓在首都阿格拉的一座花园中，规模虽然不算宏大，但其主体部分全用白色大理石堆砌或贴成，为后来的沙·贾汉时期的陵墓取材树立了一个样板。

（四）沙·贾汉时期的建筑

沙·贾汉时期，莫卧儿帝国的社会经济得到发展，而这位皇帝又酷爱艺术，于是大兴土木，在全国各地建造了许多园林、城堡、宫殿、清真寺和陵墓。关于这一时期的建筑，王镛先生指出："沙·贾汉时代的建筑通常以白色大理石代替红砂石作为主要建筑材料，并点缀玛瑙、碧玉、红玉髓等各种彩石或半宝石与金银镶嵌的图案。……材料与技术的改变引起了造型与风格的变化。特别是尖拱门顶部的弯曲，多半以中央一个尖头两侧各有三四个半圆弧的形式装潢，饰有这种波纹状连弧的连拱门或连拱廊成为沙·贾汉时代建筑的典型特征之一。圆顶的形状也从简朴的覆钵式圆顶变为在颈弯处收缩的鳞茎状或葱头状的波斯式圆顶。……沙·贾汉时代的建筑风格，已从阿克巴时代的复杂的折中演变为单纯的协调，从男性式的雄浑奇拔演变为女性式的典雅优美，轮廓明晰，比例匀称，对称工稳，色泽亮丽，基调清纯洗练而又雍容华贵，臻于完美和谐的理想境界，被称作印度伊斯兰建筑的'新古典主义'（Neoclassicism）。"[①] 确实，莫卧儿建筑在沙·贾汉时期达到顶峰。下面重点介绍纱·贾汉时期的"二堡一陵"。

1. 阿格拉堡

阿格拉堡本是阿克巴早期的建筑，但中间阿克巴曾两度迁都，

---

① 王镛：《印度美术》，北京：中国人民大学出版社，2004 年版，第 398、399 页。

使阿格拉堡闲置了 20 多年。到沙·贾汉登基时，阿格拉堡需要修缮和增建。于是，沙·贾汉于 1628 年开始了阿格拉堡的翻新工程。首先，他重新装修了原先的红砂石的勤政殿，使之旧貌换新颜。然后，他又下令于 1636 至 1637 年间重建了枢密殿。完全以白色大理石为材料建成的这座建筑物成为阿格拉堡最精致最豪华的建筑之一。1646 年，沙·贾汉又下令修建了一座清真寺，也是以白色大理石建成；由于它异常精致和秀美，被称为“珍珠清真寺”（Moti Masjid）。珍珠清真寺位于阿格拉堡的中心位置，其祈祷厅为单层，正面有一排七个连拱门，拱顶均为富于特色的波纹状弧形。其平展的露台上有三个大型葱头式穹顶，四角各有一个较大的塔亭，每个拱门的上方各有一个小型的塔亭。阳光下，这座祈祷厅显得洁白纯净，端庄齐整。

2. 泰姬陵

泰姬陵是享誉世界的建筑奇迹，在人类的建筑史上占有重要地位。这是沙·贾汉为爱妃穆玛姐吉·玛哈尔（Mumataj Mahal）修建的陵墓。它动工于 1632 年，建成于 1653 年，历时 22 年，耗资 4000 万卢比。相传，穆玛姐吉怀孕期间仍然陪同沙·贾汉出征，在转战途中，穆玛姐吉临盆难产，不幸去世。去世前留下遗愿，要沙·贾汉为她修建一座世界上最美的陵墓。沙·贾汉不负许诺，决定为陵墓建造聘请最好的设计师和建筑师。于是，沙·贾汉从拉合尔请来了主设计师艾哈迈德·拉合里（Ahmad Lahori），又从土耳其、波斯、巴格达等地请来著名的建筑师和书法家，并动员了印度各地的能工巧匠前来阿格拉。据说，甚至连意大利和法国的珠宝首饰匠也被请来了。

泰姬陵坐落在亚穆纳河畔，占地约 17 万 4 千平方米。红砂石的围墙内是一座长方形园林，花园的南门为正门，酷似阿克巴陵的正门。

花园中央偏北是陵墓的主体建筑。这座陵墓通体洁白，用的是拉贾斯坦开采来的白色大理石。从南门到陵墓主体中央，在一条笔直的中轴线上。陵墓前方的中轴线上修有一个大理石的方形水池。四条红砂石的水渠平直地通向四个方向。从南门进入，首先映入眼帘的是笔直而细长的水渠，正前方便是那纯白色的陵墓主体。

陵墓的主体修建在一个巨大的正方形平台之上。平台高约 7 米，边长约 95 米。平台的四角矗立着四根约 42 米高的柱形高塔，簇拥着中央的寝宫。寝宫的平面呈八角形，其正面是一座高大的内凹式拱形正门，龛内为上下两个拱形窗。其正门外壁装饰有彩石镶嵌的《古兰经》经文和花枝的图案。正门两侧为上下两层的内凹式拱形窗，外壁均有精雕细刻的镶嵌装饰。正门上方是一个巨大的鳞茎状圆顶，其内部下方笼罩的是镶嵌着各种宝石的精雕石棺。石棺的八个方向由 8 块石屏风围起，每块屏风都是由整块石料精雕而成。这石棺内安置的是穆玛姐吉生前衣冠，其盛有遗骨的石棺埋在地下。

据说，沙·贾汉生前曾打算为自己修建一所同样形制的黑色大理石陵墓，在亚穆纳河的北岸与泰姬陵相对应。但因儿子造反，他被软禁，这一愿望没能实现。于是，在他死后，他的衣冠石棺便被安置于穆玛姐吉的石棺之侧。这就是今天人们所见到的情形。

关于泰姬陵的美，王镛先生写道："整个白色大理石主体建筑，犹如天上的琼楼玉宇，空明澄澈。这座琼楼玉宇好像一朵含苞欲放的雪白荷花，那皎洁的倒影在澄碧的水面轻轻颤动，莹洁素雅，幽美明丽。建造圆顶寝宫的马克拉纳特产的白色大理石，仿佛具有自己的生命，随着每天不同时刻的光线变化而变幻各种深浅不同的色调。黎明，色调乳白微蓝，轻柔淡雅，梦一样朦胧。中午阳光照射，犹如一片雪山冰川银辉耀眼。在印度短暂的黄昏，呈现迷人的银灰色或可爱的玫瑰色。月明之夜，那圆顶的光彩冷艳、奇幻而神秘，恍若一颗硕大的珍珠悬挂在星空，唤起人无限的遐思。”[①]

3. 德里红堡

在泰姬陵动工后的第七年，即1638年，沙·贾汉突发奇想，要迁都德里。于是，他聘用泰姬陵的设计师和建筑师艾哈迈德·拉合里等设计了新城，并于1639年动工兴建。在印度的历史上，德里城已经过六兴六废，沙·贾汉这是第七次兴建德里城。

德里的皇宫城堡以红砂石砌成，因而俗称“红堡”（Lal Qila，或Red Fort）。红堡的城墙长度约2000米，内部面积约488×975（475800）平方米。正门朝西，东临亚穆纳河。勤政殿位于红堡的中央部位，建材以红砂石为主，其外表涂抹了灰泥，并增加了彩绘鎏金，使之显得华贵庄严。殿前有40根列柱支撑的游廊，列柱间有波纹状弧形尖拱。殿内后墙中央有一凹室，凹室前方建有一个白色大理石高台，上面是安放皇帝宝座的地方。大理石上镶嵌着组成各种图案的彩石。枢密殿位于红堡的后部，这是红堡中最华美精致的宫殿，以白色大理石为主要构件。枢密殿为单层建筑，其三面均有五个联排拱门，拱门上方均为波纹状连弧尖拱。每根列柱都是精工雕刻的珍品，有珍宝组成的各种花卉图案被镶嵌在尖拱上方的两侧。殿内中央建有一座大理石台基，据说当年在那里安放着一个价值十分昂贵的孔雀宝座。宝座为黄金铸造，靠背上镶嵌着由各种名贵宝石组成的孔雀图案。但这个宝座在1739年被波斯入侵者劫掠至伊朗，长时间下落不明，现在，德黑兰博物馆犹存其残片。在枢密殿的南北两侧排列着很多白色大理石建造的宫室、厅堂等，各个都极尽华美。

值得一提的是红堡正门对面的德里大清真寺。该寺为沙·贾汉敕建，亦由艾哈迈德·拉合里等人设计。约动工于1644年，竣工于

① 王镛：《印度美术》，北京：中国人民大学出版社，2004年版，第404、407页。

1658年，为红砂石和白色大理石的混合建筑。在巨大的台基上，由红砂石铺成平面院落，110米见方。四个角上建有塔亭。其西侧被设计为礼拜堂，宽60米，深26米，其两侧建有两座高达43米的高塔。

沙·贾汉时期的建筑远不止这些。他还在拉合尔、坎大哈、喀布尔、阿吉米尔、克什米尔、信德等地都建造过一些著名的清真寺、园林和行宫等。

三、细密画

莫卧儿时期，印度的绘画艺术出现了新的特点，即细密画大量涌现。其实，在莫卧儿王朝建立之前，印度本土早就流行一种细密画，即以耆那教经典插图为代表的绘画。在一些佛教贝叶经夹板上，也早就有绘制插图或装饰图的习惯。莫卧儿时期的细密画主要分为两大类，一类是莫卧儿细密画，主要承袭了波斯细密画的风格，其画家由莫卧儿皇家供养，主要服务于宫廷。另一类是流行于拉贾斯坦地区的拉贾斯坦细密画，主要流行于民间。下面，我们根据王镛先生的研究和介绍①，将这两类细密画简介如下。

（一）初期

13至17世纪，波斯及其周边地区流行细密画。巴布尔和胡马雍都曾受到波斯细密画的耳濡目染，喜爱细密画艺术。尤其是胡马雍，在流亡波斯期间，经常观看波斯画家作画，并结识了两名年轻画家：米尔·萨伊德·阿利（Mir Sayyid Ali）和阿卜杜斯·萨马德（Abdus

① 参见王镛：《印度美术》，北京：中国人民大学出版社，2004年版，第418～474页。

Samad）。1545年，胡马雍在喀布尔称王，之后，他便于1550年邀请这两名画家到喀布尔来为他作画。这二人在胡马雍的小画室作画达5年之久，并且还教小王子阿克巴绘画。这期间，他们应胡马雍的要求，开始为波斯传奇故事《哈姆扎传奇》（*Hamza Nama*）的抄本绘制插图。1555年，胡马雍恢复了莫卧儿帝国，回到德里，这两位画家又被请到德里继续绘制《哈姆扎传奇》插图，并与印度画家一起作画。

（二）阿克巴时期

阿克巴自幼喜爱绘画艺术。即位后，他组建了皇家画室，搜罗和供养的画家达百余人。这些画家中既有穆斯林，也有印度教徒，且印度教徒占多数。胡马雍请来的两位画家则先后在画室中担任首席画家。当时皇家画室采取分工合作的办法，通常由两三个画家合作完成一幅画。这样，不管是从外国来的画家还是本土的画家，也不管是穆斯林画家还是印度教画家，都能在合作中相互学习、取长补短，形成了兼收并蓄的莫卧儿画派（Mughal school），并涌现出一批著名的画家和名画。

由于阿克巴本人的喜好和作风影响了画家的画风，这一时期的莫卧儿细密画表现出崇尚活力的显著特征。从题材上讲，这一时期的细密画主要是文学和历史文献抄本的插图。到阿克巴去世时，莫卧儿皇家藏书多达24000卷，其中，《哈姆扎传奇》《鹦鹉故事》（*Tota Nama*）、波斯著名诗人尼扎米（Nizami）的《五卷诗》（*Khamsa*）、印度大史诗《摩诃婆罗多》的波斯文本、宫廷史官编纂的《阿克巴本纪》等，都有很多插图。而《哈姆扎传奇》一书的插图就有1400幅，现存123幅。这些插图绘制在棉布上，尺寸在67×50厘米。由于这套插图绘制的时间很长，前后的风格、技法都有所变化，但总体上讲，这些画作都表现了印度传统的生命活力。此外，《鹦鹉故事》《摩诃婆罗多》波斯文本的插话，多出自印度教画家之手，也同样表现了印度教传统的夸张动态。

在此期间，西方的绘画也传入莫卧儿宫廷。1580年，葡萄牙耶稣会的一个传教使团访问法特普尔·西克里，在给阿克巴的赠品中，就有多种文本的带有耶稣和圣母像插图的《圣经》。此后，西方的版画由多种途径传入莫卧儿宫廷，并受到阿克巴的喜爱，于是也就有不少印度画家模仿西方的绘画。1582年，莫卧儿画家奉旨在法特普尔·西克里的耶稣会小礼拜堂模拟绘制了耶稣基督与圣母玛利亚的画像。不久，还有画家临摹了荷兰画家的作品。当时，莫卧儿画家学习西方绘画的写实技巧，将其融入细密画中。

16世纪90年代，莫卧儿细密画发展到成熟阶段，确立了自己的独特风格。其代表作为《阿克巴本纪》的插图。现藏英国伦敦的一个抄本，约于1590至1597年由史官阿布尔·法兹尔（Abul Fazl）编纂，同时配有插图117幅，其规格为33×20厘米。参与其绘制的画家多达49人，大部分为印度教画家，如拉尔（Lal）、凯苏（Kesu）、马杜（Madhu）、杜尔西（Tulsi）、穆昆德（Mukund）等。在这批插图中有很多名作，如《1570年穆拉德王子诞生》《阿克巴剿虎》《阿克巴骑大象哈威冒险》《阿克巴在拉合尔附近围猎》《阿克巴横渡恒河》《阿克巴督造法特普尔·西克里》《阿克巴进入苏拉特》等，由谁起草，由谁着色，由谁画肖像，都有明确记载。不仅具有美术史价值，也为考察当时的政治、军事和社会提供了宝贵的图像资料。

（三）贾汗吉尔时期

在贾汗吉尔即位之前，他就曾供养过一批画家。即位后，他仍然保留着阿克巴遗留下来的皇家画室编制，赞助莫卧儿的绘画艺术。这一时期的一个重要变化是，贾汗吉尔出于对绘画的挚爱，特地建立了一个私人的画作收藏室，并命人将画作装订成册，作为他的藏品。阿克巴时代流行的插图画已经明显地减少了，而大量的画册绘制成为主流。这一时期的主要画家有穆斯林画家阿夸·里扎（Aqa Riza）和阿布尔·哈桑（Abul Hasan）父子。其中，父亲在贾汗吉尔为王子驻守阿拉哈巴德时就为贾汗吉尔作画，后者则是自幼跟随贾汗吉尔的肖像画家，曾被赐号为“一代奇才”（Nadir-al-Zaman）。而画师曼苏尔（Ustad Mansur）为前朝即成名的画家，贾汗吉尔时代则成为著名的花鸟画大师，被赐号“旷世奇才”（Nadir-al-Asr）。此外，法鲁赫·贝格（Farrukh Beg）也是前朝的老画家。主要的印度教徒画家有比尚·达斯（Bishan Das）、戈瓦尔丹（Govardhan）、马诺哈尔（Manohar）、比奇特尔（Bichitar）等。

这一时期，西方绘画对莫卧儿绘画的影响进一步加深。贾汗吉尔非常喜爱西方的绘画，尤其喜欢圣母玛利亚的画像。1607 年，他得到耶稣会神父赠送的波斯文《圣徒行传》（*Acts of the Apostles*）插图抄本，便让皇家的画师们在阿格拉堡的墙壁和天花板上临摹相关题材的壁画。贾汗吉尔的画作收藏室还收藏有许多西方画家的作品，并经常让他的画师们临摹。就这样，西方的绘画技法自然而然地被吸收到莫卧儿绘画当中。

贾汗吉尔迷恋自然，喜欢狩猎，他经常让画家为他画花草动物。因此，这一时期便出现了一个新的画种——花鸟画。曼苏尔擅长花鸟画，在他的传世作品中就有细密画《红郁金香》《火鸡》《斑马》等。阿布尔·哈桑也擅长花鸟画，他的名作《梧桐松鼠》约作于 1615 年，极富自然情趣。

贾汗吉尔时期也曾绘制过手抄本插图，如他的回忆录《贾汗吉尔自传》（*Tuzuk-i-Jahangiri*）就集中了阿布尔·哈桑、马诺哈尔、戈瓦尔丹、比奇特尔等一批宫廷画师共同参与绘制。这些插图现今分散收藏世界各地的博物馆和图书馆。如波士顿美术馆的《贾汗吉尔临朝》（约1620）、都柏林切斯特·贝蒂图书馆的《帕尔维兹与女人们》（约公元1615～1620）、伦敦不列颠博物馆的《贾汗吉尔称量胡拉姆王子》（约1615～1625）等。

莫卧儿的肖像画在阿克巴时代已经出现，贾汗吉尔时期得到发展。这时的肖像画注重写实，准确表现人物的外表形象，并力求反映人物的性格特点和心理状态。阿布尔·哈桑作为宫廷首席画家，也善于画肖像画。他的《贾汗吉尔肖像》（约1605）和《身为王子的沙·贾汉》（约1617）是这方面的早期代表作。1617年以后，贾汗吉尔吸鸦片上瘾，并沉迷于酒色。于是，这一时期出现了两类题材的细密画，一类是表现后宫逸乐的艳情画，一类是表现皇帝幻想统治世界的象征主义寓意画。这种寓意画的代表作有《贾汗吉尔与沙·阿巴斯想象的会见》（约1618）和《计时沙漏宝座上的贾汗吉尔》（约1625）。尤其是后一幅画中，贾汗吉尔虽然已呈现出老态，这是其写实的一面；但另一方面，他的头后却被画上了神的光环，而且，还有长着翅膀的天使们出现。这表明，贾汗吉尔在吸毒之后常常沉湎在幻想中，想象自己已成为世界之主，外国的首脑，如土耳其奥斯曼帝国的苏丹和英国国王都臣服于他。

王镛先生总结道："贾汗吉尔时代细密画的风格，以逼真自然的写实主义为主要倾向，同时也并不排除装饰性与象征性的成分。波斯因素、印度因素与西方因素走向更加完美的融合，而西方绘画的写实因素最为显著。"①

① 王镛：《印度美术》，北京：中国人民大学出版社，2004年版，第446、448页。

（四）沙·贾汉时期

由于沙·贾汉对建筑更加感兴趣，所以他即位以后，缩小了皇家画室的规模，但依然采取以前的体制。在这一体制下，贾汗吉尔时期启动绘制的一些画册，在这一时期得以完成。

皇家画室依然供养着许多著名的画师，如比奇特尔、戈瓦尔丹、巴尔昌德（Balchand）、帕耶格（Payag）、穆罕默德·纳迪尔（Muhammad Nadir）、米尔·哈希姆（Mir Hashim）、阿努普查塔尔（Anupchhatar）、奇塔尔曼（Chterman）等。他们的主要作品是绘制皇帝、王子和贵族们的肖像和《沙·贾汉本纪》（*Shah Jahan Nama*）抄本的插图。

诸多画师中，比奇特尔是最受沙·贾汉赏识的元老画匠。现存伦敦维多利亚与艾伯特博物馆的《沙·贾汉肖像》即出自比奇特尔的手笔。此画作于1632年，长22.1厘米，宽13.3厘米，上有沙·贾汉亲笔题款："朕40岁的一幅优秀肖像，比奇特尔作。"是莫卧儿肖像画中的一件珍品。他的另一幅作品《1628年沙·贾汉在阿格拉接见他的儿子们和阿萨夫汗》约作于1630年，现藏温莎堡皇家图书馆。画面中除了沙·贾汉、他的三个儿子和阿萨夫汗，还有49人半身或全身像，每人的长相、肤色、服饰和表情各有不同，用工笔描绘，精细到毫发毕现的程度。除了比奇特尔，戈瓦尔丹的细密画《帖木儿把帝国皇冠传给巴布尔》（约1630）、巴尔昌德的《沙·贾汉和他的儿子们》（约1628）、帕耶格的《1631年围攻坎大哈》（约1640）等都是名作。

（五）衰落期

从奥朗则布时期开始，莫卧儿细密画开始走向衰落。由于奥朗则布已经不再执行阿克巴以来的宗教宽容政策，而是严守逊尼派的戒律，不再赞助绘画。当时的皇家画室尚未完全解体，画师们仍然习惯性地在作画，但多属于因袭之作，没有了活力和创新。

到奥朗则布的曾孙穆罕默德沙（Muhammad Shah，1719 ～ 1748 年在位）时代，才又恢复了皇家对绘画的赞助。但这个时期的细密画大量表现皇帝的骄奢淫逸生活，显得浮华轻佻。有些好的作品则对后世的画作留有一定影响。1739 年和 1757 年，德里两次遭到外来入侵者的洗劫，德里的画家纷纷出逃到奥德的勒克瑙和孟加拉的穆尔西达巴德等地，为当地的那瓦卜服务，形成了地方莫卧儿画派。

四、音乐舞蹈

早在德里苏丹国时期，以阿拉伯音乐为主体的伊斯兰音乐进入印度，并开始影响古老的印度音乐。尤其是苏非派对音乐舞蹈的痴迷，使伊斯兰音乐与印度教音乐开始融合。北印度的伊斯兰音乐在吸收了印度传统音乐的影响后，逐渐走向独立发展的道路，并最终在莫卧儿王朝时期形成了一个完整的流派。通常，人们称这一派音乐为“印度斯坦尼派”。

阿克巴时期，宫廷音乐得到较大发展。他的宫廷中有多位著名的音乐家。其中，丹森（Tansen，约 1560 ～ 1610）最为著名，他在确立印度音乐北派体系的过程中，贡献最大，作用最突出。但到了奥朗则布时期，乐舞受到禁止。

五、教育

莫卧儿时期有几位皇帝都比较重视教育。如胡马雍，就曾建立学校，鼓励伊斯兰文化教育。

莫卧儿时期的学校主要分两种，一种是推广初等教育的小学，叫作马克塔卜（maqtab），另一种是推广中等教育的马德拉萨（madrasa）。此外，清真寺和苏非道堂也是传授知识和接受教育的地方。在一些有条件的家庭，也可以聘请家庭教师授课。

这一时期的皇室和贵族都受到良好的教育。他们一方面学习波斯语文献，同时也学习突厥语文献，出现了这方面的著名学者。在阿克巴时期，有很多梵语著作被翻译为波斯文，也有不少人学习了印度教方面的知识。一般认为，这一时期的女性，不管是穆斯林还是印度教徒，都有接受教育的机会。但事实上，也只有富裕人家的女孩有学习文化的机会，大多数女性还是没有机会上学或者在家里接受文化教育。

阿克巴也非常重视教育，他在法特普尔·西克里和阿格拉等地都建立了学校，主要推广初等和中等教育。他甚至试图在学校里实行改革，但没有收到什么效果。继任的贾汗吉尔也重视教育，曾下令将没有继承人的遗产用来修建学校和清真寺。据说，他在位期间，曾经把一些荒芜了的学校重新建设好，使许多孩子走进了课堂。沙·贾汉也曾赞助过学校的修建，一个著名的例子是他曾将一座破旧不堪的马德拉萨修葺一新，并命名为“永恒之宫”。

第十三章
莫卧儿时期的印度教文化

第一节
北印度的虔诚运动

15 至 18 世纪，印度基本上处于穆斯林统治时期。即便在这种情况下，印度教文化依然得到了长足的发展。这主要表现在宗教哲学方面和文学方面。宗教哲学方面的主要表现是印度教的虔诚运动继续高涨，文学方面的主要表现是虔诚文学作品的大量涌现。

一、虔诚运动在北印度的展开

在德里苏丹国建立之后，虽然伊斯兰教成为国教，但印度教作为广大民众根深蒂固的信仰仍然没有被摧毁。在南方，虔诚运动继续发展。而在北方，虔诚运动方兴未艾。

与南方的虔诚运动不同，它传播到北方以后，分成两大派别，即有形派和无形派。其中，有形派以信仰和崇拜毗湿奴的化身黑天和罗摩为主，无形派则反对偶像崇拜，主张崇拜一个无形像、无属性的，即抽象的宇宙最高主宰。

（一）有形派

所谓“有形派”，指的是其崇拜对象是有形象的，即某位大神，如毗湿奴的化身黑天或者罗摩。北印度的大部分虔诚派信徒都属于这一类。因而，有形派当中又分为黑天支和罗摩支两个主要支派。

1. 黑天支

顾名思义，黑天支的崇拜对象主要是黑天。这一支派下面还有若干小的分支，其中最主要的是耆坦亚派和苏尔达斯派。

耆坦亚派的创立者为耆坦亚（Chaitanya，公元 1488 ～ 1533），主要流行于孟加拉和奥里萨地区。关于耆坦亚的生平和宗教主张，详见本章第二节第三部分。

瓦拉帕派：该派主要流行于拉贾斯坦、古吉拉特和马哈拉施特拉等地区。其创始人瓦拉帕（Vallabha，公元 1479 ～ 1531）生于中南印度泰卢固地区（今安得拉邦）一个婆罗门家庭，在瓦腊纳西学习了印度教经典后，又到各处圣地朝拜，并宣传自己的学说。他认为黑天是最高神（梵），是宇宙之主，他创立了教派，广收门徒。该派信徒崇拜少年黑天，以黑天和牧区女子罗陀的爱情为虔诚的目标，认为这种爱就是个体灵魂亲近梵的正确道路。

苏尔达斯派的创立者为苏尔达斯（Surdas，约 16 世纪）。苏尔达斯是瓦拉帕大师的弟子。苏尔达斯继承了瓦拉帕的观点，也开创了自己的门派。关于苏尔达斯的情况，详见本章第二节第一部分。

2. 罗摩支

罗摩支以崇拜大神罗摩为标志。在印度古代神话中，罗摩是毗湿奴的化身之一，其事迹保存于史诗《罗摩衍那》等古代文献当中。罗摩支主要有两个支派，即罗摩难陀派和杜尔西达斯派。

罗摩难陀派的创始人为罗摩难陀（Ramananda，公元 1360 ～ 1450），据传，他是罗摩努阇（Ramanuja，约生活于公元 1017 ～ 1137 年间）

的第五代弟子，出生于印度北方邦的阿拉哈巴德。他起初是罗摩努阇派信徒，后脱离该派，提出自己的主张，在瓦腊纳西成立了新的教派。罗摩难陀提倡宗教内部平等，对其他宗教和教派一视同仁。他反对种姓歧视，赞成给首陀罗种姓进庙拜神的权利，允许低种姓信徒入教；主张简化礼拜仪轨，认为信徒只要对罗摩虔诚，即使不举行宗教仪式也能获得解脱。

杜尔西达斯派的创始人是杜尔西达斯（Tulsidas，1532 ～ 1623）。他是罗摩难陀之后罗摩派最著名的精神领袖。关于他的生平、著作等情况，详见本章第二节。

（二）无形派

无形派中有两个主要支派，即格比尔派和锡克教派。

1. 格比尔派

格比尔派的创始人是格比尔达斯（Kabiradas，约生活于 15 世纪）。他把印度教吠檀多不二论和伊斯兰教苏非派一神论结合起来，认为宇宙万物的最高本体是无形的，是看不见的，无法描述的，但又是绝对的存在。这个绝对的实体可以称作“梵”“罗摩”“黑天”“毗湿奴”“安拉”“胡达”，等等。不论名称如何，其本质是一样的，人们只要通过理智和虔诚就能亲近这个最高神并获得解脱。他反对宗教和种姓歧视，反对膜拜偶像。关于他的情况详见下文。

2. 锡克教派

该派由那纳克（Nanak，1469 ～ 1539）创立，并形成一个新的宗教——锡克教。那纳克最初是印度教徒，自幼就受到印度教和伊斯兰教的双重影响，经常与印度教大师和伊斯兰教苏非圣人接触。15 岁左右结婚，后对世俗生活感到厌倦。30 岁左右获得真谛，开始了 20 年左右的云游生活，四处传教。

那纳克主张一神论，认为宇宙间有一个唯一的、无处不在的神，这个神是世界万物的根源，既是宇宙的创造者也是宇宙的毁灭者，他的名字是“真理”。他既不是伊斯兰教的真主，也不是印度教的上帝或梵，他就是“真理”，即真实的存在。那纳克的思想奠定了锡克教教义的基础。关于那纳克和锡克教，详见下一章。

二、格比尔的哲学思想

关于格比尔达斯（Kabirdas，又称格比尔，或译加比尔、迦比尔、卡比尔等，约生活于 15 世纪）的生平，人们所知甚少，主要资料来自他和他弟子们的作品，有些甚至是难以为凭的传说。

格比尔达斯的诗集被后人称为“比杰克”（Bijak，这个词既有“种子”的意思，又有“宝藏清单”的意思），被北印度的广大印度教徒奉为圣书，至今在民间和寺庙中流传。作为一代宗教大师的格比尔达斯，对于宇宙和人生有自己的一套观点。这里要讨论的是他的两大基本思想：本体论和解脱论。

（一）本体论

格比尔达斯的本体论包括三个要点：即不二论、无性论和摩耶论。

关于不二论，格比尔达斯在否定偶像崇拜的同时，承认宇宙有一个最高本体，并认为这个最高本体就是世界万物的来源。他认为，罗摩（Rama）是宇宙的最高实在，也是最高灵魂。在他看来，罗摩就是梵（Brahma），或者叫作诃利（Hari），而不是神话传说（如史诗《罗摩衍那》《摩诃婆罗多》和往世书故事）中的十车王之子。

关于无性论，格比尔达斯在诗中提出了“无性罗摩”（Nirguna

Rama）和“无性梵”（Nirguna Brahma）的概念。正如奥义书哲学中用否定的句式把梵描绘成无特征、无属性一样，格比尔达斯也把他的上帝描绘成无属性、无形象、不可知的。他有这样的诗句：“他无轮廓无外形，完全虚幻无表情。非海非山非地空，亦非日月水和风。”

关于摩耶论，格比尔达斯的看法也与吠檀多哲学大师商羯罗的观点一脉相承。在商羯罗看来，这个世界就是梵的幻化，就是梵通过摩耶创造出来的。格比尔达斯在诗中有多处论述到摩耶。他认为，摩耶与梵和我都是等同的，与世界上的一切生命也是等同的。

（二）解脱论

格比尔达斯的解脱论主要有四个要点，即非偶像、虔诚观、师之道和爱之道。

基于无性论的观点，格比尔达斯坚决反对偶像崇拜。在这一点上，他比伊斯兰教反对偶像崇拜还要坚决和彻底，甚至反对到寺院里做礼拜。格比尔达斯在谈到虔诚时，首先指出其派别来源，说它产生于南印度的达罗毗荼，由罗摩难陀带到北国。他认为虔诚是一种心态（bhava），一种精神，是通向解脱的阶梯，必须不停地奋力攀登。虔诚派有尊师爱道之风。格比尔达斯认为，师尊是最了解上帝的人，也是最了解解脱之道的人，要想获得解脱，达到与上帝合一的目的，必须有真师的教诲和引导，否则会徒劳无功或者走上歪门邪道。通过爱的道路去实现解脱，是虔诚派哲学的重要理论之一。格比尔达斯主张的爱不是世俗男女之间的性爱和朋友之间的友爱，也不是对父母和兄弟姐妹的亲情之爱。这种爱是一种奉献，是对上帝的全身心的奉献。

尽管格比尔达斯对爱的论述显得比较抽象，但我们仍然可以得出结论：格比尔达斯的爱是他虔诚理论的一个重要组成部分，是通往解脱的必由之路。

（三）历史地位

格比尔达斯在印度宗教史上和文学史上均拥有崇高的地位。

1. 宗教史地位

在印度宗教史和哲学史上，格比尔达斯拥有崇高的地位。首先，他融合印度教和伊斯兰教，在印度特定的历史时期和社会环境中创立了一个新的教派——无性论虔诚派。更重要的是，在他的弟子当中，最著名的是锡克教创始人祖师那纳克，而在锡克教的根本经典《阿迪·格兰特》中也收有格比尔达斯的若干首诗。因此，格比尔达斯的思想理论无疑要影响到锡克教的创立和发展，而锡克教的出现和发展又直接影响了整个印度的历史进程，改变了印度社会文化的格局。其次，格比尔达斯是印度中世纪第一位将伊斯兰教苏非派哲学融合进印度教吠檀多哲学的思想家。他继承了吠檀多派哲学传统，师承中世纪著名虔诚派大师罗摩难陀，同时又在新的历史条件下丰富和发展了吠檀多的理论。第三，格比尔达斯和他所创立的流派，反对种姓歧视，也反对宗教偏见，主张人人平等，和睦相处。在格比尔达斯的教团里，既有印度教徒又有穆斯林，他们都团结在格比尔达斯的旗帜下。可以说，这个教团在当时带有新兴宗教的味道。但它是一个温和的教派，在当时具有融合两大文化的积极意义，对印度社会的影响巨大而深远。

2. 文学史地位

格比尔达斯在印度文学史上也有崇高的地位。他继承了前人的文学创作经验，把它们吸收到自己的创作过程之中，融汇于自己的作品之中。但更重要的是他的开创性工作。印度虽然有创作格言诗的悠久历史，在早期的梵语文学作品中屡见不鲜，在早期的泰米尔语文学作品中也有优秀的范例，但在印地语文学史上，格比尔达斯则可以称为印地语格言诗的早期开创者和优秀的代表。

第二节
虔诚文学

一、印地语虔诚文学

15 至 18 世纪，印地语虔诚文学的诗人和诗作很多，这里主要介绍五位诗人及其诗作。这些诗人是格比尔达斯、莱达斯、苏尔达斯、米拉巴伊和杜尔西达斯。

（一）格比尔达斯

我们在上一节介绍了格比尔达斯的宗教哲学，这里介绍他的文学成就。

格比尔达斯有成千上万的追随者，直到今天还有许多人在念诵他的诗，说明他的诗歌除了宗教训诫以外还具有艺术上的魅力。

1. 通俗性

通俗性是格比尔达斯诗歌的首要特点。首先是语言的通俗，使用的是普通民众的语言，便于记忆；其次是修辞的通俗，经常使用质朴、贴切、生动的比喻，由浅入深地说明道理。即使有时道理很玄秘，但他也能够表达得很通俗。例如：

身体不常在，生命更难求；

树叶一落地，不再返枝头。

不仅让人们珍爱生命，而且用“生命”和“身体”,“树叶”和“树枝”的关系来比喻个体灵魂与最高灵魂的关系，劝说人们抓紧修炼，亲近上帝。

2. 哲理性

上一节我们已经谈论了格比尔达斯的宗教观和哲学思想问题。这里，我们要从艺术的角度讨论其诗歌的哲理性问题，举两个例子。

关于痛苦，格比尔达斯说：“人一生下就痛苦，从未得到过幸福；仔细观察生命树，枝枝叶叶都是苦。”很明显，这是对佛教观点的继承和发挥。佛教主张人生一切皆苦，格比尔达斯也这样说。

现在经常可以听到有人说“实现自我”“挑战自我”“战胜自我”“你的对手就是你自己”之类的话。这些话的确是富于哲理。其实，这都是人类在长期的实践中总结出来的，闪烁着先哲们的智慧之光。格比尔达斯就是这样一位先哲，因为他早在500年前就说过这样的话：“你的敌人不是别人，就是你自身的弱点；克服了自身的弱点，就能任意四处游览。”

（二）莱达斯

莱达斯（Raidas，约生活于15世纪后半叶至16世纪中叶），本名勒维达斯（Ravidas），生平不详，是印度中世纪无形虔诚派的著名诗人之一。他留给后人的诗歌不多，但影响很大，追随者众多。至今，印度尚有多个以由莱达斯信徒组成的宗教团体。例如，其中之一叫作“全印勒维达斯门徒大会”（Akhil Bharatiya Ravidasi Mahasabha）。该团体的成员经常举行宗教活动，尤其是每年印历十一月（约当公历1、2

月）的月圆日，都要举行纪念莱达斯生日的纪念活动。

1．莱达斯的思想

莱达斯虽然没有写过专门的哲学著作，但他是有思想的，否则便不会有那么多同时代的人在自己的诗歌中称赞他，也不会有那么多信徒追随他。在他的诗歌里，明显反映出了他对宇宙、人生和社会的看法。正是他诗歌中所蕴藏的哲学思想，使他成为一代宗教大师。

莱达斯的思想传承来自罗摩难陀一系。他认为宇宙的本体是梵，而宇宙之主梵同时具备两个相互对立的特征：一方面，他是一个整体，是宇宙间的唯一；另一方面，他又是遍在的，是整个宇宙。宇宙之主与自然万物之间的关系：一切都源自他，都是他的创造物和衍生物，一切又终将回归于他。

在对客观世界的看法上，莱达斯也主张"摩耶论"，认为世间的一切都是虚幻的，不真实的。而他还认为，这种摩耶来自宇宙之主凯沙瓦（Kesava，即毗湿奴或罗摩，等同于梵）。很明显，莱达斯对摩耶的看法，与格比尔达斯的一致。对于现实生活，他也持完全否定的态度，认为人生充满了苦难，这和原始佛教教义的影响是分不开的，也和格比尔达斯的观点相一致。在他看来，人生是有限的，世人都在忙忙碌碌，像负重的牛一样听凭主人驱使，到头来一无所有；人生的道路越走越窄，越走越险，如同走在刀尖上；现实生活中的人们充满欲望，但是果报是每个人的宿命，死亡已近在咫尺，谁都避免不了；只有投身到上帝的脚前，才能消除生与死的界限。

莱达斯的人生目的很明确，就是获得解脱。而且这种解脱一定是精神的圆融和满足。他认为，作为一个虔诚派信徒，最高神灵是唯一的上帝，与上帝结合才能获得最大的快乐和幸福。为了说明他的观点，表现他对解脱的理解，他甚至从佛教教义中借来了一个词——涅槃。

总之，莱达斯的人生观是消极的、出世的。他的人生目标就是寻求精神解脱，他的解脱之路就是通过虔诚和爱去与上帝合一——回归宇宙之主。

2. 莱达斯的文学创作

莱达斯的传世诗歌不多，但因他的影响一直存在，信徒众多，所以印度到目前为止专门研究和汇集其人其作的书籍已经有 20 种以上。比较重要的有：（1）锡克教圣典《阿迪·格兰特》收有莱达斯的诗歌 40 首。其编订时间在 1601 至 1604 年间，因而在印度学界没有争议。（2）《莱达斯的箴言诗》1948 年出版于阿拉哈巴德，共收有莱达斯的诗歌 90 首。为 20 世纪五六十年代印度学者研究莱达斯的主要参考资料之一。（3）《圣徒莱达斯其人其作》1970 年出版于阿拉哈巴德。全书分两部分：前半部分为作者对莱达斯生平与思想的介绍和评述，后半部分汇集了莱达斯的诗歌 115 首。（4）《圣徒莱达斯：著作、生平和思想》1972 年出版于德里。全书分四个部分，前三个部分是对莱达斯的生平介绍、思想述评和作品分析；最后部分是对莱达斯诗歌的汇集，共收有诗歌 120 首。（5）《莱达斯全集》2003 年出版于瓦腊纳西。全书分为两个主要部分：前半是作者对莱达斯生平和思想的介绍和评价，后半是莱达斯诗歌的汇集，共收有诗歌 120 首。

由于莱达斯自幼没有接受过文化教育，再加上生活在一个没有文化的家庭，所以，他最初的语言注定是下层社会的通俗语言。又由于他长期与各种人物接触，并到印度各地周游，所以，又注定他的诗歌的语言是混杂的。

（三）苏尔达斯

1. 生平与创作

关于苏尔达斯的生平，没有确切的资料。关于其生卒年有若干种说法，莫衷一是。据推测，他大约生活在公元 15 世纪后期至 16 世纪后期之间的某个阶段。而关于他的出生地，也有多种说法，比较一致的说法是，他出生在今天印度的北方邦某地。

苏尔达斯是个盲人，但他在诗中描绘的客观世界却是五彩缤纷，这使人们相信，他可能是后天成为盲人的。

苏尔达斯生活于伊斯兰统治印度时期，横跨了德里苏丹国晚期与莫卧儿王朝初期。不过，苏尔达斯的作品中没有反映出宗教压迫和民族矛盾方面的问题。据说，苏尔达斯和阿克巴大帝见过面。阿克巴非常欣赏苏尔达斯的音乐和诗歌才能，曾邀请他去宫廷服务，但苏尔达斯拒绝了。

苏尔达斯一生创作很多作品，或说有 25 种之多。但多数学者认为，只有三部作品，即《苏尔精诗集》《苏尔诗海》和《文学之波》是他的作品，其余的都存在诸多的疑点。其中，《苏尔诗海》是他的代表作，也是中世纪有形派黑天支虔诚文学的代表作。

2.《苏尔诗海》

苏尔达斯是个盲人，《苏尔诗海》是他吟唱出来的；因而，《苏尔诗海》是由别人记录并整理的。而记录和整理工作，也许是由多人完成的，加上传抄，就会形成多种版本。目前发现的最早抄本是 1573 年的，时间大约在苏尔达斯去世后不久。后来，又发现了 1696 年的抄本。这是两个有年份可考的早期抄本。其中，1573 年的抄本可能最接近原作，内容最为真实可靠。

在苏尔达斯之前，黑天的故事就在《摩诃婆罗多》《薄伽梵往世书》《诃利世系》等印度教经典中得到相当充分的表现，在一些虔诚派信徒的诗歌中又被反复吟唱。苏尔达斯显然继承了丰厚的遗产，又通过自己的口，用自己的语言，吟唱出了《苏尔诗海》。

《苏尔诗海》被分为 12 篇，各篇长短不一。其第 10 篇最长，相当于全书的五分之四，其他 11 篇加起来不过全诗的五分之一。从内容看，《苏尔诗海》也模仿了《薄伽梵往世书》，提到了毗湿奴大神的 22 次化身，也提到了宇宙起源的神话，以及帝王世系的传说等。但《苏尔诗海》主题突出，重点描写的是黑天的故事，尤其是黑天童年和少年时代的故事，由此构成了《苏尔诗海》第 10 篇的内容。

作为黑天的崇拜者，苏尔达斯将黑天视为宇宙的最高主宰。但黑天是大神毗湿奴下凡的化身，下凡后的黑天具有人和神的二重性：一方面是有血有肉的人，另一方面则是超出常人的神。苏尔达斯很好地把握了这种二重性，成功地刻画了婴儿黑天、幼儿黑天、童年黑天和少年黑天的形象，表现了黑天在不同时期的性格特征。

苏尔达斯以组诗的形式歌唱黑天的事迹，将抒情和叙事结合起来，把几首诗作为一组处理，而各组之间又有时间上的先后，可以大体排列出黑天从婴儿到少年的成长经过。

具体说，苏尔达斯在《苏尔诗海》中重点表述了两类情感：一是神与我之间的慈爱，一是神与我之间的情爱。

在黑天的故事中，他有成千上万的嫔妃和恋人。这该如何解释呢？首先，从社会发展史的角度看，一夫多妻的现象普遍存在于印度古代社会。在雅利安人的氏族社会和奴隶社会，酋长和奴隶主对部落中所有女子享有性占有权的现象普遍存在。这一现象不仅存在于印度，也存在于欧洲。作为这一现象的遗存，欧洲中世纪尚有领主对领地新婚女子享有“初夜权”的情况。同样，黑天多妻多恋人的故事也是这种社会现象的遗存。其次，从宗教信仰的角度看，这样的故事具有象征意义。故事中的黑天代表宇宙最高神，是大我，是唯一；他的妻子、嫔妃、恋人代表的是个体灵魂，是小我，是无数。无数的小我必须通过和大我的结合才能最终解脱，达到那个理想中的无限美好、无限欢乐的境界。所以，黑天多妻的传说可能是很古老的，而他多恋人的故事可能出现较晚，是宗教人士的哲学隐喻。①

（四）米拉巴伊

米拉巴伊（Mirabai，约 1503 ～ 1573），通常称为米拉（Mira），巴伊是尊称，意为夫人。她是虔诚派诗人中少有的女性之一，对后世影响很大。

1. 生平

一般认为，米拉出生于梅尔塔的王公贵族家庭。据说，她在童年时代受到过教育，并成为黑天的坚定追随者，长大后则更把黑天认作自己的主人和丈夫。大约 13 岁时，她与著名的拉吉普特人首领契托尔国王拉那·桑加（Rana Sanga）之子波吉拉吉（Bhojaraja）结婚。波吉拉吉当时已经被立为王储。但婚后没几年，波吉拉吉去世。当时有人认为，米拉应当随夫殉葬，但米拉表示自己不能殉葬，她要为崇拜黑天而活着。1527 年，印度历史上发生了一场重要的战争。米拉巴伊的公公拉那·桑加率领拉吉普特人和部分阿富汗人与巴布尔率领的莫卧儿军队在阿格拉西面的坎瓦村决战。桑加战败，巴布尔获胜②。米拉巴伊的父亲也在这场战斗中战死。次年，拉那·桑加去世。他的另一个儿子拉特纳·辛赫（Ratana Simha）即位为拉那（王）。1531 年，拉特纳·辛赫被杀，其弟维克拉马吉特（Vikramajit）即位。米拉巴伊在此期间更加沉迷于虔诚活动，到庙里唱歌跳舞，接待虔诚派圣徒，以致远近闻名。但新任拉那，她的小叔子虐待她，为禁止她到庙里去，把她锁在屋里，并派人看守。为维护王族的声誉，甚至给她毒药喝。她

---

① 本小节据薛克翘等：《印度中世纪宗教文学》（上册）姜景奎撰文编写，北京：昆仑出版社，2011 年版，第 172 ～ 200 页。

② R.C. 马宗达等：《高级印度史》，北京：商务印书馆，1986 年版，第 455 页。

的婆婆和小姑也多次谴责和折磨她。世人也对她说三道四。

米拉巴伊受虐待固然很痛苦，但她并没有丧失自信，更没有放弃信仰。她离开契托尔回到故乡梅尔塔去投奔她的伯父。在伯父的庇护下，米拉巴伊过上了安宁的生活，可以专心地礼拜黑天大神了。但这种日子并未长久，1536 年，梅尔塔被外来势力攻占，她便随伯父逃到阿季米尔避难，后又辗转多处。大约 1538 年之后的某个时间，米拉巴伊来到马图拉的沃伦达林[①]居住，在那里礼拜大神黑天，并传播自己的主张。不久，米拉巴伊又去了德瓦尔卡[②]，在那里度过了自己的余年。

2. 作品

从 19 世纪 40 年代初到 20 世纪 90 年代的一个半世纪里，人们收集整理的米拉巴伊的诗歌集达 35 种。所收集的诗歌数量也从 20 首增加到了 1312 首。虽然数量在不断增加，但直到今天，人们还在考辨这些诗歌的真伪。有学者认为，如果从历史、社会、语言、宗教信仰等角度，对现在已经收集到的冠以米拉巴伊名义的诗歌进行全面考察后，能够确认为米拉巴伊作品的诗歌不超过 350 首。[③]

米拉的诗歌具有重要的思想价值。这价值主要体现在她记录了作为女性虔诚者的社会经历和切身体验，以及她同旧传统观念的勇敢抗争精神。在中世纪虔诚派的诗歌园地，女诗人为数甚少，米拉巴伊可以说是一个代表。她的声音在一定程度上反映了妇女的苦难。

---

① 沃伦达林，Vrindavana，在今北方邦马图拉市，印度教圣地，传说中黑天少年时代的游玩的地方。

② 德瓦尔卡，Dvarika，又译多门岛，在今古吉拉特邦海滨，印度教圣地，相传为黑天建国的地方。

③ 卡里扬辛赫·谢卡沃特：《米拉巴伊可确认的作品》，载桑贾伊·摩尔霍特拉主编：《米拉其人其作》，新德里，1998 年版，第 113 页。

3. 后世影响

印度学者曾经这样评价米拉巴伊："从契托尔到德瓦尔卡，米拉巴伊把印度文化播撒到人民心中，她的事业如同南方的罗摩难陀，北方的格比尔和那纳克所从事的一样……米拉好像从强大的时间之轮的轨道中把宝贵的人的价值提取出来，奉献给每一个人。正因为如此，尽管米拉不是宗教或哲学思想的大师，却是深入人心的新生的商羯罗。"①

在契托尔地方有一个"米拉纪念组织"（Mira Smriti Sansthan），该组织从1990年开始，每年举办"米拉节"纪念活动，召开学术研讨会。

一位印度学者在总结米拉巴伊对后世影响时认为，米拉巴伊最主要的影响是她首先勇敢地反叛封建礼教和道德规范。②她的行为动摇了千百年来的印度封建闺阃制度，尤其是寡妇殉葬制度。她以自己的大无畏精神实践了虔诚派不分种性、不分高低贵贱的平等主张。

（五）杜尔西达斯

1. 生平

杜尔西达斯（Tulsidas，约1532～1623）是印度中世纪最为著名的虔诚派诗人之一，是有形派虔诚文学中最有成就和最有影响的罗摩支诗人的代表。

杜尔西达斯出生于北方邦某地农村一个贫穷的婆罗门家庭，自小就成了孤儿，过着乞讨的日子，受了很多磨难。后来，他来到一个福

---

① 桑贾伊·摩尔霍特拉主编：《米拉其人其作·序言》第7～8页。

② 哈里什：《米拉在人民心中的影响》，载桑贾伊·摩尔霍特拉主编：《米拉其人其作》，第246页。

舍[①]，福舍主人纳尔赫利（Narhari）把他收留下来，并成了他的启蒙老师，给他讲解过关于罗摩的传说以及其他知识。后来，杜尔西达斯去了迦尸[②]，在那里学到了很多知识。不久，他开始云游各地，南部曾经到过泰米尔地区，北部则到过喜马拉雅山以北的中国西藏地区。1574年，他来到阿逾陀[③]定居，开始了《罗摩功行之湖》的创作。他的最后二十多年是在迦尸度过的，直到他去世。

2. 创作

关于杜尔西达斯的创作，学者们也有不同意见。目前所见以杜尔西达斯冠名的作品有 31 部。其中，只有《罗摩功行之湖》《歌集》《谦恭书》《双行诗集》和《诗歌集》5 部作品肯定出自他的手笔。

《歌集》是写罗摩故事的诗歌。和史诗《罗摩衍那》一样，《歌集》也分 7 篇，共 328 首诗。《谦恭书》实际上包括两部分，即《罗摩颂诗集》和《谦恭书》，前者有 175 首诗，后者有 279 首。这些诗也都是咏唱诗，歌颂的对象主要是罗摩，也有少量歌颂毗湿奴、湿婆及其他天神的，还有一些诗歌歌颂罗摩故事中出现的其他正面人物如婆罗多、罗什曼那、悉多等。《双行诗集》共包含 573 首诗，诗歌按内容可分成罗摩颂诗和格言诗两类，前者和其他诗集中的罗摩颂诗的精神一致，后者则比较清新，有些诗甚至有社会批判意味。这些格言诗很可能不完全出自杜尔西达斯之手。《诗歌集》同样是一部歌颂罗摩的诗集。这部诗集具有某种现实主义的特点，对理解杜尔西达斯有很重要的参考价值。

---

① 福舍，dharmashala，印度富人或慈善人捐建的简陋房舍，供宗教修行者、圣地朝觐者、路人等临时休息、居住用。

② 迦尸，Kashi，古地名，即现在的瓦腊纳西。

③ 阿逾陀，Ayodhya，在印度北方邦，印度教圣地，传说中罗摩的都城。

3.《罗摩功行之湖》

据说，在创作《罗摩功行之湖》之前，杜尔西达斯曾整体考察过他之前的所有与罗摩故事相关的作品。

面对个人的、百姓的和统治者的灾难，杜尔西达斯根据自己的知识和宗教信仰，以罗摩故事为基本素材，以大史诗《罗摩衍那》作为蓝本，创作了长篇巨著《罗摩功行之湖》。在这部叙事长诗中，杜尔西达斯塑造了理想的个人、理想的家庭和理想的社会，以此为自己、百姓和统治者提供了样板，勉励大家积极行动，学习理想人物，建设理想家庭和理想社会；从而摆脱痛苦和灾难，走向幸福，直至最终实现人类的终极目标——解脱，达到梵我合一的境界。

和梵文的《罗摩衍那》一样，《罗摩功行之湖》也分为 7 篇，而且篇名也相同或相似，而篇幅则大体相当于《罗摩衍那》的三分之一。《罗摩功行之湖》不是对《罗摩衍那》的简单缩写，而是在《罗摩衍那》基础上，经过取舍处理，彰显杜尔西达斯自己的宇宙观和道德观，尤其要表现他的虔诚理念。

杜尔西达斯在印度宗教史和文学史上都占据重要地位。直至今天，《罗摩功行之湖》在北印度已经深入人心、家喻户晓，以致人们提起《罗摩衍那》的时候，首先想到的就是《罗摩功行之湖》，而不是梵文的《罗摩衍那》。每当人们过十胜节（印度全国性的民俗大节）的时候，也是根据《罗摩功行之湖》上演罗摩戏的。①

---

① 本小节据薛克翘等：《印度中世纪宗教文学》（上卷）姜景奎撰文编写，北京：昆仑出版社，2011 年版，第 224 ～ 254 页。

二、南印度的虔诚文学

（一）坎纳达语虔诚文学

14世纪，维贾耶纳加尔帝国在卡纳塔克地区建立。到16世纪，那里出现了桑加马、萨鲁瓦和阿拉维杜等几个王朝，也出现了几个有作为的国王。诸多国王当中，最著名的是克利希那德瓦拉耶（Krishnadevaraya，1509～1529年在位）。他本人既是政治家，又是军事家，既爱好音乐，又爱好文学。在他统治维贾耶纳加尔帝国期间，帝国的版图扩大到整个印度半岛的南部地区，囊括了今天的卡纳塔克、泰米尔纳杜、喀拉拉、安得拉和奥里萨邦，而此时北方的德里苏丹国却处在急剧衰落并最终覆灭的时期。到16世纪后半叶，维贾耶纳加尔帝国在北方莫卧儿帝国的进攻中逐渐衰败。这一时期，卡纳塔克地区的政治、社会和文化都发生了巨大的变化，经历了一个发展、兴盛和衰落的历史过程。

13世纪，罗摩奴阇倡导的“室利·毗湿奴虔诚派”和摩陀瓦倡导的“二元论毗湿奴虔诚派”在卡纳塔克地区掀起新浪潮，为坎纳达语虔诚文学注入了新的活力。最初，毗湿奴虔诚派的作者们把往世书故事翻译为坎纳达语，并用坎纳达语阐释其中的道理。在随后的三四百年时间里，毗湿奴派在卡纳塔克地区得到大发展，涌现出一批诗人。可以说，从15世纪到19世纪，坎纳达语文学属于毗湿奴虔诚派文学时期。

这一时期的坎纳达语虔诚文学虽然基本上是在帝王的保护和赞助下发展起来的，但文学离寻常百姓并不遥远，原因是宗教的传播已经深入到普通民众中间，诗人们的作品都是为宗教服务的。在古马尔·沃亚斯之后，许多作者都翻译了梵语的史诗和往世书故事，人们对毗湿奴的化身故事并不陌生。毗湿奴虔诚派的诗人们正是在这个基础上开始用坎纳达语从事创作的，他们歌颂大神毗湿奴，歌颂其化身黑天和罗摩等，或者称颂大神的名号。所以，他们的诗歌被称为“颂歌”（kirtan），而这些诗人则被称为“诃利达斯”（Haridas，意思是“毗湿奴的仆人”），他们的作品被总称为“达斯文学”。“达斯”的意思是“奴仆”，这里专指那些毗湿奴虔诚派的信徒。“达斯文学”的意思是虔诚派信徒所创作的文学作品。这一时期，坎纳达语的达斯文学相当发达，诗人们也形成了一个相对独立的群体，人们称这一群体为“达斯群”。在这一群体当中，最著名的诗人有古马尔·沃亚斯[①]、古马尔·瓦尔米基[②]、沃亚斯·拉耶（Vyasa Raya）、普拉丹尔达斯（Puradanradas）和卡那卡达斯（Kanakadas）。我们这里重点介绍的是后两位诗人。

1. 普拉丹尔达斯

普拉丹尔达斯在坎纳达语虔诚文学史和卡纳塔克古典音乐史上都具有重要地位。他大约出生于1540年，卒年不详，被认为是“卡纳塔克音乐之父”。他像北印度的苏尔达斯一样，描写了关于黑天儿童时代和少年时代的故事。据说，他的诗歌共有475000首，但实际见到的并没有这样多。其中有不少至今在卡纳塔克邦传诵，家喻户晓。他将诗歌和音乐完美地结合在一起，成为后来者的典范。据说，他创作的歌曲也达75000首之多，而流传下来的不过100余首。

2. 卡那卡达斯

卡那卡达斯大约生于1509年，卒于1609年，也是沃亚斯·拉耶

① 古马尔，Kumara，意思是王子、童子或少年，这里是“小”的意思；沃亚斯，Vyasa，又译毗耶娑或广博仙人，相传为史诗《摩诃婆罗多》的作者。这两个词合起来，就是“小广博仙人”，这显然不是原名，而是由于他将这一史诗改写为坎纳达语而获得的称号。

② 瓦尔米基，Valmiki，又译蚁垤仙人，相传为史诗《罗摩衍那》的作者。同上注，古马尔·瓦尔米基的意思是“小蚁垤仙人”。

的弟子。关于他的生平资料很少，只知道他出生于一个牧羊种姓的家庭。在一次战争之后，他感到世俗生活的空洞虚伪，便决定放弃财产，放弃家庭，走上了虔诚之路。他的著作也比较多，除了约 200 首歌词以外，还有 5 种著作：（1）《那罗传》，这是根据史诗《摩诃婆罗多》插话《那罗传》改写的坎纳达语版本，依据史诗原先的故事情节，诗人进行了再创作。（2）《诃利虔诚精华》，共 110 首，是对黑天的颂歌。（3）《人狮颂》，根据往世书毗湿奴下凡化为人狮救世的故事而写的颂歌。（4）《罗摩稻谷判》，这是诗人的一部重要作品，属于寓言诗的性质。诗中写稗子和大米相互争执高下，不可开交之际将官司打到大神罗摩那里，罗摩在众仙人的帮助下，证明了稗子比大米优秀。（5）《黑天余脉》，讲述黑天的孙子无碍（Aniruddha）与霞光女（Usha）的爱情故事。言霞光女夜间做梦与一王子交接失贞，醒来便根据梦中所见去寻找自己心爱的人，最后终于找到无碍。此故事出于《摩诃婆罗多》第十九篇《诃利世系》。《诃利世系》是往世书性质的作品，讲述的是黑天及其子孙的故事，是后人单独为黑天所作，并附于《摩诃婆罗多》末尾①。

（二）泰卢固语虔诚文学

在泰卢固语诗坛上，维姆纳是虔诚派中无形派的代表诗人。关于他的生平，生活年代和出生地，由于可依据的资料甚少而模糊不清。在很长一段时间里，他的诗歌一直在民众的口头流传。到了近代，一名叫作查尔斯·菲利普斯·布朗（Charles Philips Brown）的西方学者于 1824 年将维姆纳的诗歌翻译成英文。从此，维姆纳才作为民间诗人被世界所知晓。布朗认为，维姆纳是 18 世纪人，但还有一些学者认为

① 金克木：《梵语文学史》，北京：人民文学出版社，1980 年版，第 124 页。

他是 17 世纪人，也有人认为他是 15 世纪人。在安得拉邦有一些关于维姆纳的传说。其中一个说他出生于雷迪（Reddy）家族，曾与一名妓女同居，在嫂子的教导下，他成了一名出家人。还有一个传说，说他曾经得到一名瑜伽师的垂青，并学会了点金术。如果说前者也许是事实的话，那么后者则是对维纳姆的神化。

在安得拉地区，小孩子一上学就学习维姆纳的诗歌；可以说，没有哪一个说泰卢固语的人不能够背诵几句维姆纳的诗。由此可见，维姆纳的诗歌在民间是多么受人喜爱。

维姆纳的诗歌主要是用一种叫作“阿特来尔迪”（Atleldi）的诗律写成的。这种格律是每小节四行，小节的中间或最后通常要加上一个缀句，即反复使用同一句话，如“啊，专注于大神的维马（诗人自称），听吧。”不过，维姆纳的诗歌有数千首，都是以口头的形式分散流传在民间的。将它们收集整理、编辑成书的工作是近代以来印度国内和外国学者们完成的。

维姆纳的诗歌有三类主要内容：一是民众教育或伦理道德；二是对一些现象的讽刺和嘲笑；三是神秘的内容，即如何证悟。诗歌中有不少地方讲到妇女在生活中的地位，在家庭中的处境，以及有关伦理道德的事情。还告诉人们什么是对的，什么是错的，应当怎样做，等等。这些属于第一类。第二类，讽刺和批判了陈规陋习、偏颇的行为、宗教狂热等，如烦琐无谓的宗教仪式、虚幻的偶像崇拜、毫无意义的吠陀祭祀，以及种姓制度等。第三类，主要是讲真理的探寻、师尊在修行中的作用，以及瑜伽修行中的个人感悟等。

提亚格拉吉是相当晚出现的一位伟大的虔诚派诗人。他于公元 1767 年出生在一个叫提鲁维亚尔（Tiruvaiyar）的地方，在泰卢固文学传统的影响下，他受到过文学、音乐等多方面的良好教育。他于 1847 年去世。至今提鲁维亚尔地方的百姓每年都过一个叫作“提亚格拉吉礼拜节”的节日，举办纪念活动，缅怀这位虔诚派大诗人。

（三）马拉雅拉姆语虔诚文学

马拉雅拉姆语是现在喀拉拉邦的通行语言。该语言的文学创作大约开始于 11 世纪。在此之前，这里的文学语言是泰米尔语和梵语，只有统治阶级才使用，其中包括上层文人；普通百姓用自己的语言创作民歌。后来，喀拉拉地区的文学语言发生了变化，分为两大系统。第一个系统：大约 12 世纪时，马拉雅拉姆语逐渐同梵语相结合（主要是吸收了一些梵语词汇），产生了一种新的文学语言，被称为“马尼普拉瓦拉姆”（Manipravalam）。但这种语言的文学作品流于艳情描写，仍然远离民众生活。这种情况一直持续到 15 世纪。第二个系统：马拉雅拉姆语与泰米尔语相结合，出现了一种新的诗歌，人们称之为“帕图”（pattu），即民歌的意思。现在发现的最早的“帕图”是 12 世纪由室利·维拉·拉姆·沃尔马（Shri Vira Rama Varma）写的《罗摩行传》。这是根据蚁垤仙人的《罗摩衍那》改写的，但并不是全部，而是将其中的《战斗篇》抽出，在此基础上进行详细加工。多少个世纪以来，喀拉拉的人民一直唱它，所以对后世的文学影响很大。

此后，马拉雅拉姆虔诚文学得到发展，出现了一些诗人，有两位最具代表性。一位是杰鲁谢利（Cherusheri，15 世纪），一位是埃修德钦（Eshuttacchan，16 世纪后半到 17 世纪初期）。前者的代表作是《克里希纳之歌》，后者则是写歌颂罗摩的诗《神灵罗摩衍那》。由此可以看出，两者都属于毗湿奴虔诚诗人，但前者属于黑天支派，后者属于罗摩支派。

（四）马拉提语虔诚文学

杜格拉姆（Tukaram）是这一时期马拉提语虔诚文学的代表。他于

1608年出生于浦那附近英德拉亚尼河畔一个名叫德户的小村子里。其父母一共有五个孩子，三男二女，杜格拉姆是其中的第二个。其先人均以经商为生，但其种姓却被当时人视为首陀罗。杜格拉姆的父母都信仰和崇拜比特尔，他们的信仰和生活方式对杜格拉姆也产生了影响。由于属于首陀罗种姓，杜格拉姆没有学习吠陀的权利，但由于先天的聪颖和后天的努力，他很快掌握了有关知识。

杜格拉姆结过两次婚。第一次是在他12或13岁的时候，后来妻子因哮喘病去世，为他留下一个孩子。不久，他又第二次结婚。在他17岁的时候，父母相继去世，不久其长兄也因妻子去世而离开家去圣地朝圣。此时，杜格拉姆不得不挑起了家庭生活的重担。他虽然在经商，但他的心思并不在经商上，所以事业并不成功。到1629年，他作为一个农民在尽家庭义务。当时，在纳尔默达河以南的印度西南地区发生了严重的干旱，有两年时间没有下雨，河流干涸，成千上万的人饥饿而死，杜格拉姆家的处境也非常困窘，他的妻子和长子很快死去。在这种情况下，杜格拉姆产生了悲观厌世的情绪，去努力寻找平静心灵的道路。这是他走向虔诚的第一步。他开始研究圣书，并到山里打坐沉思。从此，他开始更频繁地礼拜黑天和比特尔，也把自己的钱财拿出来周济其他人。大约就在这时，他阅读了格扬德瓦、纳姆德瓦和格比尔达斯等虔诚派大师们的著作，并深受其影响。也大约就在这个时候，他开始用马拉提语翻译《薄伽梵歌》。杜格拉姆于1650年去世。他的后代努力从各地收集他的颂诗，有书面的，也有口头的。1867年，他的集子在孟买正式出版了，书名为《颂歌》。

在等级森严的印度教种姓社会，出身于首陀罗种姓的杜格拉姆深知自己的社会地位，也吃够了种姓歧视之苦。因此，他觉得自己从出生那一刻起就一无所有，再加上长相不好，就更不受社会上层人们的接纳和礼遇。但是，即使在这样恶劣的情况下，大神仍然接纳他。这首诗在很大程度上揭露了种姓制度和种姓歧视在人们内心造成的伤害，不管是高种姓还是低种姓的人，都受到它的毒害：低种姓的人自卑猥琐，那无疑是一种悲哀；而高种姓的人趾高气扬，也是一种悲哀。两种心态，都是扭曲的，都是不利于社会进步的。

除了对种姓制度和婆罗门至上严加批判之外，杜格拉姆还在他的作品中批判了各种迷信说教和陈规陋习。他认为，一个人要有虔诚的信仰和高尚的品德，反对那些数千年来一成不变的东西，反对吠陀权威。他写的颂诗实际上是一些有感而发的议论诗或格言诗，并没有讲述什么故事；而是把身边发生的事例拿来分析批判，并运用大量的比喻、格言、谚语，使普通民众很容易接受。正因为如此，他的诗歌影响着一代又一代人，历三百余年而不衰。他也成为马拉塔古代文学史上最受推崇的诗人。

三、东印度的虔诚文学

（一）孟加拉语虔诚文学

1. 耆坦亚

耆坦亚（Caitanya）被认为是东印度地区虔诚运动的奠基人。他于 1486 年出生在孟加拉一个叫“新岛”的地方，即现在的纳巴堆普市（Nabadwip）一带。他的父母都是虔诚的印度教徒。他有一个哥哥，据说因不满父亲包办的婚姻而出家，其父也因此一病不起，不久即去世。耆坦亚自幼受到很好的教育，16 岁时就结了婚，并创办了一所自己的学校。不过，他觉得自己还应该进一步求学，便到东孟加拉他的祖籍所在地西尔哈特等地游学。但当他回来的时候，妻子已经过世。他再次结婚以后便去了伽耶（Gaya，在今比哈尔邦）。在那里，他见到一位虔诚派圣徒伊什瓦尔普利（Ishvarapuri），并聆听了教诲。回到“新岛”以后，他被朋友们和周围的毗湿奴派信徒所拥戴，成为当地毗湿奴派教团的首领。耆坦亚在虔诚的道路上进步很快，他首先反对种姓制度，反对不合时宜的旧传统，赢得了不少信徒。他有几个很得力的朋友，其中有一个还是从伊斯兰教苏非派转过来的。在朋友们的大力宣传下，他的名声日隆。1510 年，25 岁那年，他正式离开了家，来到奥里萨邦的普里，过起了出家人的生活。普里是印度教的著名圣地，同时，奥里萨当时还没有建立起穆斯林的政权，因此毗湿奴虔诚派的信徒们可以安静地在那里修炼。在此后的 6 年中，他周游了南印度和西印度的好多圣地，最后来到马图拉。他在沃伦达林选了块洁净的地方，建立起孟加拉毗湿奴教讲坛。回到普里以后，他派自己的两个朋友和伙伴到沃伦达林继续进行传教事业。

耆坦亚的著作不多，只有用梵语写的 8 首诗歌。他的宗教理论在阿萨姆等地区也有影响。阿萨姆中世纪虔诚派诗人商羯罗德瓦[①]就曾深受感染而专程到普里去会见耆坦亚。

2. 格扬达斯

在耆坦亚所创立的虔诚派中，格扬达斯（Jyanadasa）占有重要的地位。关于他的生平资料很少，只知他于 1530 年出生于瓦尔达曼地区一个叫作康德拉的村子里，属于婆罗门种姓。他与巴尔拉姆达斯和戈温德达斯都是同时代的人。他把昌迪达斯看作老师。他是尼提亚难陀的追随者。他曾在康德拉村建立了一处圣所，每年到印历 10 月（约当公历 12 月）的月圆之日，这里都要举行大型庆祝活动。

格扬达斯的诗歌是用布罗杰方言和孟加拉语写的，后世的学者将它们收集整理出来，叫作《格扬达斯诗集》。和昌迪达斯一样，格扬达

---

① 商羯罗德瓦，Shankaradeva，约生活于 16 世纪后半到 17 世纪初期。

斯也相信佛教的直觉修行法。所以，在他的诗中，我们处处都能看到罗陀对黑天的痴迷之爱[①]。

3. 戈温德达斯

戈温德达斯（Govindadasa）在孟加拉毗湿奴虔诚派诗人中举足轻重，被誉为“诗王”。他用布罗杰方言写作，但他也懂得梵语。戈温德达斯大约生于1538年，父母早逝，由其舅父抚养长大。后来返回自己的出生地库马尔纳加尔村。他活了82岁，大约于1620年去世。

戈温德达斯用布罗杰方言写的诗歌有300余首。后人把他最优秀的诗篇选编出版，取名为《月光集》，其中有42首虔诚诗。这些诗主要描写了罗陀和黑天的爱情故事，无论在用词方面还是音韵方面都很讲究。后人曾有不少模仿之作，但都翻不出新意。

4. 巴尔拉姆达斯

巴尔拉姆达斯（Balaramadasa，16世纪）也是孟加拉毗湿奴虔诚派的重要诗人。他的大部分诗歌是用孟加拉语写的，也有少量歌词是用布罗杰语写的。巴尔拉姆达斯的生平资料极少，根据他的诗作，可以推知其出生时间大约是16世纪初年。巴尔拉姆达斯的传世作品保存于两部诗集，一是《如意神树诗集》[②]，二是《月亮诗河》。

（二）奥里雅语虔诚文学

---

① 痴迷之爱，原文为 prema-samadhi，可译为“爱之三昧”。“三昧”，印度古代修炼瑜伽的专门用语，亦佛教用语，又译为“三摩地”，指坐禅修炼中的入定状态。此处指爱恋达到痴迷、专注的最高境界。

②《如意神树诗集》，*Padakalpataru Sangraha*。pada 为诗或诗行的意思，kalpataru 是神话传说中众神搅乳海时搅出的宝物——如意神树，sangraha 是汇集的意思。18世纪还有一部名为《如意神树之诗》的大型诗集，参见季羡林主编：《印度古代文学史》（刘安武文），北京：北京大学出版社，1991年版，第458页。两者所指或许为同一部书。

奥里萨虔诚文学的流行主要是从15世纪开始的。当时有5位诗人领导了这一宗教和文学潮流。这5位诗人被称为“五友”或“五同道”（Panchasakha），他们是：巴尔拉姆·达斯（Balarama Dasa）、贾格纳特·达斯（Jagannatha Dasa）、阿朱塔南德·达斯（Acchutananda Dasa）、耶雪文特·达斯（Yashovanta Dasa）和希修·阿南特·达斯（Shishu Ananta Dasa）。这五个人不仅属于同一时代，而且他们还是朋友和合作伙伴。他们本居住于奥里萨沿海的不同地方，但他们都来到普里定居。从他们身上既可以看到佛教和耆那教的影响，也可以看到印度教各个派别的影响。也就是说，凡是在奥里萨地区有影响的宗教，对他们也都有影响。不过，他们还是把耆坦亚奉为师尊，把贾格纳特作为自己行为的中心点和出发点。他们不反对诸神，但却反对盲目礼拜诸神偶像，因为在他们看来，偶像仅仅是偶像，崇拜偶像并不等于崇拜神明。他们主张简单易行的虔诚。

一般认为，在奥里萨的历史上，普里很早就是世尊贾格纳特的住所。普里的庙在不同的时期不断修葺重建，但里面的神不变。萨尔拉达斯在他的奥里雅语《摩诃婆罗多》中把贾格纳特说成是黑天。按照他的说法，黑天在北方抛弃肉身后又在奥里萨沿海地区重生，从那时起，人们就把黑天的形象作为贾格纳特来崇拜。“五友”们也是这样，把黑天作为贾格纳特，并作为第一和最高崇拜对象。当柴坦尼亚的毗湿奴虔诚运动轰轰烈烈开展的时候，他们五个人也曾参与其中。下面介绍其中的三位。

1. 巴尔拉姆·达斯

巴尔拉姆·达斯约生于1473年。他是一名在家的修行者，长期在普里居住。他在奥里雅语《罗摩衍那·美妙篇》末尾曾提到自己的身世，说他是当时宫廷大臣之子，不是婆罗门。鉴于当时的社会环境，非婆罗门不能阅读宗教学著作，但他不仅阅读了，而且翻译了这方面的著作。

他的著作有：《奥里雅罗摩衍那》《薄伽梵歌》《吉祥天女往世书》《秘密歌》《长寿字库歌》《吠檀多精华歌》《梵卵大地》《七步瑜伽坐法注》《德鹿颂》和《象王解脱歌》等。此外还有一些别的作品。其中，《奥里雅罗摩衍那》的影响最大。人们有这样的说法，在奥里萨人家里，如果有三本书，其中必有《奥里雅罗摩衍那》。《吉祥天女往世书》被认为是巴尔拉姆·达斯的重要著作之一。因为这部书中不仅提出了关于种姓平等、教派平等的主张，而且还和奥里萨的风俗有关。《长寿字库歌》《吠檀多精华歌》《梵卵大地》和《七步瑜伽坐法注》都属于哲学著作，讲人与自然的关系，个体灵魂与最高灵魂的关系等。其余都是宣传毗湿奴的功德。

2. 贾格纳特·达斯

贾格纳特·达斯被认为是奥里雅文学史上的重要诗人之一。他大约于 1487 年出生于普里地区的一个叫卡皮雷什瓦尔普尔的村子里，属于婆罗门种姓，卒于 1547 年。由于他的父亲是一名祭司，根据家庭的传统，他从小学习了很多梵文宗教经典。但在他刚刚长大成人的时候，他的父亲就去世了。他的母亲也是一名虔诚的毗湿奴派信徒，每天都要到庙里去礼拜并听祭司讲解经典。

他 1509 或 1510 年来到普里的贾格纳特神庙，在那里用奥里雅语念诵《薄伽梵歌》。此时，耆坦亚正好在那里，他听了贾格纳特·达斯的念诵之后，非常感动。他上前拥抱了贾格纳特·达斯，并称他为“激进主义者”，意思是敢于标新立异、为天下先。从此，贾格纳特·达斯就以激进者闻名于世。

贾格纳特·达斯最主要的著作就是他编译的《薄伽梵歌》。这部书在奥里萨地区家喻户晓。我们前面说过，巴尔拉姆·达斯也曾写过一部《薄伽梵歌》，但相比之下，其影响远不如贾格纳特·达斯编译的这部书。

3. 阿朱塔南德·达斯

阿朱塔南德·达斯与前两位诗人一样，也是奥里萨地区家喻户晓的诗人，他的许多颂神曲和祈祷歌[①]已经走进千家万户，而他编写的《师尊虔诚歌》《虚空本集》和《诃利世系往世书》也为他赢得了很高的声誉。一般认为，在“五友”当中，阿朱塔南德·达斯的著作是最多的。他的最主要著作有两部，即《虚空本集》和《诃利世系往世书》。前者是一部在奥里萨地区首屈一指的哲学著作，主要讲解关于“梵”的知识，其中还有关于印度教徒和穆斯林团结的论述。后者则是根据大史诗末篇《诃利世系》改写的，中间突出了黑天与罗陀的爱情故事。

（三）阿萨姆语虔诚文学

在阿萨姆，虔诚运动的推动要归功于辛格尔德瓦（Shankaradeva，1450 ～ 1568）。辛格尔德瓦和他的弟子马特沃德瓦（Madhavadeva，1489 ～ 1596）都积极地投入到这场运动之中。

1. 辛格尔德瓦

辛格尔德瓦于 1450 年出生于阿萨姆中部地区的纳岗沃县阿里普尔瓦利村。由于父母早亡，他由祖母抚养长大。结婚以后生有一女，不久妻子便去世了。由此，他受到打击，心灰意冷，离开家而去朝拜圣地。他用了 12 年时间在印度各地巡礼毗湿奴或黑天圣迹，会见了诸多圣徒，深受虔诚运动的影响。回归家乡后，祖母又为他娶妻。他在巴尔多瓦地方建立了一个萨特拉，开始宣传虔诚教义。1522 年，他与马特沃德瓦相见，收其为徒。1568 年，辛格尔德瓦去世，但此前他已经将传教的重任交给了马特沃德瓦。

---

① 颂神曲，bhajana，印度教宗教仪式上唱的赞美大神的歌，有时专指其歌词；祈祷歌，arti，音译为阿尔迪，本是一种敬神仪式，这种仪式上唱的歌或歌词也被称为阿尔迪。

辛格尔德瓦既是诗人又是剧作家。他的著作很多，主要有短歌、长诗、剧本和译作，凡30余种。诗人的短歌主要有两种：《巴尔短歌》和《颂诗》。长诗主要有：《诃利什金德尔传奇》，长618韵（小节）；《鲁格米妮[①]被劫》，长796韵；《虔诚灯》，长308韵。诗人的译作主要有《薄伽梵往世书》等。戏剧作品有三部：《罗摩的胜利》《降伏恶龙》和《牧童游乐》。这是阿萨姆语文学史上最早的剧作，都是用韵散相间的形式写的。

2. 马特沃德瓦

马特沃德瓦出生于阿萨姆拉克什米县那拉扬普尔村，小时候家境贫寒。长大后成为学识丰富的性力派信徒，崇拜女神难近母。据说是他姐夫将他引见给辛格尔德瓦，被辛格尔德瓦折服后而改变信仰，并拜辛格尔德瓦为师。此后成为辛格尔德瓦的得力助手和继承人。

他的短歌有：《巴尔短歌》和《颂诗》两种；长诗有：《名颂》（1000首）和《王祭》（775韵）；戏剧有《阿周那赞颂》等几种。译作有《出生的秘密》《虔诚集》《神名连珠》和《罗摩衍那·后篇》等。

四、西印度的虔诚文学

（一）信德语虔诚文学

信德语是在古老的梵语和俗语的基础上变异和发展起来的一种语言。但直到公元11世纪初期以前，没有文字的东西流传下来。信德的历史也由于印度河水的一次次改道和不同民族的不断进入而显得混乱不堪。不过，在公元8世纪以后，信德地区似乎与佛教和印度教的联

① 鲁格米妮，Rukmuni，又译艳光。

系甚少，而主要受西亚和波斯伊斯兰教神秘主义的影响。到 16 世纪，信德地区在莫卧儿王朝的统治下，印度教虔诚运动也波及信德地区，并造成深刻影响。格比尔达斯、杜尔西达斯、米拉巴伊、苏尔达斯等人的诗歌，尤其是锡克教师尊那纳克及其以后几位师尊的诗歌作品，在该地区产生了广泛影响。这样，印度教虔诚思想与伊斯兰教的神秘主义思想在信德地区相遇，便出现了“信德苏非主义”。这对该地区人民的生活和文学创作都具有十分重要的意义。

信德苏非主义比较开明，在他们看来，罗摩和真主没有什么区别。他们认为，信徒不应该把个人、家庭乃至世界放在心上，也不应该有任何杂念和贪欲，而应一心关注最高灵魂——上帝；为了与上帝合一，需要走爱的道路。这就是信德苏非虔诚派的思想要点。信德苏非虔诚派圣徒也进行文学创作活动，有两个具有代表性的诗人，他们的作品可以被看作信德虔诚诗歌。这两位诗人是沙·阿卜杜尔·拉迪夫和柴纳拉伊·萨米（Chainarai Sami，1743 ～ 1850）。拉迪夫前文有介绍，这里重点介绍萨米。

柴纳拉伊·萨米出生于信德北部小镇西卡尔普尔，据说他活了 108 岁。大约 30 岁的时候，他遇到了一位名叫斯瓦米·梅加拉吉（Swami Megharaj）的圣徒。这位圣徒是从巴哈瓦尔普尔来到信德的，住在一座婆罗门神庙里，精通吠檀多哲学和梵文诗歌。在萨米与他相识并建立了密切关系之后，便向他学习吠檀多和梵语诗歌。大约 10 年后，萨米 40 来岁的时候，自己也开始了诗歌的创作。因此，人们说他是大器晚成，说他的诗歌是“迟开的花朵”。萨米用当地语言的天城体字母写诗，他写诗完全是为了自娱自乐，写好后就放到一个罐子里。所以，当他的儿子要把他的诗歌印刷出版时，他未表示出兴趣。他在信德创作的诗歌有 2100 颂（诗节）。此后他来到阿姆利则居住，照样把写好的诗放到罐子里。在这里，他创作的诗歌有 1900 颂。在生命的最后日子里，他返回西卡尔普尔，直到去世。

（二）旁遮普语虔诚文学

中世纪前期，旁遮普地区主要存在两大宗教——印度教和伊斯兰教。这两个宗教在当时都有各自的弊端。印度教内部保守和迷信盛行，加上种姓制度的束缚，普通民众深受其害。伊斯兰教进入印度不久，属于外来宗教，统治者使用武力和经济手段迫使一部分印度教徒皈依伊斯兰教，大批的寺庙被拆毁。当然，由于伊斯兰教不讲究种姓，也吸引了一些低种姓的印度教徒改宗伊斯兰教。但是，他们的杀戮和破坏行为使广大印度教徒深恶痛绝。两大宗教并存，两种文化冲突，已经是旁遮普大地上不争的社会现实。在这种情况下，印度教虔诚运动的兴起和伊斯兰教苏非派的发展就成为一种顺应时代和社会的必然。这两个运动彼此呼应，彼此影响，使旁遮普地区的宗教形势发生了巨变，从而导致了锡克教的产生。

旁遮普语是一门复杂的语言，主要有两点表现：第一，语源众多。关于旁遮普语的起源，学界说法较多，但一般认为它是多种语言的混合体，基本属于印欧语系。语源众多的原因是这片土地上居住过多种民族，操阿拉伯语、波斯语、土耳其语，甚至蒙古语的民族都曾到过这里。第二，有三种书体。印度学者曾经指出，由于这里居住着三种信仰（锡克教、伊斯兰教和印度教）的人，所以这里的文学作品有三种书写体："阿拉伯体、天城体和旁遮普体。"[①]

印度有些学者将旁遮普语及其文学产生的时间上推到公元 12 世纪以前甚至更早。但一般认为，旁遮普文学到 13 世纪初现端倪，15 世纪以后得到较大发展。而旁遮普语虔诚文学的诗人和作品主要出现于

① 黄宝生等译：《印度现代文学》，北京：外国文学出版社，1981 年版，第 206 页。

15 至 17 世纪之间。中世纪旁遮普语文学主要分为两个部分：苏非文学和锡克教文学。这两大文学潮流均受虔诚运动的影响，后者更为突出。所以，一些印度学者认为，旁遮普语虔诚文学主要表现为 15 至 17 世纪的锡克教文学。

关于中世纪旁遮普苏非文学和锡克教文学，详见本书第四章第二节。

（三）克什米尔语虔诚文学

克什米尔语属于印欧语系，是克什米尔地区的语言，距今大约有 1000 年的历史。从印度古代的“阿波布朗舍语”发展演变而来。大约 600 多年前，克什米尔语的文字是用“夏尔达”[①]体书写的；而在 14 世纪，由于波斯语成为当地的官方用语，波斯语的书体开始逐步取代夏尔达字体，成为人们最常用的书体。

16 世纪，受宗教情绪的影响，克什米尔语的唱诗（歌词）发展起来。当时的统治者信仰伊斯兰教什叶派，于是什叶派在这个地区迅速发展。波斯语也由于受到统治者的重视而在这一地区得到推广。波斯语的强劲发展势头使克什米尔语的虔诚诗歌走向衰落。

尽管 11 世纪时克谢门德拉（Kshemendra）已经把梵文的罗摩和黑天故事介绍到该地区，写出了《十大化身行传》和《罗摩衍那花簇》；但到了 17 世纪，沙赫布·考尔写出了《化身黑天》，成为第一部用克什米尔语介绍毗湿奴化身为黑天的著作。实际上，18 世纪中期是克什米尔语虔诚诗歌的复兴时期。这期间，一方面苏非神秘主义诗歌创作十分兴旺，另一方面也有相当一部分诗人接受了北印度毗湿奴虔诚运动的影响，开始创作虔诚诗歌。

---

① 夏尔达，Sharda，印度古代书体的一种，一度使用于克什米尔和旁遮普等地。

到了 18 世纪后期，克什米尔语的文学创作基本处于受压抑状态，而受王室鼓励的波斯语则更加普及，以至在学校的教育中都开始使用。波斯语文学创作也取代了当地语言的虔诚文学。马哈穆德·加米等诗人虽然使用克什米尔语进行创作，但从体裁到内容都摆脱不了波斯语诗歌的深刻影响。不过，他们的作品对于克什米尔语文学的复兴仍然具有一定意义。

（四）古吉拉特语虔诚文学

15 世纪，印度教虔诚运动席卷北方大地，古吉拉特地区也受到很大影响。当时，《薄伽梵往世书》的第十章（主要讲述黑天故事）成为古吉拉特虔诚诗人的创作源泉之一。因为，在那些虔诚者看来，爱是一条走向解脱的重要道路；黑天是上帝，而牧女们则代表个体灵魂。爱黑天就是爱上帝，就是向最高灵魂接近。所以，从 15 世纪开始，古吉拉特语的虔诚文学得到很大发展，出现了巴兰（Balan）和那尔辛赫·默赫达（Narsimha Mohda）等重要诗人。16 世纪的主要诗人有普里特姆达斯（Pritamdas）和阿考（Akkho）等。17 至 18 世纪的诗人伯勒马南德（Premananda，1636 ～ 1734）也很著名。

巴兰是第一个用古吉拉特语写传奇叙事诗的人。他写过《那罗传奇》《鹿女传奇》《敝衣仙人传奇》等故事诗。而他翻译的《迦丹波利》和《薄伽梵往世书》也采用了这种体裁。

那尔辛赫·默赫达被认为是古吉拉特语诗歌之父，他写有许多“晨歌”[①]，至今都在被人们传唱。普里特姆达斯是个盲人，一生未婚。他的诗流传下来的有约 1500 首。阿考是中世纪古吉拉特语的重要诗人之一。他在 50 岁的时候开始写作，一直坚持写了 15 年。他的主要著

---

① 晨歌，prabhadi。

作有：《五成》《师徒对话录》《心思对话录》《感觉歌》《阿考歌》和《六行诗集》等。

伯勒马南德被认为是古吉拉特语文学史上的重要诗人。他的主要成就表现于传奇叙事诗的写作。在他45年的创作生涯中，共写出了40部传奇叙事诗。这些诗中的故事都是从史诗和往世书中选取的。而结合当时当地的民俗，这些诗歌又在不同的季节演唱。例如，《奥卡被劫》通常在印历正二月间演唱，而《薄伽梵歌》第十章通常在雨季的四个月里演唱，《苏达玛传》则在每星期六演唱，等等。

五、"法式文学"

（一）关于"法式文学"

印度文学界把十七至十八世纪的文学称为"法式文学"（Ritisahitya），把这个时期称为"法式时期"（Ritikala）。法式，梵文为riti，又被译为"格式"① "方式""样式"② "形式"③等。在印度古典诗学当中，有一个基本理论叫作"风格论"④，八九世纪的时候，有一位叫伐摩那（Vamana）的梵语诗学理论家，用riti一词来解说诗的风格、格式和规则，于是就出现古典诗学的"法式论"（Ritivada）。也就是说，"法式文学"的提法在文学理论上是有根据的。

实际上，由于这一时期的文学作品主要是诗歌，作者基本都是诗人，所以，"法式文学"主要指的就是"法式诗歌"（Ritikavya）。一般

---

① 金克木：《梵语文学史》，北京：人民文学出版社，1980年版，第376页。

② 黄宝生：《印度古典诗学》，北京：北京大学出版社，1993年版，第303页。

③ 刘安武：《印度印地语文学史》，北京：人民文学出版社，1987年版，第152页。

④ 黄宝生：《印度古典诗学》，北京：北京大学出版社，1993年版，第295页。

认为，法式文学是虔诚文学之后兴起的一个特殊的文学现象或潮流。但两者是不能截然分开的，两者间没有一个显而易见的时间界限。

法式诗歌有这样几个特点：

第一，作者一般都是宫廷诗人，受皇帝或者国王（包括土邦王公）的庇护和供养，他们主要为宫廷服务，为皇帝或者国王写诗。

第二，诗歌内容一般都脱离民众的生活。

第三，诗歌在形式上注重技巧和规范，讲求格律和修饰。

第四，传统的大诗（Mahakavya）、分章叙事诗（Prabandhakavya）很少，而单首诗很多。

出现以上特点的主要原因是这些诗人们以进入宫廷为荣耀，为展示才华而展开激烈竞争。他们为吸引王公们，努力使自己的诗歌在"味"[①]"庄严"[②]"女主角分类"[③]和"通体描绘"[④]上下功夫。同时，他们大多由于急于求成而因循定式，不求创新。他们实际上因循的是没落时期梵语文学的某些形式和内容。例如，诗人们写了许多艳情诗，诗中多以黑天和罗陀为男女主角，作为诗歌的支撑，反复表现他们的爱恋、嬉戏、欢会、离别、相思等；他们把对自然景物的描写作为刺激情感的手段，但多流于俗套。他们甚至还写有不少男女偷情的诗，不以为耻反以为荣。尽管人们总体上对法式时期的诗歌评价不高，但其中仍有一些成就突出的诗人和作品。

（二）主要诗人

这一时期的诗人并不都是法式诗人。也就是说，法式时期的诗人

① 味，rasa，印度古典诗学最基本的范畴，指文学作品给读者带来的审美感受和刺激。

② 庄严，alankara，意思是装饰、修饰，也是印度古典诗学的基本理论。

③ 女主角分类，nayika-bheda，指艳情诗中描绘女主角的多种方式。

④ 通体描绘，nakhshikh，指对诗歌中女主人公从头到脚作详细描绘的表现手法。

可以分为两类：一类是遵循法式的诗人，一类是脱离法式的诗人。大多数诗人属于前者，少数诗人属于后者。前者遵循梵语古典美学的规范，主要写艳情味的诗；后者虽然也写艳情诗，但不受“女主角分类”的影响，

在遵循法式的诗人中，比较重要的有格谢沃达斯（Keshavadasa，1551 ～ 1617）、赛纳帕蒂（Senapati，1589 ～ 1649）、钦塔马尼·特里帕提（Cintamani Tripathi，1609 ～？）、比哈利·拉尔（Bihari lal，约 1595 ～ 1664）、马蒂拉姆（Matiram，1617 ～ 1688）、普生（Bhushan，1613 ～ 1715）、德沃（Deva，1673 ～ 1767 或 1769）[①]、伯德马格尔（Padmakar，1753 ～ 1833），苏克德沃·米什拉（Sukhadeva Mishra，1635 ～ 1737）、皮卡利达斯（Bhikharidas，18 世纪），等等。而其中格谢沃达斯、比哈利·拉尔、德沃和普生更突出、更有特点。

摆脱法式的诗人及诗歌：主要诗人有阿勒姆（Alam，17 世纪后半叶～ 18 世纪初期）、克纳南德（Ghananda，约于 1689 ～ 1761），波达（Bodha，1747 ～？）和塔古尔（Thakur，1766 ～ 1823）等。

① 德沃，全名德沃德特，Devadatta，旧译提婆达多，意译天授。

第三节
印度教艺术

一、建筑与雕刻

15 至 18 世纪，印度教建筑艺术和雕刻艺术的高潮期已经过去。原因是在穆斯林的统治之下，伊斯兰文化得到大力弘扬，成为当时印度的主流文化。这一时期，印度北方出现了许多著名的伊斯兰教建筑，其中很多都保存至今。印度教庙宇建设不受统治者鼓励，尤其是伊斯兰教反对偶像崇拜，印度教神像的雕刻受到限制。在这种情况下，印度教的建筑和雕刻便受到压抑，尤其在北印度，很难得到发展。即便如此，在印度的许多地方仍然出现了不少保存至今的印度教建筑。

在北印度，在今北方邦瓦腊纳西的恒河边上排列着不同时期的印度教神庙，其中就有建于十七八世纪的神庙。在马图拉，有历代修建的大大小小的黑天庙宇约 4000 座，其中也有修建于这一时期的。在比哈尔邦的伽耶，有一座建于 1787 年的毗湿奴神庙，叫作“毗湿奴巴德”（Visnupada，意为毗湿奴之足）。同样，在中央邦、奥里萨、孟加拉、古吉拉特、拉贾斯坦等地，都有一些神庙建筑于这个时期，只是名气不大、艺术成就不高而已。

南印度的情况有所不同。1336 年，南印度的维杰耶纳加尔王朝建立，首都设在汉比[①]。其历代国王均为毗湿奴派信徒。到国王克里希那提婆·拉耶（Krishnadeva Raya）在位期间（1509 ～ 1529），王朝发展至鼎盛时期，疆土囊括了整个印度半岛南部，连帕拉瓦、朱罗和潘迪耶都在它的治下，只有德干高原的北部和北印度控制在穆斯林统治者手中。

在汉比，1513 年开始修建的维塔尔·斯瓦米神庙（Vittala Swami Temple）是这一时期神庙建筑的杰出代表。该神庙的主神是毗湿奴。以主殿为中心的一组花岗岩建筑坐落在一个宽 93 米、长 150 米的院落当中。这组建筑包括主殿、圣所、中殿和前殿几个部分。各殿由回廊相连接，回廊间有多重列柱支撑；而这些列柱高低不一，粗细参差；小列柱环绕大列柱，由整块花岗岩精雕细刻而成，被誉为“木琴的音符”。在大殿正面，一些大列柱的周围雕有人物像，多为毗湿奴的化身，或者黑天像。建筑设计者还突发奇想，将前殿前面部分设计成一座天车。天车坐落在方形的基座上，基座的四周雕有各种姿势的人像。天车左右各有两只巨大的轮子，轮子没有辐条，以凸出的轮毂为中心，里面是一圈莲花瓣图案，外面有两圈花草图案，最外面是一圈光滑的轮边。轮子上方托着数重基座，基座间雕有神像、人物、小柱等。在上面是车的主体部分，有列柱支撑亦雕有神像和花卉。其顶部为平顶，有多重，均有精细雕刻。天车的前方雕刻着拉车的大象。不过，这一时期的人像雕刻虽然精细，但人物的神情和姿势都显得呆板，失去了以往印度雕刻中的那种视觉冲击力。

1565 年，德干的穆斯林军队攻入维杰耶纳加尔城（汉比），维杰耶纳加尔王朝覆灭。此后南印度出现了很多印度教王国。这些王国的

① 汉比，Hampi，即维杰耶纳加尔城（胜利城），其遗址在今卡纳塔克邦中部东侧贝拉里市以西约 70 千米处。

首领原是维杰耶纳加尔王朝各地区的长官，被称为那耶克（Nayak），他们趁维杰耶纳加尔王朝覆灭之机在各地拥兵自立。因此，从1565年到1700年的这段时间被史学界称为南印度的“那耶克王朝”（Nayak Dynasty）时期。这一时期，南印度又扩建和新建了一批印度教神庙。

在旧庙扩建方面，主要是继承了维杰耶纳加尔王朝的做法，加高神庙的门塔和增加大殿的柱廊。有的门塔被加高到60米，层层叠叠，每一层都装饰有难以计数的灰泥彩塑神像，显得无比崇峻，也无比烦琐，如同无数重天界分布着无数神明。例如，在今泰米尔纳德邦的马杜赖，有座米娜克希神庙（Minakshi Temple），是马杜赖国王提鲁马莱·那耶克（Tirumalai Nayak，1623～1659年在位）下令修建的，为花岗岩和砖木结构。其南侧的门塔高达46米，在许多重的叠加在一起的塔身上，布满了灰泥彩塑，令人眼花缭乱。

在增加柱廊方面，那耶克王朝时期也有杰作。例如，在今泰米尔纳德邦中部的斯里朗加姆，有一座始建于13世纪的毗湿奴神庙，叫作仑加纳特·斯瓦米神庙（Ranganath Swami Temple）。1590年前后，这座神庙增建了柱廊。柱廊的正面有一排排列柱，列柱上雕有许多几乎直立的马，这些马高约3.77米，前蹄扬起，双目炯炯，张口长嘶，活灵活现。所以，这里被人们称为“马庭”（Horse Court）。马上持剑的武士和马下的人物群像虽显得渺小，但都是精雕细琢的。

二、绘画艺术

这一时期的印度绘画分南北两大流派，南印度的绘画走的是传统的道路，而北印度的绘画则因受到波斯画风的影响而出现了很大变化。

（一）南印度的绘画

在维杰耶纳加尔王朝时期，南印度的绘画艺术和建筑雕刻艺术一样，仍然保持着印度教的传统。从保存下来的一些作品看，它们还是相当精美的。

例如，在汉比的维鲁帕克沙神庙（Virupaksha Temple）前殿的天花板上有一组大型壁画，其中的一幅《三城毁灭者》（*Tripuantaka*）很著名。此画作于15世纪，表现的是湿婆大神烧毁阿修罗三座城的神话。此故事出自大史诗《摩诃婆罗多》，说的是阿修罗统治三界（天界、空界和地界）时，建造了金、银、铁三座城市，湿婆大神应众神之邀，打败阿修罗，烧毁三城，从此湿婆也获得了“三城毁灭者”的称号。图中，湿婆大神处于画面的左侧，形象高大，面向前方，只留下侧脸给观众。从他的侧脸依然可以看到他额上的第三只眼睛，还有四只手臂。不过，他被描绘为国王的模样，唇上留有向脸颊翘起的短髭，头上戴着高高的王冠，身上装饰严丽。他头的上方有太阳和月亮。从他左肩的后面探出五头巨蛇，呈弧形探向前方。他的背后是一个人首蛇身的怪神。怪神上方有一柄伞盖，伞盖前方有一个像紧那罗一样的人物。大神的两只手向左右半伸，做出优美的手势；另外两只手则端着由两个横着的小人构成的法宝，正对向三城。画面的右半部分主要表现的是三城，即三个画有人物的圆圈，三个圆圈呈三角形分布，并由带状物相连。三城的下方是五匹马的半身像，五马由五种颜色画出，似乎是五大元素（地、水、火、风、空）的象征。五马的旁边又是一个五头巨蛇呈弧形探头向前，仿佛五马与五头蛇共同驾驶着宇宙之车。而马的身后有一个人物，四副面孔，像是大梵天。此外，画面中还分布着一些美丽的鸟儿和小兽。值得注意的是，大神湿婆的装饰物中有一串长长的项链，下垂到小腿部位，上面系有五颗人头，或者说是五张人脸，眉眼清楚。可见，这幅画受到密教的深刻影响。

维鲁帕克沙神庙还有一幅画，也是作于15世纪，印度学者把它命名为《大学者的游行》(*Vidyaranya's Procession*)[①]。这里的所谓“大学者”指的是宗教大师，是维杰耶纳加尔王朝建立初期的精神领袖。但实际上，这幅画面的正中部位是一顶由四名壮汉抬的简易轿子，轿子呈弓形，正中向上隆起，里面坐着一位妇女。这名妇女似乎是主要表现对象。轿子的前面有两名仪仗人员。轿子的后面是一头大象，大象背上驮着一个华丽的轿子，里面坐着的人大约就是那位宗教领袖了。画面中还有一些人物，有的在散花，有的携带乐器，有的手提水罐。

再如，在克里希那提婆·拉耶在位时期，莱帕克希(Lepakshi)曾一度发展为一个经济中心，那里的神庙建筑在此期间得到扩建和增建。那里有一座著名的神庙，叫作英贤神庙(Virabhadra Temple)，就建于这个时期(16世纪)。根据史诗和《湿婆往世书》等的传说，英贤(或译雄贤)是从湿婆的头发中产生出来的一位猛士，威震诸神。湿婆由于在岳父的祭祀中没有得到应有的尊重，便让英贤为他报复出气。通常，人们认为英贤是湿婆的化身之一。英贤神庙的天花板上也有一些画被保存下来，被认为是这一时期优秀作品。其中一幅叫作《妇女图》(*Women*)，其中画的是6位盛装并排站立的妇女，她们的服装、首饰和发型各异，很像是今天的服装模特，表现出当时人们的服饰文化。还有一幅《湿婆施恩典给摩奴尼提坎达·朱罗》，画的是湿婆大神和雪山神女骑在公牛南迪的背上，整幅画面显得有些呆板，远不如《妇女图》。

在那耶克王朝期间，南印度也有一些画作保存下来。这些画作也主要是绘制在神庙的天花板和墙壁上，内容以湿婆的故事以及史诗、

① C. Sivaramamurti: *Indian Painting,* National Book Trust, India, New Delhi, 1970, P.76.

往世书中的其他故事为主。

例如，在今泰米尔纳德邦的齐丹巴拉姆（Chidambaram）有一座湿婆迦摩孙德丽神庙（Sivakamasundari Temple），庙中有一组连环画比较著名，表现湿婆信徒对湿婆的崇拜，以及对湿婆之舞的想象。此连环画名为《乞讨者与摩希妮》（*Bhikshatana and Mohini*），作于 17 世纪晚期。此画以宏大著称，在设色上比较考究，以赭红和白色为主色调，构图带有图案画或者版画的性质，绘画技巧上表现一般，人物、动物和植物都显得比较刻板。在今泰米尔纳德地区，还有不少神庙有这个时期的壁画遗存。

在今印度喀拉拉地区也保留有一些这个时期的壁画。例如，柯钦附近的马坦切利宫（Mattancheri Palace）就有一些 18 世纪的壁画。其中有一幅《罗什曼那大战因陀罗耆》（*Lakshmana's fight with Indrajit*）的壁画很有名。画面紧凑而热烈，战斗的双方壁垒分明，罗什曼那与猴军为一方，因陀罗耆与罗刹军为一方。两员主将弯弓对射，箭雨横飞。还有一幅毗湿奴像，亦作于 18 世纪。画中的毗湿奴形象很有特点，其头戴宝冠，圆脸，小口，眼眉修长，像是一个稚嫩的少年。这与通常所见的毗湿奴形象很不一样。其背后的 5 条眼镜蛇也与通常的表现手法不同，画家给这些蛇画出了一张扁圆的面孔，其双目圆睁，有鼻子和獠牙，口中突出的蛇信如两条曲线。它的样子完全不像是蛇，倒像是长着魔头的怪兽。

（二）北印度的绘画

1. 古吉拉特画派

在北方的古吉拉特地区，11 至 16 世纪流行一种细密画，画风独特，被称为“古吉拉特画派”（Gujarati School）。该派的画作主要是绘制在耆那教经典《劫波经》（*Kalpasutra*）的抄本上。现存者多为 15 世纪的作品，主要表现的是耆那教教主大雄的生平故事。画面中主要突出人物，有时以动物和花卉作为点缀。画面中通常人物不多，只有少量的画作中有成排的人物。其人物都是头和身体不成比例，头比较大，半侧脸，尖下巴，尖鼻子，两只眼睛很大，且外侧的那只眼被完整画出，且超出面部轮廓以外。例如，现存英国伦敦不列颠博物馆的一幅《大雄献身图》(*Consecrtion of Mahavira*)，长 10 厘米，宽 7 厘米，上面只绘有两个人物：大雄以右手拔自己的头发，表示要出家，坐在旁边的帝释天则表示欢迎。

2. 拉吉普特细密画

拉吉普特细密画流行的时间约在 16 至 19 世纪。它有两个来源，一方面继承了古吉拉特细密画的传统，另一方面则受到莫卧儿细密画的影响。①

莫卧儿时期，波斯细密画在印度大行其道，形成了莫卧儿细密画。莫卧儿细密画则不仅流行于宫廷，也影响到德里以外的拉贾斯坦地区。由于拉贾斯坦的土邦王公们相继被莫卧儿人征服，虽然他们要向莫卧儿皇帝朝贡，但仍然保持着相对的独立，拉吉普特人并没有改变其印度教信仰。所以，拉吉普特细密画表现的是印度教题材，尤其是毗湿奴虔诚派黑天支的题材。

拉吉普特细密画主要有四种题材：1）表现少年黑天与牧区女子恋爱情景；2）王公（御用画家的赞助人）的画像，或者是宫廷生活的场景；3）史诗中的人物和故事；4）为一些诗集配画。

其中最常见的是第一种。这是因为这一时期正是印度教虔诚派在拉贾斯坦流行的时期，而黑天支派尤其流行。在信徒们看来，黑天是

① 本小节主要依据王镛：《印度美术》，北京：中国人民大学出版社，2004 年版，第 457 ～ 474 页编写。

宇宙的最高主宰，是宇宙的最高实在和最高灵魂。而牧区的女子们则是个体灵魂的象征，信徒们应该像牧女们追求黑天那样寻求与宇宙最高灵魂的结合。画家们正是按照这个理念去绘制黑天与牧女们嬉戏的情景的。新德里印度国家博物馆有一幅18世纪的牧女在河中沐浴的图，表现的是牧女们在亚穆纳河中裸体游泳和盥洗的场景，黑天躲在岸边的树上，并把牧女们穿的衣服都藏到了树上。在万千牧区女子中，罗陀是她们中最杰出的代表，也是黑天的最爱。在拉吉普特细密画中，黑天被画成青蓝色，罗陀被绘制为白皙的玉女，二人或者在树下幽会，或者在亭中做爱，这成为画家们最喜欢描绘的场景。印度国家博物馆也收藏有一幅这样的细密画。画面中，黑天和罗陀在一个四柱的亭子中做爱，画面的色彩鲜艳，背景幽暗，显得十分静谧。

中世纪的诗集，如《偷情五十咏》（*Chaurapanchasika*）、《风流女郎》（*Rasikapriya*）、《乐调花环》（*Ragamala*）等，都是拉吉普特细密画的表现题材。尤其是《乐调花环》，本来是对音乐调式的解释和描绘，现在也和绘画结合起来，把听觉的东西用视觉的画面表现出来。例如，新德里国家博物馆收藏有一幅名曰《雨云调》（*Megharaga*）的细密画，约作于16世纪。此画是表现人们在雨季举行歌舞活动的景象。画面的顶部为深色的乌云，乌云间有三条蛇形闪电。乌云下方是一片明亮的浅蓝色天空，有一行白鹭飞过。再下方是黑色的原野和山坡，山坡上站着两只孔雀。在漆黑的原野的衬托下，有4个色彩鲜艳的人物，黑天和罗陀模样的二人居中，他们的右侧是一个击鼓舞蹈的少女，左侧是一位手持碰铃打着节拍的少女。

印度古典音乐理论在世界上独树一帜，有许多相关著作存世。《拉格马拉》（*Ragamala*，又译《乐调之环》）是广泛流行于中世纪的音乐理论著作。印度古典音乐有一个完整的体系，拉格（raga）是其基本范畴之一，可翻译为调式。一般来说，拉格作为基本的调式，共有六种。而每种之中又有一个主调式（拉格）和五个副调式（ragini，拉吉尼），总共 36 个调式。这些拉格和拉吉尼不仅与不同颜色、季节、时辰相联系，又与不同的情绪反应紧密相关。也就是说，与印度古典美学中的“味”（rasa）和“情”（bhava）的理论紧密相关，不同的拉格和拉吉尼代表不同的情和味，如惊恐、英武、艳情、爱恋，等等。于是，这一时期的拉吉普特细密画就不厌其烦地图解这些调式，出现了许多细密画。

以上是两类主要的细密画题材。此外，在莫卧儿细密画的影响下，还出现过一些肖像画；但与前两个题材相比，肖像画的数量较少。

美术界根据不同的流行地区将这种细密画分为两大派别，一派为拉贾斯坦派（Rajasthani School），一派为山区派（Pahari School）。下面分别予以简介。

（1）平原派

拉吉普特人主要分布于拉贾斯坦一带。在阿克巴时代，拉贾斯坦一带的各个土邦基本都臣服于莫卧儿王朝了。但各个土邦又保持着相对的独立性，一有风吹草动，就纷纷独立。各个主要土邦的细密画虽然都有自己的地方色彩，但大同小异，统称拉贾斯坦画派。拉贾斯坦派又叫平原派，其流行地区主要有以下这些。

梅瓦尔土邦的早期作品有《偷情五十咏》（*Caurapancasika*，约 12 世纪的艳情诗集）组画（约 1550 ～ 1600）和《拉格马拉》组画（约 1605）。之后，王公贾伽特·辛格（Jagat Singh，1628 ～ 1652 年在位）在位期间，曾聘请穆斯林画家萨希布丁（Sahibdin）主持绘制了《薄伽梵往世书》组画（1648）、《拉格马拉》组画（1650）和《罗摩衍那》组画（1649 ～ 1653）等作品。

本迪土邦第一部有年份记录的细密画是作于 1591 年的《拉格马拉》组画。描绘了优美的自然景色。科塔土邦的细密画主要模仿本迪土邦的套路。

基尚加尔土邦王公萨万特·辛格（Sawant Singh，1748 ～ 1764 年在位）是一位毗湿奴虔诚派信徒和诗人，他热恋着宫廷歌女巴尼·塔尼（Bani Thani）。在他被废黜以后，便和这名宫女一起到马图拉的黑天圣地去隐居修行。他在位时，其宫廷画家尼哈尔·昌德（Nihal Chand）曾根据他的诗意把他和巴尼·塔尼的爱情用画作表现出来，此画名为《黑天与罗陀》（约 1750）。画中分三个部分，上面是苍茫的云海和落日的余晖，以及地平线上的建筑。中间是亚穆纳河，黑天与罗陀坐在小船里，河岸上是马图拉的庙宇。下面是浓密的林莽，萨万特·辛格和巴尼·塔尼在树下幽会。

斋普尔土邦的细密画受到莫卧儿细密画的影响，到 18 世纪才形成自己的风格。王公普拉塔普·辛格（Pratap Singh，1778 ～ 1803 年在位）在位期间曾赞助绘画，宫廷里供养有 50 多位画家。这些画家主要绘制黑天和罗陀的恋爱场景。佐德普尔土邦的细密画主要绘制虔诚诗歌与史诗抄本的插图和王公肖像，而比卡内尔土邦的细密画主要表现黑天的传说。

马尔瓦地区的细密画也具有耆那教经典插图的画风，其《拉格马拉》组画之一《维拉瓦尔·拉吉尼》（*Vilaval Ragini*）约作于 1640 年，画面中以少妇梳妆准备赴约来表示这一调式的演唱时辰在入夜之际，表现的是“人约黄昏后”的情景。另一幅约作于 17 世纪后期的《托迪·拉吉尼》（*Todi Ragini*）则将这一拉吉尼人格化为手持维纳琴的少女，暗示出这一调式表现的是“有女怀春”。

（2）山区派

山区派又音译为“帕哈利派”，该派绘画主要流行于喜马拉雅山南麓西部的旁遮普山区，那一带的一些拉吉普特土邦，如巴索利（Basohli）、曼科特（Mankot）、昌巴（Chamba）、库卢（Kulu）、曼迪

（Mandi）、查谟（Jammu）、古莱尔（Guler）、康格拉（Kangra）等，都形成了各自的支派。在1739年以后，从德里逃出来的莫卧儿画师们给山区几个支派的绘画带来发展，并使其画风发生很大转变。典型的有查谟、古莱尔和康格拉等支派。下面重点介绍三个支派。

巴索利土邦的细密画的早期（1600～1670）风格接近拉贾斯坦派的梅瓦尔风格，1730年以后逐渐融合了莫卧儿技法，形成自己的画风。其风景树木的画法已经高度程式化，而其人物造型显得修长丰满。人物多描绘其侧脸，鼻直口小、眉长目大。眼白多，黑眸聚于内角。多首饰，衣着鲜亮。如约作于1730年的《黑天与牧女捉迷藏》(《牧童歌》组画之一)，就是其代表作。在一个时期，巴索利细密画成为附近各土邦学习的典范。

古莱尔土邦在巴索利以南的康格拉河口处。其王公达利普·辛格（Dalip Singh，1695～1741年在位）时，这里已经聚集有一批画家。其中最负盛名的是潘迪特·塞乌（Pandit Seu）家族，包括他的长子马纳库（Manaku）和次子南苏克（Nainsukh）等后代。马纳库和南苏克都曾为巴索利王公服务，上述《黑天与牧女捉迷藏》的细密画可能即出自马纳库的手笔。而到了王公戈瓦尔丹·辛格（Govardhan Chand，1741～1773年在位）期间，因其大力赞助，塞乌家族发展和完善了古莱尔风格。有一幅《贵妇与鹰》(约1750）的细密画为这一风格的代表。

康格拉土邦于18世纪后期发展起来，成为山区最强盛的土邦。王公桑萨尔·昌德（Sansar Chand，1775～1823年在位）从莫卧儿人手中夺回康格拉堡，扩展了领土。他在宫廷设立了画室，聚集起一批画家，其中马纳库的儿子库萨拉（Khusala）、法图（Fattu），南苏克之子高杜（Gaudhu），以及普尔库（Purkhu）、巴西阿（Bassia）等最有名，而库萨拉尤其受王公的赏识。康格拉画风与古莱尔风格接近，都极力表现康格拉河谷自然美景及山区女性的娇美。康格拉风格更进一步强化了对于女性美的描绘。桑萨尔·昌德是黑天派的虔诚信徒，又是文学爱好者。他让画家们依据《薄伽梵往世书》和《牧童歌》等书绘制了许多细密画。这个时期康格拉细密画的代表作有《黑天与罗陀》（约1785）、《避雨》（约18世纪末）、《秋千》（约1810）等。其中，《黑天与罗陀》描绘的是二人在林间欢会爱抚的场面，山丘、草地、花木作为陪衬，色泽鲜艳。《避雨》则表现了黑天为罗陀撑伞的场面，黑天为罗陀擦去脸上的雨水，罗陀低眉羞涩。周围的一切，慈祥的母牛、欢跳的牛犊、浓郁墨绿的树木、下垂的花蔓和飞翔的小鸟，似乎都在为这一时刻感到欢欣鼓舞。《秋千》表现的是雨季妇女在荡秋千，画面上方是翻滚着的浓云，下方是大理石围栏和其间的地毯。凌空的秋千上荡起一名美艳的少妇，有侍女帮她推秋千，她则面带微笑。

三、音乐舞蹈

这一时期，印度的宫廷乐舞和民间乐舞都得到发展，臻于成熟。

（一）音乐

1526年莫卧儿王朝建立以后，印度音乐逐渐划分为南北两大流派。北派被称为印度斯坦音乐（Hindusthani Music），较多受波斯、阿拉伯音乐的影响；南派则称为卡纳塔克音乐（Karnatak Music），这是14世纪维杰耶纳加尔王朝成立以后形成的，所以较多保持了印度古代的音乐传统。

这一时期印度涌现了许多著名的音乐家，在南派音乐家中，最著名的是普朗达拉·达沙（Prandara Dasa，1481～1561），他创作了很多乐曲，成为卡纳塔克音乐的集大成者。他的很多曲子至今在寺院和公众场合演奏，并被作为音乐教学的范本。因此，他被尊为印度音乐之父，深受后世音乐人的敬仰。南派音乐使用的乐器主要有维纳琴、组鼓、横笛、长唢呐、印式提琴、碰铃等。

（二）舞蹈

印度舞蹈分为古典舞蹈和民间舞蹈两种。

这一时期，印度的古典舞蹈基本定型（程式化），形成了八个流派：

婆罗多舞，起源于南印度的寺庙当中，约 16 世纪进入宫廷。现代形式的婆罗多舞定型于 18 世纪，通常由一名女演员表演，内容为古代的神话传说。演员通过动作、手势和眼神表现故事情节。

卡塔克舞，起源于拉贾斯坦和北方邦的寺院，最初为讲故事人（说书人）的表演，内容是往世书中的故事。大约 17 世纪进入莫卧儿皇帝的宫廷。因此，其音乐和表演也受到穆斯林乐舞的影响。

卡塔卡利舞，起源于印度最南端的喀拉拉地区，最初是民间舞剧，表现的内容为古代的神话传说。那耶克王朝时期被引入宫廷。

库奇普迪舞，起源于安得拉邦沿海地区的库奇普迪，最初是由婆罗门在寺院跳的舞蹈，内容以神话传说为主，中世纪开始流行并逐渐定型。

曼尼普利舞，起源于印度东北部的曼尼普尔邦，最初是民间舞蹈，是山民们举行宗教仪式的集体舞。中世纪早期，以表现湿婆大神和妻子雪山神女为主，后期受印度教虔诚运动的影响，舞蹈的内容变为以黑天和罗陀的恋爱故事为主。

奥迪西舞，起源于东印度奥里萨邦。15 世纪以后开始流行，大约于 17 世纪定型。

萨特里亚舞，大约于15世纪流行于印度东北部的阿萨姆邦。通常在寺院和公众场所演出，主要表现的是有关毗湿奴及其化身的神话传说。

摩西尼亚塔姆舞，起源于南印度的喀拉拉地区，是一种由女演员表演的舞蹈，主要表现沿海的自然风貌。

印度是一个多民族的国度，民间舞蹈也种类繁多，不胜枚举。值得一提的是，在这一时期，北印度的民间由于受虔诚运动的影响，黑天和罗摩的故事受到广大民众的喜爱。于是，民间普遍流行着两种舞剧，即《罗摩本事剧》和《黑天本事剧》，通常人们在农闲时或者在节庆期间演出，成为一种常见的民俗活动。

第十四章
锡克教

第一节
锡克教的形成

一、历史文化背景

从 1206 年突厥穆斯林在印度次大陆建立政权起，印度的社会文化格局便发生了根本性的改变。在此之前，印度社会的主体是印度教徒，印度文化的主流是占绝对优势的印度教文化。但伊斯兰教政权的建立和大批穆斯林的进入改变了这一局面。由于在强权的统治下，统治阶级大力倡导的是伊斯兰文化，部分印度教信徒或自愿或被迫改宗伊斯兰教，穆斯林的人数逐渐增加；所以，无论从人口数量上还是从文化氛围上，伊斯兰教都足以与印度教抗衡。

在这种局面下，两大宗教和两种文化必然发生对立、碰撞和冲突。但是，不同文化背景的人必须居住在同一片土地上，交往是不可避免的。两种文化也就必须在不断磨合中相互影响。在德里苏丹的统治完结之后，莫卧儿人于 1526 年在北印度建立起一个庞大的帝国。当莫卧儿的统治者阿克巴掌权时，他已经感到了这种文化融合的必要性，因为他们需要社会的稳定与和谐，需要长治久安。这在客观上为锡克教的产生和发展提供了政治上的条件。

这一时期，印度的两大宗教——印度教和伊斯兰教中都出现了一些变化。如我们前面说过的那样，印度教中的虔诚派和伊斯兰教中的苏非派都已十分活跃。这两大教派对推动印度社会的进步具有积极意义。

从印度教方面看，当时的种姓制度、摧残妇女和儿童的陋习、烦琐的宗教仪式和各种迷信等十分顽固猖獗，已经严重阻碍了社会进步。虔诚运动的兴起正是以反对这些陈规陋习为主要标志的。从伊斯兰教方面看，当时的苏非派反对教派歧视，主张宗教向普通民众靠拢，以适应时代和社会需要。这使被正统派视为异端的苏非派在印度的土壤上获得了长足的发展，其发展对缓和当时的民族矛盾和宗教矛盾起到了积极作用。正是印度教虔诚派和伊斯兰教苏非派的理论、主张和实践为锡克教的产生准备了理论基础。

锡克教产生于印度的旁遮普地区。“旁遮普”的字面意思是“五水”①，指五河流域。这里有得天独厚的自然条件，物产丰富，土地肥沃，是印度西北方的天然粮仓。但同时，旁遮普地区又从来就是印度西北通往外界的要冲，是外来入侵者自中亚和西亚进入印度次大陆的必由之路。自古以来，有许多民族就是通过这里进入印度半岛的，历史上在这一带发生过许多战争，成为兵家的必争之地。这里的人民既享受着大自然给予的恩惠，同时也饱受人为的战乱之苦。在德里苏丹国时期，这里屡遭兵燹，人民生活极不安定，加上教派对峙和社会歧视，民众迫切希望和平与平等，渴望安居乐业。这一时期的民众需求，成为锡克教产生的社会基础。

总之，锡克教的产生有一定的历史必然性。创始人那纳克的出现，是这些历史和文化条件已经相当充分的标志，即所谓瓜熟蒂落，水到渠成。

---

① 旁遮普，Punjab，词根 punj 的意思是“五”，ab 的意思是“水”。“五水”指印度河上游西侧的五条支流：杰卢姆河、切纳布河、拉维河、比阿斯河和萨特累季河。

二、那纳克的生平与创教活动

锡克教的创始人是那纳克（Nanak），现在锡克教徒都尊称他为古鲁·那纳克·德瓦[①]。关于他生平的资料，主要保存在他去世以后信徒们为他编写的不同版本的《生平见证》当中。《生平见证》的最初版本出现于他去世多年以后，此后又有多种版本的《生平见证》出现。现在流行的版本主要有4个。[②]由于这些版本之间存在着不少差异，而且又带有程度不同的神话色彩，所以后世西方和印度学者对此进行了许多研究，目前意见大体趋向一致[③]。关于他的生卒年、出生地、迁居地以及大体经历，学者们的意见比较一致，仅在其余年份和活动细节上尚存在不同意见。

那纳克于1469年出生在（今巴基斯坦境内拉合尔西南）谢库普拉县的塔尔万迪村。后来，人们为了纪念这位伟人，将这个村子改名为那纳卡那·萨希卜，这里一直是锡克教的圣地。

那纳克出身的家庭属于刹帝利种姓，父亲是村里为地主管田赋的小吏，母亲操持家务。据说，那纳克小时候就与众不同，善于思索。7岁那年，父亲把他送进村里的学校读书，想让他学习梵文，长大后成为真正的印度教信徒。但他在这里既学习了梵文也学习了波斯文。9岁[④]那年，父亲又为他请来婆罗门祭司，主持印度教的佩带圣线仪式。

---

① 古鲁·那纳克·德瓦（Guru Nanak Deva）：古鲁，意思是师尊、师父或老师，在锡克教中有特定的含义，相当于教主，可译为师尊或祖师，只有十人有此头衔；德瓦的意思是神。

② 刘乐：《试论锡克教的形成》第三章第一节，北京大学外国语学院硕士研究生学位论文，2003年5月通过。

③ 高建章：《锡克·辛格·阿卡利——锡克民族与锡克教》，成都：四川民族出版社，1994年版，第19页。

④ 一说11岁，此处依据 Max Athur Macauliffe:The Sikh Religion, New Delhi, 1978,Vol. Ⅰ ,p16.

但这时的那纳克已经很有主见了，他对这一仪式提出异议，说："你的棉花能够产生同情，你的线绳能够使人满足，你的结扣能够使人节制，真理存在于它的环绕当中，它将使灵魂得到净化！哦！婆罗门，如果你有这样的线绳，请将它系在我身上。"[①]虽然有资料表明这是那纳克说的话，但是似乎不像是他当时说的。

此后，根据父亲的意图，那纳克从事过放牧、经商等活动，由于心不在焉，都没有干出成绩。大约16岁那年，那纳克到姐姐居住的苏丹普尔去谋生，曾做过仓库管理员之类的小官，但不久就辞职了。

那纳克于19岁那年结婚[②]，妻子名叫苏尔克妮（Sulkhani），亦属于刹帝利种姓。后来他们生有两个儿子。

不管是婚前还是婚后的若干年时间里，那纳克始终没有放弃对人生对现实社会的思索，没有停止他自身的修持："每个夜晚他都在不停地唱歌，赞美神灵；之后他会去河里沐浴；黎明时分，他穿好衣服，在额头上点好吉祥志，拿着记录本来到工作地点开始一天的工作。"[③]他还经常做善事，如周济穷苦的乞丐等[④]。

---

① 刘乐：《试论锡克教的形成》，北京大学外国语学院硕士研究生学位论文，第25页，2003年5月通过。

② 关于那纳克结婚的时间有多种说法，但主要是16岁和19岁两说。这里采用后者，参见印度Balwant Singh Gujarati：《锡克教十祖师》，德里，1969年（印地文版），第1页；黄心川主编：《世界十大宗教》（江亦丽、罗照辉撰文），北京：东方出版社，1988年版，第187页。

③ 出自《普拉坦·生平见证》，转引自刘乐：《试论锡克教的形成》，北京大学外国语学院硕士研究生学位论文，第26页，2003年5月通过。

④ 高建章：《锡克·辛格·阿卡利——锡克民族与锡克教》，成都：四川民族出版社，1994年版，第21页。

大约在1499年[①]，一天，那纳克到河里沐浴，突然失踪。人们还以为他遭遇不测，但他却在三天后突然出现。传说，他这次失踪并非真的失踪，而是被神召见，并给予启示。从此，他便有了上帝特准的古鲁头衔，并开始传教。这只是一个传说，许多教主或圣徒在传教之初都宣称自己得到神的启示，古今中外，例子太多。但锡克教徒对此深信不疑。

此后的许多年里，那纳克开始周游印度和印度以外的许多地方。据说他曾经五次出游：第一次，先后访问了俱卢之野、哈利德瓦尔、迦尸、伽耶、贾格纳特[②]等印度教圣地。在这期间，他明确了法（达磨）与非法的问题，对印度教信徒日常生活习俗和修炼程序等都进行了考察和思索，发现并指出了其中的虚伪性。第二次，到斯里兰卡传教。第三次，到喜马偕尔和克什米尔游历，会见了许多宗教学者和圣徒，并宣传了自己的观点。第四次，到木尔坦后，又到麦加、麦地那、巴格达等地游历，了解当地民众宗教信仰情况。回来后，他迁居到卡尔塔尔普尔，并在那里度过自己最后的18年时光。第五次，他只在旁遮普地区游历，宣传自己的教义。这样，那纳克用了大约22年的时间，一边游历一边传教。他于公元1539年去世。

在师尊那纳克去世前，他不顾儿子们的反对把古鲁的位置禅让给自己的得意门生安格德。事后证明，他的决定是正确的。

---

① 这个时间也说法不一，此处依旁遮普大学《古鲁·格兰特·萨希卜》研究系：《古鲁·格兰特作者评介》，新德里，出版年份不详，第36页。

② 俱卢之野（Kurukshetra），史诗《摩诃婆罗多》中的大战战场，在今德里西北通往旁遮普的半路上；哈尔德瓦尔（Haradvar或Haridvar），在今乌塔兰查尔邦，恒河上游，俗称“恒河之门”；迦尸（Kashi），在今北方邦瓦腊纳西市，著名古国；伽耶（Gaya），在今比哈尔邦，著名佛教圣地；贾格纳特（Jagannath），在今奥里萨邦海边城市普里，印度教四大圣地之一。

三、那纳克的思想与锡克教教义

锡克教作为印度的一个重要宗教，作为一个具有世界影响的宗教，其创始人那纳克的思想无疑是值得重点研究的。因为，直到今天，他的思想还指导着锡克教的根本方向，支撑着锡克人的信仰，影响着他们的人生观和价值观，也影响着他们的生活方式。

（一）那纳克的哲学思想

那纳克的哲学思想可以从他的宇宙观和解脱论这两个主要方面来考察。

1. 宇宙观

在本体论上，人类进行了数千年甚至上万年的思索，但至今仍然存在两大派观点，其分歧主要在于：宇宙的本质是什么？什么是原初的东西？是有神还是无神？作为宗教信徒，一般都认为宇宙是神的创造，宇宙的本质是由神决定的，神是宇宙的根源。也就是说，他们一般都是有神论者，是唯心主义者。在印度古代，这种有神论和唯心主义非常普遍，而无神论和唯物主义则如凤毛麟角。中世纪印度的两大主要宗教派别，印度教和伊斯兰教属于有神论的范畴。受这两个宗教的影响，那纳克也主张有神论。他说：

> 你就是造物之主，创造了整个宇宙。
> 形形色色的万物，是不同方式造就。[①]

①《阿迪·格兰特》，第 138 页。以下凡征引此书，均依据阿姆利则 2003 年出版的四卷本《室利·古鲁格兰特·萨希卜》。

那纳克主张一神论，这与印度教通常的多神论不同，而与虔诚派大师格比尔达斯的一神论观点比较接近。那纳克认为，造物主只有一个，那就是“原人”[①]，首先是他自己创造了自己，然后才创造了世界[②]。

在祖师那纳克的著作当中，也经常提到印度教一些大神的名字，如毗湿奴、湿婆、黑天、罗摩等。但他认为这些不同的名号都是现象，都是外表，本质上都是一个，也只有一个。因此，那纳克不赞成印度教中毗湿奴的“化身”[③]说。他认为，造物主创造了一切也控制着一切，没有什么外力能够动摇或改变，什么妖魔、洪水、天灾、人祸，都是造物主自己的安排。

这个造物主是宇宙的最终存在，最高主宰，最根本的灵魂。他是不可知的，不可描述，不可思议的。因此，那纳克认为，这个宇宙之主是无形的。他曾经这样说：“你的状态和边际只有你知道，别人如何得以描绘？”[④]

这一点很重要，正因为他认为宇宙之主是无形的，所以他反对偶像崇拜。他认为，对于这无法描绘、不可思议的最高主，是不可能用某种形象来表现的，不能雕刻成偶像，也不能将这偶像树立于某个地方加以膜拜。

2. 解脱论

有人问那纳克：“生命从哪里来？又要到哪里去？抛弃了身体以后待在哪里？”这是一个十分古老而又常新的问题。如果承认灵魂是存在的，那么这个灵魂就有个存在方式的问题，有身体的时候存在于体

① 原人，原文为 Adi Purakhu，即梵文 Adi Purusha。

②《阿迪·格兰特》第 463 页。

③ 化身，avatara。

④《阿迪·格兰特》第 946 页。

内，如果没了身体又怎么办？为此，人类思索了上万年，似乎还是未得要领，每个人都为此而困惑过，有人甚至困惑终生。

> 但在那纳克看来，每个生物都有自己的灵魂，这些个体灵魂是最高灵魂的一个部分，来源于最高灵魂，那么个体灵魂的最后归宿就应该是回归最高灵魂、最高主宰："从主的意愿来，按主的意愿去，在主的意愿里存在。"①

他认为，最高灵魂是完整的，而个体灵魂是不完整的，在个体灵魂有缺陷的情况下，要回归最高灵魂就要具备这样几个条件：首先，必须有真师的指导。只有听从真师的教诲，才能获得真正的知识，才能认识到主的无限和主的本质。第二，必须虔诚地信奉主，相信主是唯一的，主是仁慈的，主会接受每个虔诚有德的信徒。第三，必须有对主的无限热爱。第四，必须念诵主的名号，时刻将主放在心里。

下面的话比较集中地体现了这四条修行原则：

> 要从真师那里获得知识，去思考主的本质。
> 将主的名号念诵，肮脏的心地也变得洁净。
> 主将为他解除迷惘，结束他自我的无明。
> 只有他们热爱主名，早就在命运中注定。②

通过修炼，具备了这些条件之后，才能最后达到回归于主的目的。与此相对的是，那纳克不仅反对偶像崇拜，还不主张阅读古代的经书，

①《阿迪·格兰特》，第 940 页。

②《阿迪·格兰特》，第 163 页。

更反对那些朝圣、沐浴、斋戒、苦行、出家等修行方式。

与此相一致的是，那纳克还向信徒们提出了道德规范。他要求每个人重视道德的养成，除了对上帝虔诚而外，还要真诚对待别人。他希望人们谦虚谨慎，不骄傲，不说谎，不贪恋钱财，并积极为社会服务。他说："编造的谎言绝不可能被传入天国。""谦恭是一个人的高尚品德。""贪财者为了谋取钱财，他们常常会有不道德的行为。""某些愚昧无知者的心中，除了他自己乏味的吹嘘之外，这些人对其他一无所知。"①

从这里不难看出，那纳克的解脱论在很大程度上与格比尔达斯的解脱论相一致。虔诚是当时的新思想潮流，侍奉真师、走爱的道路和念诵大神名号也是格比尔达斯所强调的。而且，伊斯兰教苏非派也在很大程度上强调了"神爱"的修行途径。这些都告诉我们，那纳克的哲学思想是在学习和继承了前人思想成果的基础上形成的，他在这个基础上又提出了自己的见解和主张。

（二）那纳克的社会思想

那纳克的伦理社会思想在当时具有十分进步的意义。归结起来，主要有以下几点：

1. 主张种姓平等

印度教的种姓制度是古代印度社会的一大顽疾。从吠陀时代到13世纪，在大约两千年的时间里，它虽然遭到各种反对，如佛教和耆那教的反对等，但这一制度一直在不断地巩固和强化，没有人能够动摇它的根基。到了中世纪，虔诚派的大师们首先向这一社会弊病发起了

① 转引自高建章：《锡克·辛格·阿卡利——锡克民族与锡克教》，成都：四川民族出版社，1994年版，第38页。

攻击。伊斯兰教也利用这一点来扩大自己的队伍。那纳克正是在这种情况下提出种姓平等这一主张的。应当说，这虽然不是那纳克的首创，也不可能从根本上改变印度社会的这一现状，但那纳克的言行的确起到了重要作用。他首先在锡克教内部实行种姓平等，在各种场合宣传自己的主张，这就至少在一些人的心目中树立起平等观念，在局部范围内实现了他的主张。这对于社会进步是有积极意义的。

那纳克不仅提出主张，还将自己的主张付诸行动。对外，他将锡克教的大门向各个种姓的人敞开；对内，他首先实行“公共食堂”①制度，让教徒们在一起用餐，完全不考虑种姓禁忌。

他曾经说过：“大家都是高尚的，我自己从来不认为别人是卑贱者。大家不能够用种姓等级划分去衡量每一个人的价值，最主要的是每一个人的宗教信仰倾向和观点，因为天堂没有生辰、性别、语言、籍贯与种姓等级等划分。”“因为旃荼罗种姓世世代代一直服务于大家，所以他们一定会获得上帝的仁慈和恩惠。”“大家一定要遵照祖师格言中的教诲，自觉从种姓、肤色、阶层和地位等差别的情绪中解脱出来。”②他的这些言论一直为后来的锡克教信徒所遵守，而且也是印度思想文化宝库中闪光的瑰宝。

2. 主张男女平等

中世纪正统的印度教中，歧视妇女的现象是普遍存在的，妇女的处境也是十分恶劣的。如不允许寡妇再嫁、寡妇殉夫、童婚、索取陪嫁等。虔诚派兴起以后，一些大师们虽然有一些社会改革主张，提出了一些移风易俗的要求，但实行起来很困难。而像格比尔达斯这样的

---

① 公共食堂，Langan，锡克教信徒一起用餐的大饭厅，后被理解为一种共餐制。祖师那纳克为体现教徒平等，增进彼此亲情而创建了这个制度。

② 转引自高建章：《锡克·辛格·阿卡利——锡克民族与锡克教》，成都：四川民族出版社，1994年版，第36页。

大师甚至还没有完全从妇女歧视中摆脱出来。在伊斯兰教中，对妇女歧视的情况也很普遍。在这种情况下，祖师那纳克的主张就显得十分光明耀眼。如前面提到的，他认为天堂里没有性别的差异，也就没有性别歧视，男人女人在上帝面前一律平等。他曾经这样说："人从妇女那里得到生命，母体里孕育着形体和生命；血缘关系来自女性，母性使世间走向繁荣……为什么要说妇女们不好？连那些国王也是她们所生。"[①] 说明他对妇女的尊重以及对当时社会歧视妇女现象的不满。因而，在那纳克创立的锡克教里，也没有性别歧视，妇女不但可以加入，可以和男人一样学习经书和诵读经文，可以成为宗教仪式的主持人；她们也可以在"公共食堂"里与男人坐在一起吃饭，一起研究宗教理论和参与教内事务。这些在当时都是十分了不起的事情，具有惊世骇俗、振聋发聩的作用。

3. 主张服务社会

那纳克曾经这样说："一个人夜晚睡眠就已经消磨掉他个人的宝贵时间，如果他又在白天酒宴之中浪费自己的光阴则毫无意义。一个人服务于社会不可能没有效果，因为社会服务是一项伟大的工作。"[②]那纳克主张锡克教徒过世俗生活，这就要求信徒与社会紧密联系起来，成为社会的一分子。更重要的是，一个人要立足于社会，就必须为社会服务，为他人服务。在他看来，这是一项十分伟大而光荣的事业，因为这个世界是上帝创造的，这个社会也是上帝创造的，不服务于社会就意味着没有向神的献身精神，不服务于他人也是缺乏为神的服务。他说："没有服务就没有奖赏；没有服务，精神生活的道路将一片荒

---

①《阿迪·格兰特》第 473 页。

② 高建章：《锡克·辛格·阿卡利——锡克民族与锡克教》，成都：四川民族出版社，1994 年版，第 39 页。

凉。”[①]那纳克认为，宗教生活和世俗生活不是相互矛盾点，而是协调一致、相辅相成的。

以上三点是那纳克社会思想当中比较突出的部分。当然，他的社会思想还不止这些，如社会和平的思想、反对暴力的思想、服务于家庭的思想，等等，都具有进步意义。

（三）锡克教教义的特点

上面对锡克教创始人那纳克的思想作了简要的介绍和分析。应当说，这些思想奠定了初期锡克教的思想理论基础，成为锡克教初期教义的基本内容。那么，与印度当时流行的其他宗教相比，初期锡克教的教义有哪些独特之处呢？可以总结为以下三大主要特点：

1. 一神论原则

如前所述，那纳克认为上帝只有一个，就是梵，就是宇宙之主。他可以有多个名号，但实际上指的都是一个。而这个唯一的上帝是无形的，因而是看不见摸不着的，也是不可思议的。这种一神论的观点使锡克教的基本教义与传统的印度教有所区别。又因为他的基本主张脱胎于印度教虔诚派，又使其基本教义与伊斯兰教有所区别。

在传统的印度教里，神有许多个，多得难以统计其数目。多神崇拜是吠陀时代的遗产，因为那时人们敬畏自然界的各种现象，把自然界的许多东西和现象都神格化了，如日月星辰、风雨雷电、山川海洋、花草树木，等等。到了印度教阶段，突出了大梵天、毗湿奴和湿婆三大主神的地位，而吠陀神话中的诸神也都在被崇拜之列。中世纪早期，印度教内部出现了振兴和改革势力，商羯罗成为主导潮流的代表人物。

---

① 刘乐：《试论锡克教的形成》第 26 ～ 31 页，北京大学外国语学院硕士研究生学位论文，2003 年 5 月通过。

他提出的吠檀多不二论哲学把宇宙的最高主宰确定为梵，这显然具有一神论的倾向。自伊斯兰教传入印度之后，伊斯兰教也在一定程度上影响了印度教，使印度教内部涌现出一股改革潮流——虔诚运动。虔诚派的大师格比尔达斯就主张一神论，而且也主张无形论。

那纳克的思想受到过印度教虔诚派和伊斯兰教的影响，但他的一神论与虔诚派和伊斯兰教的一神论并不完全相同。他综合了以上两家的观点，而更多地采用了虔诚派无形论的观点，将锡克教的神高度抽象成一个精神实体，这个精神实体虽然也是物质实体，是一切物质的本源，但毕竟因为其无形而神秘莫测，不可企及。

2. 世俗化原则

传统的印度教和伊斯兰教都有居家修行的主张，但印度教和伊斯兰教中又都有出家修行的情况。锡克教的不同之处在于，主张信徒一律在家修行，而且强调信徒要担负起家庭和社会责任。到第二任祖师安德格时代，这种世俗化原则被进一步强调和突出出来（见下节），以至今天的锡克教信徒仍然遵循这一原则。

锡克教的世俗化原则是有针对性的。一方面，祖师那纳克首先履行这一原则，过着家居生活，他反对印度教中的婆罗门祭司阶层不劳而获，也反对沿街乞讨的出家人、苦行僧。另一方面，在那纳克去世之后，其子争当第二任祖师，与安德格唱对台戏，主张出家修行，而且自立门户。针对这种情况，安德格维护了祖师那纳克的主张，进一步强调了世俗化原则。

世俗化原则也体现了一种社会责任。那纳克主张信徒通过劳动自食其力，不但不给社会增加负担，而且能为社会服务，为他人服务。这种对社会负责的原则也在以后的锡克教信徒中得到贯彻。

3. 简便易行原则

中世纪传统的印度教中流行着烦琐的仪式。针对这种情况，那纳克提出了念诵神名的修行方法。到了第二任祖师时期，念诵神名便被确定为锡克教信徒日常修行的第一要务。这种做法非常简单，信徒们不管文化程度如何，都可以得其要领，坚持不懈。这样做可以时刻提醒信徒们牢记上帝，上帝与自己同在，自己的一言一行都要向上帝负责。此外，锡克教也不像伊斯兰教那样有每日的“五功”，而是简化了礼拜仪式，一般只有进入圣庙以后才有一定的礼仪。

这种简化仪式、念诵神名的做法与锡克教的世俗化原则是一致的。即让信徒们有充分的时间去从事世俗的工作，也把平时的工作神圣化，宗教化，这就加强了信徒们的责任心。

第二节
锡克教的早期传承

一、第二任师尊安格德

安格德（Angad），1539年至1552年为锡克教第二任祖师。他原名为巴依·拉哈那[①]，1504年出生在旁遮普一个叫摩特·迪·萨朗的村子里。他的先人属于刹帝利种姓，但历来经商。由于家里人一直崇拜女神难近母，所以他在认识那纳克之前也是一位女神崇拜者，而且是一位相当痴迷的崇拜者。

他继承了师尊的位置之后，名字被改为安格德。关于他的改名，有两种说法，一种说法是那纳克在去世前给他改名为安格德，意思是那纳克祖师认为安格德是自己身体的一部分[②]，另一种说法是安格德为自己改名，认为自己是祖师那纳克的一部分[③]。总之，那纳克非常欣赏和器重安格德，而安格德也非常忠于那纳克。

---

① 巴依·拉哈那，Bhai Lahana。安格德的原名有好几种写法，此外尚有Lehana，Laihana，Lahina等。

② Balwant Singh Gujarati：《锡克教十祖师》，德里，1969年印地文版，第14页。

③ 高建章：《锡克·辛格·阿卡利——锡克民族与锡克教》，成都：四川民族出版社，1994年版，第51页。

大约在 1531 年前后，安格德在卡尔塔尔普尔见到了祖师那纳克。据说，在经过严格的考验之后，那纳克决定收他为门徒。成为那纳克的门徒之后，安格德便把家迁到卡尔塔尔普尔，并一心一意地追随那纳克，尽心尽力地为那纳克服务。他的勇敢、坚定、智慧和忠诚曾得到那纳克的赞扬。

由于那纳克的长子室利 · 昌德（Shri Chanda）不同意父亲的禅让决定，所以根本不把安格德放在眼里，并且与安格德大唱反调。因此，安格德从教内团结的大局出发，有意回避室利 · 昌德，以免发生不必要的冲突。他把家从卡尔塔尔普尔迁出，搬到一个叫作卡杜尔的地方居住。他的举动赢得了广大信徒的拥护和爱戴，他们纷纷迁往卡杜尔，很快，卡杜尔便成为锡克教的中心。

安格德在任的时间不算长，只有 13 年，他去世于 1552 年。在任期间，他做了如下事情：

第一，他大力宣扬了祖师那纳克的教诲。他带领教团的信徒吟唱那纳克的诗歌，并把那纳克的诗歌汇集起来。

第二，他组织人写出了祖师那纳克的《生平见证》，这是祖师那纳克最早的传记。

第三，他迁居卡杜尔的行动扩大了锡克教的影响区域。

第四，为了在锡克教信徒中传播知识和技能，他开办了一所学校。他还带头从事体育活动，开启了锡克人爱好体育传统的先河。

第五，他修正了旁遮普文的书体——古尔姆齐字体，使之固定下来，并普及推广。这样，普通民众便可以阅读和学习经典，对普及文化知识有巨大的意义。

第六，他继承了祖师那纳克的思想，主张过家居生活，不主张出家，更反对苦行。他的大力倡导和实践为信徒们做出了榜样，这无疑有利于锡克社会的发展进步。他提出三点主张：

主的名号要念诵，维持生计要劳动；

部分收入分他人，然后才能自享用。

这就是著名的“锡克教三宝”[①]。也就是说，他主张通过念诵名号以心怀上帝；主张通过生产劳动来维持生活，而不是靠其他人供养活命；主张接济他人，先人后己。

第七，他主张平等，反对社会歧视，在信徒中间树立了平等的观念。他继承那纳克祖师的做法，维护了“公共食堂”制度，大家不分种姓，不分男女，都一同吃饭，促进了教团内部的团结和谐，也有利于社会的和谐进步。

第八，他在去世前安排了正确的接班人——阿马尔·达斯，为锡克教的发展壮大奠定了基础。

二、第三任师尊阿马尔·达斯

阿马尔·达斯（Amar Das）于1552至1574年间为第三任祖师。他出生于1479年，比那纳克小10岁，比安格德大25岁。他的出生地是旁遮普阿姆利则附近的一个叫巴萨尔凯的村子，其家庭属于吠舍种姓。小时候，由于他的家人都是传统的印度教信徒，属于毗湿奴派，所以他深受熏陶，学习了许多经典，长大后又曾多次去朝拜印度教的各大圣地，见多识广。23岁那年，他结了婚，后来生有二男二女。

在与安格德相见之前，他对印度教的一切深信不疑，其中包括种姓制度和不可接触制度。据说，一次，阿马尔·达斯去恒河之门朝拜

① 锡克教三宝，Sikkh Triratna。

时，遇见一位婆罗门大学者，这位大师预言他不久会得到一个高位。于是，他跑了好远的路去寻找师尊也没找到，却在自己家族内找到了师尊的线索。

一天清晨，阿马尔·达斯听到安格德的女儿阿姆洛（Amaro）在唱锡克教的颂神曲，他被深深地打动了。阿姆洛当时是阿马尔·达斯侄子的媳妇。阿马尔·达斯又进一步了解到，阿姆洛唱的歌是祖师那纳克写的诗；而且，听说锡克教的大门是随时向所有人敞开的。阿马尔·达斯动身去卡杜尔拜见祖师安格德，并皈依了锡克教。此时，阿马尔·达斯已经年过花甲，但却忠心耿耿地追随比自己小25岁的阿格德，侍奉有加。阿格德为阿马尔·达斯的忠诚所感动，也很赞赏他的知识、智慧、品德和情操。所以，在安格德去世之前，他决定把祖师的位置传给阿马尔·达斯。这个决定的做出同样遭到了安格德家庭内部的反对，但安格德效仿祖师那纳克，顾全大局而抛弃私心。

阿马尔·达斯于1552年以73岁高龄继任第三任祖师，在祖师位达22年。这22年中，他的主要业绩如下[①]：

第一，阿马尔·达斯把传教的中心迁往戈因德瓦尔村，并在那里修建了一个巨大的水池。从此，这里便成为锡克教的一个圣地。他把每年的拜萨克节[②]和灯节[③]规定为锡克教的两大节日，并在水池周围举办大型庆祝活动。许多教徒远道而来，在这里聚会，增加了教内的凝聚力。

---

① 旁遮普大学《古鲁·格兰特·萨希卜》研究系：《古鲁·格兰特作者评介》，出版年份不详，第47～48页。

② 拜萨克节，Baisakhi或Vaishakhi，锡克教的两大节之一，也是印度教的重要节日之一，时间在印历二月（约当公历三四月间）望日。

③ 灯节，Diwali或Dipavali，印度全国性民间节日，在印历八月（约当公历十月和十一月间）望日。

第二，为了传教，他派遣 22 个传教小组到旁遮普各地，并建立起 22 个“门吉”（manji）——传教中心。每个门吉都委任一名忠于职守、工作勤奋、有宣传和组织能力的信徒做领导人。这些领导人的工作成效显著，壮大了锡克教的队伍，扩大了锡克教的影响。

第三，他进一步完善了集体用餐制度。他规定，锡克教总部必须设立大餐厅，无论什么人，都可以见到师尊，都可以在大公共食堂集体用餐。这使集体用餐的制度得到巩固，成为上下级联系和交流的轻松场合，也是信徒们体现平等增进了解的场合。

第四，他改良社会风气，坚决反对印度教的一些陋习，取缔寡妇殉葬和童婚等制度，并鼓励寡妇再嫁。为防止酒后生事，他禁止酗酒。他还主张男女平等，取消了妇女戴面纱的习俗。同时，对锡克教信徒的婚丧嫁娶习俗做了规定，从而使锡克教徒的这些仪式区别于其他宗教。

第五，他与当时莫卧儿的皇帝阿克巴达成协议，免除了锡克教圣地的税收。阿克巴对“公共食堂”制度很赞赏，为支持这一制度，表示要赏赐土地，但阿马尔·达斯觉得不合适，拒绝了赏赐。不管怎样，阿马尔·达斯修好与朝廷的关系，有利于锡克教的发展。

第六，他大力宣传祖师那纳克的诗歌，自己也创作了一些作品。为了保存好祖师们的作品，他让人把这些作品转写成若干种书体加以推广。他的孙子还汇集了前三任祖师的作品。

第七，他成功地将祖师的位置传给了拉姆·达斯。

阿马尔·达斯于 1574 年去世，终年 95 岁。他一生简朴，不蓄私财，根据他的遗愿，丧事从简，只有信徒们唱颂神曲，没有其他哀悼活动。

三、第四任师尊拉姆·达斯

锡克教第四任祖师拉姆·达斯（Ram Das）是前任祖师阿马尔·达斯小女儿比比·帕妮（Bibi Bhani）的丈夫。他本名杰塔（Jetha），1534年出生于拉合尔，属于刹帝利种姓。由于父母早亡，杰塔的童年在外祖父家度过。

祖师阿马尔·达斯迁徙到戈因德瓦尔，并在那里修建水池的时候，杰塔就出现在工地上。他的表现受到祖师的赞赏，不仅收下他作为弟子，而且后来还把自己的小女儿许配给他。

杰塔在各方面都表现出色，尤其对师尊崇拜有加。结婚以后，他不把阿马尔·达斯看作岳父，而仍然作为祖师来礼拜和服侍。阿马尔·达斯对他也非常赏识和信任，超过了自己的儿子们。所以，在他去世之前不顾儿子们的反对将祖师的位置传授于杰塔。于是，杰塔便以拉姆·达斯的名字，于1574年开始执掌锡克教。

拉姆·达斯在执掌锡克教期间，为锡克教的发展做出了巨大贡献，他的业绩主要有以下几项：

第一，在传教方面，他的诗歌丰富了祖师的诗集。他秉承前三任祖师的遗教，极力宣扬对主的爱和虔诚。这使锡克教的教义得到进一步的推广。他的诗歌后来被收进《阿迪·格兰特》，有679首之多。为了推广锡克教，他还把传教士派遣到旁遮普以外的地方。

第二，他竭力与莫卧儿朝廷修好，得到皇帝阿克巴的大力支持。阿克巴当时正在印度推行宗教和睦政策，拉姆·达斯不失时机地向朝廷表示忠诚和善意，与皇帝本人的关系很好，皇帝阿克巴也正好利用这一实际事例张扬自己的政策，于是给予锡克教以合法的地位，并赏赐土地。这对于锡克教的巩固和发展十分有利。

第三，阿克巴皇帝还专门赏赐一片土地给拉姆·达斯的妻子帕妮，拉姆·达斯把这里建成一个村子，叫作“师尊的村子”。后来，这个村子越来越大。他在任期间，在那里修建了两个水池。其中一个水池被称为“阿姆利则”，意思是“甘露之池”。在“甘露之池”的湖心岛上，还开始修建一座庙宇，这座庙宇的名字叫“哈里门地尔”，便是后来驰名世界的金庙的前身。从那个时候起，阿姆利则就成为锡克教最大的政治和文化中心，成为锡克教的圣地之一。这对于锡克教来说是一个了不起的事件，它标志着锡克教的凝聚力和向心力，说明锡克教已经发展到了一个比较成熟的时期。

第四，他建立了一个新的财政体系和制度。他在各个教区委派了专门人员去收取资金，使锡克教有了可靠的财政支持，日常工作得以顺利运行。

拉姆·达斯于1581年去世。此前，他将古鲁的位置传给了自己的小儿子阿尔琼。

综上所述，祖师那纳克时期为锡克教的草创时期，而经过其后三代祖师的苦心经营，锡克教已经发展成熟，成为一个名副其实的宗教。但是，锡克教的发展并不是一帆风顺的，正当其蒸蒸日上之际，印度的政治和文化形势发生了变化，横祸也自天而降，以后的道路则充满艰难险阻，甚至不得不付出血的代价。

第三节
锡克教的中期发展

我们根据锡克教的发展过程，将前四任祖师所处的时期定为锡克教的初期，后六任祖师在任期间为锡克教发展的中期。我们的介绍和讨论到中期为止。

下面以介绍后六位祖师的生平业绩为纲，描述锡克教在这一时期的发展演变过程，并分析其特点。

一、第五、六任师尊

第五任师尊阿尔琼（Arjun，或阿尔江，Arjan）是第四任祖师拉姆·达斯三个儿子中最小的一个，1563 年出生于戈因德瓦尔。1581 年他继任古鲁的时候只有 18 岁。他是一位富于才干的组织者和宣传家，是一位才华横溢的诗人，一位有远见的政治家，同时，他还是一位民族英雄，一位为锡克教和锡克民族献身的烈士。

阿尔琼继承前四位古鲁的遗志，在上任以后就到拉维河和比阿斯河之间的地区去传教，把祖师那纳克的教诲送到偏僻的乡村。在阿尔琼任古鲁期间，锡克教信徒的数量增加很快。有一位生活于 17 世纪后期的作者纳瓦基肖尔（Navakishor）在自己的书中写道：“每一任古鲁在任期间，锡克教信徒的数量都有增加。到古鲁阿尔琼时期，信徒数量增加更多。在人口多一点的城镇，几乎都能看到锡克教信徒。”关于锡克教内部的种姓平等，他写道：“婆罗门可以成为刹帝利的学生，因为祖师那纳克是刹帝利，所有祖师都不是婆罗门。同样，刹帝利也可以接受吠舍的最低分支——查特人的管理，因为古鲁的教区首领们多数是查特人。”①

他继续与莫卧儿朝廷修好，得到了阿克巴皇帝的鼓励和支持，除了得到封赐之外，还得以免除部分朝廷赋税。此时，他利用和平的环境和宽松的宗教政策加强锡克教内部的建设，而且也大兴土木，扩建阿姆利则城。他把原先修建的两个水池扩建完毕，又增修了两个水池。1588 年，阿姆利则城基本建成，次年，金庙竣工。金庙有四座大门朝向四方，它象征着锡克教向四个种姓的人开放，人们都可以在这里得到平等的待遇。在其他几个地方，他也进行了大规模的建设。

为了解决建设的资金问题，阿尔琼派出一批税务员向信徒征收年度十一税。同时，为了宗教的内部建设以及壮大民族力量，他还推进了商业贸易，尤其注重同中亚和西亚地区国家的贸易。征税和贸易两大举措保证了财政收入，也有效地繁荣了民族经济。

阿尔琼继承了第二任祖师安格德的遗愿，大力提倡和推广使用旁遮普文字母，这对于民族文化的发展具有重要意义。

阿尔琼还有一项很重要的业绩，即编辑了锡克教的圣典《阿迪·格兰特》，这是一项了不起的工程。《阿迪·格兰特》又被通俗地

① 纳瓦基肖尔：《宗教学校》（原文为波斯文，Dadistan-e-Mazahab），坎普尔，1904 年版，第 233 页。转引自 Balwant Singh Gujarati：《锡克教十祖师》，德里，1969 年印地文版，第 50 页。

称为《室利·古鲁·格兰特·萨希卜》，收入了阿尔琼本人及其以前四位祖师的诗歌，此外还收有印度教虔诚派和伊斯兰教苏非派大师等著名诗人、宗教家、哲学家的诗作，使锡克教的思想具有了更大的广泛性和包容性。从此，锡克教有了自己的圣典，此书的手抄本被安放在金庙里供信徒们礼拜。金庙也成为名副其实的锡克教中心，成为锡克教的标志性建筑。关于《阿迪·格兰特》的具体情况，将在下一章予以讨论。

作为诗人的阿尔琼，写有许多诗篇，在《阿迪·格兰特》中，收入他的诗最多，达2218首。关于他的诗歌成就，将在下一章予以讨论。

1605年，莫卧儿皇帝阿克巴去世，其子贾汉吉尔即位。阿克巴在世期间，统一了印度北方和西亚部分地区，建立了一个庞大的帝国，莫卧儿王朝处于鼎盛时期。而阿克巴去世以后，其继承者没有继续执行其宗教平等和民族和睦的政策，锡克教也开始遭受严重挫折。贾汉吉尔刚一即位，其长子胡斯劳反叛。胡斯劳来到旁遮普，会见了祖师阿尔琼，也得到阿尔琼的礼遇。就因为这个原因，阿尔琼获罪被贾汉吉尔拘捕关押，并处20万卢比的罚金。阿尔琼宁愿坐牢而拒不缴纳罚金。当时朝廷派驻拉合尔的税务大臣昌杜·沙（Chandu Shah）也因与阿尔琼联姻遭拒而怀恨在心，他对阿尔琼施以酷刑，但阿尔琼下定以死殉教的决心，在严刑拷打和威逼利诱面前毫不动摇。1606年，阿尔琼被害，终年33岁。

阿尔琼的遇害，在锡克教信徒中激起强烈的不满和愤怒。在这种情况下，阿尔琼之子哈尔·戈宾德[①]继承了父位。

哈尔·戈宾德于1595年出生，阿尔琼遇害时他仅11岁。据说，

① 哈尔·戈宾德，Har Gobind，又称哈尔·戈温德，Har Govind。

其叔父为争夺古鲁的位置曾多次试图加害于他，但他都得以幸免。哈尔·戈宾德自幼听从父亲的教导，学会了弓箭和刀枪的使用技巧。继承父位之后，他更加怀念自己的父亲，并立志为父亲报仇。为此，他除了自己用大量日常时间习武而外，还让锡克教信徒也练习武艺。他总是佩带两把剑，左边的一把代表古鲁的职责，右边的一把代表政治权力。他知道，面对朝廷强大的军事压力，锡克人必须拥有自己的武装力量。于是，出于策略的考虑，他一面同莫卧儿皇帝贾汉吉尔周旋，一面借机发展锡克人自己的军事力量。很快，他便在阿姆利则聚集了800匹军马，300名骑兵和60门火炮①。他深知，自己的这些兵力不足以与朝廷抗衡，只能用以自卫。他的这一行动被皇帝觉察到了，贾汉吉尔对哈尔·戈宾德也有了怀疑。于是，皇帝以前任古鲁欠有20万卢比为名，将哈尔·戈宾德囚禁起来，关押到瓜廖尔城堡。这一押就是12年。哈尔·戈宾德重见天日后，回到旁遮普继续发展自己的军事力量，并做好了与莫卧儿朝廷作战的准备。

1627年，贾汉吉尔去世，其第三子沙·贾汉即位。哈尔·戈宾德与这位新皇帝的关系仍然没有改善。

终于，拉合尔的省督与师尊哈尔·戈宾德因为争夺马匹而交恶。1628年，省督派兵攻打阿姆利则，哈尔·戈宾德率兵抗击，并获得胜利。1631年和1634年，锡克军队又两次同莫卧儿的军队作战，都取得了胜利。虽然士气大振，但也损失不小。为了保存实力，哈尔·戈宾德不得不带领军队转移到北部克什米尔山区一个叫基拉特普尔的地

① 此据 Balwant Singh Gujarati：《锡克教十祖师》，德里，1969年印地文版，第58页。另说，当时哈尔·戈宾德有700骑兵，1000步兵和7门大炮，见高建章：《锡克·辛格·阿卡利——锡克民族与锡克教》，成都：四川民族出版社，1994年版，第79页。

方。在那里[①]，他于1645年去世。临终前，他指定自己的孙子哈尔·拉伊为第七任古鲁继承人。

在第五和第六任祖师时期，锡克教发生了一些重大变化。主要有三点：

第一，古鲁地位世袭制已经形成。第一任和第二任师尊都是将自己的位置传给家族以外的人，是锡克教生存和发展的需要。在当时无疑是最正确的选择，否则，锡克教就不能按照祖师那纳克的意愿生存和发展起来。第三任师尊将位置传给了自己的女婿，第四任和第五任师尊将位置传给了自己的儿子。世袭制是锡克教发展到一定历史阶段的产物。在锡克教由一个新兴的思想流派向宗教的过度完成以后，这种世袭的传承方式就比较容易被教徒们接受，有利于实现一代接一代的平稳过渡，可以在一定程度上减少教主地位之争，使家族以外的人不再觊觎古鲁的宝座。所以，这种世袭制的形成，在一定程度上标志着锡克教的成熟。

第二，教主的权力日益集中。从第四任古鲁开始，由于莫卧儿皇帝阿克巴的宗教开明政策，锡克教得到空前发展。又由于阿克巴的赐封，锡克教祖师的地位得到朝廷的认可，使祖师在锡克教内部不仅享有宗教上的独尊地位，而且在政治上也享有独尊地位。锡克教也开始由一个教派向一个政治实体演化，锡克教信徒初步构成了一个特殊的民族群体。祖师还可以征税，掌握着财政大权，更加巩固了这一体制，加强了群体的力量。到第五代师尊时期，祖师更是把宗教、政治、军事、经贸和财政大权集于一身，使锡克教发展成一个真正的政治实体，

① 此处据 R.C. 马宗达等：《高级印度史》（上），北京，商务印书馆，1986年版，第537页。一说在卡尔塔尔普尔，见 Balwant Singh Gujarati：《锡克教十祖师》，德里，1969年印地文版，第64页。

具有了与朝廷抗争的初步能力。所以，祖师权力的集中不是一个个人问题，而是锡克教整体发展的需要，锡克民族整体利益的需要。

第三，由非暴力转向尚武。从第一任祖师那纳克到第四任祖师拉姆·达斯，都宣扬和平、仁爱、容忍和宽大。尤其是第三任祖师阿马尔·达斯，更是强调非暴力的思想。但由于锡克教的发展和客观形势的变化，锡克教要想继续存在与发展，就必须面对强权，以至改变自身。从阿克巴到沙·贾汉的统治时期，整个莫卧儿王朝并不是很安定的，对外要攻城略地，对内要平息反叛，尤其是皇家内部，父子间和兄弟间相互反叛、争夺和仇杀不断。锡克教在这中间很难自处，一经卷入便遭厄运。尤其是锡克教发展到一定规模后，要么成为统治者的御用工具，要么成为统治者限制和打击的对象，几乎没有第三条路可走。锡克教由非暴力转向尚武，从教义上讲是一百八十度的转变，但对其生存来讲又属于必然。可以说，这一转变极具影响，不仅关系到锡克教当时和此后数百年的发展，也影响到整个印度当时和以后的历史进程。

二、第七、八、九任师尊

锡克教第七任师尊哈尔·拉伊[①]出生于1631年，他是哈尔·戈宾德长子巴巴·古鲁迪塔（Baba Guruditta）的次子。1645年，当他登上锡克教师尊的宝座时只有14岁。据说，哈尔·戈宾德之所以将位置传给他，是因为在他身上看到了祖师那纳克的一些品格。

哈尔·拉伊性格温和，热爱和平。尽管当时锡克人的尚武精神在

① 哈尔·拉伊，Har Ray，又称哈利·拉伊，Hari Ray。

不断增长，但他还是不喜欢战争，只保留了一支 2000 人的军队。他尽量不参与政治活动，而在全国各地周游并传教。他希望能像那纳克等前几位祖师一样，使锡克教得到和平发展，避免血雨腥风。他也希望能够与朝廷改善关系。1648 年，他曾经派人送药给当时的太子达拉（Dara），治好了太子的病。这不仅使哈尔·拉伊与太子的关系变得亲密，而且改善了与朝廷的关系。后来，哈尔·拉伊还曾经派遣小股部队帮助太子作战。但是，太子达拉在皇位争夺战中失败，奥朗则布获胜。由于哈尔·拉伊与达拉有过亲密关系，使奥朗则布心存芥蒂。于是，在奥朗则布当上皇帝以后，曾下令召见哈尔·拉伊。哈尔·拉伊自己没有去德里，而是派遣自己的儿子拉姆·拉伊（Ram Ray）去见皇帝，向皇帝表示了自己的立场。皇帝很满意，善待了拉姆·拉伊。

哈尔·拉伊在各地居住并传教期间，结识了一些很有影响的人物，其中包括一些王公贵族，得到他们的支持和资助，对锡克教的发展十分有利。

1661 年，第七任祖师哈尔·拉伊去世。此前，他指定自己的小儿子哈尔·克里山（Har Krishan）为自己的继承人。

哈尔·克里山出生于 1656 年，即位时只有 5 岁。为此，他的兄长拉姆·拉伊极为不满。拉姆·拉伊觉得自己应该继承父亲的位置，认为父亲的决定是错误的，会误了锡克教的大事。他甚至到皇帝面前请求干预，但奥朗则布没有按他的意图去做。

不久，莫卧儿皇帝奥朗则布听说新的古鲁产生了，就派人去邀请哈尔·克里山到德里来。年幼的哈尔·克里山动身到德里去了。当时德里正在流行天花，哈尔·克里山到德里后不幸感染，不治而亡，这一年是公元 1664 年，他年仅 8 岁。

第八任师尊哈尔·克里山早夭，给锡克教内部带来了不小的冲击。因为他没有来得及指定古鲁的继承人。为此，有不少人想登上古鲁的宝座。最后，人们拥戴德格·巴哈杜尔（Teg Bahadur）为第九任古鲁[①]。

德格·巴哈杜尔于1622年出生于阿姆利则。据说他小时候很文静，话语也少，不看重世俗生活，而热心于个人修为。据说他本不愿意接受古鲁的位置，在母亲和一些亲友的鼓励下，他才接受。但是，当时的形势十分严峻。一方面，锡克教内部的权力之争并未结束，以拉姆·拉伊为首的一伙人仍然策划夺取古鲁的宝座，甚至想通过暗杀的手段取而代之。他们鼓动一些人反对德格·巴哈杜尔，阻止他进入阿姆利则，使德格·巴哈杜尔迟迟不能离开山区。在外部，由于奥朗则布采取独尊伊斯兰教，打压其他宗教的政策，锡克教也在被打压之列，处处受到限制。在这种情况下，德格·巴哈杜尔只能先在旁遮普的一些地方云游传教，然后做出了去印度东部地区云游传教的决定，以此来扩大锡克教的影响。

德格·巴哈杜尔带着母亲、妻子和随从先来到德里一带，但由于拉姆·拉伊一伙的诬告，奥朗则布下令软禁了德格·巴哈杜尔。幸好有人帮助他在皇帝面前说好话，他才被释放。离开德里以后，德格·巴哈杜尔继续东行，走走停停，经过了许多印度历史文化名城，在传教的同时还结识了许多宗教大师和社会名流。1666年，祖师一行来到比哈尔的巴特那城。妻子怀孕产期将至，不能前行了。他安排好妻子以后又继续东行，到达了今孟加拉国首府达卡一带。在那里，他也同样受到人们的欢迎，结交了许多朋友。不久，他得到妻子生下一个儿子的消息，便返回巴特那。过了两三年，当他得知朝廷在旁遮普

---

① 有资料说，第八任古鲁临终前，旁边的人问他，谁可以做继承人，他说了一句："巴巴，巴卡来。"意思是要到巴卡拉地方去找。当时他的伯父德格·巴哈杜尔就居住在巴卡拉。见 Max Athur Macauliffe:The Sikh Religion, New Delhi, 1978,Vol. Ⅳ ,p329. 此处据前引［印］R.C. 马宗达等：《高级印度史》（上），北京：商务印书馆，1986年版，第537页。

地区欺压锡克教信徒的消息后，便决定西归。

回到旁遮普后，祖师德格·巴哈杜尔便从卡哈鲁尔土邦王公那里买了一个村子定居下来。他在这里进行了建设，并给村子重新命名为阿南德普尔。随后，他到旁遮普各地巡游并传教，成效显著，甚至有几个穆斯林也皈依了锡克教。

莫卧儿皇帝奥朗则布本来就把德格·巴哈杜尔视为眼中钉，他得知情况，又加上听了拉姆·拉伊等人的谗言和诬告，则更加恼怒。于是，他命令立即逮捕德格·巴哈杜尔，并将他和部分追随者一起押解到德里。在德里，皇帝给他两条出路，要么改信伊斯兰教，要么杀头。德格·巴哈杜尔表示，宁死不改变信仰。奥朗则布于是下令砍下他的头颅，并陈尸街道以儆市民。此事发生在1675年，古鲁德格·巴哈杜尔时年53岁。

第九任古鲁英勇就义的地方在今德里市老城区著名的月光广场，如今，那里矗立着一座锡克教寺庙，与红堡（莫卧儿皇宫）正门遥遥相对，那是他永久的丰碑。

德格·巴哈杜尔还是一位有成就的诗人。关于他的诗，将在后面介绍。

从第七任到第九任古鲁时期，锡克教又由尚武转向了和平。但由于莫卧儿皇帝采取了狭隘的宗教政策，限制锡克教的发展和生存，又出现了祖师被杀害的事件，再次使朝廷与锡克教的矛盾激化，成为今后锡克教再次转向尚武的主要原因。

三、第十任师尊

第九任古鲁被杀害以后，他的独生子戈宾德·辛格（Gobind Singh）继承古鲁职位，成为锡克教历史上第十位，也是最后一位祖师。

戈宾德·辛格1666年出生于巴特那，1672年返回旁遮普，即位时还不满9岁。即位之前，他就学习过梵文、印地文、旁遮普文和阿拉伯文，之后，他面临的首要问题仍然是学习。母亲和舅舅特地为他请来老师，让他学习格斗技能、管理艺术和军事知识。1677年，母亲和舅舅为他举办婚礼。但当时古鲁年纪只有11岁，女方只有7岁，所以到1688年才正式圆房。后来，这个妻子30岁就去世了，为他生有三个儿子。

胸怀大志的年轻古鲁很快就开始着手组织武装力量，并建立起一支军队。他还让人制作了一个大鼓，命名为“战斗胜利鼓”，每天的清晨和傍晚都要敲响，仿佛在宣告：锡克人反对政治和宗教压迫，决心为独立自主而斗争。眼看着锡克人的力量在一天天地壮大，阿南德普尔附近的土邦王公毗姆·钱德（Bhim Chand）不能容忍。1682年，他派兵攻打阿南德普尔，结果以失败告终。当时戈宾德·辛格刚刚16岁，这是他经历的第一次战役。1685年年初，毗姆·钱德再次纠集力量进攻阿南德普尔，再次被击退。这是古鲁戈宾德·辛格经历的第二次战役。

这一年，古鲁的母亲想快些抱孙子，给儿子张罗了另一次婚姻。次年生子阿吉特·辛格（Ajit Singh）。

在发生过两次战役之后，阿南德普尔的形势日益紧张，随时有爆发战争的可能，为保存实力，古鲁的母亲和舅舅主张离开阿南德普尔转移到山区。于是，古鲁在婚后不久就向北部山区转移，最后在亚穆纳河上游一个叫朋塔的地方居住下来。但此时印度的局势依然对锡克教不利。

山区里的土邦王公们觉得自己受到了威胁，他们也在毗姆·钱德的鼓动下联合起来向锡克人发动了进攻。1688年[①]，22岁的戈宾

① 关于此年份，据 Hari Ram Gupta：*History of the Sikhs,* Vol. Ⅰ, New Delhi, 1984, p234.

德·辛格率领锡克士兵与敌人在朋塔东北约5千米的班加尼浴血奋战9个小时，赢得了这关键的一役。从此，第十任古鲁的威望大增。为了庆祝胜利，戈宾德·辛格于年底回到了阿南德普尔。此后，1690年在那顿又进行了一次战斗[①]。接下来大约相对平静了八九年时间。在这段时间里，许多有名望的人士都投奔到戈宾德·辛格的麾下，其中有宗教家、学者、诗人、画家，等等。戈宾德·辛格得到众多的人才以后，号召信徒们努力学习各种知识和技能，使那里的文学和艺术都得到发展。

然而更重要的是，在这段时间里，戈宾德·辛格进行了一系列重大改革。其中最主要的是"卡尔沙"（Khalsa）的建立。"卡尔沙"是个来自阿拉伯语的词汇，在印地语中的本意是"独立""独占"的意思。古鲁戈宾德·辛格建立的卡尔沙则带有军事公社的性质。公社内部实行平等，大家都像兄弟一样。因此，卡尔沙建立后的锡克军队被称为卡尔沙军队，具有很强的战斗力。锡克教信徒成年即可加入卡尔沙，但要经过饮甘露仪式，即将用短剑搅动过的圣水喝下。其意义是，喝过甘露的青年便具有血性，能够英勇善战，忠于古鲁和卡尔沙，同时，甘露亦可保护青年健康长寿。成为卡尔沙成员以后，青年的名字后面都加上"辛格"二字，意思是狮子。戈宾德·辛格还规定，卡尔沙成员不能饮酒吸烟，要佩剑、留长发（盘成髻）、戴手镯、穿围裤、带梳子，因为这五项的头一个字母都是K，所以后人把这叫作"五K"。戈宾德·辛格的改革提高了锡克人的士气和向心力，大大提高了部队的战斗力。

从1699年到1704年，锡克人的卡尔沙军队连续与莫卧儿的军队

---

① 关于此次战役的时间，有人认为在1687年，见 Khushwant Singh：*A History of the Sikhs,* Vol.Ⅰ, Oxford university Press, 1991, p79.

作战10次[1]。最后，因寡不敌众而失败。古鲁本人在信徒们的保护下勉强突围，其亲属则几乎被杀光，其部队损失惨重，等于全军覆没。但锡克人不畏强暴、不怕牺牲、英勇反抗莫卧儿人的斗争事迹是可歌可泣的。同时，他们给予莫卧儿王朝的打击也促使它更快地走向衰落和灭亡。

古鲁戈宾德·辛格突围以后辗转于各地，最后终于找到一个相对安全的地方居住下来。1705年，他拿出时间重编《阿迪·格兰特》，此举对锡克教影响深远。

不久，在别人的帮助下，古鲁与皇帝奥朗则布取得联系。年迈的奥朗则布正在印度南方处理政务，但他表示古鲁可以到南方去见他。戈宾德·辛格最终同意去南方见他。但是，当古鲁走到拉贾斯坦的时候，南方传来消息，皇帝奥朗则布去世了。此事发生在1707年2月。同年，奥朗则布的次子巴哈杜尔·沙[2]击败其兄长和弟弟夺得皇位。他继续执行其父亲狭隘的宗教政策，对锡克教更不手软。但是，由于当时莫卧儿帝国危机四伏，战端四起，巴哈杜尔·沙还是愿意接见古鲁戈宾德·辛格，并企图利用锡克教。于是，古鲁应邀前往南印度去会见这位新皇帝。据说，皇帝以很高的规格礼遇了戈宾德·辛格，并希望他留在自己的身边。但古鲁执意要返回旁遮普，巴哈杜尔·沙也未勉强。

1708年9月20日，古鲁戈宾德·辛格在返回的途中遇刺，身受重伤，后因创伤复发，医治无效而于10月7日去世。终年42岁。临终前，他向门徒们宣布，在他以后，古鲁的传承将不再继续，《阿

---

① 此数据 Hari Ram Gupta：*History of the Sikhs,* Vol. I, P283-293.

② 巴哈杜尔·沙，Bahadur Shah，莫卧儿第七代皇帝，1643年生，1707年即位，1712年去世。

迪·格兰特》就是古鲁，锡克人的首领将在卡尔沙中诞生。

早在古鲁戈宾德·辛格遇刺之前，他在南方时就曾宣布授权给他忠实的追随者——班达·辛格（Banda Singh），让班达先回到旁遮普去完成他为民族而斗争的事业[①]。于是，班达回到旁遮普，开始实施祖师的计划。在祖师戈宾德·辛格去世以后，班达实际上成为第十任古鲁的继承人，锡克教的新首领。班达在旁遮普重整旗鼓，重新集结起一支卡尔沙军队，领导锡克人进行了一场轰轰烈烈的民族大起义。但是，由于种种原因，这起义最终被镇压下去了，班达本人也于1715年被俘，受尽残酷的折磨而死。

班达去世以后的一段时间里，由于莫卧儿朝廷的镇压和锡克教内部群龙无首，锡克人的斗争暂时处于低潮。大约20年后，锡克人又重新组织起自己的卡尔沙军队，不过，这次，他们的主要敌人已是从西北方进入的外来入侵者了。

回顾锡克教从兴起到成熟，由成熟到发展的历史，我们可以看到，在大约250年的时间里，锡克教所走过的道路是极其坎坷的。古鲁和信徒们有过自己的辉煌，有过和平发展，也有过艰难痛苦和血雨腥风。

① 有种观点认为班达是被推选出来的，此处据前引 Hari Ram Gupta：*History of the Sikhs,* Vol. I, P323.

第四节
《阿迪·格兰特》

《阿迪·格兰特》，意思是“最初的典籍”或“原典”，又被通俗地称为《室利·古鲁·格兰特·萨希卜》(*Shri Guru Grant Sahib*)，意思是“吉祥的祖师圣典”。

《阿迪·格兰特》是锡克教的圣典，也是锡克教最主要的文学作品集。因此，这里要重点介绍一下这部文献。

一、成书过程

早在第三任祖师阿马尔·达斯和第四任祖师拉姆·达斯的时候，他们就十分重视对前几任祖师作品的保存和推广，这为后来编定《阿迪·格兰特》打下了基础。

一般认为，《阿迪·格兰特》的最初编辑是在第五任祖师阿尔琼的主持下进行的。时间在1601年到1604年间，地点在阿姆利则城。在编纂的过程中，阿尔琼显然拥有相当多的资料，充分利用了前人的成果。他首先对前四位祖师的作品进行审校，使之保存了原貌和准确性、纯洁性。至于他自己的作品，其准确性当是毋庸怀疑的。此外，书中还收有许多当时流传的印度教和伊斯兰教圣徒们的作品，而这项工作可以追溯到祖师那纳克时期。那纳克当年在周游各地时就已经收集整理了许多圣徒的作品。这一次，将这些作品收入书中，也都是经过阿尔琼重新审订的。据说，阿尔琼除了将已有的虔诚派和苏非派圣徒的作品经过筛选收入书中外，还曾向有关人士发出信息，收集与他同时代重要人物的诗歌。

在编订的过程中，一位叫作巴依·古尔达斯（Bhai Gurdas）的锡克教学者做了大量具体工作。

到了第十任祖师格宾德·辛格时期，《阿迪·格兰特》已经有多种字体的写本存在。1705 年，格宾德·辛格利用了几乎整整一年的时间，重新编辑、整理和补充了《阿迪·格兰特》的内容。这一次，他把他父亲——第九任祖师德格·巴哈杜尔在教徒中广为传诵的诗歌也收了进去。他的这次编辑使《阿迪·格兰特》成为最后的定稿，即今天人们所见到的样子。

二、作者情况

《阿迪·格兰特》所收的诗歌共 5871 首。涉及的作者共 36 人。这 36 位作者可以分为四类人物。第一类是六位锡克教祖师，见下表：

祖师姓名	诗歌数量（首）
1. 那纳克	974
2. 安格德	62
3. 阿马尔·达斯	907
4. 拉姆·达斯	679

5. 阿尔琼	2218
6. 德格·巴哈杜尔	115

除此之外，还收有15位印度教虔诚派和伊斯兰教苏非派圣徒的诗歌，见下表（按收入诗歌数量排列）：

诗人姓名	诗歌数量（首）
1. 格比尔达斯	541
2. 谢赫·法利德	116
3. 纳姆德瓦	61
4. 勒维达斯	40
5. 特里洛乾	4
6. 贝尼	3
7. 丹纳	3
8. 胜天	2
9. 谢赫·比坎	2
10. 塞因	1
11. 皮帕	1
12. 萨德那	1
13. 罗摩难陀	1
14. 波摩难陀	1
15. 苏尔达斯	1

表中，有些诗人的情况已见于本书有关章节，如格比尔达斯、谢赫·法利德、纳姆德瓦、苏尔达斯、勒维达斯等。这里仅对其余作者作以简介。

特里洛乾（Trilochan，1267 ～ 1335），虔诚派诗人。有人说他是马哈拉施特拉人，也有人说他是北方邦人而在马哈拉施特拉居住。勒维达斯和格比尔达斯都曾在诗中提到过他。

贝尼（Beni），虔诚派诗人，大约生活于 15 世纪。

丹纳（Dhanna），虔诚派诗人，拉贾斯坦人，据说属于首陀罗种姓，1415 年生，卒年不详。据说他是罗摩难陀的弟子。

胜天（Jaidev），虔诚派诗人，孟加拉人，1201 年生，卒年不详。

谢赫·比坎（Sheikh Bhikhan，1480 ～ 1573），苏非诗人，北方邦人。

塞因（Sain，1390 ～ 1440），虔诚派诗人，出身低下，属于理发匠种姓[①]，可能是马哈拉施特拉人。

皮帕（Pipa），虔诚派诗人，1426 年出生，拉贾斯坦人，卒年不详。

萨德那（Sadhna），虔诚派诗人，大约生活于 14 世纪，信德人。

罗摩难陀（Ramananda，1360 ～ 1450），著名虔诚派诗人、思想家。我们前文曾提到过他。关于罗摩难陀，没有确切的生平资料，据说他出生于今北方邦阿拉哈巴德，属于婆罗门种姓。他一生四处云游，曾从著名虔诚派大师罗摩努阇的弟子学习过，是罗摩努阇的再传弟子。他曾在贝拿勒斯建立过教团。他的弟子中有一些很有成就的人物，如格比尔达斯、勒维达斯、丹纳等。他的著作流传下来的不多，但影响较大。他是印度教虔诚派的奠基人物之一，属于虔诚派罗摩支的创立者。他提出通过念诵罗摩的名字以表示对罗摩的虔诚，并达到与罗摩合一的修行途径，在印度北方地区的影响持续至今。

① 锡克教第五任祖师阿尔琼称他为“纳依·塞因”，即理发匠塞因，《阿迪·格兰特》第 1192 页。

波摩难陀（Parmananda），著名虔诚派诗人，没有确切的生平资料，据说出生于今北方邦卡瑙季附近，活了一百岁（1493 ～ 1593）。他的著作《波摩难陀诗海》在印地语文学史上占有一定地位。

《阿迪·格兰特》的作者名单中还有第三类人物，他们都是前几任古鲁身边的人，都曾为锡克教做过宣传鼓动，或者歌颂过锡克教祖师的功德。这一类人被称为“巴依”（Bhai），本意是兄弟，是锡克教内部的称呼，这里可以理解为锡克教的圣徒。共 4 人：

作者姓名	诗歌数量（首）
1. 马尔达纳	3
2. 孙德尔	6
3. 巴尔万德	5
4. 萨塔	3

马尔达纳（Maldana），1459 年生，旁遮普人，原为穆斯林，曾经在祖师那纳克身边服务多年，成为那纳克的亲密伙伴。他是一位歌手，一位琴师，善于弹奏热瓦卜琴，曾将那纳克的教导配上乐曲演唱，为锡克教的传播贡献了力量。在那纳克第四次出游时，他随行至阿富汗后去世。那纳克为他建了一座坟墓，据说其坟墓至今犹存。

孙德尔（Sundar），旁遮普人，与第三任祖师阿马尔·达斯属于同一家族，曾为阿马尔·达斯忠诚服务。据说他在阿马尔·达斯临终时在场，并记录了祖师最后的遗言，对于第四任祖师正常继任起到重要作用。

巴尔万德（Balwand）和萨塔（Satta），都是旁遮普人。他们在第五任祖师阿尔琼时期一同为祖师服务。他们写过并演唱赞颂第三任祖师阿马尔·达斯、第四任祖师拉姆·达斯和第五任祖师阿尔琼的歌。

第四类人被称为“婆特”（Bhatt）。“婆特”本指那种四处游荡进行宗教考察的修士，也是婆罗门的一个称号，但此处的“婆特”专指在祖师身边服务、为祖师歌功颂德的人。他们的诗歌被称为“婆特瓦尼”（Bhatt Vani），意思是“歌者颂词”。关于他们的生平，没有确切的资料，只是在他们的诗歌里偶尔得到一点线索，很难对每个人做出准确介绍。实际上，他们的诗歌主要是为前五任祖师歌功颂德的，他们也大体生活于前五任师尊那个时代。共 11 人：

作者姓名	诗歌数量（首）
1. 卡尔萨哈尔（Kalsahar）	54
2. 贾勒普（Jalap）	5
3. 基拉特（Kilat）	8
4. 萨尔赫（Salh）	3
5. 婆尔赫（Bhalh）	1
6. 纳尔赫（Nalh）	16
7. 比卡（Bhikkha）	2
8. 格衍德（Gayand）	13
9. 巴尔赫（Balh）	5
10. 哈里班斯（Haribans）	2
11. 马图拉（Mathura）	12

三、主要特点

《阿迪·格兰特》的主要特点可以归纳为以下三点：

第一，从作者的队伍看，除了有六位祖师的作品外，还有其他人的作品。这些人来自不同的地区，不同的民族，有着不同的信仰。而其他人的作品中最重要的是虔诚派和苏非派的作品。这就说明了三个问题：（1）锡克教的经典中包含有印度教虔诚派和伊斯兰教苏非派观点，说明了锡克教对这两派观点的吸收和继承。（2）锡克教不是一个封闭的、狭隘的宗教，而是一个面向各个宗教，尤其是面向印度教和伊斯兰教开放的宗教。而且，这并不影响锡克教本身的独立性。（3）锡克教虽然面向各个教派，但也不是无原则的，而是像虔诚派和苏非派那样，使自己与教派主义和旧的传统势力划清界限，以推进社会改革与进步。所以，这对于印度社会，尤其是对中世纪的印度社会具有积极意义。

此外，《阿迪·格兰特》收入那么多诗人的作品，使它具有了特殊的文献学价值。因为有许多作品在这里得到保存，得以流传。而且，这些作品经过严格的审订，保存了原貌，是很可靠的版本。

第二，从内容看，《阿迪·格兰特》中收入六位祖师的诗歌共4953首，约占全部诗歌的84%。这就保证了《阿迪·格兰特》的内容以宗教训诫为主。但是，如果以为《阿迪·格兰特》里的诗歌都是枯燥乏味的宗教信条，那就错了，事实上，其中也不乏文学性较强、艺术成就较高的作品，使这部书成为具有文学价值的文献，尤其对中世纪旁遮普语文学来说，这些诗歌更加重要。对此，我们已经在前面的有关章节中涉及过有关诗人和有关作品。

在宗教训诫的作品中，既有哲学思想的阐述，也有修行原则的阐述。在哲学思想方面，有些内容与印度教虔诚派和伊斯兰教苏非派是一致的，如在本体论上的一神论观点，以及无形论观点。在修行方面，突出了信仰的虔诚性，反对偶像崇拜，主张个人道德的完善，这也是与印度教虔诚派和伊斯兰教苏非派相同的地方。但这些作品同时也强调了修行的世俗性，这是与虔诚派和苏非派不同的地方。这不同的地方很重要，它体现了一种对社会、对家庭的责任感，也符合大多数信徒的意愿和生活理念。

第三，从编排形式和编排次序看,《阿迪·格兰特》有自己的特色。

《阿迪·格兰特》现在的通行版本共 1430 页，已经成为固定的版式，不管到哪里，也不管什么文字的版本，都是 1430 页，而且不同版本同一页码的内容都是一样的。所以，在引用时只标明页码就可以了。

《阿迪·格兰特》的编排很有意思，既照顾到祖师们的权威性，又照顾到全部诗歌的调式和韵律。《阿迪·格兰特》的全部诗歌分别属于 31 个主要调式和 6 种体式 ①。全书共分 33 章。第一章主要是祖师那纳克的诗歌（1 ～ 13 页）。这一章又为分两个部分，第一部分是那纳克完整的诗，第二部分有他一些零散的诗，还少量摘录有其他祖师的诗。第三十三章（1354 ～ 1430 页）有祖师德格·巴哈杜尔的诗，其余为一些杂诗。从第二章到第三十二章（14 ～ 1353 页）则是按 31 个调式编排的。在同一个调式里，那纳克的诗排在最前面，然后是其他祖师的，再后是虔诚派诗人们的诗以及其他人的诗。

六位祖师的作品中，第二任祖师安德格的诗最少，其余五位祖师的诗都比较多。一般认为，这五位祖师诗歌中的主要部分构成了书中最重要的部分，代表着锡克教的根本精神和基本教义。而这些诗歌都有自己的名称，或者说是体式，它们是这样分布于全书的：

那纳克：

《杰布》②，1 ～ 8 页。

《希望恩典》③，462 ～ 475 页。

---

① [印] 佐德·辛格（Jodh Singh）:《室利·古鲁·格兰特·萨希卜》附印地文译本《序言》，帕提亚拉（旁遮普），2003 年版，第 22、23 页。

② 杰布，Japu，意思是祈祷唱诵或念诵的诗。

③ 希望恩典，Asa di Var。

《奥姆卡尔》[1]，929 ～ 938 页。

《证道聚会》[2]，938 ～ 946 页。

《十二月诗》[3]，1107 ～ 1109 页。

阿马尔・达斯：

《阿南德》[4]，917 ～ 922 页。

拉姆・达斯：

《喜庆歌词》[5] 四首，773 ～ 774 页。

阿尔琼：

《幸福宝》[6]，133 ～ 136。

《十二月》[7]，262 ～ 296 页。

德格・巴哈杜尔：

《颂体诗》[8]，1426 ～ 1429 页。

---

① 奥姆卡尔，Omkar，即 Om，此处指宇宙的根源。

② 证道聚会，Sidh Gosti。

③ 十二月诗，Bara Mah Tukhari。

④ 阿南德，Anand，意思是欢乐、极乐，指一种非常美好的精神境界。

⑤ 喜庆歌词，Anand Karaj，可以在婚礼上演唱。

⑥ 幸福宝，Sukhmani。

⑦ 十二月，Bara Mah。

⑧ 颂体诗，Slok。

第十五章
西方文化的进入

第一节
西方列强的进入

一、概述

15 世纪末期的欧洲“地理大发现”为西方人开辟了通往南亚的通道。随后，西方多国纷纷向南亚涌来。葡萄牙人最先进入印度，然后又有荷兰人、英国人、丹麦人、奥地利人、瑞典人和法国人陆续进入。他们都看中了南亚这块宝地，看到了香料、珠宝等在欧洲市场上的价值。为利益驱使，他们先是贸易，继而掠夺，伴随着殖民地的开拓，各国间也展开了你死我活的竞争和角逐。但同时，东西方的文化交流呈现出一个新的局面。

以下是几个主要西方国家向印度殖民的大体经历。

（一）葡萄牙人

1498 年 5 月，葡萄牙海员瓦斯科·达·伽马（Vasco Da Gama）绕过好望角抵达印度西南沿海的卡里卡特（中国明代称为古里）。达·伽马在那里受到良好的接待，住三个月后，带着一船货物于次年 8 月回到葡萄牙。1500 年 3 月，葡萄牙人佩特罗·卡布拉尔（Pedro Cabral）带领一个由 13 艘商船组成的船队从里斯本出发来印度，9 月到达卡里卡特。当时，印度西南沿海一带为多个小国割据状态，而当地进出口贸易主要掌握在阿拉伯人手中。由于卡里卡特倚重阿拉伯商人，并和柯钦相互敌对，卡布拉尔与卡里卡特的王公失和，转而与柯钦的王公建立了关系。1502 年，达·伽马率领一支船队一路劫掠来到印度，目的是赶走阿拉伯商人，建立自己的霸权。他在柯钦建立了一个代理商馆便返回葡萄牙。1503 年，阿方索·德·阿尔布凯克（Affonso de Albuqueque）奉葡萄牙王室之命率领一支舰队来到柯钦，他以 8000 名士兵阻挡住卡尔卡特的 6 万人马，并迫使对方媾和。从此，葡萄牙人在柯钦站住了脚。1505 年，弗朗西斯科·德·阿尔梅达（Francisco de Almeida）被任命为处理印度事务的副王。他在柯钦建立了要塞，将柯钦王公变为傀儡，并在海上击败了埃及人的船队。就在 1505 年，弗朗西斯科·德·阿尔梅达的儿子洛伦索·德·阿尔梅达（Lourenco de Almeida）追击阿拉伯人的船只时，偶然发现了斯里兰卡。从此，葡萄牙人便不断插手斯里兰卡事务。1509 年，阿尔布凯克接替阿尔梅达，被王室授以总督的头衔。1510 年，他占领了果阿，又把那里进一步扩建为大型商港，作为葡萄牙处理东方事务的大本营。1511 年，阿尔布凯克攻占了马六甲，控制了从印度到斯里兰卡，再到马六甲的海上通道。在阿尔布凯克 1515 年 12 月去世前，葡萄牙人垄断南亚和东南亚的海上贸易权，并向这条海路的过往外国船只收取过路费。他鼓励葡萄牙人同当地的印度人结婚，在印度西南沿海各地建立移民点。但他极度仇视穆斯林，经常以残酷的手段迫害和屠杀穆斯林。

阿尔布凯克之后的历届总督都秉承他的做法，不断扩大在南亚的控制范围。1518 年，他们在斯里兰卡建立要塞，30 年后控制了斯里兰卡岛。1534 年，葡萄牙人占领巴塞因，1537 年占领第乌，此外还有达曼、萨尔赛特、乔尔、孟买，以及印度东海岸的圣·托梅和胡格利。

葡萄牙人对南亚的掠夺持续了一百多年。到公元 17 世纪，他们遭到了同样来自西方的，主要是荷兰人和英国人的挑战。在这个过程中，葡萄牙人的势力逐渐萎缩。到20世纪，就只剩下了果阿、第乌和达曼三小块殖民地。

（二）荷兰人

荷兰人远航到南亚和东南亚并不比英国人早，但他们显得目标更明确，最先向葡萄牙人动手。1602年，荷兰东印度公司成立。三年后，他们从葡萄牙人手中夺得了以安汶岛为中心的马鲁古群岛，1619年征服了雅加达后，又建立起巴达维亚。荷兰人拥有一支强大的海军，1639年封锁果阿，迫使葡萄牙人退让。1641年占领马六甲，把英国人赶出东印度群岛。1658年完全取代葡萄牙统治了整个斯里兰卡。

同时，荷兰人也在印度沿海动手，并向内地扩展。尽管他们要面对的是一个强大的莫卧儿帝国，但他们还是先后在马苏利帕塔姆（1605）、普利卡特（1610）、苏拉特（1616）、宾利帕坦（1641）、尼加帕塔姆（1658）、柯钦（1663），以及卡西姆巴扎、巴特那、巴拉索尔等地建立了商馆，其商馆几乎遍布沿海各地以及恒河下游地区。

在整个17世纪，几乎是荷兰人在主导着东方的海上贸易。但在排挤葡萄牙人的同时，荷兰人也不得不与英国人展开角逐。到18世纪中期，英国人和法国人在印度的势力越来越大，而荷兰人在重点则主要放在东印度群岛和斯里兰卡。英国人在孟加拉逐渐占据优势。1759年，荷兰人在胡格利河上遭到英国人的重创，舰队被摧毁。1781年，英国人夺走了尼加帕塔姆，甚至斯里兰卡的亭可马里也一度被英国人占领。

（三）英国人

16世纪的最后10年，英国人已经完成了到印度的多次航行和冒险。1600年的最后一天，伊丽莎白女王授予英国东印度公司15年东方贸易的特权。从此，英国人开始不断派遣船队向东方进发。他们起先的目标是东南亚的一些岛屿，如爪哇、苏门答腊等地。在印度，英国人于1605年得到高康达国王的允许，几乎与荷兰人同时在马苏利帕塔姆建立了第一个商馆。后来，在与莫卧儿朝廷打交道的过程中，英国人虽经努力，却未得到扩大贸易的许可。这在很大程度上是因为葡萄牙人从中作梗。1612年，英国人在苏拉特外海击败葡萄牙人，提高了声誉。翌年初，贾汗吉尔下令，允许英国人在苏拉特建立永久性商馆。1614年，英国人帮助苏拉特的地方官员再次击败葡萄牙人舰队，贾汗吉尔对此表示满意，同意英国东印度公司与莫卧儿帝国建立长久的贸易关系。随即，英王詹姆斯一世（James Ⅰ）派遣托马斯·罗（Thomas Roe）作为使节进驻莫卧儿朝廷。托马斯·罗在三年多的时间里，争取到在艾哈迈达巴德、阿格拉和布罗奇开设商馆的特权。这些商馆的总部设在苏拉特。

1639年，英国人承租到东南沿海的一片土地，建立了圣乔治堡；到1653年，这里发展成一个城市，即马德拉斯。

1651年，东印度公司的医生给孟加拉的纳瓦卜[①]治好了病，于是，纳瓦卜给予公司特权，每年只交3000卢比，就可以在孟加拉自由贸易，而不必再交任何费用。

1668年，东印度公司获得在孟买的经营权，随着孟买的繁荣，遂于1687年取代苏拉特成为公司总部。

英国人在印度获得了巨大的利益，但他们并不满足。他们要保护自己的利益，便有了发展武装力量的想法和实践。1686年，他们先开始攻击胡格利，接着又攻击了几处莫卧儿要塞，均被击退，被迫逃到了海岛上。1688年，他们试图夺取吉大港，也以失败告终。12月，他

① 纳瓦卜：莫卧儿皇帝在孟加拉的代表，是孟加拉的最高行政长官。

们封锁孟买等地的港口，扣押莫卧儿的船只，遭到奥朗则布的坚决打击。眼看要被禁止在印度贸易，英国人不得不俯首求饶，被迫归还船只，并缴纳15万卢比的赔款。1690年，英国人回到孟加拉，在苏塔那提开设了商馆。1698年，他们从孟加拉一个王公手里买到苏塔那提附近两个村子的土地使用权，建立了威廉堡，后来发展成一座城市，即加尔各答。

在此后的年月里，英国人将孟买、马德拉斯（今钦奈）和加尔各答作为据点，成立了三个管区，将其殖民地和商馆分别划分进这三个管区加以管理。而且，为了自身的安全，也为了继续扩张，他们在这三个城市都有军事布防。三座城市的贸易得到繁荣，不仅引进了新来的英国移民，也吸引来许多印度的工商业者和市民。英国人管理这些城市，并向印度人收取税款。

（四）法国人

法国人进入印度较晚，法国东印度公司成立于1664年，他们的第一个商馆到1668年才建立，地点在苏拉特。次年，他们又在马苏利帕塔姆建立了第二个商馆。1673年，法国人在东南沿海得到一个村子的土地，后来那里发展成为一座城市，即本地治里。不久，他们又在孟加拉得到了一块土地，并于1690年 开始在那里建立起一座商馆。

尽管法国人在其他地方做得并不成功，但本地治里的发展很快，到1706年，已经有了4万多人口，而同期加尔各答的人口不过2.2万人。在几经起伏之后，本地治里于1720至1742年间重现繁荣景象。在此期间，法国人很有斩获。在海外，他们于1721年出兵将毛里求斯变为殖民地。在印度，他们于1725年占领了马拉巴尔海滨的马埃，1739年侵占了卡里卡尔。而到了1742年以后，他们的野心开始膨胀，这就难免与英国人发生冲突。

二、英国势力的发展

（一）英法间的竞争

欧洲人称印度东南沿海及其内陆地区为卡纳提克[①]。在东南印度的克洛曼德尔沿海，英国人的据点马德拉斯和法国人的大本营本地治里相距并不十分遥远，而且，在本地治里以南，不仅有法国占领的卡里卡尔，还有英国人建立的圣大卫堡，可以说两国的利益犬牙交错，互有纠缠。就在1740年，英国和法国因奥地利王位之争分别卷入了敌对阵营，导致双方交战。这场在欧洲本土发生的长达8年的战争也远远地波及海外，使在印度的英国人和法国人产生了敌对情绪。更为直接的原因是，两国的东印度公司都试图掌握沿海港口的控制权。于是，战争便不可避免地爆发了。

1. 第一次卡纳提克战役

第一次卡纳提克战役发生于1746至1748年间。最初，英国人在印度拥有一支海军力量，而法国人没有。所以，当英国海军扣留了法国的货船后，本地治里不得不向毛里求斯的总督拉·布尔东奈（La Bourdonnais）求援。拉·布尔东奈立即组织起一支由8艘船组成的舰队开到印度东南海域。英国的舰队望风而逃，法国人控制了沿海，并包围了马德拉斯。数日后，马德拉斯的英国人投降了。但由于一场海上风暴损坏了拉·布尔东奈的舰队，他不得不率领舰队撤出印度海域。而陆地上的法国人则向圣大卫堡发动了18个月的进攻，却毫无结果。英国人的舰队又回来了，他们从水陆两个方向包围了本地治里。但是，英国人在没有攻占本地治里时，因遇到军事技术问题被迫撤退。此时，欧洲战场的战斗结束，双方缔结和约，根据和约的规定，马德拉斯归

---

① 卡纳提克，Carnatic，这是卡纳塔克一词的音变。

还英国。

2. 第二次卡纳提克战役

第二次卡纳提克战役发生于1750至1754年间。此前，南印度出现了地方权力之争，法国人出于自身利益的考虑最先卷入，像下赌注一样支持一方打击另一方。一旦法国人的计划得手，就会从中得到商业上的更多特权，而英国人在马德拉斯的利益就会完全丧失。在此关键时刻，英国人的新总督托马斯·桑德斯（Thomas Saunders）于1750年上任。他随即全力投入到与法国人的战斗中。1751年，一个马德拉斯的文职雇员罗伯特·克莱夫（Robert Clive）被启用，他在7至9月间的阿尔科特攻防战中为英国人立下头功。从此，法军在一系列的作战中一再失利。1745年，双方谈判并签订条约，维持现状，不再干涉当地的政治。

3. 第三次卡纳提克战役

第三次卡纳提克战役发生于1756至1763年间。1756年，欧洲爆发了“七年战争”，英国和普鲁士为一方，法国、俄国和奥地利为另一方展开了较量。这场战争的时间长，规模大，而且不限于欧洲本土，美洲、印度乃至海上，都在这场战争中经历了血雨腥风。

当欧洲战争爆发的时候，印度一侧尚不知情。直到1756年11月，消息才传到印度。1758年4月，一支由法国来的军队到达印度，随即法国的军队就围困了圣大卫堡。一个月后，圣大卫堡的英军于6月初投降。海战中，法国的舰队失利，被迫撤离印度沿海。12月，法军包围了马德拉斯，但两个月后又被迫解除包围。1759年，虽然各地的战斗互有胜负，但英国人始终占据主动。1760年5月，英国人开始围攻本地治里。由于没有外援，加上内部不能协调一致，1761年1月，本地治里的法军无条件投降。此后，法国在印度的各个殖民地、商馆都陆续向英国人投降。在法国人在印度丧失了所有属地的时候，1763

年，欧洲战场也结束了战斗，签订了《巴黎条约》，根据条约的规定，原先属于法国的殖民地又归还给法国。

（二）普拉西战役

印度历史上著名的普拉西战役实际上发生在第三次卡纳提克战役的初期。由于这次战役决定了英国人和印度以后的命运，所以要在这里补充交代。

1756 年，西拉吉 - 乌德 - 道拉（Sraj-ud-daulah）继承其外祖父的位置，成为孟加拉的纳瓦卜。他对英国人在孟加拉的所作所为没有好感，因为英国人在他上台之前支持了他的对手。而且，在他上台以后，英国人还未经允许偷偷在加尔各答修建炮台。于是，西拉吉 - 乌德 - 道拉通知英国人，必须立即拆除炮台。但英国人狡猾敷衍，并不打算拆除。因此，西拉吉 - 乌德 - 道拉决定对英国人采取行动，于 6 月初攻占了卡西姆巴扎的商馆，又于月中紧逼加尔各答。加尔各答的英国人弃城逃离。然后，威廉堡的英军也向纳瓦卜投降了。

但是，此后就有流言传出，说被俘的 146 名英军士兵被关在一个叫作“黑洞”的小屋里，123 人被闷死，只有 23 人侥幸生还。事实上，这个所谓的“黑洞事件”是被夸大到了骇人听闻的程度，成了英国人向孟加拉发动战争的口实。在此期间，英国人试图从西拉吉 - 乌德 - 道拉的内部下手，以争取反叛力量，这要比英国人直接出兵更有胜算。马德拉斯方面接到加尔各答陷落的消息后，决定派军队北上讨伐西拉吉 - 乌德 - 道拉。克莱夫就是这支远征军的首领之一。英军的船只于当年 12 月来到孟加拉。他们首先致信纳瓦卜，要求恢复东印度公司的权利。但在还没有得到回复的时候，克莱夫的部队已经开到加尔各答了。纳瓦卜的守城将领闻风而逃。1757 年初，克莱夫收复加尔各答，并劫掠了胡格利。同年 2 月，西拉吉 - 乌德 - 道拉来到加尔各答，签署了条约，接受了英国人的全部条件。3 月，英国人占领了加尔各答附近的法国殖民地。

英国人决定废掉西拉吉 - 乌德 - 道拉而另外找一个新的纳瓦卜。于是，在他们的策划下，西拉吉 - 乌德 - 道拉手下的人开始背叛。6 月 12 日，克莱夫率军从加尔各答出发，前往与西拉吉 - 乌德 - 道拉作战。6 月 23 日，战斗在普拉西打响，有法国人也参加了纳瓦卜的阵营。但纳瓦卜手下的将领中，有二人已经变成内奸，其中的米尔・贾法尔（Mir Jafar）是英国人选中的新纳瓦卜。只有另外两名将领积极作战，而在战役开始不久，一名忠于纳瓦卜的将领就中弹牺牲。纳瓦卜心灰意冷，加上叛将米尔・贾法尔的说服，他下令撤兵。此时，兵败如山倒，他的士兵纷纷逃命，他也慌忙逃跑，连夜赶回穆尔西达巴德（孟加拉的首府）。24 日，穆尔西达巴德一片混乱，纳瓦卜已经无法收拾残局，他只好带上妻子和仆人逃跑。

叛将米尔・贾法尔于 6 月 25 日来到穆尔西达巴德。数日后，克莱夫赶到，宣布米尔・贾法尔为新的纳瓦卜。又过数日，西拉吉 - 乌德 - 道拉被抓获，并被杀死。

普拉西战役结束了，当时也许谁也没有想到后果会如何，但事实上，这次不算大的战役却为英国人统治孟加拉，进而将整个印度划入大英帝国版图铺平了道路。

（三）英国人对孟加拉的统治

1758 年，克莱夫被任命为孟加拉总督，英国人管理孟加拉事务的时代从此开始。在普拉西战役之后，米尔・贾法尔依靠克莱夫的力量当上了孟加拉的纳瓦卜，从此，英国人在孟加拉不仅拥有了一支合法的军队，而且在纳瓦卜的朝廷里安排了一名英国官员。纳瓦卜虽然名义上仍然是孟加拉的最高行政长官，是莫卧儿皇帝在孟加拉的代表，但实际上，他已经变为英国人的傀儡。当时，莫卧儿帝国已经分崩离析，所谓皇帝已经没有能力统治印度，各地出现了许多独立和半独立的王国和土邦，这给了英国人以可乘之机，使他们得以控制孟加拉的实际权力。

法国人的势力已经退出了孟加拉。米尔·贾法尔并不甘心充当英国人的傀儡，他曾想借助荷兰人的力量来摆脱英国人的控制。荷兰方面也想利用这个机会在孟加拉得到发展，于是，从爪哇调来军队。克莱夫对此了如指掌。1759 年 11 月，荷兰军队被击败。英国人也开始对米尔·贾法尔不满。

在克莱夫离开印度以后，正好纳瓦卜的儿子死去，英国人趁机与米尔·贾法尔的女婿米尔·卡西姆（Mir Qasim）签订密约，扶植他上台；但他必须还清所欠公司的款项，并割让三个县（吉大港、布德万和米德纳普尔）给英国人。于是，英国人到纳瓦卜那里要求立米尔·卡西姆为继承人，纳瓦卜表示自己可以退位，但不接受英国人的提议。英国人不顾米尔·贾法尔的反对，宣布米尔·卡西姆为新的纳瓦卜。

米尔·卡西姆也不愿意做英国人的傀儡，在一系列事情上表现了对英国人的不满，以致最后兵戎相见。米尔·卡西姆虽然战败了，逃到了巴特那，又逃到奥德，但不久又联合起一支军队对抗英国人。1764 年，英国人再次击败了米尔·卡西姆，迫使他流亡外地，直至 1777 年去世。孟加拉的大权仍然牢牢地控制在英国人手里。

1765 年 5 月，克莱夫又回来做孟加拉总督。这一次，他采取了怀柔政策，不仅不计较莫卧儿皇帝沙·阿拉姆二世（Shah Alam Ⅱ）曾经帮助过米尔·卡西姆，反而划给他部分土地。结果，沙·阿拉姆二世就下了一道敕令，将孟加拉、比哈尔和奥里萨的税收权给了东印度公司。这样，英国人就等于合法地取得了三个省的税收权。

（四）英国人在南印度

英国人在南印度主要面对三股势力，一是马拉塔人，二是迈索尔人，三是海德拉巴的尼查姆·阿里（Nijam Ali）的势力。

我们在第十二章第一节曾介绍过马拉塔王国的情况。马拉塔人在帕尼帕特的战役中败北，国力受到损失。马达夫·拉奥（Madhav Rao，1761～1772年在任）继任佩什瓦[①]时年仅17岁。数年之后，马达夫·拉奥成熟了，他派遣出两支远征军，一支去北方收复失地，一支到南方去镇压南方迈索尔的苏丹海德尔·阿里（Haidar Ali）。海德尔·阿里的势力崛起以后，于1761年在迈索尔建立了霸权，并侵占了马拉塔的土地。但在对佩什瓦的几次作战中他都失利了。1772年马达夫·拉奥去世以后，海德尔·阿里趁机稳步推进，蚕食马拉塔的领土。尼扎姆则在马拉塔人、迈索尔人和英国人之间摇摆。

1769年，英国在对迈索尔人的第一次战争中失利，海德尔·阿里的军队推进到马德拉斯附近，英国人被迫签订和约。

1771年，马拉塔人占领德里，把莫卧儿皇帝置于自己的保护之下。1772年，孟加拉的省督瓦伦·哈斯廷斯（Warren Hastings）已经感到马拉塔人的威胁，在设法应付局面。

1775至1782年，英国人和马拉塔人作战数次，互有胜负，史称“第一次英国对马拉塔之战”。

1780至1784年，爆发了英国对迈索尔的第二次战争，由于法国人插手，英国人并没有在战争中占上风。

从1774年起，哈斯廷斯由孟加拉总督升任全印总督。不久，他将孟加拉和比哈尔的行政权完全转移到英国人手中，开启了英国人正式统治印度孟加拉和比哈尔的时代。

---

① 佩什瓦（Pesh wa）：马拉塔王国的宰相。

（五）东印度公司的管理体制

英国人于1600年在印度成立“东印度公司”，然后不断排挤其他欧洲殖民者，扩大了自己的势力范围。1757年，英国人在“普拉西战役”中取胜，标志着英国人在印度殖民统治的开始。从1757年“普拉西战役”到1857年印度民族大起义的100年间，被认为是东印度公司在印度的统治时期。

东印度公司统治期间，公司的领导机构为股东大会选出的董事会，董事会在管理商务的同时行使行政管理权。董事会设立主席一人，副主席一人。通常由主席掌握实权。董事会下设四个委员会，担负管理职责。其中机密委员会最重要，它不仅管理占领区内的土邦，还负责处理谈判、缔约、宣战、媾和等重大事务。1784年，英国人的占领地域不断扩大，为了更好地行使行政管理权，英国政府组成督察委员会，有成员六人，一名国务大臣，一名财政大臣，四名枢密顾问，统称为印度事务专员。该委员会有权主管、指导和监督英属东印度领地的民政、军事、税收、商业和贸易等事务。从此开始了所谓“双重管理体制”。公司在行使行政权的同时拥有立法权和司法权。最初，公司大体采用印度传统的做法，民法使用各地的个人法和习惯法，刑法使用印度教法和伊斯兰教法，并委任印度教和伊斯兰教学者分别解释两教教法，而英国的法律仅使用于英国人。1772年建立县级民事法院和刑事法院，前者由收税官兼管，后者由印度籍法官担任。同时在加尔各答建立高等民事法院和高等刑事法院。1793年，司法与行政分开。1833年，英国成立以法律参事为首的法制委员会，开始编纂印度刑法，又成立了枢密院司法委员会，作为印度的最高司法当局。

第二节
西方文化的影响

由于西方列强的进入，给印度带来西方文化。这一时期，西方文化的许多方面都在印度产生了一定影响。①

一、物产和科技的传播

西方人给印度带来一些印度以前没有的物产。但这些物产并不一定都原产于欧洲，很多都是欧洲人在垄断了海上贸易之后从其他国家传到印度的。例如荔枝，本是中国的特产，后来由葡萄牙人传入印度。

由于葡萄牙人到印度最早，所以很多物产都是由葡萄牙人传过去的，而且都与工农业技术有关。葡萄牙人到来印度之后，能够落地生根。他们不仅从一开始就受到与印度人结婚的鼓励，而且许多人乐不思蜀，热衷于转口贸易，并不想回到故国。由于他们把印度当成了自己的家园，便肯于为发展当地的经济和社会尽力。

---

① 本节主要依据 J.B. 哈里森：《葡萄牙人》（见 A.L. 巴沙姆主编：《印度文化史》，北京：商务印书馆，1997 年版，第 496 ～ 511 页）并参考其他资料编写。

（一）工业技术

葡萄牙的船队到印度后，首先让印度人看到了西方最先进的造船成果，这对印度的造船业产生了影响。葡萄牙人的船只适合远洋航行，体重大，有多层甲板，可以装备火炮。葡萄牙商人们都分散居住于沿海港口地带，难免要遇到一些造船和修船的事宜，印度工匠便有机会接触到西方的造船技术。另外，印度雇员到船上工作，也会接触到西方人的航海技术。

西方各国在沿海的殖民地都要修建许多建筑物，如民居、商馆、工厂、船坞、学校、教堂、医院、城堡等，这些建筑物在建筑过程中需要大量的工匠，而这些工匠主要是印度人。从设计到施工，再到竣工，许多印度人都要经历全过程。于是，印度人接触到西方的建筑技术，学会了某些技能。

在公元 17 世纪晚期，葡萄牙人在果阿建成的兵工厂开始生产各种武器，这些武器明显要优于印度自产的武器。也就是说，葡萄牙人把武器制造技术也带进了印度。到 18 世纪，马拉塔人近水楼台，开始从果阿的兵工厂购买大炮和弹药。

中国发明的印刷术在西方得到发展和改进，传教士们充分利用印刷品宣传基督教的教义。葡萄牙传教士最先给印度人带来了欧洲的印刷品和印刷机。

（二）农业技术

一些栽培植物在这一时期被西方人传入印度，随之而来的是栽培技术的传入。有些植物的生命力很强，遇到合适的土壤、气候条件，几乎不需要多少管理技术就能生长；但如果要进行商业化生产，提高产量，就需要管理技术。一般来说，最初引进的时候是需要了解其生长条件的。

1. 干果类

一般认为，腰果是欧洲出产的。葡萄牙人把腰果引进印度，使印度南方和北方都有了较大面积的种植。花生的原产地在南美洲，也是由欧洲人传入印度和中国等地的。如今，印度和中国都成了花生生产的大国。

2. 经济作物

公认的事实是，烟草的原产地在美洲大陆，印第安人最先吸烟，在“地理大发现”以后，于16世纪首先传入欧洲，然后又由西班牙和葡萄牙人传到世界各地。印度是葡萄牙人最早到达的地方之一，也是葡萄牙人最早立足的地方，是他们把烟草传入印度。据说，烟草早在1508年就传入德干地区，阿克巴时期传到北印度，贾汗吉尔甚至将它视为毒草。

3. 水果

凤梨的原产地是美洲的热带地区。据记载，哥伦布最早发现西印度群岛的凤梨，当地人用作食物和酿酒原料。葡萄牙人于1502年发现圣赫勒拿岛后，曾将凤梨传到该岛，后又将它传到非洲，并于1550年前后传进印度。此外，如前面所说，荔枝原产中国，由葡萄牙人转而传入印度。东南亚出产的榴莲、山竹等，也由葡萄牙人传进印度。

4. 粮食、蔬菜

玉米的原产地在美洲，后来印度也生产玉米，大体上也是由欧洲人传来的。木薯、红薯、红辣椒等，据说都是通过葡萄牙人传入印度的。

此外尚有一些药用植物、观赏植物等，也都由葡萄牙人传进印度。

二、非物质文化的传播

非物质文化包括许多方面，这里不可能全部点到，仅列出三项予以简介。

（一）宗教

基督教的影响也在这个时期给印度社会留下深深的印记。当时，耶稣会的教士们非常积极，他们走遍印度的东西南北，从莫卧儿皇帝的宫廷到偏僻小村落，到处都有他们的身影。他们不仅在印度各地建立了许多教堂，也开办教会学校和孤儿院。

从 16 世纪初期开始，由于阿尔布凯克鼓励和提倡葡萄牙人和当地印度人通婚，就有了第一批改宗的基督教信徒。此后，各地也陆续有一些印度教徒改宗基督教。

这里应该介绍一下著名的传教士圣·方济各·沙勿略（Saint Francis Xavier，1506 ～ 1552）与印度基督教的关系。他是天主教耶稣会的创始人之一，出生于西班牙的纳瓦拉。1525 年上巴黎大学，1534 年与同道 7 人成立耶稣会。1540 年，他应葡萄牙国王之请从罗马动身前往里斯本，并由里斯本登上开往东方的航船，1542 年 5 月到达果阿。他先通过翻译人员将一本《教义问答》的小册子翻译为泰米尔文，然后在南印度传教。1545 年，沙勿略来到葡萄牙的商务中心马六甲传教，继而到马来亚摩鹿加岛在猎头原住民中建立教会。1548 年返印，培训当地人为果阿主教区传教士。其时，果阿教区管辖范围极大，南到非洲，东到中国。为进一步扩大传教范围，他于 1549 年 8 月抵达日本鹿儿岛，开始在日本传教。1551 年底返印，将已有的五处教会机构和 2000 名信徒托付给其他教士，开始向中国进发。在抵达中国沿海的山川岛时，不幸感染疟疾身亡。1553 年，信徒们遵照其遗嘱将他的遗体运往印度果阿。如今，他的墓葬和棺椁安置在果阿旧城的仁慈耶稣大教堂（Basilica do Bom Jesus），成为万人敬仰的地方。沙勿略在印度传教的时间并不长，但他作为果阿教区的创始人，为基督教在印度的传播奠定了基础。由于他对基督教传播的贡献，1622 年被罗马教皇谥为圣徒。在后来的日子里，信徒们每十年举行一次盛大的纪念仪式，有成千上万的信徒云集这里。

当然，在印度社会，印度教和伊斯兰教仍占主导地位，尽管传教士们竭尽全力，改宗的信徒毕竟有限。但不管怎样，印度人对基督教已经不陌生。尤其是在阿克巴时代，由于他主张各个宗教平等相处，曾允许耶稣会在宫廷里设立一座小教堂。从此以后，直至沙·贾汉时期，葡萄牙和西方各国传教士经常活动于莫卧儿宫廷。在民间，基督教也不受排斥。基督教文化也从那个时期开始，逐渐成为印度多元文化的一个组成部分。

（二）语言

自从西方人进入印度，西方的语言就在印度发生影响，如葡萄牙语、荷兰语、英语和法语等，这是不言而喻的。现今，在印度的通用词汇中，英语词汇占有很大比重，这是因为英国人统治印度的时间长。但在 15 至 18 世纪这个时期，葡萄牙语的影响显得格外突出，风头格外强劲。这是因为，葡萄牙人到印度最早，而且能够和印度人通婚，尤其是葡萄牙传教士一直在印度各地积极活动，积极推广他们的语言。比葡萄牙人晚来的英国人在沿海经商时甚至需要找当地懂葡萄牙语的人做翻译。400 多年后的今天，虽然葡萄牙人的势力早已退出印度，只有果阿等地尚使用葡萄牙语，而印度受葡萄牙语影响的历史痕迹还存在。例如，在大型的印地语词典中，我们还能够看到来自葡萄牙语的词汇，如“传教士”（牧师）一词，印度人读作“巴德利”（padri），还在被广泛使用。这就是因为印度人最先接触到的传教士是从葡萄牙来的。可以说，传教士为了传教的目的，在语言方面下了很大功夫。不仅学习当地语言，也推广欧洲的语言。不仅印刷基督教教义的宣传品，也编写词典类的小册子。

18 世纪时，东印度公司的牧师们到印度来也要学习葡萄牙语，经常用葡萄牙语布道。而在商业领域，由于葡萄牙人占得先机，欧洲的商人们要使用葡萄牙语进行交易。多少年后，加尔各答的英国商人也使用葡萄牙语交易。当时的孟加拉总督克莱夫就操一口流利的葡萄牙语，并经常用葡萄牙语发号施令。

（三）艺术

1. 音乐

印度人最先听到的西方音乐大概就是教堂里管风琴伴奏下唱诗班的赞美诗演唱。因为在教堂做弥撒，一定要唱赞美诗，这已经是做弥撒的一个不可缺少的组成部分。而且，在葡萄牙，不仅教会学校里有音乐课程，大学里也有音乐课程，这形成了一个传统。在印度的葡萄牙殖民地，仍然保持着这样的传统。传教士们都是受过良好音乐训练的，有很高的文化修养，他们也努力通过音乐来传播教义。例如，在萨尔塞特就有一所耶稣会的学校，那里有数十名穷孩子上学，他们的课程里就有舞蹈、音乐和乐器演奏的内容。1555 年，在教会学校里培养出来的歌手和演奏家就在果阿进行了专场演出，到世纪末的贾汗吉尔时期，皇帝甚至将果阿等地教会学校培养的歌手和乐手延请进宫廷的小教堂中表演，也曾用这样的演出班子为外国客人表演。这种演出团体还经常到各地演出，不仅在城市的社区表演，也到农村去表演。

2. 建筑、雕刻

在建筑艺术方面，葡萄牙人最早把欧洲的建筑风格带到了印度。

在果阿、第乌、达曼等地还保留有许多这个时期的建筑遗存，主要是教堂和修道院等。尤其是今天的果阿旧城[①]，我们还能看到很多历史上著名的教堂。如，果阿最负盛名是仁慈耶稣大教堂、果阿最大的教堂是圣·卡特林娜教堂（Se Cathedrl），此外尚有圣·弗朗西斯科·德·阿西斯教堂（Church of St. Francis of Assisi）、圣·卡也达诺教堂（Church of St. Caetano）、圣母罗萨里奥教堂（Church of Our Lady of the Rosary）、圣·亚纳教堂（Church of St. Anne），以及建于1572年的圣·奥古斯汀塔（Church of St. Angustine）等。

从建筑风格看，果阿的教堂体现了16世纪葡萄牙的马努埃尔风格（Manueline）和遍布欧洲的巴洛克风格。

一般来说，教堂建筑是比较朴素的，但也是讲究建筑风格和内部装饰的。在印度的葡萄牙教堂则往往以华丽著称。其教堂的天花板上装饰有精致的镀金木雕。而那些柱子，有的是圆形的，有的是八角形，上面或有天使雕塑和花环装饰，或有葡萄藤缠绕的雕饰，显得十分华美。在著名的仁慈耶稣大教堂里，人们还可以看到葡萄牙雕刻艺术与印度装饰艺术相结合的器物，如圣餐杯、圣物盒，等等。

仁慈耶稣大教堂建于1695年，为典型巴洛克风格的建筑。它是果阿最富丽堂皇的教堂，铺有大理石地面，上面镶嵌宝石。其祭坛极为精美，但整体上看，又不失简约和庄重。教堂中保存有圣·方济各·沙勿略的画像。沙勿略的墓室部分1696年由梅第奇家族的托斯卡纳大公科西莫三世捐赠，为大理石制品，是由17世纪佛罗伦萨的雕刻家G.B.福格尼（Giovanni Battista Foggini）用十年时间精雕细刻完成

① 果阿旧城，世界历史文化名城。15世纪时为印度西部沿海的重要港口。1510年，为葡萄牙人在南亚的商务总部，直至1759年。之后，仍是重要的商务中心和葡萄牙人的聚居地。1961年回归印度，1986年被联合国教科文组织列入《世界遗产名录》。

的。而保存遗体的棺椁则是根据意大利风格设计的，由果阿银匠用纯银制作。

3. 绘画

我们在第二章介绍莫卧儿细密画时已经提到欧洲写实主义绘画对细密画的影响。这里再从西方绘画的角度进一步介绍它对莫卧儿艺术的影响。

仍然是葡萄牙传教士首先在印度展示西方的绘画。1580 年，葡萄牙并入西班牙王国，葡萄牙画家的眼界进一步开阔，他们的绘画融合进西方各国的技法。所以，此后传入印度的绘画就不仅仅展现出葡萄牙一国的画风，而是西方整体的画风。当然，这些绘画的主题多是宗教性的，尤其是表现耶稣与圣母、表现耶稣受难等内容。一些人物肖像画也呈现出时代特色，如不知名作者绘制的总督像等。在圣・莫尼卡修道院有一幅残存的壁画，大约作于 1600 年前后，表现的是果阿人的社会生活。

欧洲绘画技法和绘画题材之所以能够影响到莫卧儿细密画，与阿克巴和贾汗吉尔喜好绘画有关。他们对欧洲绘画有特殊兴趣，因而，传教士往往向他们馈赠绘画作品。我们在第十二章第三节提到，1580 年，果阿葡萄牙人的一个传教使团访问法特普尔・西克里，曾赠送阿克巴带有耶稣基督和圣母像的多语种《圣经》。这套《圣经》印刷于 1569 至 1572 年间，是法国印刷商为西班牙国王印制的，其中附有欧洲著名版画家的版画插图。后来，德国画家阿尔布雷希特・丢勒（Albrecht Durer，1471 ～ 1528）和荷兰画家梅尔滕・范・海姆斯凯克（Maerten van Heemskerck，1498 ～ 1574）等人的彩色版画。由于阿克巴非常喜欢这些西方作品，所以就命令皇家画室的画家们临摹。于是，皇家画室的几位画家，如巴萨万、米斯基纳、凯苏等人，都学习到欧洲绘画的技巧，擅长模仿欧洲绘画。1587 年，凯苏就曾模仿过荷兰画家海姆斯凯克的宗教题材作品三幅。16 世纪 80 至 90 年代，莫卧儿画家开始在绘画中采用西方绘画的写实的透视法和明暗法，以表现物象的空间感和立体感。

贾汗吉尔时期，西方绘画大量传入宫廷。在贾汗吉尔的收藏室里，藏有德国、荷兰、英国、意大利等国家的很多作品。当他还是王子时，就曾让莫卧儿画家临摹弗兰德斯版画《下十字架》（*The Deposition from the Cross*）。阿布尔·哈桑年仅 13 岁便临摹过丢勒的版画《圣约翰的殉难》（*Crucifixion of St. John*）。1615 年，英国詹姆斯一世（James Ⅰ of England，1603 ～ 1625 年在位）曾派遣使节晋见贾汗吉尔，赠送他一幅英国画家的肖像画。莫卧儿画家临摹此画，画的和原作几乎一样，以致那英国使节竟然分辨不出哪个是原作哪个是摹品。通过一系列的临摹，莫卧儿画家对欧洲写实主义绘画的了解加深，并在自己的绘画创作中加以运用，使莫卧儿细密画融汇了东西方的绘画技巧。